VIBRAÇÃO

Editora Appris Ltda.
1.ª Edição - Copyright© 2020 dos autores
Direitos de Edição Reservados à Editora Appris Ltda.

Nenhuma parte desta obra poderá ser utilizada indevidamente, sem estar de acordo com a Lei nº 9.610/98. Se incorreções forem encontradas, serão de exclusiva responsabilidade de seus organizadores. Foi realizado o Depósito Legal na Fundação Biblioteca Nacional, de acordo com as Leis nos 10.994, de 14/12/2004, e 12.192, de 14/01/2010.

Catalogação na Fonte
Elaborado por: Josefina A. S. Guedes
Bibliotecária CRB 9/870

A844v
2020
	Assad, Zilma
	   Vibração / Zilma Assad. - 1. ed. – Curitiba: Appris, 2020.
	   353 p. ; 27 cm – (Artêra)
	
	   ISBN 978-85-473-4147-3
	
	   1. Ficção brasileira. I. Título. II. Série.
	
	                                                                       CDD – 869.3

Appris
editora

Editora e Livraria Appris Ltda.
Av. Manoel Ribas, 2265 – Mercês
Curitiba/PR – CEP: 80810-002
Tel. (41) 3156 - 4731
www.editoraappris.com.br

Printed in Brazil
Impresso no Brasil

Zilma Assad

VIBRAÇÃO

FICHA TÉCNICA

EDITORIAL	Augusto V. de A. Coelho
	Marli Caetano
	Sara C. de Andrade Coelho
COMITÊ EDITORIAL	Andréa Barbosa Gouveia (UFPR)
	Jacques de Lima Ferreira (UP)
	Marilda Aparecida Behrens (PUCPR)
	Ana El Achkar (UNIVERSO/RJ)
	Conrado Moreira Mendes (PUC-MG)
	Eliete Correia dos Santos (UEPB)
	Fabiano Santos (UERJ/IESP)
	Francinete Fernandes de Sousa (UEPB)
	Francisco Carlos Duarte (PUCPR)
	Francisco de Assis (Fiam-Faam, SP, Brasil)
	Juliana Reichert Assunção Tonelli (UEL)
	Maria Aparecida Barbosa (USP)
	Maria Helena Zamora (PUC-Rio)
	Maria Margarida de Andrade (Umack)
	Roque Ismael da Costa Güllich (UFFS)
	Toni Reis (UFPR)
	Valdomiro de Oliveira (UFPR)
	Valério Brusamolin (IFPR)
ASSESSORIA EDITORIAL	Natalia Lotz Mendes
REVISÃO	Andrea Bassoto Gatto
PRODUÇÃO EDITORIAL	Lucas Andrade
DIAGRAMAÇÃO	Giuliano Ferraz
CAPA	Rafael Malucelli
COMUNICAÇÃO	Carlos Eduardo Pereira
	Débora Nazário
	Karla Pipolo Olegário
LIVRARIAS E EVENTOS	Estevão Misael
GERÊNCIA DE FINANÇAS	Selma Maria Fernandes do Valle

Dedico esta obra ao meu marido e companheiro, Jamal, ao meu menino, Jamal Filho e à minha doce Talini, que por incontáveis horas me dividiram com os personagens.

Aos "vibracionados" por magia, física quântica e... amor.

Nós somos precisamente o fator que falta nas teorias existentes! Especificamente, temos capacidade para criar propositadamente as condições da consciência (pensamentos, sentimentos e crenças) que irão ancorar a possibilidade de nossa escolha na realidade de nossa vida. Isso é o que faz a ciência completar o círculo das antigas tradições espirituais do mundo. Tanto a ciência como o misticismo descrevem a força que conecta todas as coisas, mantendo-as unidas e nos dando poder para influenciar o comportamento da matéria — e a realidade propriamente dita — simplesmente por meio do modo como percebemos o mundo em torno de nós.
Somos criadores — e mais que isso ainda, somos criadores e estamos interligados.

(Matriz Divina – Gregg Braden)

AGRADECIMENTOS

Ao Divino Criador, que na sua infinita sabedoria deu-nos a capacidade de transduzir ondas em partículas, fazendo-nos assim cocriadores, tornando o mundo de Vibração no mundo físico que nos rodeia.

A Claudia Inês Parellada, do Departamento de Arqueologia do Museu Paranaense, pela atenção e indicação de materiais para a pesquisa.

Ao Olivio Jekupe, escritor de literatura nativa Guarani, por seu auxilio nas questões pertinentes ao seu Povo.

A Jaxy Rendy (Nilza Maria Rodrigues) professora e escritora, e ao Mbei Mbei Tupã (Emiliano Medina) Cacique dá aldeia Verá Tupa'i, professor bilíngue, que contrubuíram com o dialeto escrito pelos Guarani da Aldeia Verá Tupa'i de Campo Mourão, onde passa várias parcialidades como Mbya, Nhandeva, Ava, Kaiowa.

SUMÁRIO

CAPÍTULO 1
FIM DE SEMANA 13
06/06/2014
07/06/2014
08/06/2014

CAPÍTULO 2
SEGUNDA FEIRA 81
09/06/2014

CAPÍTULO 3
TERÇA-FEIRA 147
10/06/2014

CAPÍTULO 4
QUARTA FEIRA 253
11/06/2014

CAPÍTULO 1

FIM DE SEMANA
06/06/2014
07/06/2014
08/06/2014

Além dos filhos, da loja e da fazenda, o que ocupava meus dias era a Organização Social "Plantando Sonhos". Apesar de tudo me dar muito trabalho, adorava o que fazia e todas as atividades juntas me tornaram a mulher que sou.

Enquanto me preparava para fechar a minha loja de produtos naturais, Po^rção da Terra, na sexta-feira à tarde, a tristeza começou a me rondar. Sabia que chegaria a casa e estaria sozinha, nenhum dos meus filhos passaria a noite lá. O Pedro visitaria os avós da Lúcia, sua namorada. A Aninha dormiria na Gabriela para organizar o acampamento que se realizaria na fazenda na semana seguinte. Minhas três melhores amigas tinham compromissos pessoais.

Para ajudar meu desânimo, vi a dona Eulália entrando na loja. Ela é uma senhora de uns 80 anos que quase diariamente vem conversar comigo. É uma típica senhorinha, cabelos brancos bem lisinhos, magrinha e curvadinha. Usa sempre a combinação de uma saia evasê lisa e uma camisa estampada. Viúva e com os filhos morando em outras cidades, vive sozinha.

Ai! Não é que acabei de me identificar com ela em pensar na noite que se seguiria? Respirei fundo.

— Boa tarde, Liz – cumprimentou-me sorridente.

— Como vai, dona Eulália? – retribui o sorriso.

— Preciso muito falar com você. Tem um tempinho para mim?

— Claro – dei-lhe um abraço. — Vamos lá?

Tinha na loja uma sala reservada para ouvir amigas e clientes que precisavam de atenção, pois com a correria de todos em busca da sobrevivência e horas gastas em redes sociais, faltava tempo para ouvir e ser ouvido. Chamava-a de "Cantinho da Paz". A sala era toda decorada para aflorar o melhor de cada um. As paredes apresentavam vários tons de lilás; o som da água caindo numa fonte de bambu era tranquilizador; aromas com notas cítricas, florais ou doces proporcionavam leveza ao local; quadros com paisagens floridas faziam os visitantes viajar; dois sofás brancos confortáveis aconchegavam quem lá estava; uma mesa de vidro redonda com papeis, canetas e tintas coloridas muitas vezes ajudavam as pessoas a extravasar seus sentimentos; cristais sempre energizados enchiam a sala de poder; plantas, que eram trocadas diariamente, principalmente as que absorviam energias negativas, deixavam o local com uma energia viva; e para completar a magia, uma música relaxante embalava corpo e mente.

Para chegar até o "Cantinho da Paz" passava-se por um caminho feito de potes de sal grosso, pedras receptoras e plantas protetoras. Muitas pessoas que precisam de atenção chegam carregadas e para eu não pegar todas as dores alheias, já as levava por uma passagem que captava energias negativas, deixando-as um pouco mais limpas energicamente.

— Sente-se, dona Eulália – puxei a cadeira para ela. — No que posso ajudá-la hoje?

— Ah, minha querida Liz... Sempre tão atenciosa. Por isso que não gosto quando a Joana, minha vizinha, a chama de bruxa – fez um ar de desdém.

— Ela continua com isso? – perguntei com olhos arregalados, como se fosse surpresa.

— Sim, ela morre de medo de você.

— Por que será que ela sente medo de mim? – toda vez que a dona Eulália falava comigo ela comentava de sua vizinha e eu já sabia tudo o que ela iria dizer.

— Porque você é neta de uma bruxa e por isso bruxa também, mas eu não ligo e não tenho medo.

— Ai, que bom! Fico feliz. Sou uma bruxa boazinha – pisquei pra ela.

Em seguida ela começou a contar seu dia e quinze minutos depois de ouvir muitos problemas e tristezas, senti-me péssima.

— Dona Eulália – comecei a falar numa brecha –, já expliquei mil vezes para a senhora que há muitos seres encantados ao nosso redor que ficam fazendo o que falamos. A senhora fala que está triste, eles fazem coisas para que fique triste.

— Como é mesmo que funciona isso? – perguntou ela pela enésima vez.

— Assim... – desenhei uma pessoa de pauzinho e num tamanho menor alguns "seres encantados" e flechinhas, indo de um ao outro. — Quando a gente fala eles ouvem – mostrei o caminho. — Daí eles fazem coisas para que nossa palavra se torne real – apontei o caminho do retorno.

— Ah! – exclamou ela.

— E quanto mais coisas ruins falamos, mais coisas ruins acontecem – rabiscava, representando o movimento de saída e retorno. — E se falarmos coisas boas, elas também acontecerão – sorri para ela. — Pense e fale somente coisas boas, dona Eulália.

— Mas Liz, só acontece coisas ruins. Não dá para pensar em coisas boas.

Desisti. O padrão dela nunca iria mudar.

Tentando encerrar o encontro, sugeri que tomasse chá de hortelã para acalmar e levasse três pedras para pôr sob o travesseiro: lápis-lazúli, âmbar e quartzo rosa, para lhe trazer energia em forma de bem-estar e alegria.

— Gosto muito de contar meus problemas para você, Liz. Obrigada – abraçou-me.

— Estou aqui para ouvi-la sempre que precisar. Leve o chá e as pedras e vai se sentir melhor.

Quando saímos da sala, a Lívia, que trabalhava comigo havia mais de sete anos e tornou-se meu braço direito, já fechara a loja e nos esperava. A dona Eulália comprou um vasinho de hortelã fresco, um de camomila e outro de erva-doce, além das pedras que aconselhei.

— Ai, Lívia, hoje o "caminho protetor" não foi suficiente para amenizar a energia pesada da querida dona Eulália e acabei recebendo um pouco da mágoa e tristeza dela.

— Isso é péssimo – deu-me um abraço amigo. — Precisamos energizar as pedras do "caminho protetor" na próxima lua cheia.

— Sim, faremos isso – concordei.

No caminho até em casa, fui pensando na sina que me acompanhava toda a vida de ser neta de uma bruxa. Nunca compreendi por que minha avó carregava em seus ombros esse título. A única coisa que sempre a vi fazer era atender a pessoas com orações, benzimentos e chás. Nada mais do que isso. Quando montei a loja em Campo Mourão, o "Cantinho da Paz" era bem diferente. Só alguns anos depois de seu falecimento é que mudei todo o ambiente. Na época da vó Veridiana havia um fogão a lenha sempre com brasas acesas, que utilizava para seus benzimentos; pendurados na parede, ramos de arruma e alecrim, que usava para aspergir as pessoas; a entrada era pela lateral, sem acesso à loja, pois dizia que as pessoas que precisavam dela não gostavam de serem vistas. Eu achava tal pensamento horrível, era uma forma de discriminação à sua atividade e um preconceito a ela própria, mas ela insistia que fosse assim. Segundas, quartas e sextas-feiras havia fila para conversarem com ela, que só fazia o bem. Não entendia por que algumas pessoas a temiam e a consideravam uma bruxa e eu a sua herdeira.

Enfim, o que é ser bruxa além de ser uma mulher madura para ouvir sua intuição? Ativa que comunga com as forças da natureza? Paciente e atenciosa que trata todos os seres vivos com respeito e empatia?

Cheguei a casa, a Sininho e o Trola vieram me receber com muita alegria. Acariciei-os. Ainda bem que tinha esses Pinschers, meus amores. Tirando os dois, meu lar encontrava-se vazio, como havia imaginado, mas eu estava cheia, cheia de uma tristeza perturbadora, que me consumia. Naquele momento, a minha tristeza era por estar sozinha, acrescida da melancolia da dona Eulália. Eu sabia que tal sentimento corroía a alma e eu precisava me livrar dele urgentemente.

Fui até a varanda e toquei o sino num ritmo próprio para ativar a mudança de astral. Eu amo sinos! Tinha muitos deles espalhados pela casa, de todos os formatos, cores e materiais.

Caminhei pela casa e só nesses momentos de solidão percebia como era grande. Gostava dela cheia de crianças e amigos. Caminhei pela cozinha, depois fui para a sala, quartos, tudo muito lindo… e vazio.

Senti o vácuo engolir-me, uma lágrima tentou saltar dos olhos. Os cãezinhos me seguiam por toda a casa, pareciam entender minha tristeza. Respirei fundo, uma, duas, três vezes. Oxigenar o cérebro nos faz pensar melhor. Então decidi que não podia deixar essa mistura de sentimentos ruins tomar conta de mim e minar minha energia, e sabia muito bem o que fazer. Fui até a "Toca da Cuca", vasculhei nas minhas poções, até que encontrei o que desejava: "o óleo da alegria", que minha avó me ensinou a fazer. Abri o vidrinho e o coloquei sobre a mesa.

Na sequência fiz um círculo, ao meu redor, com 13 pedras energizadas para realizar um breve ritual. Usei jaspe vermelha, âmbar, ágata negra, olho de gato, citrino, cristal de quartzo, lava vulcânica, mica, serpentina, zircão amarelo, topázio, rubi e sardônica. Peguei o óleo com a mão esquerda e com a mão direita badalei o sino num ritmo para ativar a concentração e depois rodei o círculo com sal. Tirei a roupa e me ungi com o óleo. Fechei os olhos, toquei o sino lentamente enquanto aspirei lentamente o aroma adocicado. Cantarolei e me embalei numa canção antiga e em minutos o mal que me afligia foi passando e comecei a me sentir feliz.

Deitados no tapete, meus pequenos caninos dormiam tranquilamente.

Protegida contra a tristeza e energizada para a alegria, mergulhei nua na piscina aquecida. O contato da água morna no meu corpo nu completou a magia.

Relaxei.

Mergulhei.

Ao emergir dei um grito de satisfação. Nadei um pouco. Sai, liguei o som, peguei uma taça, uma garrafa de vinho e voltei para a água. Enchi a taça e sorvi um gole, depois outro e mais outro. Toquei o sino novamente, agora num ritmo mais animado.

Estar sozinha comigo mesma era sempre uma boa pedida. Se bem que, na verdade, não estava totalmente sozinha. A Sininho e o Trolinha estavam por perto.

— Mas bem que essa taça de vinho ajudou – ri de mim mesma.

Enquanto desfrutava da deliciosa sensação de liberdade, lembrei-me das conversas com as amigas, de casos engraçados, alguns românticos e outros bizarros.

A imagem da Márcia contando que ficara com um homem que usava dentadura e quando ele a beijou os dentes saíram do lugar me fez rir. Ela nunca mais quis vê-lo. Já a Bárbara teve uma experiência nada boa com um cara que lhe enviava flores todos os dias por quase seis meses até que um dia se rendeu e resolveu dormir com ele; após este dia ela nunca mais ouviu falar do sujeito.

Mergulhei novamente na água aquecida e relembrei da Fernanda, com todos os seus tals, tals, tals que vivenciara algo nada interessante. Numa festa, ela dançou com o homem mais lindo do evento. Segundo ela, o belo rapaz era alto, moreno e forte, e tinha um cavanhaque perfeitamente delineado. Beijaram-se muito e resolveram ir ao motel. Chegando lá, o moreno não era moreno, era morena. Só de pensar nela beijando uma mulher era hilário. Não que eu tivesse algo contra, mas imaginar que alguém com cavanhaque pudesse ser do sexo feminino era estranho. Para acalmar a amiga nutricionista, a Márcia revelou que havia tido duas namoradas, e que havia sido incrível estar com cada uma delas. Depois disso, a Fernanda confessou que após o episódio da mulher de cavanhaque havia ficado com vontade de ter uma experiência com uma mulher verdadeira. Teve e gostou. Eu e Bárbara sempre preferimos relações com homens.

A Bárbara e a Fernanda também viveram algo inusitado: namoraram o mesmo cara. Ele sabia que elas eram amigas, e o safado deu para cada uma um nome diferente. Como elas sempre contavam tudo uma para a outra, em menos de um mês descobriram o golpe do safado. A Fernanda marcou de se encontrar com ele num restaurante e as duas apareceram. Quando as viu, lindas, chegando juntas, apenas sorriu. Jantaram os três e cada um foi para sua casa. Todos sem namorados.

Sentei-me nos degraus da piscina, virei minha taça e a enchi novamente, e comecei a ficar com vontade de ter um homem ali, comigo. Então veio à mente uma tentativa de relacionamento que aconteceu certo tempo atrás. O cara era bonito, inteligente, agradável e tinha quase 50 anos. O caso se arrastou até o dia em que a sua digníssima mãe nos pegou jantando num restaurante japonês. Ela aprontou um escândalo e ele foi embora com ela, deixando-me sozinha. Quase morri de raiva. Depois disso só vivi noites de prazer, sem nunca mais pensar em compromisso. E uma dessas se deu quando eu e minhas amigas fomos a um show sertanejo há uns dois anos. A dupla era incrível, lindos de morrer. O nosso quarteto estava superanimado, dançamos e cantamos a noite toda. E, claro, não deixamos de ficar de olho nos homens bonitos do evento. A noite rendeu para todas. Cada uma encontrou um representante da espécie e nos divertimos muito. Chegamos juntas à festa, mas na hora de ir embora não achei ninguém.

— *Onde estão minhas amigas? – fiquei preocupada. — Como vou embora?*

— *Eu levo você – prontificou-se meu novo amigo, com um sorriso maroto nos olhos.*

— *Não quero incomodá-lo, Teodoro. Vou ligar e encontrar uma delas.*

— Eu insisto. Vem comigo, Liz – fez uma carinha de cachorrinho sem dono.

— Tudo bem, vamos – rendi-me.

Eram quase 5 horas da manhã quando saímos do show.

— Estou com fome. O que acha de comer algo? – convidou ele.

— Ótima ideia. Também estou com o estômago nas costas.

Ele parou em frente a uma casa e desceu do carro.

— Aqui teremos o melhor para degustar.

— Mas é uma casa e não um lugar para comermos.

— É minha casa, tenho tudo aqui. Venha, vou preparar um café da manhã para nós.

Desci do carro e o acompanhei. A casa era linda. A comida deliciosa e ele um amante perfeito. Depois de saciados, ele me levou para casa.

A Fernanda contou que naquela noite transou no carro. A Bárbara foi a um motel e a Márcia o levou para a casa dela. Enfim, todas nos demos bem. A Fernanda encontrou com o seu rolo umas três ou quatro vezes. A Márcia transou até não querer mais vê-lo. A Bárbara nunca se relacionou com ele, pois quem ela queria era o Alfredo. E eu não cedi à tentação de namorar o Teo. Não queria me relacionar com ninguém. Embora tenhamos saído mais algumas vezes durante um tempo, decidi parar de encontrá-lo antes que nos envolvêssemos demasiadamente. E só depois do rompimento fiquei sabendo que ele tinha uma noiva havia mais de 10 anos. Homens!

Assim que o vinho acabou, saí da piscina, tomei banho, coloquei um pijama e fui preparar algo para comer. Fiz uma salada com rúcula, pepino, cenoura e tomate cereja, preparei uma tapioca e a recheei com peito de frango desfiado.

Saciada fui para a "Toca da Cuca". Ainda era cedo, nem nove da noite. Nesse espaço ficavam, além das minhas inúmeras poções, meus livros, tintas e telas, minhas músicas preferidas e os textos secretos. E, ainda mais, velas de muitas cores e aromas, anjos protetores, pedras para vários fins, fadas lindas, incensos para inúmeros objetivos, bruxinhas encantadoras, uma grande teia dos sonhos, enfim, mil badulaques espalhados por todos os lados. Não posso me esquecer dos numerosos livros que enchiam várias prateleiras. Eram sobre magia, uma parte era herança da minha avó e outros comprados mais recentemente. Havia livros sobre o poder das pedras, o segredo das plantas e a proteção dos anjos; sobre astrologia, Tarô, mitologia e lendas; sobre como usar o poder da mente, como hipnotizar e como conquistar sonhos; também sobre física quântica, neurociências, religiões, filosofias ocidental e oriental e muitos livros e textos sobre os *Guarani* e sua saga com a chegada dos europeus. Afinal, era um quarto todo místico e por que não também científico, onde a emoção e a razão compartilhavam o mesmo espaço?

A energia do local era incrível. Todos que entravam lá saíam sempre revitalizados. Quando o tédio diário tomava conta de mim, eu recorria ao meu mundo, acendia um incenso, ligava uma música e logo tudo passava. Pelo fato de todos chamarem esse quarto de "Toca da Cuca", redecorei-o recentemente. Revesti-o de pedras nas paredes, teto e piso, e arredondei os cantos para realmente parecer uma toca; as prateleiras e janelas foram trocadas por madeira rústica. Do lado de fora, que dava para o jardim, era todo de pedra e o telhado de palha, para o visual ficar perfeito.

Verifiquei meus e-mails, vi algumas notícias, curti algumas postagens nas redes sociais e saí da Internet. Peguei o celular, olhei alguns aplicativos, ri um pouco, vi tópicos importantes e outros pura bobagens. Abri uma pasta de música e resolvi pintar com lápis de cor. Logo uma paisagem surgiu, depois mais uma. Cansei.

Passei por uns textos sobre o poder das plantas, em seguida folheei sobre a energia das pedras, depois peguei um livro sobre *Ayvu Rapyta*, um texto mítico sobre as belas palavras dos Guarani e me deitei no sofá. Eles são incríveis!

E foi assim, lendo sobre tão importante povo, que adormeci ali mesmo, na Toca da Cuca, com a Sininho deitada comigo e o Trola no tapete.

— O MUNDO É ENERGIA E A ENERGIA VIBRA. Há ressonância entre o que eu penso/falo/ajo e o mundo – foquei com a luz de laser o slide. – O que vai, volta, ação e reação. E essa repetição cria um padrão que nos deixa vulneráveis a nós mesmos. Somos cocriadores da nossa realidade. Tudo está em nós, porque ao observamos algo, colapsamos as partículas e só então o que era energia/onda torna-se físico/partícula. Muitos homens da ciência tradicional afirmam que tais especulações são subjetivas e ainda há os que defendem que são fraudulentas, pois os novos conhecimentos quebraram as bases da física mecanicista, que afirmava não existir nada além da matéria. E como acabei de apresentar, os limites da matéria foram derrubados.

Assim com o desenvolvimento da ciência do infinitamente pequeno, é possível deleitar-se com a filosofia oriental, intuitiva e baseada na observação do invisível aos olhos. Isso tudo, afirmo, sustentado pela precisão de aparelhos eletrônicos de última geração e formalismo matemático. Finalizando, embora as tradições orientais sejam em muitos detalhes diferentes entre si, a forma que veem o mundo colapsam em muitos pontos. Há unidade presente em vários aspectos e há uma forte inter-relação entre eventos e manifestações de fenômenos. E posso afirmar que a física quântica embasa muitos desses acontecimentos. Acreditem, a física do infinitamente pequeno pode nos levar muito além, pois estudando o mundo invisível afetamos, sem sombra de dúvida, não só o nosso cotidiano, nossas religiões, o que sabemos sobre a vida, o tempo, o universo e, mais importante de tudo, o próprio conceito do que realmente somos. Foi um prazer estar novamente aqui na Universidade Federal do Paraná, no curso de Física, abordando o tema: Física Quântica e Tradições Orientais, foco do meu estudo atual. Boa noite a todos.

Após terminar a exposição fui rodeado de alunos ávidos por mais conhecimento. A todos respondi com satisfação, assim que me libertei da gravata. Digo satisfação porque estou progredindo na arte do bom conviver com outras pessoas com as práticas aprendidas com as filosofias orientais. Antes não suportaria tal aglomerado ao redor de mim.

Inquietos com as informações que haviam acabado de receber, caminharam comigo pelo estacionamento e aos poucos foram se despedindo. Apenas uma aluna continuou me acompanhando. Quando cheguei à camionete, ela pediu carona, alegando que seus amigos haviam se esquecido dela.

— Desculpe, mas tenho que pegar quatro professores que estão me esperando – tentei livrar-me da garota.

A atitude daquela aluna me fez recordar de uma cilada na qual caí certa vez. Tal fato aconteceu há muito tempo. Logo que iniciei minha carreira docente, uma aluna me pediu carona. Eu, na maior inocência e querendo ser um professor amigo, abri a porta do carro e a levei embora. No dia seguinte, ela chegou com fotos de nós dois no carro e pediu muito dinheiro para não me denunciar por assédio. Num primeiro momento fiquei sem ação. Nunca imaginei que um bom gesto me custaria uma tentativa de suborno. Claro que não cedi a sua ação bárbara e em pouco tempo a notícia de que eu a seduzira espalhou-se. Fui demitido e respondi a um processo. Depois dessa tremenda confusão, nunca mais cometi o mesmo erro.

Vivendo e aprendendo.

Quando ela me abordou e solicitou uma carona, já imaginei como seria. Alguém fotografaria e postaria nas redes sociais: "Notório professor de Física envolve-se com aluna", ou: "Após palestra professor 'traça' aluna no estacionamento da universidade", ou ainda... Oh Cosmos! Eu não poderia, nessa etapa da vida, passar por tal constrangimento. Não cairia nessa armadilha.

Estaria eu sofrendo da Síndrome da Teoria da Conspiração? Ou estava ficando velho mesmo?

Embora eu tivesse negado acesso ao meu carro, ela foi muito esperta, pois assim que desliguei o alarme da camionete, ela abriu a porta e entrou. Há um tempo eu abriria a porta e a puxaria para fora usando a força, mas agora, mais equilibrado, simplesmente me afastei do carro e fui procurar um vigia. Com toda certeza a área era monitorada por câmeras e elas haviam captado que a garota entrara no carro antes do que eu. Achei o responsável pela segurança, juntos vimos a fita e solicitei que me acompanhasse até meu carro para verificar se ela ainda encontrava-se lá. E por mais incrível que pareça, a fulana permanecia no banco do passageiro. O segurança gentilmente pediu que saísse.

Livre de qualquer inconveniente, deixei o local.

Embora meus conhecimentos ainda fossem precários sobre o tema apresentado, não mais do que apenas três anos de estudos, acredito que despertei o interesse em alguns jovens. Tal fato me deixou feliz. Mas enquanto saía do estacionamento da universidade, vibrações negativas invadiram minha mente: era sexta-feira, dez e meia da noite, estava completamente sozinho, sem ter nada para fazer, nenhum lugar para ir, ninguém ao meu lado, ninguém me esperando em casa.

A imagem de uma mulher manifestou-se na memória. Respirei fundo, lembrei-me do Kabir, que dizia que ao lembrar da pessoa querida, esta era trazida para perto do coração. Instantaneamente, uma saudade me envolveu. Saudade de alguém que não conhecia. Ou conhecia? Para evitar a melancolia, antes de ir para minha chácara, que comprei em meados de 2010, quando decidi parar com minhas atividades profissionais havia pouco mais de três anos e meio, decidi passar no apartamento do meu filho, que continuou morando na cidade. Liguei para ele.

— Pai, estou no Bar do Mexicano, no Batel. Venha aqui comer um taco.

Alterei minha rota e fui ao encontro do Ernesto. Chegando ao destino, logo vi que não ficaria mais do que cinco minutos, pois embora estivesse trabalhando e progredindo com meu problema de relacionamento humano, o ambiente já não comprazia com meu período de vida. O bar estava abarrotado de gente, todos muito jovens. A música era, em minha opinião, horrível. Grupos de mulheres dançando com garrafas nas mãos, bandos de homens bebendo e conversando ao lado do balcão do bar. Entrei com muita dificuldade, passando entre os jovens. Estava quase desistindo de encontrar o Ernesto quando o ouço me chamar.

— Pai, estou aqui! – gritou, erguendo o braço.

Seguindo o som de sua voz, avistei-o. Meu filho é um jovem atraente: 1,85 m de altura, magro, cabelos pretos bem lisos e corte comportado, rosto envolto por uma barba baixa e bem delineada, olhos castanhos, sorriso largo e dentes brancos. Diferente de mim, sempre apresentava bom humor. Usava uma calça jeans clara e uma camiseta preta.

Fui até ele, conversamos um pouco, bebi algo e fiquei analisando como os jovens da atualidade se divertem, que numa escala do 0 a 10 chegariam, no máximo, a 1,5, no meu conceito, é claro. Assim que comecei a teorizar, achei melhor ir para casa.

— Filho, estou indo – precisava sair dali.

— Capaiz[1]! Cedo pai. Fica – insistiu, mesmo sabendo que recusaria. — Aproveite e sorria.

— Piá, não dá não – apertei a mão, despedindo-me. — Vai para a chácara amanhã?

— O que terá para comer? – questionou, sorrindo.

— Pão com vina[2] – sabia que ele queria ouvir isso.

— Loco de bão[3] – abraçou-me.

Saí esbarrando nos jovens assim como havia entrado e nem acreditei quando deixei o local. Agora iria para casa sem nenhum desvio. As amplas avenidas estavam desertas e uma fina garoa deixava o percurso ainda mais bonito. Embora estivéssemos no outono, fazia frio, fato que despertou em mim a vontade de ter uma companhia para aquecer. Dirigindo vagarosamente, observando a beleza da cidade, surpreendi-me pensando que seria bom ter alguém especial me esperando em casa para que eu pudesse conversar, abraçar e fazer amor.

— Devo estar ficando velho – falei com meus botões. — Viver com uma pessoa na mesma casa, nem pensar. Mulheres são complicadas demais. Além disso, é difícil achar alguém interessante para conversar. Abraçar alguém, trocar energia, sentir o coração bater, é algo que não pratico há muito tempo, isto é, se algum dia me dei ao luxo de abraçar e ser abraçado dessa forma. Fazer amor? Pensei mesmo nisso? Nunca ponderei dessa forma, nem mesmo acredito que amor existe – ri do meu raciocínio e refiz a frase: — "Ir para a casa de alguém, beber e transar". Agora está melhor. Mas, no meu íntimo, sabia que algo em mim mudara e desejava algo diferente.

Lembranças de episódios passados afloraram vividamente na minha memória; foram inúmeros de muito prazer. Muitas festas, bebidas e orgias.

Sorri ao relembrar tais façanhas. Bons tempos!

Mas tudo foi tão efêmero, vazio.

O sorriso sumiu.

Então pensei no caminho que escolhi seguir havia alguns anos e percebi que a forma como vivo hoje é tão boa como todos os momentos de prazer que desfrutei. Mas nela havia algo a mais. Essa nova forma existencial foi acrescida de paz, o que não tinha anteriormente.

Espero que seja mais duradouro.

O velocímetro indicava 110 km/h e já saíra do perímetro urbano. Se permanecesse nessa velocidade, em menos de 15 minutos estaria na chácara.

Entrei em casa, desliguei o alarme, tudo escuro, gelado e vazio. Liguei as luzes por onde passei. Para tentar quebrar o frio, ateei fogo na lenha da lareira, e para encher o ambiente liguei o som. Depois, abri um bom uísque. Sempre preferi estar sozinho a estar com pessoas, mas naquela noite não era o que eu desejava. Desejei aquela mulher, a de sempre, a colorida.

---

[1] Capaiz – Capaz, tem vários significados, no caso: imagina (gíria paranaense).
[2] Vina – Salsicha (gíria paranaense).
[3] Loco de bão – Louco de bom (gíria paranaense).

Entre um gole e outro relembrei de como eu era uma pessoa difícil, solitária, arrogante, briguenta, sem afeto algum. Como fui intransigente com meus alunos e nunca demonstrei apego a nenhum deles. E não era só com os discentes que apresentava um relacionamento complicado. Na verdade, com todos com quem convivia desde a minha infância acabava tendo algum tipo de conflito.

Mas entre tanta desordem emocional e comportamental, algumas pessoas amenizavam minha solidão, como o Lorenzo, saltador como eu, parceiro desde a adolescência, que com sua irreverência veio dar um vislumbre de uma vida mais afável. O que dizer do meu filho adotivo, o Ernesto, que com seu bom humor contagiante e superinteligência me fez perceber que o mundo pode ser mais acolhedor. Não posso deixar de mencionar o Kabir, meu orientando, que com sua alegria excessiva encheu meus dias com energia e apresentou a probabilidade de um mundo mais feliz. Ah, também tinha aquela mulher colorida com quem um dia cruzei e me fez entender a possibilidade do amor vibracional. Por último havia os Guardiões da Terra, que como eu possuíam habilidades especiais, que somadas com seu conhecimento de várias áreas do saber humano, contribuíam para desvendar fenômenos ainda não resolvidos pela ciência. Memória eidética, psicocinese, psicometria, premonição, visão de raio x, pirocinese, taumatologia, telepatia, super velocidade, magnetismo, super força, hidrocinese e teletransporte eram as habilidades que o grupo possuía.

Enquanto lembrava, o copo se esvaziou. Enchi outro, deitei-me no tapete em frente à lareira e lembrei-me de como minha busca pela espiritualidade teve início, no ano 2000. Quem me apresentou uma forma diferente de perceber o mundo foi Kabir Shankar, isso já há 14 anos. Ele foi um bolsista indiano que ficou sob minha orientação. Conhecedor da filosofia e religiosidade hindu, queria dominar a física, para, como muitos do seu país, defender com propriedade e autoridade a base do hinduísmo.

Ele tinha a pele morena, cabelos pretos, sobrancelhas marcadas, nariz característico, estatura mediana. Usava roupas típicas indiana. O kurta[4] era a peça básica, às vezes usava um dhôti,[5] ou um churidar[6] ou, ainda, um salwar[7], e quase sempre trazia uma dupatta[8], para dar charme, dizia ele. Nos pés, sempre sapatilhas. Não se pode negar que era um rapaz elegante.

Apresentava os conhecimentos do seu povo e demonstrava a ligação com a física quântica. Eu tentava argumentar, mas acabava concordando com ele.

> — Ouça, Guru – não houve jeito de evitar que me chamasse assim. — O Eu é um só. Sendo imóvel, ele se move mais rápido do que o pensamento.[9] Não é o que vemos nos átomos?
>
> — Sim, mas...
>
> — O Eu é como um enorme tapete, que vai do início ao fim do desconhecido. Esse tapete tem muitas tramas de linhas, que interligam tudo numa teia sem fim. Desde o que nossos olhos não veem dentro de nós, até onde eles também não veem fora de nós,

---

[4] Kurta – Peça tradicional do vestuário da Índia, é uma camisa longa e larga, que pode ou não ultrapassar a altura dos joelhos. Pode ser simples, para uso cotidiano, feita de algodão, ou sofisticada, para festas, feita de seda, por exemplo. É como se fosse a camisa ocidental.

[5] Dhôti – É um tipo de calça usada por indianos. Nada mais é do quem um pedaço de pano amarrado entre a cintura e as pernas. Usa-se sempre com um kurta.

[6] Churidar – É uma calça afunilada que revela o contorno das pernas.

[7] O salwar – É uma calça também, só que com corte mais largo.

[8] O dupatta – É uma echarpe.

[9] Upanishads, p. 11.

> *tudo, tudo está interligado num só movimento, no ritmo de um só som: OM – balançou os dedos imitando movimentos de ondas. — O OM é o som do movimento das ondas...*
>
> *— Ah, Kabir, sinto-me incapaz de discutir, pois não conheço o pensamento do seu povo.*
>
> *— Preste atenção, Guru. Do ponto de vista quântico, todo átomo tem seus elétrons, que vibram, isso em qualquer tipo de matéria, desde nosso próprio corpo, como plantas, animais, minerais e ar, chegando aos corpos celestes, todas as coisas vibram, não importa a questão espaço-tempo. E nada mais há do que a pura vibração unificadora. Tudo está unido nesse movimento. – Balançou os dedos — todos somos um.*
>
> *— Sim, exato.*
>
> *— Não vê a semelhança? – erguia uma sobrancelha mostrando algo que para ele apresentava-se tão óbvio.*
>
> *— Que semelhança, Kabir? – eu balançava a cabeça, sem a menor paciência em entender o que ele desejava apresentar.*
>
> *— Ah, Guru, você está brincando. A minha tradição, da filosófica, passando pela religiosa e chegando à poética, apresenta o mesmo fenômeno da existência. Há um campo único, no meu caso, o tapete cósmico que une e permeia todo o cosmos, no seu as ondas vibratórias – abria os braços querendo que eu visse o que ele via.*
>
> *— Nós, hindus, sabemos que estamos inter-relacionados com todas as coisas, que somos uma unidade mútua. A física quântica afirma que todos somos um.*

E assim, com seu jeito alegre de ser, apresentava-me lentamente a relação que tanto desejava cientificar.

E quando começava a me explicar o poder dos mantras, dizia que um mantra é um som que transcende o eu, que limpa a mente de problemas, tristezas e ansiedades que acumulamos na nossa trajetória humana. Era excepcional.

> *— Nossos olhos não veem o micro, nem o macro. Precisamos de aparelhos para ver o menor e o maior. Os cientistas utilizam aparelhos para ampliarem seus conhecimentos. Assim, para visualizar o nosso eu interno e o eu externo, o divino em mim e o divino fora de mim, sábios e aprendizes utilizam os mantras e a meditação como uma forma de acesso ao invisível, ao divino.*

Aprendi com ele que o pensamento filosofico hindu é rico em metáforas, poesias e símbolos, que possui um grande número de divindades que dão base a muitas experiências místicas. E não posso negar que desde o primeiro encontro que tive com o hinduísmo apresentado por ele, a todo instante encontrava paralelos com os meus conhecimentos científicos.

Com ele conheci alguns deuses hindus,[10] tive o primeiro contato com os textos sagrados.[11] Ele dizia que esses textos deveriam ser respeitados pelo conhecimento que possuíam e que eles não eram fruto da inteligência do homem, mas sussurros do divino para os humanos.

Ele me ensinou que se deve buscar a não violência e a superar os dilemas da existência, temas para mim quase intransponíveis na época.

---

[10] Brahma, Shiva, Vishnu, Krishna, Ganesha, Saraswati, Lakshmi, Hanuman, Durga, Rama, entre outros.

[11] Os Vedas são em número de quatro: o Rig, o Sama, o Yajur e o Atharva, e também o Bagavad Gita, o Mahabharata o Upanichad.

Cada vez que viajava para sua pátria trazia uma lembrança para mim e para o Ernesto, tendo nos presenteado com um sherwani,[12] um dhoti, um dupatta e um turbante. Depois, um kurta, um churidar e um salwar. Em outra vez trouxe imagens da trimurti[13] e dos deuses maiores.[14] Eu e meu filho também fomos à Índia para conhecer de perto aquela cultura tão bem apresentada pelo Kabir.

A nossa discussão sempre girava num problema clássico entre físicos e as filosofias orientais: de que forma entrar no mundo místico e não repudiar a ciência? Ele, então, apresentava uma metáfora e eu, ansioso para desarticulá-la, no final, acabava concordando com ele.

Naquela época ele tinha 24 anos e já estava predestinado a uma esposa que Brahma lhe ofertara e que, por sorte, Kama, o deus hindu do amor, havia-o flechado. Dizia ele que "sentia a vibração dela", frisava sempre "sentia a vibração dela", quando cruzava com a linda mulher que um dia seria sua, e afirmava que a simples lembrança dela trazia a paz necessária para abrandar seus dilemas e deixar seus dias perfeitos.

— *Sentir? – ria dele. — Como sentir Kabir? Quando a tocar?*

— *Não, caro Guru –olhou-me bem sério. — Meu corpo sente a vibração que provém do corpo dela. Ressoamos.*

— *Você está querendo dizer que simplesmente, ao cruzar com alguém, podemos percebê-lo? "Sentir a pessoa"? – fiz aspas com os dedos, enfatizando as palavras.*

— *Sim, meu Guru – piscou para mim.*

— *Gosto de você, Kabir. Estou aprendendo a sua filosofia, mas há pontos da sua crença dos quais duvido.*

— *O dia que sentir, contará para mim. Se eu não mais estiver presente, escreverá.*

— *Combinado. Mas e se nunca acontecer? Se nunca vibrar como alguém?*

— *Nobre Guru, sabe que toda a matéria vibra, não é?*

— *Sim.*

— *Você vibra, eu vibro – olhava para mim esperando minha confirmação.*

— *Isso, Kabir. Tudo vibra.*

— *Há uma mulher, em algum lugar...*

— *Acho que bem longe de mim – interrompi-o.*

— *Que seja, mas ela existe e vibra como você. E ao encontrá-la não poderá mais viver sem ela – dançou alegremente.*

— *Ah, Kabir, você é mesmo incrível.*

— *Sei disso – abriu um enorme sorriso. — E tem mais, é uma questão de tempo.*

— *Tempo é relativo.*

— *Neste momento o tempo a que me refiro é eterno, Guru.*

— *Tudo bem, vamos comer algo.*

---

[12] É como um kurta, só que muito mais pomposo. Usa-se tecido mais encorpado para sua confecção. Usado em casamento pelo noivo. É como se fosse um paletó no ocidente.
[13] Trimurti: Brahma, Shiva, Vishnu.
[14] Krishna, Ganesha, Saraswati, Lakshmi, Hanuman, Durga, Rama, entre outros.

— Eu saberei identificar quando você encontrar alguém.

— Como?

— Você estará diferente. Eu saberei.

— Veremos! – levantei-me para ir comer algo.

— Ah! Tem mais! – seguia-me pelo corredor. — Quando ela estiver longe, a simples lembrança da pessoa querida a trará para perto do seu coração – bateu nas minhas costas.

— Veremos – sorri.

Passado quase um ano desde essa conversa, cheguei ao laboratório da universidade e o Kabir veio sorridente ao meu encontro. Ele era alegre, divertido, suas roupas sempre coloridas, o sorriso nos lábios era uma constante, sempre cantarolando músicas tradicionais. Ele irradiava uma luz vibrante.

— Namastê, estimado Guru – saldou-me Kabir.

— Namastê – inclinei-me a ele, com as mãos juntas.

— Quero que você leia – entregou-me muitas folhas.

— O que é isso? Já fez o relatório para o EVINCI?[15]

— Lógico que não – deu uma dançadinha. — Esse é o rascunho do meu primeiro livro. Quero muito a sua apreciação.

— Já? – admirei-me e peguei o material.

— Que sorrisinho é esse nos seus olhos? – questionou o jovem indiano, que me conhecia muito bem. — Encontrou com ela, não foi? Ih, Lorenzo, olha só o Guru! Caiu de amor, vibracionou.

Olhei seriamente para ele. Respirei fundo. Nesse tempo tinha aprendido muito da sua religiosidade filosófica, mas mesmo assim não conseguia entender como ele me conhecia tão bem.

— Será Kabir? – indagou Lorenzo, tirando os olhos do microscópio. — Isso será motivo de festa.

— Conta aí, Guru – cutucou-me ele, tirando-me do transe. — Ih, olha só, Lorenzo, ele está em estado alterado de consciência – caiu na risada.

— Ah, Kabir, Kabir, o que faço com você? – balancei a cabeça sem jeito.

— Sabia, eu lhe disse que eu reconheceria quando vibrasse como alguém. Tô feliz. Você deixará de ser tão chato – começou a cantarolar e a dançar uma música típica.

— De 0 a 10, você ficará 10 – imitou-me.

— Concordo com você, Kabir. Ele está realmente precisando de alguém – ironizou Lorenzo.

— Fala de mim, mas e você, Lorenzo, tem alguém? – interroguei-o.

---

[15] **EVINCI** – EVENTO DE INICIAÇÃO CIENTÍFICA que se realiza anualmente na Universidade Federal do Paraná

— É... Estou à espera... – ele balançou a cabeça em desalento – de uma vibração – sorriu.

— Vocês dois terão um problema com o amor – advertiu o hindu.

— Como assim? – perguntou Lorenzo, olhando-o por sobre o ombro.

— E eu estou com vocês nessa complicação – dançou como sempre fazia, demonstrando alegria.

— Por que diz isso? – larguei o que observava, intrigado com sua declaração.

— Pertencemos à mesma frequência vibracional e disputaremos uma mesma mulher – comentou o hindu.

— Rapaz, cuidado! Ainda não lancei sua nota – ri da teoria dele. — Vai querer roubar minha mulher? Eu nem a conheci ainda.

— Deixa a nota pra lá. Quero saber como ela é. Conversaram? A beijou? Transou com ela? – mostrou-se interessado. — Acha que ela gostará do indiano aqui também?

— Kabir, se sua teoria estiver correta, como até agora mostrou que está – ergui as sobrancelhas –, isso é um fator complicante. Terei um rival à altura, pois você é muito mais jovem que eu, mais alegre e vivaz...

— Estão se esquecendo de mim – interveio Lorenzo. — Ela é bonita? – dançou, imitando o bolsista.

— Parem vocês dois – sentei-me em frente ao computador. A imagem dela não saía da minha cabeça. — Já sinto ciúmes.

— Posso afirmar que nem conversou com ela – disse Kabir, balançando a cabeça em desalento.

Olhei sério para ele. Com certeza possuía alguma habilidade especial e não a revelava.

— Nada, não é? – arregalou os enormes olhos indianos. — Só cruzou com ela? – caiu na risada. — E está assim, tão vibracionado?

— Está reprovado – determinei.

— Maravilha! Mais um semestre com o meu adorável Guru – dançou alegremente.

Impossível resistir à energia daquele indiano.

— Vamos comemorar o encontro da nossa mulher – convidou Lorenzo. — E a permanência do Kabir conosco por mais um tempo.

— Ainda é cedo – argumentei.

— Para, João! Hoje é sexta-feira e não conseguiremos produzir mais nada.

Eu, o Lorenzo e o Kabir saímos do campus direto para um happy hour.

Abri os olhos com dificuldade. Não conseguia identificar onde me encontrava. Tentei mexer o corpo, tudo doía.

— Pai – o Ernesto chegou a meu lado.

Não entendia o que acontecia. O cheiro era típico de um ambiente hospitalar. Mas o que eu fazia num hospital?

Fechei os olhos, respirei uma, duas, três vezes, abri meus olhos novamente. Talvez eu estivesse tendo um pesadelo, mas tudo continuava igual.

— Pai, oh pai! Que bom que você voltou.

— O que aconteceu? – mal conseguia abrir os olhos.

— Sofreu um acidente – contou ele.

— Onde está o Kabir?

— Está bem, pai.

— E o Lorenzo?

— Bem.

— Há quanto tempo estou aqui? – balbuciei.

— Cinco dias – informou meu filho. Eu adormeci novamente.

Só depois que melhorei é que fiquei sabendo o que realmente acontecera. Um caminhão havia cruzado o sinal e batido do lado do passageiro, e eu e o indiano fomos atingidos em cheio. O Lorenzo teve pequenas lesões. Eu quebrei o braço e o fêmur do lado direito, três costelas, o rosto e o corpo tiveram vários cortes. Mas o Kabir havia "desencarnado" naquele fatídico acidente. Ele foi levado à Índia e cremado com todas as homenagens merecidas.

Engavetei o seu rascunho.

Tive a grande satisfação de conviver com ele por quatro anos.

Demorei muito para me recuperar da sua perda. Ele carregava com ele uma alegria transbordante, era extremamente inteligente e sempre ávido por mais conhecimentos. Assim que pude viajei para a Índia para visitar sua família e falar o quanto ele era estimado por mim.

Duas marcas ficaram registradas para sempre do dia do acidente: a alegria do Kabir e a vibração daquela mulher. A partir de então comecei a realizar, em horas de folga, mais leituras sobre a filosofia que ele tanto defendia e a analisar como a teoria subatômica poderia dar suporte para tal conhecimento. Em relação à mulher, tentei nunca mais lembrar dela, mas sabia que buscava a experiência vibracional que senti por ela em todo relacionamento vivido.

Levantei para pegar mais bebida e colocar lenha no fogo. Só então percebi que havia lágrimas nos meus olhos.

— Uau! Saudade dói.

Inevitavelmente, aquela seria uma noite de lembranças especiais, pois me veio à mente o Satoshi Takumi, outro bolsista, que chegara em 2005, do Japão. Eu não fora comunicado da sua vinda e ao vê-lo entrar no laboratório fiquei sem ação. Ele cumprimentou-me gentilmente e esperou alguma reação minha. Quem tomou a iniciativa de acolhimento foi o Lorenzo. Eu saí do recinto sem dizer uma só palavra, enfurecido.

Fui ao chefe do Departamento de Física e neguei veementemente outro bolsista. Ele então me lembrou de que a universidade tinha convênio com outras instituições de estudo e que era inevitável o curso ter que aceitar intercâmbio com outros países. Pedi para o locarem com outro orientador, fato que foi negado, pois o estudo de Satoshi estava ligado ao meu. Infelizmente, não havia o que fazer.

Fui embora sem voltar para o laboratório.

Apareci três dias depois e ao chegar ao trabalho lá se encontrava o jovem bolsista que, como o Kabir, também desejava usar a física com arcabouço para sua filosofia religiosa.

Ele era completamente distinto do Kabir, que era colorido, alegre e falante. Satoshi era monocromático, sério e silencioso. A única semelhança entre os dois era a inteligência. No início da nossa jornada mal falava com ele, deixava tudo por escrito, não queria criar nenhum tipo de vínculo. Mas foi impossível. Nas discussões dos experimentos e diante dos paradoxos que encontrávamos, ele sempre analisava os fatos de forma diferente.

— Como é que chegou a essa alternativa rapaz? – perguntei.

— Um dos pontos similares entre o conhecimento subatômico e a filosofia zen são os paradoxos. Os mestres usavam paradoxos enigmáticos para que seus discípulos percebessem como a lógica e o uso da razão são limitados, mais ou menos como quando os físicos do início do século XX ficaram diante da dupla fenda. Meus mestres usavam os koans para tal ensinamento.

A partir dessa resposta ele começou a me ensinar o zen-budismo, pois entendi que tanto os físicos atômicos como os mestres orientais têm como desafio problemas similares, como entender o inteligível. Ambos trabalham com conhecimento não visível e têm na língua um problema, pois nada do que se é entendido tem um vocábulo existente para defini-lo. O que observam não há como definir em palavras. Esse é só mais um dos pontos em que a teoria atômica e o pensamento oriental se conectam.

Mas como naquela época ainda era uma pessoa extremamente difícil de conviver, embora aprendendo muito com o novo bolsista, não me deixei envolver. Ele criou um vínculo maior com o Lorenzo.

Permaneceu conosco até 2007 e voltou à sua pátria.

O interesse pelo Tao veio naturalmente, não teve como fugir desse "caminho". Logo após a partida de Satoshi, uma empresa, juntamente com a universidade, decidiu financiar uma pesquisa há muito desejada, que seria interrompida em 2010.

— Chega dessas lembranças, João – levantei-me e fui pegar gelo para diluir a bebida.

Na cozinha senti fome, peguei uma lasanha do freezer, esquentei e comi vorazmente. Enchi o copo de gelo e voltei para a sala.

Então foi a vez de me lembrar dos romances que tive e tentei identificar os motivos de cada um deles não ter dado certo. Só achava uma razão.

— Nenhuma delas possuía a mesma vibração que a minha para ajudar a entender meus dilemas – lembrei-me da frase do Kabir: — É, nunca daria certo mesmo.

Gostei de muitas mulheres, vivi momentos incríveis, experimentei alguns relacionamentos mais sérios. Relacionei-me abertamente com uma, duas até três mulheres ao mesmo tempo, mas nunca me senti vibrando totalmente. Sempre faltava algo e era exatamente esse algo que me fazia sair da relação.

Mas houve uma, apenas uma, que senti a vibração, mas nunca pude tê-la. A lembrança dela fez brotar um leve sorriso.

Adormeci.

Acordei disposta.

O programa de todo sábado de manhã era a ONG. O local onde tudo começou era atualmente o "quartel general" da organização. Reuníamo-nos lá para ver os progressos realizados, verificar dificuldades que surgiam, conferir o que faltava, enfim, deixar tudo estruturado para a semana seguinte. Já tínhamos agenda organizada para os próximos seis meses, as verbas arrecadadas, os gastos estabelecidos, os novos pontos de apoio definidos. Na segunda-feira iríamos participar de uma reportagem para a maior rede de televisão do Brasil. O sucesso da ONG já havia se espalhado para fora do município, do estado e do país, por isso agendaram uma reportagem para entenderem e divulgarem nossa forma de organização.

Depois de duas horas de trabalho na ONG voltei para a Porção da Terra. Ao chegar, a Lívia avisou-me que uma mulher queria conversar comigo. Era a Suzete, com suas infinitas dores corporais. Após cumprimentá-la fomos ao Cantinho da Paz. Como a dona Eulália e tantas outras pessoas com quem conversava, ela tinha um padrão energético e não queria modificá-lo de jeito nenhum. No caso dela havia um ganho especial: atenção e piedade dos familiares, que se compadeciam dela. Sendo assim, os produtos da loja amenizariam as dores, mas a vontade de mudar teria que vir dela. Só que ela amava a situação. Não havia o que fazer, apenas dava meu tempo e atenção para que expressasse suas lamúrias.

Era quase meio-dia e já me preparava para fechar quando entra um homem, e não posso deixar de dizer, muito bonito. Nunca o vira na cidade. Ele andou pelo ambiente, olhando ora os produtos, ora para mim. Impossível não prestar atenção em seus movimentos, eram leves e delicados. Meus olhos não o deixavam, ele parecia me atrair. Seu rosto era marcante, corpo elegante, extremamente bem vestido, um sorriso sedutor e olhos provocantes. Levantei-me para conversar com ele, mas não sei por que fiquei sem jeito, senti-me constrangida de imaginar que ele pudesse perceber meu interesse por sua pessoa. Pedi a uma vendedora para ajudá-lo. Ele negou a ajuda e sorriu para mim, retribui. Uau, quem era aquele homem lindo?

Enquanto eu prestava atenção no formoso e desconhecido homem, a Fernanda chegou.

— Olá, bruxinha. Parece que tá jururu[16] hoje – chamou-me por um apelido.

— Capaiz! Tô bem – sorri.

— O que faremos hoje à tarde? – indagou Avatar, com seu salto de 15 cm, ficando ainda mais alto do que era.

A Fernanda Roth tem 52 anos, é descendente de alemães e nutricionista. Seu corpo é totalmente magro, sem nenhuma grama de gordura fora do lugar, e embora com seus 1,75 m de altura, sempre usa salto, por isso o apelido de Avatar. Olhos azuis como o céu, rosto oval envolto por um longo, liso e grosso cabelo loiríssimo. Usa sempre roupas casuais. Ela é separada desde antes de vir morar em Campo Mourão. Tem dois filhos: o Gustavo, de 19 anos, que arrasta uma asa pela Ana, minha filha, e o Fábio, de 17 anos. Conheci-a há uns 10 anos, quando precisei emagrecer, pois tenho uma briga eterna com a balança. Ela tinha recém-chegado à cidade e nos demos bem de cara. Eu nunca consegui emagrecer o tanto necessário, e depois que começou a conviver comigo ela entendeu o motivo.

— Essa pergunta é de lascar,[17] Fer – desviei o olhar dela para o forasteiro. — Não sei, talvez eu vá para a fazenda. Já faz duas semanas que não vejo meus padrinhos. Por quê?

---

[16] Jururu – quieta, triste.

[17] De lascar – pode ser algo bom ou algo ruim.

— Pensei em chamar a Boreal e a Rubi e passar à tarde no seu "mundo encantado", o que acha? – convidou-se a nutricionista e voltou os olhos para a direção que eu focava. Então percebeu a presença do estranho.

— Quem é esse pão?[18] – ela arregalou os enormes olhos azuis. Nós adorávamos usar jargões antigos.

— Não sei, não faço ideia. Mas é bacana pacas[19] – sussurrei.

— Vou falar com ele – avisou, partindo em sua direção, mas parou no meio do caminho, entrou atrás do balcão e tirou o salto imenso.

De longe vi que conversaram um pouco, olharam para mim, ela mostrou alguns produtos. Mas ele foi embora sem comprar nada.

— Que gato entojado![20] Não acredito que não consegui o celular dele – falou entristecida. — Mas dei o meu – abriu um sorriso maroto.

— Estrepou-se[21] – tirei uma casquinha dela.[22] – Bem feito – ela era ariana e como tal, determinada. – Você é muito afoita e muitas vezes intimida os homens.

— É... Você está certa. Preciso mesmo aprender a me conter. Mas espero que ele ligue – olhou para cima e colocou as mãos em oração. — Bem, voltando ao nosso fim de semana, vamos reunir as quatro solteironas?

— Uma ideia supimpa[23] – concordei. — Você já almoçou?

— Ainda não – a nutricionista olhou-me de fianco.[24]

— Então vamos inventar algo para comer. Tô morrendo de fome – ergui a sobrancelhas. — Ligue para elas, descubra se já almoçaram e veja o que acham de comermos algo em casa.

A Fernanda pegou o celular último modelo e mandou um recado para a Márcia e para a Bárbara.

— A Boreal está aqui pertinho e já vem para combinarmos. A Bárbara está presa numa consulta. Assim que liberar liga. Vou aproveitar o tempo de espera e procurar uma mandinga para encontrar um amor – seguiu para a seção de feitiços e simpatias. — Ou pelo menos para não afastar homens lindos.

Pouco tempo depois a Boreal chegou, apelido que ganhou por ser morena e de olhos verdes.

A Márcia Souza, uma típica libriana totalmente equilibrada, é advogada e filha de pai afrodescendente e mãe italiana. É uma negra linda de 50 anos, rosto anguloso, os olhos verdes reluzentes. O cabelo todo encaracolado é cuidado com muito zelo, deixando-a ainda mais linda. Cada semana aparece com um penteado novo. Sempre magra, nunca passava da medida, para poder ficar bem nos seus 1,62 metros de altura. Usa habitualmente roupas sociais, a sua profissão exige. Éramos amigas desde a infância, em Fênix, e ela nunca se casou, nem teve filhos. Sempre elegante, nunca precisou dos préstimos da nutricionista. Quando minha avó e o Pedro morreram no acidente de carro, a Márcia me ajudou com toda a papelada.

---

[18] Pão – homem bonito.
[19] Bacana pacas – muito bonito.
[20] Gato entojado – homem bonito e convencido.
[21] Estrepou-se – se deu mal.
[22] Tirar uma casquinha – zoar.
[23] Supimpa – legal, boa.
[24] Fianco – torta, de lado.

— Olá, Cuca – outro apelido meu. — E aí, Avatar? O que estão pensando em fazer hoje? – questionou a advogada.

— Vamos passar à tarde na casa da Cuca! – gritou a Fer do meio da loja.

— Claro, mas preciso almoçar antes. Estou com fome e vocês sabem que precisamos comer no máximo de três em três horas – sorriu. — É o que eu sempre ouço uma nutricionista falar – indicou a Avatar com a cabeça.

— Também não almoçamos – avisei enquanto dava o troco para uma cliente, que sorriu ao ouvir meu apelido. — Por que você e a Fer não vão ao mercado comprar algo para comermos? Encontro com vocês lá.

Nesse momento, a Bárbara liga e a Avatar combina de se encontrarem no mercado. Esperei o último cliente sair, fechei a loja logo em seguida e fui direto encontrá-las para comprarmos delícias para saborearmos. A Bárbara Almeida chegou ao mercado no mesmo momento que eu. Ela tem 50 anos, como eu, e é a pequenina da turma – tem 1,54 m de altura. De origem portuguesa, tem o peso um pouco acima da medida. É elétrica e parece viver a 220w/h. Leonina, tem um cabelo avermelhado bem curto e muito bem cuidado, que envolvia um rosto delicado com lindos olhos verdes. Devido à cor sempre reluzente do cabelo, recebeu a alcunha de Rubi. Logo que se formou teve um casamento complicado com um dentista, que não durou mais que um ano. Ela tem uma filha adotiva, a Valentina, de 17 anos, que é amiga e estuda com a minha filha. Como a Márcia, conhecíamo-nos desde que éramos meninas, em Fênix. A Bárbara foi outra cliente assídua da Avatar, mas também sem nenhum resultado. Pediatra, cuidou das minhas crianças desde que abriu seu consultório, em Campo Mourão.

Eu, a Márcia e a Bárbara estudamos na mesma escola em Fênix até a época em que elas foram estudar na capital. Mas naquele nostálgico tempo eu não era tão parceira delas como agora. É que eu fazia um trio com dois garotos, o Pedro Kloster e o Alfredo Al-Basshal. Éramos o "Trio Arrepio". Onde estávamos sempre acontecia alguma arte. Após uma confusão entre os dois, o Alfredo também foi estudar em Curitiba, formou-se em Agronomia e cuidava da pastagem de uma fazenda. Ficamos eu e o Pedro, e acabamos nos casando.

Enchemos um carrinho de guloseimas e bebidas, com o aval da nossa nutricionista, que, claro, só veio depois de muito apelo meu e da Rubi, as mais fofinhas. O sábado prometia.

Era uma delícia estar com elas. Divertíamo-nos muito juntas. Nossa amizade se fortaleceu também por que embora vivêssemos em pleno século XXI, o preconceito com mulheres solteiras, viúvas e separadas ainda era enorme. Os homens casados não queriam que suas mulheres ficassem perto de nós e vissem como era bom ter liberdade. E as mulheres casadas tinham medo que investíssemos em seus digníssimos esposos. Por isso, sempre a melhor pedida era comungar a alegria entre nós mesmas.

— Vamos pegar os biquínis e já chegamos lá.

— Espero vocês. Não demorem! – despedi-me no estacionamento do mercado e parti com o carro repleto de compras.

Ao chegar a casa, como sempre fui recebida pela Sininho e o Trola, que nunca cansavam de pular sempre que eu chegava. Depois, avisei aos meus filhos que as "Quatro Luas" iriam se reunir à tarde. Intitulávamos assim, pois, embora fôssemos amigas, éramos muitíssimos diferentes, como as fases da Lua. Eu era a Lua crescente, pois sempre tinha algo para iniciar. A Fernanda era a Lua cheia, toda espalhafatosa. A Bárbara se achava igual à minguante, pois sempre estava pra baixo em relação ao Alfredo. A Márcia era a Lua nova, com muitas ideias enraizando na cabeça.

— Oba mãe! – gritou Ana da piscina. — Teremos festa?

— Sim, claro.

— Adoro quando vocês falam como antigamente – comentou minha filha.

— E na "língua do p" – emendou Gabi, filha do Alfredo.

— Eu não entendo nada do que dizem – reclamou Tina, filha da Rubi.

— Quer ajuda, mãe? – perguntou Ana, vendo-me pegar as compras do porta-malas do carro.

— Psepripa pbom[25] – brinquei, com a "língua do p".

Logo as meninas vieram me auxiliar. Enquanto descarregávamos, as "Luas" foram chegando. Como viviam em casa, já sabiam onde colocar tudo.

— Olá, brotos[26] – a Fer dirigiu-se às meninas. — Tudo chuchu beleza?[27]

— Tudo joia, Fer – respondeu Ana, dando-lhe um beijinho.

— Uma belezura – confirmou Tina.

— Cada vez que chego aqui esqueço minha idade e me sinto uma criança – a nutricionista virou uma estrela na grama.

— Pcopmo pvopcê pdepipxou pespte plupgar ptão penpcanptapdor papssim[28]? – disse a pediatra.

— Pvopcês pnão pme pchapmam pde pCupca, penptão, pespte pé pmeu plupgar[29] – dei de ombros e olhei para as meninas, que ficavam intrigadas com nosso jeito de falar.

— Você é realmente uma bruxa – afirmou Márcia. — Não se incomoda com o convencional, fez sua casa única.

— Bruxinha, você não existe – cutucou-me Bárbara.

Fiz cócegas nela, que era supersensível.

— Ppapra[30] – falou, entre um riso e outro.

— Ptá pvenpdo, pepxispto psim[31] – olhei para as meninas e pisquei.

— Assim não vale. Não entendemos nada, Liz – resmunga Tina.

Nos fundos da casa criei um mundo encantado. Como era chamada por todos de Cuca ou bruxa, pois sempre ensinava algum chá para as moléstias que sentiam, fazia alguns rituais para melhorar o astral e conhecia um pouco de tarô, astrologia e o poder das pedras. Então resolvi fazer um lugar propício para tal personagem que me tornei.

Havia uma grande varanda que pegava a lateral e o fundo do terreno e achava-se sempre pronta para receber amigos para assar uma carninha e proporcionar muita diversão, com uma mesa de pebolim, uma de pingue-pongue e uma de sinuca. Pufes e sofás coloridos se espalhavam por

---

[25] Seria bom.
[26] Broto – mocinha bonita.
[27] Chuchu beleza – tudo bem.
[28] Como você deixou este lugar tão encantador assim?
[29] Vocês não me chamam de Cuca, então, este é o meu lugar.
[30] Para.
[31] Tá vendo, existo sim.

toda parte para quem quisesse relaxar. Em lugares estratégicos havia sinos para diversas funções e chamados. Todo esse espaço foi projetado com móveis, decoração e cores de contos infantis. A pia e o guarda-louças eram cheios de curvas e formas. As pernas das mesas dos jogos foram feitas sob encomenda para acompanhar os outros móveis. O local da churrasqueira e do fogão a lenha era típico de uma "bruxa poderosa". Um caldeirão preto ficava sempre pendurado. Embora tudo fosse colorido, havia harmonia perfeita entre as cores e formas.

Algumas árvores frutíferas de pequeno porte esparramavam uma sombra refrescante. Contrastando com a exuberância do verde do jardim, o azul da piscina se destacava. Ela era sinuosa e ladeada por pedras. Numa das extremidades, uma pequena cachoeira ornamental dava movimento a água. Ela era repleta de avencas e flores, as quais eram trocadas nas estações para sempre animar o local com suas cores e aromas. Muitas flores da estação coloriam pequenos canteiros e deixavam um delicioso cheiro floral no ar. O muro ao lado da piscina tinha um jardim vertical, com várias espécies de ervas aromáticas e todas com algum poder curativo. Na grama espalhavam-se sapinhos, gnomos e duendes, as árvores eram enfeitadas com elfos, fadas, anjos, bruxinhas, borboletas e pássaros. Luzes coloridas, colocadas em locais estratégicos, davam um ar surreal a todo o espaço. O encanto, tanto no olhar quanto no sentir, envolvia a todos que chegavam lá.

Logo uma batidinha de coco saiu. E uma caipireja[32] começou a ser elaborada. Só houve um problema. O sol lindo que iluminara a manhã de sábado havia se escondido e nuvens carregadas começaram a se formar. Em menos de duas horas a chuva chegou. Mas ela não foi motivo de desânimo. Nós éramos o nosso próprio sol.

Enquanto tagarelávamos e bebíamos, preparamos duas formas grandes de gordurosas lasanhas, repletas de queijo e molho, e uma quantidade enorme de um saudável yakisoba cheio de legumes, para não pesar tanto na consciência. Tudo ao som de músicas lindas, um pouco ao gosto de cada uma. Eu gostava de sertanejo, a Márcia de MPB, a Fernanda preferia rock e a Bárbara reggae.

Em pouco tempo a chuva ficou mais forte. Embaladas pela música, sentindo-nos felizes, resolvemos brincar nas gotas de prata que caíam do céu. Eu, minhas três amigas, a Ana e as duas amigas dela nos divertíamos, até que o toró parou. Então, pulamos na piscina. O difícil foi sair, pois a água quente fazia a temperatura do ar parecer muito fria. Foi preciso pedir ajuda ao meu filho Pedro para trazer toalhas para que pudéssemos sair.

Com o frio aumentando no final da tarde, o que era natural, pois já era junho e dias chuvosos refrescavam o nosso outono tropical, resolvemos entrar. Passamos pela cozinha, que era branca e prata, com uma bancada de granito separando-a da sala. Esta era grande e composta de dois ambientes. Bem em frente à bancada estendia-se um grande e aconchegante sofá e na parede a sua frente ficava uma televisão. À esquerda havia um piano, que era tocado pelo Pedrinho, e à direita uma lareira de pedra, que sempre entrava em ação nos dias frios. Na sua frente havia outro sofá e um tapete bem fofinho, repleto de almofadas, que permanecia pronto para receber quem quisesse um pouco de descanso e de aconchego. E esse foi o local escolhido. Acendemos a lareira, esparramo-nos no tapete envoltas em macias almofadas e, em seguida, uma após a outra, pegamos no sono. A Sininho dormiu encostada em mim; ela nunca me largava.

Dormimos pouco mais de uma hora.

— Nada como um cochilo restaurador – espreguicei-me ao despertar.

---

[32] Caipireja – caipirinha com cerveja.

— Preciso de água – comentou sonolenta a advogada.

— Também quero! – foi a vez da Rubi.

— E eu aqui também – resmungou a ariana, erguendo a mão.

Levantamos e fomos nos hidratar. Para não perder o hábito, elas me pediram para eu ver a sorte. A Márcia queria que eu lesse o Tarô, a Fernanda que eu jogasse pedras e a Bárbara quis a orientação do horóscopo.

— Assim vocês acabam comigo – deitei-me no tapete, negando o pedido.

— Dá uma canja[33] para a gente – pediu Márcia.

— Deixa de ser preguiçosa – resmungou Rubi.

— Ai! Vocês são fogo na roupa![34] Só uma pergunta de cada – avisei.

— Larga de ser mesquinha – reclamou Avatar.

— É mesmo, Liz – emendou a Bárbara.

— Tem o dom, tem que trabalhar com ele – tentou me influenciar a advogada.

— Tá bom, tá bom... O que faço com vocês?

A insistência foi tanta que decidi ceder. Fomos até a "Toca da Cuca". A Sininho foi conosco e se deitou numa almofada.

Nunca invocava os oráculos no coletivo, só para as Luas. Mas sempre fazia o ritual de purificação com elas. Liguei um som de natureza, pedi que começassem a prática da respiração para acalmar corpo e mente, e acendi incenso de mirra e absinto: o primeiro para estimular minha intuição, o segundo para aflorar a clarividência. Em seguida, um de eucalipto para uma limpeza energética de todas nós. Por último, aspergi água de pétalas de rosa branca, o que foi empoderado com cristais energizados na Lua cheia.

— Agora estão prontas energeticamente – afirmei –, mas antes ainda vamos trabalhar um pouco mais a respiração para oxigenar o cérebro e abrir todos os canais de energias necessárias para receber as orientações – o silêncio era total. — Fechem os olhos e respirem pelo nariz até encherem o pulmão completamente. Segurem o quanto puderem, soltem lentamente pela boca – toquei um sino que vibrava de uma forma especial, prolongando o som, e realizei a respiração. — Mais uma vez – o som suave do sino e da respiração de cada uma de nós ajudava a acalmar o ambiente. — Outra vez. Quem sentir necessidade pode repetir mais uma ou duas vezes. Quem se sentir pronta pode abrir os olhos.

Continuamos a respirar por mais algumas vezes. Uma a uma, abrimos os olhos. A energia do local tinha se transformado. Peguei as pedras.

— Vamos brincar um pouco – a Boreal esfregou as mãos animada.

— Isso não é brincadeira – olhei séria para ela. — É preciso estar muito concentrada, o que eu não estou por ter bebido, então só uma pergunta para cada uma – pus fim à teimosia delas. — O que quer saber, Fer? – comecei, sem dar ouvidos à reclamação geral.

— Amor! Como será minha semana de amor? – colocou a mão do coração.

---

[33] Dar canja – facilitar.
[34] Fogo na roupa – pessoa muito insistente, bagunceira, assanhada.

— Para tudo aí que tô apurada – a Rubi saiu correndo para o banheiro.

Assim que ela voltou, fizemos novamente a respiração e só depois joguei as pedras.

— Quartzo rosa, âmbar e ametistas juntas – ergui as sobrancelhas. — Uau, Avatar, essa configuração é excelente. Bons fluidos para o amor.

— Ai, será que aquele pão irá me ligar?

Ela explicou detalhadamente quem era o "pão" de que falava.

— Márcia, o que quer saber das cartas?

— Amor! Como será minha semana de amor. Vai aparecer alguém para eu gamar?[35] – imitou a amiga.

Olhei sério para ela, embaralhei as cartas, dei para que cortasse, e virei três cartas: a Sacerdotisa, a Roda do Destino e o Julgamento. Suspirei, olhei para ela e balancei a cabeça.

— Miga, não sei não, acho que terá novidades. As cartas dizem que você é resistente em relação ao amor, o que não é novidade para nós – ela fez uma cara feia. — Mas a Roda do Destino junto com o Julgamento avisa que a vida se movimenta sempre e o que era poderá voltar a ser. Haverá novidades e terá que tomar decisões importantes.

Ela permaneceu reflexiva e a deixei assim.

— Rubi, o que busca saber?

— Amor, é claro! - gargalhou. — Como será minha semana de amor? - plagiou as duas.

— Vocês não têm jeito – levantei e peguei o seu mapa astral que tinha guardado na gaveta, liguei o tablete para verificar a configuração dos astros na semana. — Vejamos, Lua e Vênus em Câncer, semana propícia para o amor.

— Oba! - esfregou as mãos. — Vou me acertar com o Alfredo, meu lindo príncipe árabe.

— Ai, cansei – levantei-me. — O que faremos agora?

— Não vai ver como será sua semana de amor? — perguntou Boreal.

— Deixa quieto. Tá tudo bem como está — saí da toca na frente delas.

Animadas com a semana cheia de amor, montaram uma tábua de frios e abriram logo duas garrafas vinho. Sentamos em frente à lareira, eu reavivei o fogo e depois peguei a Sininho no colo.

— Ah, gente, falar de amor e tal, tal, tal..., não é mais para nós — murmurou Fernanda. — Parecemos umas bocós.[36] Já estamos velhas – fez uma careta. — A Liz fica nos dando esperança. Somos cinquentonas – pôs a mão na cabeça. — Ai, meu Deus!

— Ei, não sou eu quem deu esperanças. Foram as energias de cada oráculo – ralhei. — Olha o respeito com as forças mágicas.

— Essa foi de lascar o cano,[37] né, Fer? – brincou Rubi.

— Tudo bem, desculpa aí, "forças mágicas" – a ariana enfatizou as duas últimas palavras. — É que já tô meio velhinha e não acredito mais que possa gamar.

---

[35] Gamar – apaixonar
[36] Bocó – boba.
[37] Lascar o cano – algo terrível, ruim.

— Ohm tonga!³⁸ – rebateu a médica. — O que tem isso? Amor não tem idade.

— Gente do céu! Olhem para nós, todas descuidadas – comentou a nutricionista. — Quando iremos achar um amor? Não desprezando as "forças mágicas", é claro – olhou para mim –, mas sejamos sinceras. Veja a sua perna Rubi. Há quanto tempo não a depila? Se a perna está assim, posso imaginar como está sua virilha – a Fernanda apontou a perna da amiga, que realmente precisava de uma depilação.

— "É pacabá³⁹" com a gente, né? – reclamou Bárbara. - Ah, Avatar, é que eu só uso calça. Posso ficar um tempo sem depilar as pernas. Faz bem à cútis – defendeu-se a médica. — A virilha fica escondida – começou a rir. — Mas o meu cabelo está sempre lindo – passou a mão no cabelo vermelho sempre impecável. – Só que hoje depois da chuva e da piscina não estava lá essas coisas.

— Quanto ao cabelo não posso dizer nada mesmo – interveio Fernanda. — Hoje é uma exceção. Mas quando vai para cama com o seu príncipe árabe e tal, vai assim, toda peluda? Pobre coitado! Deusolivre!⁴⁰ – caiu na risada.

— Ele já está acostumado. Nem nota.

— Diga-me a verdade, Rubi. Quando você tinha 20 anos ficava assim?

— Você está certa, Fernanda, cuidava melhor dessa joia rara aqui – fez uma cara feia. — Pare de pegar no meu pé, ou, se preferir, nos meus pelos – entornou a taça de vinho. — Você tá virada no guede⁴¹

— Ainda bem que fiz depilação definitiva – antecipei-me às investidas da Avatar. — Estou livre desse inconveniente em todos os lugares necessários – balancei as pernas no ar.

— E você, bruxinha? – agora a Fer vai pegar no meu pé. Ela vai falar que estou acima do peso. — Olhe suas unhas, tanto das mãos quanto dos pés. Há quanto tempo não vê uma manicure e pedicure? E esmalte então?

— A Avatar tá pegando duro – fiz uma careta. Ainda bem que não manifestou nada sobre o meu peso. — Eu não gosto de tirar as cutículas –mostrei as mãos. — Elas são proteção para as unhas. Agora quanto a esmalte, você está correta. Antes eu nunca ficava sem.

— E você, doutora advogada? Como estão suas peças íntimas? – investigou a nutricionista, fazendo papel de inquisidora.

— Credo em cruz! Achei que você não me colocaria na berlinda, mas me botô.⁴² Só tenho peças beges e sem graça, pois são bem versáteis – caiu na risada.

— Lingerie bege é o horror dos homens – fez cara de nojo a Avatar.

Eu pensei na minha gaveta de calcinha e sutiãs e sem dúvida precisava fazer umas compras.

— Pela madrugada,⁴³ meninas, estou igualzinha a vocês. Tudo que expus foi pensando em mim. Olhem minhas pernas – ela usava shorts. — O que dizer da minha virilha? Está uma selva – gargalhou. — As unhas até que estão melhorzinhas, pois atendo no meu consultório. Mas minhas

---

³⁸ Tonga – boba.
³⁹ Pacabá – acabar.
⁴⁰ Deusolivre – Deus o livre.
⁴¹ Virado no guede – uma pessoa irritante, nervosa, tiradora de sarro.
⁴² Botô – colocou.
⁴³ Pela madrugada – pelo amor de Deus.

peças íntimas, aí não posso nem lembrar – balancei a cabeça. — E me esqueci do perfume. Como vocês estão nesse item?

— Eu estou ótima. Não fico sem – vangloriou-se Boreal.

— Nota zero para mim – respondi. — Fico tão impregnada com o aroma das plantas e especiarias da loja que me esqueço de me perfumar.

— Minhas crianças são alérgicas, nunca passo – emendou a médica.

— Também tenho problema com pacientes alérgicos e quase nunca uso – balançou a cabeça tristemente a Fernanda. — Mas pensem, meninas, quando um homem perfumado cruza nosso caminho não ficamos admiradas?

— Sim – respondemos em coro.

— Poderíamos atrair um pedaço de mau caminho se nos perfumássemos mais – avisou Avatar.

— Você está coberta de razão – concordou Bárbara. — Acho que estamos mesmo meio esgualepadas.[44]

— Ai, vou dar um jeito nisso logo. Segunda-feira vou cedo ao salão e às compras de lingerie e perfume. O meu acabou não sei quando – comentei.

— Mas vocês ainda acham que o amor possa acontecer conosco? – questionou Márcia. — Já somos cinquentonas. Puxa, isso é mal, é triste – selou para nós um destino de solidão.

— Ai! – suspirou Fernanda. — Que triste mesmo. A Boreal tem razão. Vamos pensar nos últimos livros que foram bests sellers e de filmes campeões de bilheteria e tal, tals. Quem eram os protagonistas? Pessoas jovens, lindas, ricas, perfeitas.

— Nossa, Fer, você e seus tal, tals – resmungou Rubi.

— O que têm eles? – fechou a cara Avatar.

— Fala tal, tal, tals em quase todas as frases – explicou a médica.

— Nem vejo eu falar assim. Na verdade, é para não falar muito. Quando falo tal tal, vocês já entendem o que quero completar na frase, não é?

— É verdade – concordou Márcia.

— Fala assim com seus clientes? – indagou a pediatra.

— Acho que já se acostumaram – deu de ombros. — Bem, eles nunca reclamaram, diversamente de vocês, que vivem pegando no meu pé – a nutricionista fez uma careta para nós.

— Esqueçamos então os seus tal, tals, que fazem parte de você mesmo – gesticulou Rubi com as mãos, dando um basta na questão. — Bem, você tem razão. Nós somos cartas fora do baralho – gemeu a Bárbara. — Somos pessoas velhas, feias, pobres e cheias de defeitos.

— Também não é assim. Livros e filmes mexem com o imaginário coletivo. A realidade pode ser diferente, podemos amar ainda – tentei ser otimista. — E embora já estejamos "quase" velhinhas – destaquei o quase –, não somos feias, nem pobres, nem cheias de defeitos.

— O quê? – admirou-se a Avatar. — Defeitos? Temos sim e aos montes – enfatizou, balançando os dedos.

---

[44] Esgualepada – desleixadas, acabadas.

— Tá bom – concordei –, mas não aos montes. Só um tiquinho deles – mostrei uns cinco centímetros com o indicador e o polegar.

— Bruxa, você acha que pode encontrar um grande amor, daqueles de tirar o fôlego? – mudou de assunto a Boreal.

— E por que não? Posso sim – tomei um gole para engolir o que disse. — Pode até ser difícil de acreditar – sorri –, mas por que não? – repeti para elas e para mim mesma.

— Acha que seria bom e tal, tals? – quis saber Fernanda.

— Talvez sim, talvez não – balancei a cabeça para um lado, depois outro. — Tudo depende ... – olhei para o vazio. — São tantas coisas implicadas... – pensei um pouco. — Sei que já faz tempo que o Pedro morreu e está na hora de me envolver na magia do amor. Mas se pensar bem, minha vida está tão organizada agora que não sei se quero viver um amor de tirar o fôlego. Algo assim pode desestruturar tudo – suspirei, torci os lábios. — Não sei... Amar verdadeiramente seria interessante, mas minha rotina diária é tão comum que não vejo como encontrar alguém que me faça ficar apalermada.

— Apar o quê? – ficou confusa Bárbara.

— Apalermada quer dizer boba, tola, sem noção – expliquei.

— Ai, meninas, quero contar algo pra vocês... – começou a contar a nutricionista. — Conheci alguém pela internet e estou me apaixonando.

— Como é que é? – perguntou a advogada.

— Conheci um homem numa rede social. Ele é amigo de uma amiga minha lá de São Paulo. Estamos conversando há mais de um mês e estou "apalermada" por ele – frisou a palavra e deitou-se no tapete.

— Isso é um perigo – alertei.

— Para, Liz. Ele é perfeito, inteligente, fazendeiro em Ribeirão Preto. Separado, tem 56 anos, tem três filhos já adultos, mora sozinho. Ele é muito bonito, vi fotos na internet.

— Que podem ser fake – interveio Márcia.

— Conversamos por horas – a nutricionista fez uma cara feia para a amiga. — Ele quer que eu vá conhecê-lo.

— Mas você não vai, não é? – investigou a médica.

— Por que não? – Fer sentou-se e encarou a Rubi.

— Porque você está no mundo virtual, que não é real – tomei a vez da Rubi. — Olha, Fer, quando pensamos que amamos algo que não está ao nosso lado, que não vemos e não tocamos, criamos qualidades que desejamos que o outro tenha, ficamos inebriados por tal criatura e deixamos de perceber que tudo é fruto do nosso anseio – aclarei.

– E qual é o problema? – a avatar parecia irritada por estarmos desconstruindo o seu sonho de amor virtual.

— O problema é que concebemos um personagem perfeito, mas fictício – respondi.

— E tudo no mundo fictício/virtual é "cor-de-rosa" – Boreal fez um gesto de aspas com os dedos para ressaltar "cor-de-rosa". — Amiga, na maioria das vezes em que há esse tipo de envolvimento, as pessoas ficam presas às suas crenças de perfeição e acham que tudo no ser virtual é real, mas na grande maioria das vezes isso é pura ilusão. Só quem está envolvido nessa trama acredita ter encontrado o "tal ser perfeito" e que ele, por sua vez, está perdidamente apaixonado – colocou aspas novamente no "tal ser perfeito". — E quando acorda, sente-se muito desiludido.

— Será mesmo? – o olhar da Avatar estava distante.

— Não existe perfeição – afirmou a advogada. — Ah, Fernanda, você já é bem crescidinha pra saber disso.

— Mas ele é tão perfeito... – ao usar tal vocábulo, a Avatar arregalou os olhos. Pareceu ter entendido o recado. — Será que construí uma ilusão? Criei na mente uma pessoa ideal, diferente da que está do outro lado da tela?

Ficamos em silêncio enquanto ela nos observava.

— Ai, fiquei tão iludida por ele, e o sentimento é tão bom, que não acredito que o que dizem possa ser verdade – respirou fundo a nutricionista.

— Você pode preferir ficar na ilusão de ter encontrado o ser perfeito... – Rubi começou a falar, mas foi interrompida.

— Puxa gente, nada é melhor do que estar apaixonada e "acreditar" – enfatizou novamente o "acreditar" – que a pessoa é como a criamos. As emoções são intensas e parece que nada no mundo pode me fazer querer perder isso – sorveu um grande gole de vinho.

— Vixi, olha só em que confusão você está se metendo, Fer – alertou Rubi

— Por quê? – Fernanda arregalou os olhos — quem sabe possa ser verdade.

— Talvez sim, talvez não – balançou a cabeça para um lado, depois para o outro. — Mas fique esperta. Você pode estar perdida de amor por alguém que não existe – explicou a advogada. — A mãe de uma cliente já teve um caso similar e quase separou do marido por causa desse problema.

— É... – falou reflexiva a nutricionista. — Nós, mulheres, somos tão burras que basta um homem sorrir que já nos apaixonamos perdidamente. É facinho nos conquistar – encostou-se na almofada tristemente. — Ou, no meu caso, alguns cliques.

— Você tem razão em relação a sermos tolas – concordou Márcia. — Outro dia um homem perfeito, de terno e gravata, permitiu que eu passasse na frente dele na porta do banco e eu já fiquei achando que ele gostou de mim – lamentou-se Boreal.

— E eu que achei que o Ismael, o açougueiro, quisesse algo comigo por que sempre me chamava de "loira minha" quando eu comprava carne – abriu-se Fernanda. — Sonhava com ele me pedindo em casamento, e tal, tal, tal. Quanta ingenuidade.

— Caí nessa também – lamentou-se Rubi. — O Lincoln, pai de uma paciente, frequentou por muitos meses o meu consultório semanalmente e também imaginei que era para me ver – suspirou. — Mas era por causa da minha secretária – caiu na gargalhada.

— Também tive alguns episódios de achar que era a preferida de alguém e me decepcionei – revelei, rindo.

— Ai, mas eu queria viver um grande amor, com um homem lindo e tal tal – confessou Avatar.

— Como todas as mulheres – afirmei.

– Já que não pode ser com o virtual, que seja como o pão que vi hoje na sua loja, Liz.

— Eu também – emendou Bárbara. — Em específico com o Alfredo, meu magnífico xeique sírio, com seu 1,82m, olhos e cabelos negros como a noite, seu rosto anguloso, seu corpo musculoso, seu perfume amadeirado... Somos feitos um para o outro.

— Querem saber? Para mim homem serve apenas para me dar prazer sexual e tal, tal, tal – desabafou Márcia, imitando a Avatar. — Eu odeio ficar sozinha. Amor é o que sinto quando vejo um cara muito lindo de calças justas. Paixão é quando passo uma noite repleta de prazer.

— Nossa, que tarada! – exclamou Fernanda.

E caímos na risada.

— Eu tenho uma opinião sobre o amor – enchi minha taça de vinho. — Há o amor Filos, que é o amor entre amigas, como o nosso. Há o ágape, que é o amor incondicional, como o de Deus. E há também o Eros, o amor romântico.

— Lá vem a nossa filósofa... – Rubi afundou-se no sofá para me ouvir.

— Amor proveniente de Eros é algo sutil. Leve. Gostoso. Ele é o deus do amor – suspirei. — O amor provindo dele é uma sensação. Sensação de sublimação. Faz-nos até alterar o estado de consciência. O amor é como uma nuvem que vemos e não conseguimos tocar, mas está lá. Há uma grande magia entre as pessoas que se amam, que as tornam uma só. Quando há o verdadeiro amor pode-se "sentir" a aproximação da pessoa amada – fiz aspas com os dedos. — Penso que esse sentimento é quando duas pessoas pensam da mesma forma, gostam das mesmas coisas, riem das mesmas piadas. São iguais. É isso que quero dizer. Não acredito na velha premissa de que "os opostos se atraem". Imagine eu viver com um homem todo certinho e racional, meu oposto. Seria um tédio para mim e uma loucura para ele.

— Mas o que falta em você ele tem e o que falta nele você tem – interveio a leonina. — Se completam.

— Eu pessoalmente não acredito nisso. O que é diferente cansa. O que é igual soma. Desejamos que se perpetue – suspirei. — Além do que, uma pessoa não precisa completar a outra, mas quando estão juntas, uma e outra se tornam melhores, mas cada um na sua individualidade.

— Não concordo com sua teoria, Liz – opinou Márcia.

— Veja, Márcia, imagine você vivendo o resto da sua vida com uma pessoa que gosta de ouvir um estilo de música bem diferente da sua. Para viver bem você aprenderia a gostar de tal estilo ou ficaria maluca.

— Que exemplo ótimo – ela faz uma careta de escárnio.

— Bem pobrinho mesmo, mas deu para entender – defendeu-me Bárbara.

— É, talvez você tenha razão – concordou a advogada depois de refletir um pouco.

— Veja, eu gosto de pintar, meditar, ler, ver filmes, de tudo que é místico, enfim, sou toda emoção. Imaginem eu querer ficar com alguém de seja meu oposto, por exemplo, o sujeito só goste de assistir futebol, odeie ler, meditar para ele é coisa de boiola ou louco e nem sabe o que é misticismo – balancei a cabeça só de imaginar algo tão terrível. — Ora, ele é meu oposto, como vou crescer com um homem desses. Para mim o amor é união e troca. Por pensar assim acho que vou morrer sozinha. Mas não me importo. Ou é igual a mim ou fico na solidão – esfreguei as mãos fechadas nos olhos, como se enxugasse lágrimas.

— Ui, sabe que agora tô com você – rendeu-se Fernanda.

— É, talvez esteja certa – emendou Bárbara.

— Essa é a sua visão de amor. Tudo bem, o que é paixão para você? – inquiriu a libriana, a mais racional do grupo.

— A paixão é o sintoma do amor Eros. É o que faz toda a magia acontecer. É algo que faz o corpo tremer, o coração pulsar muito forte, como se fosse sair do peito. Faz a respiração alterar, as pernas tremerem, as mãos suarem, enfim, o amor pode trazer com ele a paixão, que mexe com todo o nosso ser e da pessoa amada também. É algo mais carnal, tem a ver com o funcionamento do corpo. Tipo, quando sinto cólicas sei que vou menstruar.

— Credo, que exemplo mais horrível! – gritou a médica.

— Acabou o romantismo... – gemeu Márcia.

Todas gargalhamos.

— Estou mesmo ruim de exemplos – fiz uma careta. — Você está certa. Deixe-me pensar em algo melhor.

— A febre é sintoma de alguma infecção, assim como a paixão é sinônimo do amor e tal, tal – ajudou-me a médica, imitando a amiga nos tal, tal.

— Nossa, ainda tá péssimo – comentou Márcia –, mas dá para entender. Chega de exemplos, por favor – ergueu os braços em súplica.

— Você acredita que isso existe, Liz? – desafiou Fernanda.

— Amor com paixão? – olhei para o nada, tentando achar uma resposta. — Não sei, às vezes sim, outras não.

— Já sentiu isso? – quis saber Avatar. — Depois que o Pedro morreu, é claro.

— Ah, amei o Pedro intensamente... – caminhei pela sala procurando palavras. — O meu amor com ele começou filos, como o que sentia pelo Alfredo. Era amor de amigo. Com o tempo o sentimento mudou em relação ao Pedro, virou Eros – dirigi-me a Bárbara. — O Alfredo foi e éééé – pronunciei demoradamente – , meu amigo. O amor com o Pedro foi doce e leve. Foi lindo, nasceu de uma longa e pura amizade – meus olhos encheram-se de lágrimas ao me lembrar dele.

— Vamos mudar de assunto – sugeriu Fernanda ao me ver entristecer.

— Deixe-me continuar. Preciso continuar – enxuguei os olhos, sorvi o ar. — O sentimento foi crescendo junto com nossos corpos e quando ficamos jovens nosso amor floresceu. Foi lindo, suave e intenso ao mesmo tempo – senti uma enorme saudade do Pedro. — Não entendo porque teve de morrer tão jovem —virei toda a taça de vinho.

— Quantos anos faz que ele faleceu? – indagou a Avatar.

— Ele e a vó Veridiana. Eu estava grávida da Aninha — a lembrança trouxe mais lágrimas aos meus olhos. — Em maio de 1997, já há 17 anos.

— Foi uma tragédia – afirmou a advogada.

— Nós tínhamos apenas 33 anos... — respirei fundo para acalmar a mente. — Bem, o tempo passou, sou uma mulher madura e dona de mim – suspirei. — Se for sentir novamente o amor, ele deve ser arrebatador. Não tenho mais muito tempo com meio século nas costas – fiz uma careta. — Mais sei lá, acredito que já tive minha dose de amor e não vou mais viver tal emoção, tal magia.

— A esperança é a última que morre, não é? – tentou-me animar a advogada.

— Pois é, parece que todas nós queremos viver uma louca paixão – comentei.

— Você está corretíssima – concordou Fernanda. — Se bem que esse amor que você imagina, isto é, que nós imaginamos, acho que só existe nos filmes de romance – continuou a falar Avatar. — Tipo, para enganar a gente, para ficarmos horas sentadas em frente da tela, suspirando de inveja da protagonista da história e depois, totalmente deprimidas e solitárias, irmos ao shopping para fazer compras para tentar preencher o vazio que a falta de amor nos faz, como se fosse fácil isso, trocar sentimento por mercadoria – encheu a taça com mais vinho. — O amor que queremos é cultural e artimanha do capitalista. Não existe.

— Por essas e outras que eu deixo a vida como está – aderi a opinião dela. — E como disse anteriormente, acredito que minha vida é bem estruturada e não cabe um amor agora – sentei-me no tapete, finalizando minha participação no debate, e suspirei alto. — Se bem que um romancezinho intenso não faria mal a ninguém.

— Ô loco, Liz! Decida-se – riu a advogada. — Quer ou não quer amar?

— Acho melhor manter minha vida organizada como está – dei de ombros.

— Credo, todo momento você diz que está bem sozinha, que sua vida é organizada e que não quer amar – falou Márcia. — Querer viver um grande amor é intrínseco ao ser. E não me venha teorizar sobre a preservação da espécie, Bárbara – virou-se para a amiga. — Não me diga que agora que não podemos mais ter filhos não tem nenhum macho interessado.

— E é a mais pura verdade – Rubi balançou a cabeça, demonstrando o desagrado com a verdade.

— O mundo é outro – interveio Fernanda. — O amor e o sexo hoje não visam mais à perpetuação da espécie – tomou mais um gole de vinho. — O que as pessoas buscam hoje é a satisfação pessoal.

— Somos todos hedonistas e essa busca pelo prazer e satisfação imediata a todo custo está levando o ser humano a se perder – comentei.

— Por que diz isso? – interessou-se a médica.

— Digo isso porque muitas pessoas vão até a loja angustiadas pelo fim de um relacionamento. Muitas contam o que aconteceu, por que o romance não deu certo. Na maioria das vezes o problema é tão superficial que nem faz sentido. As pessoas estão se trocando por nada. O consumismo chegou às relações pessoais de uma forma alarmante. É triste de ver – sorvi um gole de vinho. — Se algo não lhe traz satisfação, logo descartam e partem em busca de outro tipo de prazer. Infelizmente, é uma característica da sociedade pós-moderna. O hedonismo tomou conta do mundo e todas nós sabemos que a vida é feita de altos e baixos, de vitorias e derrotas – tomei mais um gole. — É preciso entender a dificuldade, ter mais paciência com o outro, ouvir, respeitar, perdoar, enfim, ter empatia. Acho que esse sentimento nem existe mais. As pessoas estão cada vez mais narcisistas.

— Isso é mesmo muito triste – concordou Fernanda.

— Infelizmente, meninas, acho que não vamos amar novamente. O mundo está muito concorrido, com mulheres cada vez mais lindas e homens cada vez mais em busca de sexo. Quando são homens mesmo... – deitei-me e cobri o rosto com uma almofada. Esse assunto me esgotava.

— Ei, Liz – chamou-me Boreal. — Você é uma mulher linda, estilosa, dona do seu mundo, bem-sucedida, independente e carismática, por que você acha que não vai amar novamente? Você tem medo do amor, Liz? O tempo já não apagou a dor? – questionou a Márcia

A pergunta da advogada me deixou sem resposta. Novamente, lembrei-me do Pedro, do sentimento que nutri por ele. Era amizade, parceria, cumplicidade, amor. Foi calmo, lindo e bom. Mas veio a perda, a falta, a dor. Acho que perder o Pedro fez eu perceber o amor como sofrimento e dor. Depois de alguns anos experimentei outros relacionamentos, mas não me envolvi emocionalmente com ninguém. Por que eu era assim? Será que a possibilidade de amar morrera com meu marido? Será que nunca mais seria capaz de amar? Será que sempre arrumaria uma desculpa para não amar? Já tinha vivido uma experiência, será que merecia outra? Eu fiquei chocada comigo mesma.

— Márcia, pergunta interessante. Eu não sei bem o que responder – disse, tristemente. — Talvez minha cota de amor tenha se esgotado com o Pedro.

— Para com isso! Acha que cada uma de nós nasce com uma cota de amor programada, assim como nossos óvulos? – encarou-me a advogada. — Quanta bobagem! Podemos viver quantos amores aparecerem na nossa vida, nem que ele seja por apenas um dia – comentou. — Você ainda vai encontrar esse amor, como eu, a Fernanda e a Bárbara. Não se esqueça de que as "forças mágicas" revelaram muito amor para esta semana – esfregou as mãos. — A coisa vai pegar.

— Mas não quero. Ainda sinto que amor é sinônimo de dor – sentei-me.

— Não adianta não querer. Ele acontece e pronto – avisou Márcia. — E só dói se não for correspondido.

— Eu já amei uma vez – a nutricionista puxou para ela o assunto, liberando-me das questões da Boreal. — Mas não deu certo.

— Tá falando do seu ex? – perguntou Rubi.

— Não. Do Gustavo eu só gostei muito, mas amei verdadeiramente outro homem – confessou Avatar.

— Pode contar esse babado – pedi rapidamente.

— Quero mais vinho – a Fer pediu e foi atendida por mim. Estava curiosa. — Nos meus 13 anos me apaixonei por um primo que sempre passava as férias lá em Ribeirão Preto. O meu pai era irmão do pai dele e todos os feriados e festas de final de ano eles viajavam de São Paulo para o interior. Como a Liz e o Pedro, eu e o Lucas crescemos amigos e nos tornamos amantes. Era tão forte o que sentíamos um pelo outro que o ar chegava a faltar. Quando eu tinha 14 anos e ele 15 fizemos amor pela primeira vez. Foi o momento mais mágico que vivi. Estávamos na fazenda do papai e decidimos cavalgar. Paramos numa cachoeira e fomos nadar. Era dezembro e fazia muito calor. Aí vocês podem imaginar, como foi lindo nos descobrirmos, tocar nossos corpos jovens e ávidos por prazer.

— Uau! – exclamou Márcia. — Não deve haver nada mais excitante e lindo.

— O que aconteceu? – Rubi fez carinha de triste. — Por que não ficaram juntos?

— Bem, assim que descobrimos como era bom estarmos "conectados" – a Fer colocou aspas nas palavras com um gesto de mão –, fazíamos amor sempre que tínhamos oportunidade. Mas meu pai nos pegou uma tarde. Bateu em mim e expulsou o sobrinho. Os irmãos brigaram, romperam relações por uns anos porque os filhos se amavam. Podem imaginar isso? Ele me mandou morar com minha avó materna, lá em Porto Alegre. Nunca mais vi o Lucas. Só fiquei sabendo que ele morreu num acidente de carro uns 10 anos depois. Ele nunca se casou. Acho que me amou até morrer e acho que eu o amo até hoje.

— Que história triste – suspirei. — Parece que muita gente sofre da maldição do amor.

— O Gustavo, meu ex-marido, conheci na faculdade. Ele é boa pessoa, mas somos muito diferentes. Gostei muito dele, ele me deu as duas joias mais raras que tenho, meus meninos – deitou-se no tapete. — Eu queria amar novamente e tal, tal, tal – revelou Fernanda. — Mas depois do que falamos hoje, acho quase impossível.

— Eu já senti, vivi e sofri por um grande amor – confidenciou Márcia. — Foi há muitos anos. Eu o conheci no nosso baile de formatura do Ensino Médio.

— Ixi, eu não fui à nossa festa – lamentou-se a pediatra. — Uma amiga da mamãe tinha falecido. Ai que raiva!

— Ué, você nunca contou nada disso para gente – ralhei.

— Ele era lindo, alto, loiro de olhos azuis – continuou a advogada sem me dar ouvidos. — Quando ele entrou no salão, mesmo sem nunca o ter visto, tudo o que a bruxinha falou aconteceu comigo. Fiquei repleta de amor por ele. Percebi que ele também me olhava, e quando nossos olhares se cruzaram, foi como se minha vida ganhasse nova direção.

— Nossa, Márcia. Jura que viveu isso? Mas conta, você ficou com ele? – Fernanda remexeu-se curiosa.

— Depois de muitas trocas de olhares, ele criou coragem e veio ao meu encontro. Ele mal conseguia falar. Eu podia perceber que ele sentia o mesmo que eu. Dançamos, conversamos, demos muitas risadas. A noite acabou – suspirou tristemente Boreal – e nunca mais o vi.

— Mas se beijaram? – indagou Fe.

— Que triste! – exclamei.

— Mas se beijaram e tal, tal? – insistiu a nutricionista.

— Sim. E foi a melhor sensação que já tive. Ele foi o primeiro rapaz que beijei – revelou Márcia, pondo a mão no coração. — Senti borboletas no estômago.

— Como assim? Como alguém pode sumir? Ele não era amigo de alguém? – questionou Bárbara.

— Para quem eu perguntei não o conhecia. O nome dele era Dionísio. Então é isso, Liz, o amor existe mesmo, causa todas essas reações que você descreveu, mas pode trazer muita tristeza. Entendo você.

— Sei muito bem disso – bebi mais vinho.

— Eu nunca me casei por ainda amá-lo. Busco-o em todo homem com que me relaciono. Gostaria muito de reencontrá-lo um dia – uma lágrima correu dos lindos olhos verdes da Boreal. — Bem, por isso aproveito o prazer físico que os homens podem me proporcionar, já que amor é mais complicado. Às vezes acho que ele nem chegou a existir – todas ficamos em silêncio após a revelação da advogada.

— Deixem-me falar o que acho do homem – intervi, para melhorar o astral do grupo. — O homem é o ser que pode despertar os sintomas do amor e da paixão. Mas como já disse, para isso ele precisa ser igualzinho à gente. E sexo é a união dessas duas pessoas em uma só. É quando a verdadeira unidade se dá, é quando a magia flui.

— É, às vezes fico imaginando como deve ser bom fazer sexo com quem se sente paixão e amor, no meu caso, o Dionísio – suspirou a advogada. — Deve ser a redenção – abraçou uma almofada.

— Sem gostar já é bom – afirmou Fernanda –, imagine amando, uau!

— Pensem um homem que desperta em você uma enxurrada de sensações, deixando-a enfeitiçada pelos seus encantos – continuei o pensamento. — Todos os seus sentidos entram em ação a espera de um cerimonial mágico; ficam em alerta, você sente mais, vê mais, ouve mais, cheira mais. Tudo em perfeita harmonia e prontos para o ritual de acasalamento. Suas bocas se tocam levemente, o corpo todo reage aos lábios se unindo, num estouro de desejo, numa troca de almas. O coração pulsando fortemente, dele e dela, como se quisessem dizer o quanto se amam e se desejam. A respiração cada vez mais acelerada, revelando todo o turbilhão de emoções que estão sentindo. Os corpos nus desejosos se mexem na mais perfeita harmonia. Homem e mulher, um unido ao outro, ardentes. A explosão de amor se dá, e corpos suados, cansados, em êxtase, por terem se encontrado, nunca mais querem se separar. Ficam assim por um tempo, apenas sentindo a alegria e o encanto de terem se encontrado. A magia está completa.

— Meu Deus, bruxinha, de onde tirou tudo isso? Quero viver para sentir essa magia! – exclamou Fernanda.

— Eu também – afirmei.

— E eu vou chorar – lamentou-se Márcia. — Acho mesmo que só viveria isso com o Dionísio.

— Nossa! Acabou a graça. Qualquer fala minha se apagará diante desse relato. Concordo plenamente com a Liz – disse Bárbara.

— Também não tenho outra opinião além da dela. Quero mais vinho – pediu Fernanda.

— E eu quero amar desse jeito – sorriu maliciosamente Rubi. — Com o Alfredo, é claro.

— Os homens também querem, não é? Senão como será possível viver tal paixão? – ventilou Márcia.

— Pois é, verdade. Mas é difícil um homem amar com tanta intensidade – reclamou Bárbara.

— Será? Eles amam sim. E quando um homem ama uma mulher ele move montanhas e tal, tals para tê-la – completou a Fer.

— Onde está esse homem? – abriu os braços a Márcia.

— Também quero um – pedi.

— Manda empacotar um exemplar para mim – solicitou Bárbara. – Mas tem que ser o meu agrônomo.

— Se eu encontrasse um homem que me amasse como eu imagino, teria medo de me envolver. Negaria o amor – comentei.

— Você só pode estar brincando – indignou-se Márcia.

— Por quê? – questionou Bárbara.

— Acho que teria medo – enchi a minha taça de vinho.

— Medo do quê? Está louca? Eu me agarraria ao pescoço dele e nunca mais soltaria – Fernanda comunicou sua intensão.

— Medo de acordar e ele não estar mais ao meu lado. Medo da separação. Não sei, às vezes, quando penso no amor, uma sensação estranha invade meu ser. Já disse, para mim o amor dói. Sinto a angústia da separação, de lágrimas, de saudades.

— Precisa se livrar desse sentimento, Liz – orientou-me Márcia. — Não é porque perdeu o Pedro que não pode amar novamente.

— Para, Liz! – irritou-se a leonina. — Não vai acontecer novamente.

— O amor é uma dádiva divina e flui no mundo – filosofou a Avatar.

— Outra coisa, Liz... Se o homem realmente amá-la como você mencionou agorinha, ele nunca irá embora – frisou Bárbara.

— Pode ser, pode ser – concordei, já sem muito argumentos. — Mas conta aí, Rubi, qual o seu caso de amor secreto? Foi o seu ex? – instiguei-a.

— Nada – fez uma cara de desdém. — Com o Henrique foi apenas o resultado de um fim de semana de bebedeira. Achamos que estávamos apaixonados e nos casamos em menos de dois meses de relacionamento. Os dois recém-formados e vivendo a alegria do fim da faculdade. Mas como começou acabou. Não ficamos casados nem dois anos. O meu grande amor sempre foi e sempre será o Alfredo. Morria de ciúmes de você, Liz, quando éramos jovens. Adorei quando fiquei sabendo que ele foi morar em Curitiba. No período da faculdade nos encontrávamos e sempre rolava algo. Mas eu sempre imaginei que ele a amava e respeitava isso – suspirou. — Ele também nunca tomou nenhuma iniciativa em relação a um possível namoro.

— É porque você sempre está disponível pra ele – replicou Boreal. — O Alfredo é mais introspectivo e você avassaladora – a Márcia gesticulou as mãos freneticamente, tentando imitar o comportamento da amiga. — Acho que ele tem medo de você.

— Tá louca, Boreal? – assustou-se a pediatra.

— Acho que você tem um carma com o Alfredo, Rubi – advertiu Fernanda. — Precisa romper para poder viver seu grande amor.

— É, pode ser, mas vou amando aos trancos e barrancos, acredito que um dia isso se resolverá – fez um biquinho.

— Ah, agora é minha vez! – sentei-me animada. — Também tenho um caso para contar. Um dia senti uma estranha sensação por um homem.

— Conte, conte! – entusiasmou-se a Fer.

— Já faz um tempão. Eu admirava uma vitrine de sapatos e senti que alguém me olhava. Sabem como é aquela sensação que temos quando alguém nos olha e inevitavelmente olhamos também?

— Sim – responderam todas.

— Quando virei o rosto para ver de onde vinha tal sensação ele estava lá, a menos de três metros de distância. Era barbudo, cabeludo, de óculos escuro, usava um sobretudo cinza sobre uma calça jeans e um cachecol preto fechava o visual. Ele era bem alto, magro, muito magro, mas me pareceu muito atraente. Meu coração gelou. Ficamos um tempo nos olhando. Tudo que queria é que ele se aproximasse, me beijasse e nunca mais me deixasse. Ou que eu trocasse passos e chegasse até ele. Foi uma tempestade de sensações. Mas ele não se mexeu, apenas me olhou demoradamente. Eu também não sai do lugar, uma tola. Então o Alfredo chegou com as crianças. Ele tinha ido comprar pipoca para elas, tínhamos nos encontrado por acaso na rua. Bem, o Alfredo me abraçou e fomos andando. Eu olhei para trás e o homem ainda me olhava, então abaixou a cabeça e caminhou na direção contrária. Eu amei aquele homem nos poucos segundos que nos olhamos. Foi intenso, mágico. Com ele teria coragem de viver o amor novamente – suspirei ao relembrar. — A imagem dele sempre me vem à cabeça e me pergunto se ainda vou encontrá-lo.

— Hoje é dia das revelações! Primeiro a Fernanda, depois a Márcia, agora você – levantou-se Bárbara e foi buscar mais vinho.

— Interessante... Você nunca falou dele – comentou a advogada.

— Pois é, mas não houve nada entre nós, só nos olhamos. Mas foi bom, muito bom. Acho que procuro esse homem em todos com quem me relaciono desde então, assim como você, Márcia. Ele me encantou. Eu deveria ter falado com ele, mas sou uma tola, deixei passar a oportunidade. Naquela época eu ainda era jovem, poderia ter tido um relacionamento com ele.

— Acha que vai encontrá-lo ainda? – perguntou Bárbara.

— Claro que não. Impossível.

— Por que diz isso? – Márcia ficou curiosa.

— Sabe, eu, por um bom tempo, idealizei um relacionamento com ele. Eu o fiz perfeito, o sujeito ideal, lindo, inteligente, gentil, rico, sincero, com olhos verdes. Ele ainda toca um instrumento musical e gosta de cozinhar e outros tantos adjetivos – ri da minha imaginação. — Afff, Avatar, tipo a sua história do amor virtual.

— Quanta imaginação em uma só pessoa! – caçoou a nutricionista. — Está bem pior do que a minha história. Eu pelo menos teclo com ele.

— Você tá certa. Tanto o seu homem virtual como o meu do passado não existem – lamentei. — Eles são frutos da nossa imaginação, sinto informar, cara amiga.

— Mas Liz, você sempre diz que a imaginação é criadora – interveio Boreal.

— Pois é... – fiquei sem saber o que dizer. — Realmente, a imaginação é criadora, não posso negar. Vai que eu o encontre ainda. Só tenho 50 anos, ainda há tempo – fiz um gracejo.

— Transou com ele? – quis saber a leonina. Olhamos para ela sem entender. — Por que me olham assim? Quero saber que ela transou com ele na imaginação.

— Muitas vezes – confessei.

— E foi bom? – a médica moveu os dedos rapidamente mostrando entusiasmo.

— Muito, foi perfeito – sorri. — Como tudo que a imaginação pode criar.

— Nós idealizamos um príncipe encantado com seu lindo cavalo branco dos contos de fadas e tal, tal. Nossas mães nos fizeram acreditar que eles existiam – resmungou Fernanda.

— Pois é. Como acabei de dizer, um homem perfeito, lindo, inteligente, gentil, rico, sincero e outros predicados, que mora em um lindo castelo, cheio de criados para nos servir. Que sonho encantado! – ri.

— Sonho lindo mesmo. Quero um príncipe desse para mim – gemeu a libriana.

— Sabe, meninas, a Aninha não pensa como nós. Ela quer estudar, ter uma profissão, ganhar seu dinheiro, não depender de ninguém, ser dona de si. Se encontrar alguém que pense como ela, vai morar junto. Ela não sonha com um príncipe encantado como eu. Claro que não a iludi com a existência deles.

— O que me diz da literatura romântica atual? Os maiores best sellers versam sobre um príncipe como acabou de descrever – questionou Bárbara.

— Esses romances são para mulheres da nossa idade. Somos as maiores consumidoras dessas obras. Vejam, os personagens principais masculinos são homens lindíssimos, ricos, sinceros, totalmente apaixonados, incondicionalmente apaixonados. Não são os nossos príncipes? A Ana leu um romance de sucesso e disse que nunca viu como a personagem principal era tola, totalmente insegura. Igualzinha a nós – caí na risada, imaginando a nossa insegurança em todo relacionamento.

— Ai, para com isso, pois eu me envolveria totalmente e tal, tal – externou a ariana. — Mesmo insegura.

— Queria viver esse turbilhão de insegurança com o Alfredo – confessou Bárbara –, mas ele não toma nenhuma atitude.

— O caso de vocês é tão simples – comentei.

— Como assim simples? – rebateu Rubi, que não conseguia se acertar com o agrônomo.

— Ele ama você, isso todos sabem. Mas não vai assumir compromisso por um motivo: primeiro porque você faz tudo que ele quer, na hora que ele quer. Precisa parar com isso.

— Quer que eu diga não para ele? – fez-se de surpresa a médica.

— Todas já falamos mil vezes isso para você – interveio Márcia.

— Mas ele ama a Liz – tentou se defender.

— Claro que não, Rubi. Você usa isso como desculpa – foi a vez de Avatar dar uns cutucões. — Ele ama você. Pela Liz ele tem um carinho de irmão, pelo tempo de infância e juventude e por ela ter acolhido a Gabi.

— O que eu devo fazer? – tomou mais um gole de vinho.

— Quando ele a chamar para sair, diga não – expliquei pela milésima vez. — Sabia que você prejudica a resolução dele em assumir um relacionamento?

— Como assim? – Bárbara arregalou os olhos

— Por você estar sempre à disposição, ele não toma atitude com você e também não busca outra alternativa para a vida solitária que tem. Quando você resolver negar sua presença, ele vai ter que lutar para consegui-la – coloquei a Sininho no tapete, levantei e dei uma dançadinha. – Daí você vai se casar com ele.

— Eu já nem sei o que dizer e nem o que fazer – lamentou-se a pediatra.

— Nos ouça uma única vez – pediu Avatar.

A Bárbara se afundou nas almofadas.

— Ah, somos mulheres, seres frágeis e dóceis, feitas para amar – puxei a conversa para mim. — Mulher é sensível, delicada, gosta de carinhos, de beijinhos, de dar e receber, é claro. Mulher é um ser sublime, a maior criação de Deus, na qual ele colocou tudo de melhor, depois do primeiro experimento, o homem – sorri. — Somos a sublimação do criador. Todas as mulheres querem e merecem viver um grande amor, desses de tirar o fôlego – abri os braços para demonstrar o tamanho do amor. — Não posso morrer sem sentir novamente meu coração bater descompassado por alguém – fiquei em pé e rodopiei ao efeito do vinho. — Decidi meninas, vou amar novamente. Pois além de tudo que mencionei, sou uma mulher forte, decidida, dona das minhas emoções.

— Semana de romance nos aguarde! – gritou Fernanda.

— Viva a força das mulheres em buscar sua felicidade! – brindou a advogada. — Onde quer que ela esteja. Somos donas da nossa vida.

Como havíamos dormido no fim da tarde, estávamos com o pique todo e resolvemos chamar mais amigos para terminar a noite em nossa companhia. Ligamos para os mais chegados e logo a casa ficou cheia. O Teodoro apareceu entre eles, sem a noiva, é claro. A chuva tinha dado uma trégua. A churrasqueira foi acessa. Mais cervejas chegaram. A música inundou o ambiente. A festa estava feita.

Muitas piadas foram contatas. Campeonatos de pingue pongue, pebolim e sinuca rolaram. O truco virou torneio. Quem queria aproveitar estar juntinho da pessoa amada dançava ou se sentava nos pufes espalhados pela varanda. A Bárbara aproveitou e conversou muito com o Alfredo. Eles foram embora juntos. Ela não tinha jeito mesmo.

Depois de muitas cervejas o Teodoro sentou-se ao meu lado.

— Como você está? Não a vi mais.

— O trabalho me consome. Sabe que quase não saio. Na verdade, gosto de receber os amigos aqui em casa.

— Eu não a esqueci. Morro de saudades dos seus beijos – roçou seu nariz no meu. — De você toda.

— Para com isso, Téo – empurrei-o. — Meus filhos e amigos estão por aí.

— Tudo bem, eu paro se você matar a minha saudade do seu beijo.

Sem que pudesse evitar ele me beijou. Aproveitei um pouquinho, porque não sou boba nem nada, mas o afastei.

— Téo, não seja atrevido – repreendi-o.

No final da festa, o Teodoro sussurrou no meu ouvido.

— Liz, passe a noite comigo – olhou-me ávido de desejo. — Sou um pobre homem de coração abandonado.

— O que faço com você, Téo? Você é muito mulherengo e pior, tem uma noiva.

— Quem disse tamanha atrocidade? – fez cara de surpreso. — Se sou mulherengo é porque estou sempre sozinho. Se tivesse você seria só seu – tentou me beijar novamente.

— Pode ir parando. Já falamos sobre isso – levantei-me, peguei uma cerveja e coloquei na mesa. — Você tem uma noiva, eu sei. Já há dez anos. Pensa que não fiquei sabendo na época? Eu sei de tudo aqui. E por falar nela, onde ela está?

— Deve estar dormindo – admitiu.

— Como pode fazer isso, Téo? Tem alguém e me chama para passar a noite? Vocês homens são detestáveis. Por haver tipos como você é que decidi viver sozinha.

— Mas dos meus beijos você gosta.

— Não posso negar, seus beijos são deliciosos – pisquei para ele. — Agora, boa noite, Teodoro.

Ele despediu-se de todos e foi embora. A Márcia e a Fernanda ficaram um pouco mais.

Depois que todos saíram fui direto para o meu quarto, o mais delicioso quarto do mundo, sempre seguida pela minha amada Sininho. Os tons da decoração bege e lilás me acalmavam. Minha cama enorme era sempre visitada pelos filhos. Acima da cabeceira havia um painel repleto de fotos. Ao lado da cama, os fiéis criados-mudos, sempre com alguns livros para a leitura noturna. O banheiro apresentava as mesmas cores do quarto e quando o dia tinha sido muito cansativo, um bom banho de imersão na banheira com ervas relaxantes era inevitável. Ao lado havia um lindo jardim de inverno, que deixava o local encantador. Mas essa noite tomei um banho de chuveiro e caí na cama. Ainda bem que o próximo dia era domingo e eu poderia dormir até tarde. Estava exausta de tanto festar.

A Sininho pulou na cama, eu me deitei ao seu lado e apaguei.

Acordei com muito frio, então percebi que tinha passado a noite na sala, depois dos uísques e das recordações. Olhei no relógio, oito e vinte da manhã. Já era tarde. Abri a porta da varanda para ver se o Ernesto havia chegado. Mas é claro que não. Provavelmente, dormiria até tarde após da noitada. Se puxou o pai, com certeza dormiria.

— Ótimo. Terei tempo de meditar antes que ele chegue.

Saltei para a cobertura, estava bem frio. Sentei-me ereto, liguei um mantra, comecei a respirar profundamente. Cada dia ficava mais fácil desconectar-me de tudo ao redor e ligar-me ao transcendente.

Um tempo depois ouvi barulho de carros se aproximando.

Carros?

A meditação acabara.

Fui até a beira do terraço e vi o Ernesto chegando com sua turma para passar o fim de semana na chácara. Eu havia convidado ele e não uma multidão.

Minha respiração alterou-se, meus olhos cerraram, meu coração acelerou. Fiquei enraivecido.

— Calma, João. Calma, João. Calma, João – repeti três vezes. — É seu filho com alguns amigos. Calma, João. Respire, respire, respire.

Lentamente, tranquilizei-me.

— Ainda bem que estou uma pessoa melhor – afirmei para mim mesmo.

Se fosse antes da minha mudança de paradigma, eu teria mandado todos embora. Mas graças ao meu novo posicionamento diante da vida, achei ótimo ter um sábado repleto de amigos do meu filho.

Olhei no relógio, tinha meditado por quinze minutos.

Voltei ao quarto. Já que ele trouxera vários amigos, tentaria dormir mais um pouco. E foi o que aconteceu, tentei dormir. Logo o som alto de músicas que não faziam parte do meu repertório preferido invadiu o ambiente. Rolei de um lado, de outro, cobri a cabeça com o travesseiro, mas nada adiantou. Acabei levantando. Abri a porta do meu quarto que dava para uma varanda de onde se podia ver a piscina e a churrasqueira.

— Ernesto, seria possível abaixar o som? – pedi o mais calmo possível. — Estou tentando dormir – por estar enfurecido só percebi a baixa temperatura quando meu corpo arrepiou e vi que estava sem camisa.

— Pai, desce aqui – chamou-me sem dar ouvido à minha reclamação. — Convidei alguns amigos para passar o sábado conosco.

Percebi que seria inútil tentar que o som fosse eliminado. Quando não se pode com o inimigo, une-se a ele. Coloquei uma calça de brim verde e uma camiseta de manga longa branca, um tênis e desci.

Alguns amigos eu já conhecia, outros me foram apresentados. Para minha surpresa/horror, a moça que havia pedido carona na noite anterior assombrava o ambiente. Agora com a luz do dia pude vê-la melhor. Devia ter pouco mais que um metro e cinquenta de altura, e pela magreza não pesava mais do que 45 quilos. O cabelo era de um azul intenso e o corte era estranho, e tinha uma tez muito clara. Ela me ignorou e eu fiz o mesmo.

A manhã estava gelada, tipicamente curitibana, mas os jovens pareciam não sentir a mesma sensação térmica do que eu. Alguns entraram na piscina. Embora a água fosse aquecida, o ar fora dela era bem gelado e quando saíam ficavam tremendo de frio, mas não se incomodavam. Logo, o casal que me auxiliava a cuidar da chácara, o Valter e a Lourdes, chegaram para ajudar. Eles moram em uma casa logo na entrada da propriedade. São responsáveis pela manutenção da chácara e ela também cuida da arrumação da minha casa. Eles são aposentados e gostam muito de morar e de trabalhar naquele paraíso ecológico em que transformei o meu pedaço de chão. O Valter tinha 60 anos, descendente de alemães, era um representante típico da raça. Mais alto do que eu, pele branca, cabelos loiros e olhos azuis, seu corpo era forte, pois sempre lidou com o cuidado de chácara. Lourdes beirava a idade do esposo, provinha de uma família de portugueses. Sua pele era mais escura do que a do marido, olhos negros e cabelos negros, grossos e longos. Sempre alegre e prestativa, gostava de fazer deliciosas receitas, por isso estava um pouco acima do peso, e eu também. Tive muita sorte de tê-los encontrado.

A chácara fica na serra do mar, cercada pela Mata Atlântica. O terreno é acidentado, a casa foi integrada ao ambiente de forma ecológica e não podia ser de outra forma. Possui um sistema de captação da água da chuva e miniestação de tratamento e reuso de água e esgoto. Toda madeira utilizada veio de reservas certificadas. A energia utilizada era, quase na totalidade, solar e eólica. Os tijolos utilizados foram o solo-cimento, argamassa ecológica, tubos e conexões de plásticos atóxicos. Há separação correta do lixo doméstico e boa parte da cobertura é verde.

Todos os ambientes são amplos, há muito vidro, a luz do sol é aproveitada ao máximo. A minha suíte tem tons de cinza, há uma cama enorme, uma lareira e uma mesa para estudo, fica no piso superior, pois gosto de dormir com a porta da sacada aberta e olhar a paisagem. Um local em que aprecio ficar é a cozinha. Estou aprendendo a cozinhar, o que para mim é uma forma de relaxar. Tenho uma adega no subsolo com espaço para degustação. A sala tem uma decoração limpa, com poucos detalhes e cores, e nela há um mezanino onde estudo e realizo reuniões com os Guardiões da Terra. A piscina, com aquecimento, foi construída a pedido do Ernesto. A churrasqueira foi desejo dos dois. Embora não more comigo, sempre que pode ele me visita.

Quando não estou estudando, dando palestras ou em missão com os Guardiões, meu tempo é dedicado a uma horta e ao cultivo de algumas plantas exóticas. Mas para falar a verdade, ainda tenho dificuldade de lidar com a terra. Sempre gostei de laboratórios e observatórios, de luz artificial, de ficar trancado entre quatro paredes cercado de aparelhos eletrônicos e com um número reduzido de seres humanos. Embora já estivesse tentando mudar de estilo de vida há alguns anos, estar em contato com a natureza e pessoas ainda era algo difícil para mim.

Apesar da conversa sobre a Copa do Mundo de futebol, que se iniciaria na quinta-feira seguinte, e as apostas das possíveis seleções campeãs serem agradáveis, a música que tocava me irritava; não gostava de forma alguma das ondas vibratórias que ela emitia. Numa progressão de 0 a 10, a aporrinhação chegava a 10. Como sabia que alguns rapazes tocavam violão, fui e peguei o meu e o coloquei na mesa. Logo alguém o pegou e começou a tocar. O som foi desligado e começaram a tocar e a cantar músicas mais agradáveis.

— Pai, você é incrivelmente perspicaz – disse Ernesto, colocando o braço sobre meu ombro. — Deu um jeito de acabar com minha música sem dizer uma única palavra.

— Tudo segue um padrão. Só coloquei o violão na mesa, a consequência foi a mudança de ritmo musical – sorri. — E pelo que posso ver, não era só eu que não gostava da sua música – apontei para o grupo se divertindo com o violão. — Sabe filho, há sempre uma forma sutil de conseguirmos o que desejamos.

— Só você, pai – abraçou-me. — Mas gosto destas músicas também. Vou pegar o meu violão para ajudar a cantoria.

Eles ficaram tocando, bebendo caipirinha e cerveja, assando picanha, contrafilé, coraçãozinho de frango, linguiça e pão de alho. O dia passava de forma festiva e tranquila.

No meio da tarde resolvi dar uma caminhada para ficar um pouco em silêncio. Andei até uma pequena cascata que ficava a pouca distância da casa, mas o suficiente para o som da cantoria chegar numa frequência baixa. Sentei numa pedra e fiquei observando a água cair, pensando na pesquisa que iria iniciar. Alguns minutos depois ouvi passos. Ao virar para ver quem se aproximava, levantei rapidamente. Era a moça da noite anterior.

— Você está com medo de mim? – abriu os braços, mostrando indignação. — Acha que vou fazer mal a você? Não devia, sou muito menor – cerrou os olhos.

— Você me seguiu? – falei grosseiramente. — O que deseja? – ela era realmente minúscula.

— Nada. Só quero trelar[45] sobre física – chegou demasiadamente perto de mim.

— Então vamos para casa. "Trelamos" lá – afastei-me.

— Espere – segurou no meu braço. — Fique um pouco comigo – passou uma mão entre minhas pernas. — Gostaria muito de transar com você aqui – falou tranquilamente.

Desesperei-me. Estava sendo assediado por uma moça que mais parecia uma criança.

— Pelas forças do universo! Você está com o pensamento desorganizado, seu processo cognitivo está em colapso – ela arregalou os olhos. — Em outras palavras, você está louca – soltei o meu braço e meu pênis da pegação dela e caminhei em direção a casa.

Ela me seguiu, segurou novamente meu braço, pulou no meu colo com uma agilidade incrível, enroscou as pernas na minha cintura, os braços no meu pescoço e começou a me beijar. Eu, no mesmo instante, entrei em pânico. Podia haver alguém com um celular pronto para disparar fotos nas redes sociais e me dar muita dor de cabeça.

— O que é isso, traste?[46] Me solte! – tentava arrancá-la do meu corpo.

— Só se um beijo for retribuído – agarrou-se com mais força no meu pescoço.

Desesperadamente eu tentava desenroscá-la de mim, enquanto ela me beijava, lambuzando meu rosto com sua saliva. Senti nojo.

---

[45] Trelar – conversar.
[46] Traste – coisa sem valor.

Tive medo de deixá-la roxa ao tentar afastá-la. Foi uma situação constrangedora e bizarra.

— Para com isso! – gritei o mais alto que consegui.

Ela, assustada, largou-me.

— Você é demente? – esbravejei. — Nunca vi isso na vida. Uma mulher grudar em um homem desse jeito. Não entendo o que está fazendo. Sua atitude é ridícula e nojenta. Afaste-se de mim, xispe![47] – esbravejei enjerizado[48] com ela e voltei para casa.

Ela veio caminhando atrás, eu fui direto falar com o Ernesto para saber quem era aquela criatura horrenda.

— Ela é amiga do Felipe. O que houve?

— Ontem, depois da palestra, essa tonga[49] entrou no meu carro. Tive que chamar o segurança da instituição para tirá-la. E agora ela me atacou na cachoeira. Você acredita numa bizarrice dessa? Pulou no meu colo e grudou em mim. Nunca vi isso, que insanidade! Numa linha graduada de irritabilidade de 0 a 10, ela ultrapassa o 10 – eu estava muito aborrecido. — Vou para o meu quarto. Amanhã os Guardiões virão para organizarmos nossa viagem. Estudarei um pouco. Não tire o olho dela. Se ela sumir vá me ajudar, pois estarei sendo violentado.

— Capaiz, pai. Aproveita! Ela é linda.

— Linda? Não seja bocó,[50] filho. Olhe os gambitos[51] dela –arregalei os olhos. — E é uma criança. Deve ser mais nova que você. E parece uma lagartixa grudenta. Por favor, não tire os olhos dela.

— Qual o problema de ela ser nova e parecer uma lagartixa? Você precisa se divertir. Já está há muito tempo sozinho.

— Largue de ser troxa,[52] filho. Olhe o meu tamanho. Ela deve bater no meu umbigo. Preciso de uma mulher com M maiúsculo, com carne, não uma desmilinguida como essa – olhei para a lagartixa. — Sabe, filho, ela não é feia.

— Falei que não era – sorriu ele.

— Ela é lazarenta[53] de feia – ergui os braços demonstrando terror.

— Mas dá para tirar uma onda – ele ainda tentou me jogar para ela.

— Qual é o seu problema, piá? Acha mesmo que poderia me interessar por algo tão pequeno? É pacabá[54] mesmo! Eu prefiro mil vezes ficar sozinho – balancei a cabeça demonstrando meu desdém — chega de casos complicados. Só ficarei com alguém que tiver a mesma vibração que a minha.

— Isso é quase impossível, pai.

— Talvez, sim, talvez não. Na dúvida, aguardarei esse dia sozinho.

Antes de subir peguei duas garrafas de vinho. Tranquei-me no quarto, tomei banho, abri uma garrafa, enchi uma taça e comecei a estudar um pouco sobre a cidade e o fenômeno que acontecia por lá.

---

[47] Xispe – cai fora (gíria paranaense).
[48] Enjerizado – mal-humorado (gíria paranaense).
[49] Tonga – indivíduo com pouca inteligência.
[50] Bocó – bobo (gíria paranaense).
[51] Gambito – perna fina (gíria paranaense).
[52] Troxa – bobo (gíria paranaense).
[53] Lazarenta – terrível (gíria paranaense).
[54] É pacabá – coisa que não se acredita.

Quando já estava anoitecendo peguei o celular e mandei uma mensagem para o Ernesto:

Mais calmo e sabendo que não corria risco algum desci para tomar água. Observei da janela da cozinha os jovens ainda comendo, bebendo e conversando. Lembrei-me de que sempre fui uma pessoa de poucos amigos. Nunca gostei de conviver em grupo, sempre preferi livros a pessoas. Desde pequeno optava por ficar no meu quarto estudando a brincar como outras crianças. Fui sempre de poucas palavras.

Mas fiquei feliz por ver meu filho se divertindo.

Subi no mezanino para verificar se estava tudo em ordem para a reunião com os Guardiões. Depois avisei o Valter e a Lourdes da chegada dos meus amigos, pedi para ela preparar um almoço para acompanhar um churrasco para 10 pessoas e voltei ao meu quarto com outra garrafa de vinho para garantir. Abri-a e bebi direto da garrafa.

Sentei-me na cama, liguei meu notebook e continuei a pesquisa sobre a região dos raios. Acabei adormecendo muito cedo. Acordei às 3 da madrugada e totalmente sem sono, resolvi sair de moto. Fui até a garagem, minhas duas máquinas estavam lado a lado. Uma era para trilha, outra para estrada. Peguei a da estrada e sai sem rumo.

Adorava a sensação de liberdade que a velocidade proporcionava. Eu e a máquina, uma sintonia perfeita.

ACORDEI 10 HORAS DA MANHÃ. Abri a porta do quarto para ver como amanheceu o dia. O céu estava nublado, mas alguns raios de sol teimavam em atravessar as nuvens. O domingo parecia perfeito para ficar o dia todo de pijama, pulando da cama para o sofá, do sofá para a cama. E era tudo que eu mais desejava. Um dia da preguiça.

Mas minha expectativa durou pouco. Logo o celular tocou.

— *Bom dia, Rubi.*

— *Tô ligando para ver se já está pronta para irmos no aniversário do tio.*

— *Ai, acho que não vou. Quero tirar um dia de preguiça.*

— *Nem pensar. Vamos sim. A fazenda dele é linda, você vai amar.*

— *Acredito, Rubi, mas acho que vou ficar aqui.*

— *De forma alguma. Tem um primo que preciso que conheça.*

— *Não quero.*

— *Acho que ele tem tudo a ver com você. Vai que se apaixonem e o Alfredo fica livre para mim.*

— **Bárbara, não quero saber de ninguém, nem do seu primo,** *muito menos do Alfredo, por favor.*

— *Depois do que falou ontem, você é a que mais quer alguém.*

— *Para.*

— **Já acordei a Boreal e a Avatar.**

— *Tudo bem, mas vou tomar um banho, me arrumar e organizar o dia das crianças.*

— *Sem ensebação!*[55] *Em 10 minutos passo aí.*

— *Tá louca?*

Mas ela já tinha desligado.

Pulei da cama, olhei no espelho, vi o meu cabelo e desanimei.

— Misericórdia, o que é isso? O que vocês têm contra mim? – perguntei às minhas madeixas, que amanheciam todos os dias um horror. — Terei que lavá-lo, seu ilustre desgrenhado.

Tomei uma chuveirada só para lavar o cabelo. Com um roupão e com o cabelo molhado fui passar um café e conversar com os filhos, avisando que sairia com a Bárbara. O Pedro comunicou que iria com a namorada almoçar na casa de amigos. A Ana, a Gabi e a Tina, que pousaram em casa, ainda dormiam. Também, depois de tanto festar na noite anterior, só dormindo até tarde. Eu deixei um recado que iria almoçar fora e voltaria no fim da tarde.

Tomei o café e fui me trocar. Coloquei uma calça jeans, uma bata branca, para esconder as gordurinhas em excesso, ainda mais depois de tudo que comi no dia anterior, uma jaqueta jeans rosa e um coturno preto. Para dar um toque pessoal, coloquei uma tira colorida na cabeça, três anéis em cada mão e um brinco de argola prateada. Logo a Bárbara buzinou do seu carango.[56]

— Você e seu estilo. Está uma gata.[57] Vai acabar com o coração do meu primo. Já mencionei que ele é boa pinta,[58] não é?

— Estou fora de qualquer coração – com as mãos afastei os possíveis futuros pretendentes. — Amo minha vida solitária – depois olhei para ela e pisquei. — Se bem que às vezes sinto falta de alguém para me aconchegar. Entenda, aconchegar não tem nada a ver com amar.

---

[55] Ensebação – perda de tempo
[56] Carango – carro.
[57] Gata – linda.
[58] Boa pinta – de boa aparência.

— Tá bem, tá bem – disse ela com desdém.

— Rubi, imagina se o seu primo é o Dionísio, da Márcia.

— Uau! Seria legal eles se encontrarem. Sei que a vida de casado dele foi de lascar o cano.[59] E há anos atrás ele passava as férias aqui e mais, ele veio na nossa formatura, da qual não participei.

— O nome dele é Dionísio? – perguntei curiosíssima.

— Ah, não, é Eduardo – suspirou desanimada. — Homem errado.

— Elas vão com a gente?

— Não. A Márcia, independente como é, vai com o carro dela. Pediu para esperar aqui na sua casa, que ela vai me seguir. A Fer ligou dizendo que chegou visita na casa dela e não poderá ir agora. Se der, aparece mais tarde. Fiz um mapa e enviei para ela.

Em poucos minutos a Márcia chegou com seu carro e nos dirigimos à fazenda do tio da Bárbara para comemorar seu octogésimo aniversário. A família estava toda reunida. Achei muito lindo uma família tão grande. Eu era sozinha no mundo, não tinha mãe, pai, irmãos, tios, primos, avós. A sensação de solidão invadiu minha alma e comecei a ficar jururu. Mas respirei fundo, balancei a cabeça para afastar tais pensamentos, abri um sorriso e segui em frente.

Tendas brancas e muitas mesas espalhavam-se pelo jardim da sede da fazenda. Uma banda musical animava a todos. O cheiro da carne assada espalhava-se pelos quatro ventos. Encontrei muitos amigos que a correria do dia a dia não permitia. O Teodoro encontrava-se lá, sozinho. A Bárbara, felicíssima, encontrava, abraçava e beijava as primas e primos que há muito não via. Eu, a Márcia e o Alfredo ficamos juntos. O Teodoro logo se aproximou.

— Olá, Liz. Márcia, Alfredo, tudo bem com vocês? – deu a mão a todos, eu recebi um beijinho no rosto.

— Estou bem – respondeu Márcia.

— Tudo certo – disse o agrônomo.

— Comigo também está tudo tranquilo. Onde está sua noiva? – perguntei.

— Ela não quis vir. Não gosta de lugares com muita gente – falou, com um sorriso torto.

— Estranha essa sua noiva – comentou Alfredo. — Nunca a vi com você. Tem mesmo uma noiva, Téo?

— Dá mesmo para duvidar, já que estou sempre sozinho. É que quem eu realmente quero não me quer – piscou para mim.

— Vamos beber algo – sugeri, sem dar ouvidos.

Fomos pegar chopp e conversamos por algum tempo. O Téo não se afastou de nós. A Bárbara, assim que avistou o agrônomo, veio para a roda. Contamos piadas, dançamos, bebemos, rimos, encontramos outros amigos. Num certo momento, a Márcia chegou bem perto de mim, com olhar assustado.

— Liz, é ele – apertou fortemente minha mão.

— Ele quem? – olhei ao redor. — Ai, minha mão. Está doendo – reclamei.

— O Dionísio – sussurrou. — Aquele de camisa azul, perto da tia da Bárbara.

Ao procurar o tal Dionísio, vi um homem loiro e lindo conversando animadamente num grupo de pessoas.

---

[59] De lascar o cano – muito ruim, terrível.

— O que faço? – demonstrou nervosismo, que não era peculiar a ela. — Vou embora – puxou-me. — Vem comigo.

— Claro que não. Calma, não seja bocó[60] – segurei-a. — Vai que não é ele. Já faz tanto tempo. Espere um pouco – tentei apaziguar seu ânimo.

— Não quero esperar. Vou embora – soltou-se de mim e tentou fugir.

— Ah, espere um pouquinho antes de ir. Quero apresentar a vocês meu primo, que não vejo há anos – Bárbara partiu na caça do primo.

Eu e Márcia a seguimos com o olhar e assim que ela pegou o primo pela mão e apontou para o nosso grupo, a expressão do rosto dele mudou. E a Boreal congelou.

Eles caminham em nossa direção.

— Os oráculos nunca erram – balbuciei.

— Quero sumir – murmurou a advogada, desnorteada.

— Você percebeu como ele mudou quando viu você? – segredei para ela. — Márcia, acha que é ele o seu Dionísio mesmo? – ela balançou a cabeça afirmativamente.

Logo eles chegaram à nossa frente.

— Márcia? – perguntou ele antes que Bárbara os apresentasse.

— Dionísio? – seus olhos verdes brilhavam ao vê-lo.

— Não estou entendendo coisa nenhuma – Bárbara ergueu as mãos, mostrando sua confusão. — Ele é o meu primo Eduardo. Ah, espere, não acredito! O meu primo Eduardo é o seu Dionísio? Uau! – bateu palmas.

Conversamos um pouco e eles se afastaram. A Márcia devia estar exultante.

— Que coisa incrível! Ontem estávamos falando dele e hoje ele aparece. Bem que você estava com a intuição que o meu primo seria o amor da Márcia – disse minha amiga. — Sua bruxa! – eu sorri.

— Estou feliz por ela – comentei. — Você viu ontem, como ela ficou melancólica quando falou dele? Ela o amou tanto que nunca se casou. Tomara que eles se acertem. A Márcia merece ser feliz. No que seu primo trabalha?

— Ele é advogado também. Casal perfeito. São iguais. Não é assim que tem que ser?

— Eu acredito nisso – sorri. — Vamos almoçar? Estou com fome, só para variar.

A comida estava deliciosa. Picanha, fraldinha, contrafilé e costela eram as carnes do churrasco. Saladas de alface, tomate com cebola, rúcula com manga, repolho com gengibre e maionese davam um colorido à mesa. Arroz branco e farofa de milho e de mandioca completavam o cardápio. As sobremesas eram tantas que não consegui provar uma de cada.

Depois do almoço ficamos conversando, rindo, aproveitando o dia lindo e as companhias agradáveis. Não vimos mais a Márcia, nem o Dionísio.

Cheguei a casa quase 6 horas da tarde, acabada. Tudo que queria era tomar um banho e me afundar nos travesseiros. O Pedrinho e a Lúcia assistiam a um filme. A Ana foi com a Tina à casa da Gabi e não iriam demorar, avisou o Pedro.

---

[60] Bocó – boba (gíria paranaense).

Eu fui para o meu quarto, tomei banho, coloquei um pijama quentinho, meias nos pés e me joguei na cama. Sentia-me exausta de tanta festa e uns dois quilos mais gorda. Que dureza. Sábado e domingo tinham sido bem diferente da sexta filosófica. Normalmente, aos fins de semana eu viajava para a fazenda e lá tudo era muito tranquilo. Mas esse fim de semana havia sido pura festança. Tudo que mais queria agora era ficar ali, entregue à preguiça.

Descansei um pouco, mas o Pedro bateu na porta do quarto.

— Mãe, o que vamos comer? Tô com fome – relatou, ignorando minha ressaca.

— Também tô com fome! – gritou Ana do corredor.

— Por favor, preciso descansar – pedi.

— Pode deixar, mãe. Eu, a Gabi e a Tina vamos fazer algo. Chamo você depois – tranquilizou-me Aninha da porta do quarto.

— Eu e o Pedro ajudaremos também – informou Lúcia.

— Obrigada, minhas doçuras. Estou super cansada.

— Também, mãe, este fim de semana você tirou o atraso – comentou Ana.

Fizeram rocambole de chocolate e cachorro quente. Comemos juntos eu, a Aninha, a Gabi, a Tina, o Pedro e a Lúcia. Conversamos sobre o fim de semana de cada um. O Pedro reprovou a presença do Téo, pois ele vira um beijo rolando.

— Mãe, sei que você precisa ter alguém, mas morro de ciúmes de ver você com um homem. E você já tentou namorar esse cara e não deu certo.

— Filho, nem sei o que dizer. Não terei nada com o Téo.

— Deixe a mãe beijar muito. Ela vive só para nós e o trabalho – defendeu-me Ana.

— Eu deixo, mas tenho ciúmes. Quase fui bater no cara.

— Uau! Que violento – falou Lúcia. — Fiquei morrendo de medo – tremeu as mãos, ironizando o que sentia.

Achamos graça da reação do Pedro. Conversamos um pouco mais e eu fui para a "Toca da Cuca".

A primeira coisa que fiz foi acender um incenso de acácia para ter um sono tranquilo. Depois liguei uma música de relaxamento e estudei um pouco de astrologia. Inevitavelmente, a curiosidade bateu. Se minhas amigas teriam uma semana com novidades no amor, como seria a minha?

Joguei as pedras, amor previsto.

Olhei meu mapa, amor no horizonte.

Joguei o tarô, amor inevitável.

— Ai, o que falei para a Boreal à tarde? – questionei para mim mesma. — Os oráculos nunca erram – arrepiei-me.

Nesse momento, o celular vibra, anunciando uma mensagem. Era do grupo "As Quatro Luas".

Márcia
— Meninas, estou transbordando de felicidade. 😁🤩😃😍
22h53

Liz
— Uau! Viva! É a magia dos oráculos!!!! 👸👸👸😛😋
22h53

Liz
— Quero saber de tudo. Vai contando.
22h53

Bárbara
— Eu também quero. O seu Dionísio é o meu primo Eduardo! Não acredito! 👸👸👸
22h53

Liz
— Quanto tempo perdido por falta de diálogo. ⌛⌛⌛
22h53

Márcia
— Eu que o diga. 😑😑
22h53

Liz
— Marcinha, estou feliz por você. Desejo que ele não suma desta vez. Pegue o e-mail e o número do celular.
22h54

Bárbara
— Agora que eu já sei que é meu primo, não tem como perde-lo, Cuca. 👍👍👍
22h54

Liz
— Isso é verdade. 😊
22h54

Fernanda
— Parem de tagarelar senão morrerei de curiosidade aqui. Já transaram, Boreal? 😃😃😮
22h54

Márcia
— kkkkkk. Só você, Fer. 👯👯
22h54

Fernanda
— Boreal, transe muito. Tire o atraso. 😃😄
22h54

Liz
— Carpe Diem! 😍😍😍
22h54

Bárbara
— Cuidado para não esfolar meu primo. Hahaha. 😄😄
22h54

Márcia
— Pode deixar. Rsrsrsr. Tô cuidando bem dele. 👍👍👍
22h54

Liz
— To até com dó dele.
22h55

Márcia
— Ai, tudo o que falamos ontem de amor e paixão, vivi hoje. 😍😍 É muito bom!!!!
22h55

Liz
— Estou louca para vê-la. 😳 Quero saber os detalhes.
22h55

Bárbara
— Uau! Conta tudo, cada passo que deram, como foram as lembranças? Vão se casar?
22h55

Liz
— Quero ser madrinha. 💁
22h55

Fernanda
— Quero saber como foram os beijos e a transa. 👄👄👄👄
22h55

Bárbara
— Cruzes, 😳 Avatar, você só pensa nisso?
22h55

Fernanda
— E tem coisa mais importante? 😁😁
22h56

Márcia
— Ele está lendo tudo aqui.
22h56

Liz
— Não acredito que está deixando ele ler essas bobagens! Kkkkkkk. 🙈🙈🙈
22h56

Bárbara
— Oi, primo! Estou feliz por terem se encontrado. 😋😋
22h56

Fernanda
— E aí, Dionísio/Eduardo, responda pra mim: já transaram? 😕😕😕😕
22h56

Liz
— Cruzes, Fer. 🙍
22h57

Márcia
— Sim, e foi incrivelmente uma explosão de amor. Dionísio/Eduardo.
22h57

Márcia
— Meninas, foi ele quem escreveu.
22h57

Liz
— Dionísio/Eduardo, ainda com força para escrever??? 😄
22h57

Fernanda
— Uau!!! Deve estar feliz, miga. 😊
22h57

Liz
— Como foi rever o seu deus? 😊
22h57

Márcia
— Foi bom, muito bom, extraordinariamente bom. Quero que vocês experimentem.
22h57

Bárbara
— Cruz credo! Imagine, não vou transar com o meu primo. Kkkkkkkk. Prefiro o Alfredo.
22h58

Fernanda
— Nem eu com o amor da vida da minha melhor amiga. Aguardarei aquele lindão que vi na loja da Cuca na sexta. Mas achei legal você querer compartilhar. Rsrsrsrsr
22h58

Liz
— Ai, vcs me matam de rir. 😄😄😄
22h58

Márcia
— Amanhã nos vemos. Não se esqueçam da entrevista. 🫘🫘🫘
22h58

Márcia
Ele está morrendo de rir aqui. 😂😂😂 Mandou um bjo a todas.
22h58

Liz
— Bjs e aproveitem. Boa noite. 😚😚😚
22h58

Fernanda
— Não vá perder a hora, Boreal. Bjss, meninas. 😚
22h59

Bárbara
— Boa noite, até amanhã. Me resta sonhar com o príncipe árabe. 😴
22h59

Fernanda
— E eu, Rubi, nem sei o nome de com quem quero sonhar. Kkkkk 😅😖
22h59

Liz
— Dureza, Avatar 😕. Estou como você. 👍💬👏
23h00

Fernanda
— Bora chorar. Vamos, Liz? 😢😢
23h

Liz
— É pra já. Buááááááá. 😭😭😭
23h

Fernanda
— Já sei, meninas. Vou sonhar 😋😋😋 com o pão da loja da Liz, mesmo sem nome. Kkkkk.
23h01

Liz
— E eu com o meu barbudo. Rsrsrsrs. 😊😊😊
23h01

Fechei o bate papo e comecei a rir da nossa atitude. Parecíamos adolescentes. Abri novamente e reli a conversa, e cheguei a uma conclusão: mulheres são sempre empolgadas em relação ao amor.

Após trocar mensagens com as amigas verifiquei meu e-mail. Nenhuma novidade. Passei por algumas redes sociais, o único assunto interessante era sobre a Copa do Mundo de futebol que se iniciaria na semana.

Desliguei tudo. Acho que fiquei com vontade de sentir o que a minha amiga experimentava. Amor e paixão.

Peguei um livro de filosofia e fui me deitar, e a minha doce Sininho junto. Não demorei a dormir.

— Acorda, vamos pai! Você sempre atrasado – chamou-me Ernesto, enquanto abria a cortina, deixando o sol da manhã ofuscar minha visão. — Os Guardiões da Terra já estão lá embaixo, esperando por você.

— Feche isso agora – resmunguei com tom autoritário, cobrindo o rosto com o travesseiro.

— Sem chance. Pode ir acordando. Já são nove horas. Não entendo como é que você consegue dormir tanto. Tá louco. Se o mundo acabasse em cama você estaria feliz – puxou a coberta.

– Eles já chegaram mesmo? – abri um olho.

– Mentirinha, pai. Ainda não – sentou-se no sofá, segurando as garrafas de vinho na mão. — Nós temos que buscá-los no aeroporto.

Cobri o rosto novamente e virei de costas para o Sol.

— Você bebeu pra caramba – ralhou. — O pior é que foi sozinho. Desprezou a lagartixa – deu uma sonora risada.

— Nem me lembre dela – reclamei, sob as cobertas.

— Você está aqui desde ontem à tarde – sentou-se na minha cama e chacoalhou-me. — Precisa de alguém para encher seus dias.

— Tá querendo me arrumar uma mulher? – arregalei os olhos.

— Sem dúvida! – bagunçou meu cabelo. — Você fica muito sozinho aqui.

— Estou muito bem nessa nova etapa da vida – sentei-me na cama e me espreguicei.

— Chega de preguiça, pai. O dia hoje será cheio de novidades com a chegada dos nossos amigos Guardiões da Terra – levantou-se e estendeu a mão para mim. — Anime-se porque temos que ir até o aeroporto. Será deselegante eles ficarem nos esperando.

Quando ouvi o que meu filho disse, saltei da cama e fui direto tomar banho.

— Seja rápido – parou na porta do banheiro. — Pai, devia ter acordado mais cedo.

— Sei disso, filho. É que acordei às três da manhã e sai de moto – lembrei-me da energizante aventura na madrugada –, e consequentemente perdi a hora. Mas no tempo em que me enclausurei por causa da lagartixa, li sobre a cidade de Fênix. Ela tem muitas histórias que a rondam. Onde fica pertencia à Espanha. Na verdade, quase todo o Paraná ficava no território do Guairá. Lembra-se disso?

— Você sabe o que significa Paraná? – inquiriu ele, olhando-se no espelho.

— Não faço ideia.

— Em Guarani, Paraná quer dizer "rio grande, rio caudaloso" – riu do meu pouco conhecimento.
— Quanto a esta região pertencer aos espanhóis, é devido a um acordo realizado entre Portugal e Espanha em 1494, que definia uma linha a 370 léguas do arquipélago de Cabo Verde, e o que ficasse a leste desse meridiano seria de Portugal e a oeste da Espanha. Esta linha imaginária passava a oeste de Paranaguá, sendo assim, quase todo o estado do Paraná era espanhol. Tratado de Tordesilhas, lembra-se disso? – imitou-me.

— Bem, para ser franco, não me lembrava desses detalhes não – o Ernesto era dono de uma super memória, sempre com tudo na ponta da língua. — O que você não sabe, piá?

— O que não sei, leio para aprender. E li sobre fatos que me eram desconhecidos sobre a região – comentou o Ernesto.

— Capaiz? Conte essa novidade.

— Na região de Fênix havia uma cidade espanhola, Vila Rica do Espírito Santo. Hoje só restam ruínas. Mas o que me empolgou foi um tal de Caminho de Peabiru, que era uma rota indígena, com diversos troncos e ramais que percorriam todo o território brasileiro.

— Também li algo sobre isso. Passava por lá, não é?

— Pai, acho que gaseie[61] aula quando a escola falou sobre um tema tão importante.

— Você algum dia gaseou aula? – abri a porta do box e olhei para ele de cara feia.

— Ou foi no dia que briguei com o Dudu porque ele pegou o meu penal[62] – socou o ar.

— Lembro-me desse dia. Fui chamado na escola.

— Até ontem também desconhecia esse caminho, que foi importantíssimo. Ligava o Atlântico ao Pacífico. Ele estendia-se por quase dois metros de largura e era coberto por uma gramínea bem densa, que não deixava o mato crescer. No Atlântico tinha acesso a São Paulo, Paraná e Santa Catarina. Esses ramos se cruzavam aqui no Paraná e seguiam em várias direções, passando pelo Paraguai, Bolívia e Peru. O Caminho de Peabiru também foi chamado de caminho de São Tomé pelos jesuítas, devido a um ser mítico chamado pelos nativos de pai Sumé, que afirmam ter deixado até pegadas em pedras.

— Conte, conte.

— Foi um homem de pele clara, cabelos e barbas ruivas, com vestes branca e longa, que carregava uma cruz. Chegou andando sobre as águas e passou pelo continente falando de um Deus único e ensinando muitas coisas, como o cultivo e uso da erva mate, do milho, da mandioca, da coca e de bebidas curativas. Em cada região ele teve um nome: pai Sumé, para os Guarani; Mairatá, para os Tupis; para os Aimoré esse homem foi denominado de kupe-ki-kambleg. Um fato bem inusitado é que não foi só no Brasil que ele peregrinou. Na Colômbia era conhecido como Bochica; em Cuba, como Zumi; no Haiti era o Zemi; na Costa Rica, Zamia; no México, os Astecas o chamavam de Quetzalcoati, e os Maias de Cucucon; já no Peru teve dois nomes: primeiro foi chamado de Kuniraya e, depois, foi associado ao deus Viracocha.

O pai Sumé é um verdadeiro mito latino-americano e é totalmente desconhecido e pouco estudado. Mas entre os ensinamentos transmitidos por ele, dois pontos fizeram com que os índios ficassem desgostosos. Um foi que ele dizia que a poligamia era proibida, que cada índio só podia ter uma mulher. O outro é que não se podia praticar o canibalismo, que era uma prática comum entre eles. Insatisfeitos com tais normas tentaram matá-lo, jogando flechas e queimando seu casebre. E ele, triste, foi embora

---

[61] Gaseie – faltar aula.
[62] Penal – estojo escolar.

como chegou, andando sobre as águas. Os conquistadores europeus estranharam que os habitantes do Novo Mundo o relacionaram com um herói mítico, pela pele branca e barba. Teve um espanhol que foi considerado o próprio Viracocha.

— Impressionante e misterioso.

— Tem mais! – continuou Ernesto. — O anzol, assim que veio para o Brasil, logo no descobrimento, foi chamado de pindá, e chegou rapidamente em Cuzco, com o mesmo nome. Animais também eram levados, como vacas e bois, galos e galinhas. Conchas que só existem aqui são encontradas no Peru e vice-versa.

— Por que se fala tão pouco desse caminho tão importante? – questionei meu filho. — Estudamos os caminhos romanos e deixamos de lado o caminho de Peabiru. Que coisa chata.

— Não há mais nem sinal dele, apenas relatos em livros antigos, embora haja alguns estudiosos sobre o assunto – informou.

— Nosso país e seu descaso com o passado – lastimei.

— É muito triste mesmo.

— Esse pai Sumé seria o Tomé apóstolo? – balancei a cabeça, negando tal possibilidade.

— Pois é, pai, vi um documentário afirmando que na Índia havia uma comunidade Cristã quando os portugueses lá chegaram e alguns estudos ligam essa comunidade a São Tomé. E aqui no Brasil os jesuítas deixaram escrito que os gentis contaram que seus antepassados avisaram que chegariam homens com uma cruz falando de um deus único. É um assunto interessante, que merecia mais estudos.

— Impressionante – fiquei curioso com tal relato. — Filho, mudando de assunto, não consegui levantar nenhuma hipótese para as descargas elétricas. Acredito que será um bom desafio.

— Isso é bom. Dá mais entusiasmo à pesquisa – comentou, já do quarto.

— Piá, você disse nove horas? É verdade?

— Bem, agora já deve ser nove e meia.

— Que tempo dinâmico! O Toni e a Renate devem estar chegando – desliguei o chuveiro. — Por que não me chamou antes?

— Perdi a hora também. Acabei de acordar. Ao contrário de você aproveitei a noite com uma linda mulher.

— Ela ainda está aqui em casa?

— Não, já foi, infelizmente.

— Você é como eu fui – saí do banheiro com a toalha enrolada na cintura.

— E tem coisa melhor que passar a noite acordado com uma mulher? – piscou. — Vou descer passar o café! – gritou Ernesto, já no corredor.

— Ótima atitude! – falei, no mesmo tom.

Tomamos café rapidamente e partimos com a camionete para o aeroporto, que ficava a mais de uma hora da minha casa.

— Pai, esse negócio de meditação que você anda fazendo é bom mesmo? – puxou conversa enquanto dirigia

— Mas é claro, filho. Sua prática é milenar – olhei para ele. — Como se você não soubesse.

— Quero ouvir a sua experiência – prestava atenção na rodovia enquanto dirigia

— É o seguinte... Nossa mente consciente tem uma vibração acelerada, pensamentos a povoam intensamente e dessa forma não conseguimos nos encontrar com o nosso Eu. Falo dos pensamentos que temos no cotidiano e que, na maioria das vezes, nos deixam cheios de preocupações. Todos nós que passamos pela experiência da vida, nascemos presos a uma cultura, que no nosso caso é um capitalismo desenfreado, em que o narcisismo e o hedonismo tornaram o homem escravo de si mesmo – respirei fundo. — Além de nos fazer escravos do trabalho e de resultados esperados pelos financiadores ▯ olhei para ele. — Eu sou um exemplo vivo disso.

— Eu que o digo, pai – fez uma careta.

— Desculpa, filho – passei a mão nos cabelos dele. — E olha que depois da sua chegada eu melhorei um pouco.

— Ora, seu João, sei que a história da sua vida o levou a agir de forma ríspida – piscou. — E que sua decisão de abandonar tudo que era importante para você e procurar uma vida alternativa está tornando você uma pessoa melhor.

— Verdade. Mas mesmo assim, desculpa.

— Você me tirou da rua, deu-me uma família – bateu na minha cabeça. — Você é tudo pra mim. Mas como se faz para conseguir meditar? Acho que vou tentar. A sua mudança é radical.

— Bem, filho, com o progresso em meus estudos compreendi que o misticismo e tudo que o compõe não se aprende ouvindo alguém ou lendo textos. Isso é importante sim, mas o aprendizado, o aprofundamento, o sentimento, só vem com a prática, a vivência, enfim, com a experimentação. De outra forma só podemos ter uma ideia distorcida de tais mistérios. Na física é a mesma coisa. Precisamos de laboratórios e experimentos para entendê-la e mesmo assim é complicado. Você só entenderá o que é e como meditar praticando, experimentando. Mas já posso afirmar que a meditação nos faz alterar o estado de consciência e conseguimos perceber o mundo de outra forma. Falo assim, mas meu progresso ainda é rudimentar. Preciso praticar muito mais para que futuramente consiga fazer paralelos mais consistentes entre a física e as filosofias que utilizam a meditação como prática. Explicando de uma forma simples é o seguinte: uma estação de rádio emite suas ondas numa determinada frequência, que são captadas por aparelhos que estão em sintonia.

— Exato – interagiu.

— O universo também emite ondas em determinadas frequências, vibrações contendo as informações que são realmente importantes para nós, seres humanos.

— Tipo o que, pai? – seu tom de voz parecia interessado.

— Tipo... Sentimento de paz, pertencimento, equidade, além das respostas para nossas perguntas, acalento para nossa solidão, paz para nossas angústias, acolhimento para nosso abandono, alegria para nossas tristezas, enfim, aprende-se a se conhecer.

— É isso tudo mesmo? – duvidou.

— E um pouco mais – balancei a cabeça afirmativamente. — E olha que ainda tenho dificuldade de me concentrar pelo pouco tempo de prática, mas já noto mudança em mim.

— Mudou bastante sim, pai. Agora é menos intransigente e mais afetuoso.

Senti-me bem com a declaração dele. Ninguém melhor que o meu filho para dar uma opinião verdadeira.

— Tem músicas com sons que nos ajudam na meditação.

— Como assim?

— O som nada mais é que uma onda oscilando e percebemos algumas dessas frequências vibracionais. Elas agem no nosso ser.

— Pode exemplificar? – pediu.

— Sabe os Cantos Gregorianos?

— Claro, pai, são cantos sacros belíssimos.

— São compostos por uma escala de apenas seis tons. A conhecida frequência de Solfeggio. Estudiosos afirmam que esses cantos operavam milagres. Em 396Hz têm a função de libertar a culpa e fatos negativos, eliminar o medo e o stress. Em 417Hz facilita mudanças de atitudes e desfaz traumas. Quando o som está a 528Hz faz reparos no DNA, verdadeiras curas no corpo. Já em 639Hz ajuda no amor dos relacionamentos. Para despertar a intuição o som deve ter uma frequência de 741Hz. Se o objetivo é reencontrar nosso eu superior, a frequência é 852Hz. Hoje já tem a frequência de 174Hz, que trabalha com a dor física, 285Hz, que ajuda na cicatrização da pele, 936Hz, que conecta com a Unidade, com o mundo espiritual, e tem também a poderosíssima frequência de 432Hz, considerada o som da natureza, e faz maravilhas conosco. Sabe de uma coisa, filho? Tem tantos pontos a serem estudados nesse meu novo caminho que chego a pensar em desistir.

— Não diga que é mais difícil do que a física – olhou-me assustado.

— Tão difícil quanto – assenti com a cabeça. — Mas mudando de assunto, não vejo a hora de encontrá-los. O grupo todo não se reúne acho que há uns dois anos.

— Eles não reconhecerão você, pai.

— Pois é, espero que gostem do novo João Russell.

— Sem dúvida alguma isso acontecerá – falou enfático. — Mas você não foi para uma pesquisa no ano passado?

— Sim, mas dos Guardiões da Terra foram só o Zé, a Chica, o Toni e a Renate.

— Foram investigar o possível aparecimento de óvnis no interior de Pernambuco, perto de uma reserva indígena, não é? Conta aí, pai.

— Foi bizarro, filho – ele já sabia da história, mas era um bom assunto para deixar o percurso mais curto. – Dois irmãos postaram um vídeo numa rede social descrevendo o que acontecia nas terras deles. Contaram que ouviam um zumbido e logo depois do som acontecia uma explosão. Três vezes tal fato aconteceu numa mesma semana. Juntos filmaram o ocorrido: feixes de luz vindo do céu surgiam no local onde se ouvia o som da explosão. Nas imagens realmente parecia que discos voadores atacavam a região. Tiveram milhares de curtidas e compartilhamento e a região ficou temerosa. Foi então que o Instituto nos reuniu e pediu para averiguarmos o relato. O Toni e a Renate conversaram com eles, o Zé e a Chica investigaram o local da explosão, eu analisei as vibrações produzidas, segundo eles, pelos óvnis. Em menos de duas horas encontramos a fraude dos irmãos.

— Como faziam?

— A vibração era produzida por um pequeno aparelho que um deles havia criado. As luzes proviam de lanternas potentes instaladas em árvores e a explosão se dava a partir de pequenos explosivos feitos por eles e colocados em locais previamente escolhidos.

— Bizarro.

A conversa realmente ajudou a tornar o percurso menor. Quando chegamos ao aeroporto, às 10h20, o Toni e a Renate já haviam chegado de Brasília

O Antônio Beluzzo e a Renate Rosenbauer Beluzzo residiam na capital de Minas Gerais. A Renate nasceu na Alemanha e veio com os pais para o Brasil ainda pequena. Era doutora em Arqueologia e dava aula na Universidade Federal de Minas Gerais. Ela tinha 57 anos, era pequena, com 1,55 m. Seus cabelos eram lisos, grisalhos e curtos. Apesar de ter alguns quilos a mais, era extremamente elegante, e sempre afirmava que a beleza da juventude deve ser recompensada com a bom gosto na maturidade. Sua habilidade especial era a psicometria.[63] O Antônio, seu marido, tinha 62 anos e seus pais vieram da Itália. Ele era pós-doutor em História Indígena Brasileira e trabalhava na mesma instituição da esposa. Era bem mais alto que a Renate, medindo 1,90 m e era muito magro. O pouco de cabelo que possuía era grisalho. Graças ao bom gosto da Renate em moda, ele disfarçava o seu pouco peso. Ele era telecinético.[64] E como não poderia deixar de ser, esses mineiros tinham um "jeitin bunitin"[65] de falar.

— "Convai",[66] meu "lordi"? – abraçou-me afetuosamente Renate.

— Muito bem. E você? – abaixei-me para abraçá-la.

— E "ocê, lordin"[67] – dirigiu-se ao meu filho, que também se abaixou para cumprimentá-la.

Após os abraços da chegada, meu celular toca. Eram os Guardiões do nordeste avisando que já estavam em São Paulo e em menos de uma hora chegariam a Curitiba. Enquanto esperávamos, fomos tomar café. Os ponteiros do relógio andaram rapidamente e quando marcaram 11h35, os baianos aterrissaram em solo paranaense.

A Francisca Hernandez Heule e o José Heule viviam em Salvador, capital da Bahia. Eles falavam arrastadinho, como bons nordestinos. Eram os mais jovens do grupo. A Francisca, de 25 anos, tinha na sua ascendência espanhóis e nativos do Brasil. Com apenas 1,65 m de altura era a mais gordinha das meninas. Ela possuía duas habilidades distintas: telepatia[68] e hidrocinese.[69] *Seu esposo José também apresentava uns quilos a mais. Ele, de ascendência nativa e holandesa, tinha 27 anos e 1,69 m de altura. Como a esposa, possuía duas habilidades especiais: magnetismo[70] e super força.[71] Ela era geocientista e ele geólogo, e ambos trabalhavam na Petrobras.[72] O resultado da miscigenação fez deles nordestinos peculiares, baixinhos, de pele morena, cabelos e olhos negros. Alegria era a característica principal do casal. Logo reclamaram do clima, pois a baixa temperatura do sul do país, diferenciava-se muito do clima quente em que viviam. Suas roupas eram leves e de cores claras.*

Ao chegarmos a chácara quem nos esperava pilotando a churrasqueira era Silvio Sasaki e a sua esposa, Carolina Valadares Sasaki, tomava chimarrão ao seu lado. Eles moram em Porto Alegre, vieram até a capital do Paraná com o carro que era adaptado para atender a primeiros socorros. Saíram sábado

---

[63] Psicometria – habilidade para sentir em objetos ou ambientes dados impressos que revelam fatos ocorridos.

[64] Telecinese – aquele que movimenta objetos físicos pelo poder mental.

[65] Jeitin bunitin – jeitinho bonitinho.

[66] Convai – como vai.

[67] Ocê lordin – Você, lordinho.

[68] Telepatia – habilidade de quem consegue acessar o pensamento de outra pessoa com o poder de sua mente.

[69] Hidrocinese – capacidade de controlar os átomos da água com o poder da mente.

[70] Magnetismo – tem a capacidade de atrair objetos de metal com o poder da mente

[71] Super força – capacidade de ser muito mais forte do que pessoas normais.

[72] Petrobrás – Petróleo Brasileiro S. A.

de manhã, pousaram em Florianópolis e de lá até Curitiba levaram cinco horas de viagem. A Carolina era médica, tinha 44 anos e era de origem italiana. O Silvio tinha 47 anos, era gestor ambiental descendente de japoneses. Ela media 1,64m e ele, 1,71m. Ela era linda, magra, lábios sempre vermelhos e pele muito branca, seu cabelo era loiro e os olhos, verdes. O Silvio de olhos bem pretos, chegou com um penteado moicano. Ela trabalhava em um hospital em Porto Alegre, capital do Rio Grande do Sul, e sua habilidade especial é a taumatugia.[73] Ele era professor da universidade estatual da capital gaúcha e tinha duas habilidades: telepatia e super velocidade.[74] O sotaque riograndense era uma característica peculiar do casal. Eles usavam roupas esportivas.

— Arre, égua! Me dê um pedaço dessa carne, Silvio. Estou pisando na tripa[75] – o Zé passou a mão na barriga.

— Se aprocheguem[76] – chamou Carol, abraçando os recém-chegados.

— Bah tchê, chegaram com fome, viventes! – falou Silvio enquanto servia a carne.

Uma peça de picanha sumiu rapidamente e outras três foram colocadas no espeto.

Enquanto festejávamos nossa reunião, foi a vez de Jamile Ranzy Boaventura e Marcelo Boaventura chegarem do Rio de Janeiro de carro. Como o casal gaúcho, também saíram de casa no dia anterior, pernoitando no trajeto. A Jamile tinha 34 anos e era antropóloga. O Marcelo, 32 anos, era meteorologista. Ela tinha 1,66 m de altura, que contrastam com o 1,92 m dele. Ela, de origem árabe, tinha o cabelo bem negro e ondulado, que mantinha na altura da cintura. Sua tez era cor de canela, os olhos pretos eram grandes e sempre delineados, os lábios sempre coloridos, e costumava usar roupas que revelavam sua origem. Era magra, com um corpo violão de tirar o fôlego e sua habilidade especial era a premonição.[77] O marido era afrodescendente, usava o cabelo rastafari, era magro, na maioria das vezes usava calça de sarja amarrada na cintura e túnicas. Ele tinha duas habilidades incríveis: visão de raio x[78] e pirocinese.[79] Ambos eram professores. O sotaque carioca era parte da característica desse casal descolado.

Depois de trocarmos saudações, matar um pouco as saudades, contar as aventuras de pesquisas em que não estávamos juntos e comentar da correria da vida de cada um, começamos a falar sobre a missão que havia nos reunido. Eu resmunguei um pouco, pois seria exatamente na época do mundial de futebol, e eu adorava assistir aos jogos.

Enquanto conversávamos e bebíamos, a Jamile, a profetisa do grupo, iniciou o seu ritual de previsão. Ela tinha a habilidade de ver o futuro, mas gostava de usar a borra do café para "dar mais graça" às previsões, talento que ela dizia ter herdado de sua tia-avó que vivia na Síria. Pôs água para ferver, pegou as xícaras com o nome de cada um dos Guardiões, que carregava em cada missão. O ritual consistia em colocar o pó de café quando a água entrava em ebulição. Em seguida, desligava o fogo e esperava o pó abaixar. Então pegava uma xícara, derramava a borra, virava a xícara para um lado e para o outro, para deixar marcas, e nelas o futuro de cada um ficava explícito. Um por um ela foi lendo o que dizia os borrões, sempre arrastando o "r" e o "s", comum aos cariocas.

---

[73] Taumaturgia – habilidade de realizar curas com a imposição das mãos.

[74] Super velocidade – capacidade de ser muito mais veloz do que pessoas normais.

[75] Pisar na tripa – estar morto de fome (gíria baiana).

[76] Se aprochegar – chegar mais perto. (gíria gaúcha).

[77] Premonição – habilidade de ver antecipadamente fatos que ocorrerão

[78] Visão de raio x – habilidade de ver através das coisas.

[79] Pirocinese – habilidade de manipular o fogo.

— Galera, atenção aqui na Guardiã – abriu um sorriso lindo. — Como são cabaços e não podem prever o que acontecerá nessa jornada, darei uma geral dos fatos. Farei minha mente sensitiva trabalhar para vocês – deu uma reboladinha. — Claro, com a ajuda da maravilhosa borra do café, que tá cheiroso para cacete.

Todos paramos com o bate papo e prestamos atenção do que dizia. Era sempre relevante o que "via" nas xícaras. A Jamile nunca errava em suas previsões.

— Cacete, terei ótimas descobertas para estudar sobre o povo da região. Irado.

— Dos paranaenses de Fênix? – indaguei.

— Sinistro, não é mesmo, "mermão"? – virou a xícara de vários ângulos, olhos atentos. — Sei lá, aqui mostra grandes descobertas. Lá veremos o que a borra quis dizer...

— Deve ser dos espanhóis que moravam por lá. Aquela região era da Espanha – peguei um pedaço gordo de picanha e devorei.

— É "vâmo vê" o que dará essa bagaça![80] Mas será uma parada legal – chegou perto do marido, beijou-lhe a boca. — Morzinho, tesão, gostoso, meu deus africano, terá que usar sua ultra visão – anunciou a carioca para o marido enquanto tomava um gole de caipirinha. — Locais sinistros serão encontrados naquela birosca. Uau, caracas, não vai dá para vacilar.

— Tô ligado, gostosa – respondeu ele, fazendo do "s" um "x". — É para isso que tô aqui.

— Renate, pra tu também será irado. Vai apavorar[81] por lá – comentou enquanto verificava os desenhos deixados pela borra de café. — Terá grandes surpresas arqueológicas. Teu poder será útil.

— Sei que foram encontrados fósseis de pterossauro numa cidade do interior aqui do Paraná. Será que teremos mais fósseis? – esfregou as mãos a mineira. — A labuta será boa então, sô?

— Aham! – pegou a xícara do Toni e analisou. — Meu chegado, o lance de Fênix revelará muitas histórias. Suas habilidades quase não serão requeridas.

— Uai sô, é o "quespero"[82] – falou sossegado, com um copo de caipirinha na mão.

Enquanto ela "previa" os acontecimentos, eu e o Silvio assávamos carne, e a Lourdes e o Valter faziam o cardápio acontecer. Cada um dos Guardiões tinha um copo cheio do lado.

— Chiquinha, baiana manera, nenhum lance novo para você – fez uma careta demonstrando desinteresse pelo que previu da amiga. — Mas usará sua habilidade, beleza?[83]

— Ah, uma aventura xoxa.[84] Mas nem de revesguela?[85] – fez cara de triste. — Só não quero ficar enfastiada.[86]

— Puta merda, Chica! Tu fala e eu não entendo, cacete! – irritou-se a carioca e todos rimos, por concordar.

---

[80] Bagaça – pode significar qualquer coisa (gíria carioca).
[81] Apavorar – arrasar, impressionar (gíria carioca).
[82] Quespero – o que espero (gíria mineira).
[83] Beleza – tudo certo (gíria carioca).
[84] Xoxa – sem graça (gíria baiana).
[85] Revesguela – de raspão (gíria baiana).
[86] Enfastiada – de saco cheio, desanimado (gíria baiana).

— E por acaso você acha que não passa batido muito do que você fala, minha nega? – brincou a baiana. – Fala de carreirinha[87] e chia, fazendo muitos xxxs – riu muito. — Agora chega de gaiva[88] e termine sua mandinga.[89]

Não dava para negar que estava difícil entender a conversa entre nós. Cada um de uma região do Brasil, com suas expressões locais tão diversas.

— Ei, ó o auê aí ô[90] – vocalizou o nordestino.

Todos olhamos para ele sem entender.

— Ele pediu para parar com a baderna – interveio Renate. — É para não ter confusão pelo jeito que nos expressamos – falou corretamente, sem o jeitinho mineiro, abriu um sorriso e tomou um gole de cerveja. – Eu adoro essa nossa diferença.

— Zézinho, "mermão" – continuou a carioca –, tudo normal por lá quanto ao teu conhecimento, mas precisará de tuas habilidades.

— Arre égua, tô aqui para o que der e vier – informou o geógrafo. — João, que fubuia[91] arretada! – ergueu o copo de caipirinha. — Eu tô achando essa ligante[92] porreta.

— Galera, caracas! – ela andava de um lado para outro. Pegava uma xícara olhava, trocava, olhava. — A bagaça é séria. Vejo aqui que a parada será do cacete. Acontecerão muitas encrencas nessa nossa aventura e também descobertas – disse Jamile. — Vamos nos divertir. Será irado!

— Ótimo! Só trabalho é cansativo – comentei.

— Silvio, "mermão" do sul, você vai precisar das suas habilidades por lá também.

— Pelo visto será perigoso – declarei.

— Aê João, mó otário aê![93] Não é porque usaremos nossas habilidades que será perigoso, seu "mané" – respondeu "elegantemente" a carioca — Ernesto maluco, o lance para você é muita paquera e novas invenções.

— Perfeito! – esfregou as mãos, demonstrando contentamento.

— Carolzinha sangue bom... Nossa, você terá muito trabalho por lá.

— Barbaridade, por que tu dizes isso guria? – questionou a médica, com a cuia de chimarrão na mão.

Nesse momento os olhos de Jamile correram na minha direção, fitando-me assustada. Todos perceberam o movimento da antropóloga e seguiram seu olhar. Eu fiquei parado perto da churrasqueira, totalmente sem jeito.

— Ei, o que está vendo? O que acontecerá comigo? Por favor, Jamile, diga – questionei, um tanto amedrontado e quase me afoguei com a cerveja.

— Caralho. Sinistro. "mermão", ninguém vai acreditar – anunciou ela com os olhos arregalados. — O lance nem deve ser pronunciado – continua Jamile, enquanto analisava a borra do café.

— O que vai acontecer? – comecei a ficar apavorado. — Qual é o lance? – usei seu jeito de falar.

---

[87] Carreirinha – depressa (gíria baiana).
[88] Gaiva – papo furado (gíria baiana).
[89] Mandinga – macumba.
[90] Ó o auê aí ô – olha a bagunça (gíria baiana).
[91] Fubuia – cachaça (gíria baiana).
[92] Ligante – batidinha de cachaça (gíria baiana).
[93] Mó otário aê – grande bobo (gíria carioca).

— Uai, Jamile, diga logo o que acontecerá com ele – insistiu Antônio. — O trem será sério?

— Caracas! – falou com os olhos para o vazio – Maktub![94] O fim da lenda.

Ernesto posicionou-se perto de mim com uma faca na mão como se quisesse me defender de algo ruim. Carol e Silvio começaram a caminhar em direção à vítima fatal, no caso, eu. Foi só com a interferência de Marcelo que a Jamile saiu do transe.

— Maluquinha linda, "manera" e conte logo o que "sacô aí". A parada tá assustadora. "Tamo" preocupado com o João. O que a borra diz? – pediu.

— Porra, caracas, aí ô, segurem essa. Ele vai se amarrar em alguém, ficará boladão[95] de tanto amor – declarou, por fim. — Ou, se preferirem, ele vai se apaixonar. Será avassalador, um tsunami de amor.

Ao ouvir a sentença, caí na gargalhada.

— Ah, é isso? – disse aliviado. — Ainda bem. Pensei que fosse algo sério — acabei com o copo de cerveja. – Tipo que eu iria morrer.

— Porra "mermão", a bagaça será séria – afirmou Jamile. — Puta merda, o manezinho ai vai morrer de amor, não terá como vazar. Acredite, está marcado para agora. Maktub!

— É bom mesmo. Faz tempo que o João está na biela – comentou José.

— Tô o quê? – estranhei a expressão usada por ele.

— Na biela, quer dizer sozinho – riu o nordestino

— Opção Zé, opção. Amor, esse sentimento torna as pessoas voláteis e incontroláveis, absorve a mente do pobre sujeito deixando-o feliz se tudo está bem e terrivelmente triste caso se decepcione ou o relacionamento acabe – peguei um espeto e cortei fatias de picanha. — Para que viver isso?

— Bah tchê! É a vida, senhor coração de pedra – o Silvio cortou uma linguiça. – Precisamos passar por isso, é intrínseco ao ser humano. Tá na hora de campear um amor. Barbaridade, você é o único homem solteiro que conheço.

— Oras, gaúcho, para com isso. A pessoa que é "possuída" – gesticulei com os dedos, pondo aspas na palavra – centra sua atenção ao ser amado em detrimento a qualquer coisa que o rodeie, incluindo trabalho, família, amigos – comi um pedaço de linguiça. — O pobre doente de amor entra num estado anormal de visão, só tem olhos para o ser amado, fica cego. E pelo cosmos, quem hoje em dia tem tempo para isso.

— Eu – responderam todos ao mesmo tempo.

Assustei-me com o coro e arregalei os olhos. Precisava de novos argumentos.

— E vocês sabem que tenho uma concepção própria, nada romântica, com certeza, do que todos chamam de amor, paixão, sexo e mulher – sentei-me tranquilamente num banco.

— Aê maluco, explane logo e esclareça definitivamente o lance. O que pensa disso? – desafiou a Jamile. — Na moral, pode falar o que quiser "mermão", mas tudo o que disser vai ser usado contra sua pessoa quando cair de amor.

— O ser humano, como eu e cada um de vocês – apontei o dedo para cada um deles –, é um conjunto físico-químico. Somos um sistema energicamente aberto, mas com organização fechada. Há um padrão autorregulador para a sua sobrevivência, que é realimentada num mecanismo de homeostase.

---

[94] Maktub – está escrito (expressão árabe).
[95] Boladão – apaixonado (gíria carioca).

— Caracas! Homo o quê? – perguntou a Jamile e tomou a caipirinha que o Marcelo lhe ofereceu.

— Homeostase é uma propriedade que temos que regula nosso organismo internamente para que possamos ter uma condição estável e dinâmica do funcionamento corporal – peguei o copo da caipirinha dela e tomei um gole.

— Tá certo – falou a carioca com cara de que não tinha entendido.

— Continuando, o nosso corpo é um sistema energicamente aberto porque precisa de fluxos de energia para sobreviver. É organizadamente fechado porque o próprio sistema se auto-organiza numa autopoiese dinâmica.

— Autopiedade? – questionou o Zé. — Ih bodum,[96] o que é isso?

— Autopoiese é, meu amigo Zé, de forma bem simples, a capacidade que as moléculas têm de se autoproduzir – comecei a caminhar entre eles com meu copo de cerveja na mão. — Exemplo: cortaram-se, as moléculas se reproduzem e o corte fecha.

— Hum hum – o baiano balançou a cabeça, concordando.

— Com essa percepção acredito que o amor é físico e vem do meio, num sistema circular de alimentação. Digo físico, pois amar nada mais é do que vibrar na mesma frequência de ondas, estar na mesma sintonia. Todo corpo físico emite ondas que vibram em certa frequência. Quando dois seres humanos têm a mesma frequência acontece o chamado amor – sentei novamente no banco e peguei um pedaço de picanha.

— Agora quimicamente falando e seguindo o meu raciocínio, o que todos chamam de paixão é química e faz parte da organização fechada, porque se dá em complicada rede de reações químicas no cérebro e no sistema endócrino, e hormônios e neurotransmissores tomam conta do corpo. No processo da paixão envolvem-se alguns neurotransmissores. A dopamina é responsável por nos fazer feliz perto da pessoa amada, já que é a substância responsável pela euforia e vício. Pois sempre nos viciamos em quem estamos apaixonados. Já o coração acelerado e a respiração alterada são culpa da adrenalina. Outra substância, semelhante à adrenalina, é a atuante noradrenalina, um hormônio que causa muita excitação e desperta o desejo sexual. Nesse emaranhado químico, a serotonina acaba por ser pouco produzida, o que faz o nosso sistema de avaliação ir pelos ares, e achamos a pessoa amada a mais incrível do mundo. Quanto todo esse coquetel vai acabando, entra em ação o hormônio oxitocina, que faz a relação ser duradoura, promovendo vínculos entre o casal. Mas eu acredito que esse coquetel do amor só é realmente perfeito se houver antes o fenômeno físico da vibração equivalente. O que é raríssimo de ocorrer. O deleite advindo do sexo é para que tenhamos prazer em preservar a espécie e a mulher é o solo fértil para que a humanidade se perpetue. Se algo não está bem caímos numa entropia, isto é, numa desordem emocional – virei o copo de cerveja depois de toda a explicação e fui à geladeira pegar outra garrafa.

— Caraca, cara chato da porra! – resmungou Jamile. — Nunca vi nada mais complicado para abordar amor e sexo.

— Mas que beleza sô! O sensível tentando ser resolvido pela razão – comentou Renate.

— Ora Renate, a ciência deve compreender o sensível – defendi-me, enchendo o meu copo e passando a garrafa para o Silvio. — Não é a estética que trabalha com a lógica para tentar entender a dicotomia entre racional e sensível. Eu estou usando a física e a química para falar de amor e paixão.

---

[96] Bodum – fedor de bode (gíria baiana).

— Você vive na solidão, João. Imerso nessa sua erudição, como encontrará um pouco de afeição, de amor? – interrogou Toni.

— Já tive muitos relacionamentos, vocês sabem disso. São testemunhas que iria me casar com a Patrícia, mas depois do que ela fez, desisti de mulheres.

— Caracas, virou viado? – riu Marcelo.

— Desisti de viver com uma única mulher – respirei fundo. — Tenho encontros esporádicos, mas nada para me envolver mais seriamente. Que é para o que a mulher serve, encontros apenas.

— Que horror! – fez uma careta a Carol. — Agora me caiu os butiá do bolso.[97]

— Discordo – manifestou-se Silvio, abraçando a Carol. —— Arrastar a asa[98] por uma prenda serve para alegrar a vida da gente – recebeu um beijo em troca da declaração.

— Deu de solteirice para você, caro amigo. Está ficando velho, precisará de alguém ao seu lado – o Toni pegou na mão da Renate. — Não há nada melhor do que amar alguém e tê-la junto de si, não é verdade bem? – deu um beijo na esposa.

— Acredito em você meu amigo, mas vivo bem – comi mais um pedaço de carne. — Além do que, o homem, quando encontra o amor, perde-se – levantei-me e comecei a andar.

— Bah! Tu és um xarope![99] – exclamou a gaúcha. — Que coisa horrível. Agora entendo porque tu nunca juntaste os trapos com alguém – tomou um gole de chimarrão. — E vive carrancudo, com essa dobra na testa.

— Tô azoretada.[100] Eu tinha ciência de que você pensava no amor como algo diferente – comentou Francisca. — A física e a química tudo bem, já é bem conhecido, mas o que é esse negócio de autorregulador? Que palavras você usou? Homeostase? Autopoiese? Isso é loucura.

— Chica, vou tentar explicar de forma mais simples. Imagine uma árvore, tudo bem?

— Aí, meu rei, árvores da Mata Atlântica ou da caatinga? – brincou a baiana, sempre com seu jeito mole de falar e pronunciando o "ti" de forma totalmente diferente dos sulistas.

— Tanto faz. Pense numa árvore genérica – dei de ombros. — Quando o sol irradia sobre ela, suas folhas entram num processo de fotossíntese. Comparando com o que penso do amor, a luz do sol é a vibração, o amor – andava e gesticulava para que me entendesse. — O processo de fotossíntese é químico, no caso em questão, a paixão. Em todo o sistema ecológico há troca física e química.

— Arre, égua! Só você mesmo! – exclamou a baiana. — Pobre mulher que se apaixonar por você.

— Aê João, pode chamar do que quiser, mas o caralho é o seguinte: tu vai se amarrar em alguém. Como disse você agorinha, vai se perder. É destino – voltou a falar Jamile. — Não tem como vazar, porra. Ficará cego de tanto amor.

— Sempre temos escolha. A vida é feita delas – sentei-me no banco e peguei um pedaço de linguiça. —Ah, Jamile, só rindo mesmo. Eu não vou me apaixonar. Se perceber alguma mulher vindo para o meu lado, vou sair correndo em direção oposta. Você sabe que tive alguns casos complicados, mulheres que perturbaram minha vida demasiadamente, por isso decidi viver sozinho. Sou livre! – abri os braços,

---

[97] Me caiu os butiá do bolso – estou indignada (gíria gaúcha).
[98] Arrastar asa – enamorar-se (gíria gaúcha).
[99] Xarope – pessoa chata (gíria gaúcha).
[100] Azoretada – invocada (gíria baiana).

demonstrando liberdade. — Faço o que quero, não pretendo me aprisionar a ninguém. Sei muito bem como evitar o amor. *Vade retro*[101] amor – afastei o sentimento com a mão.

— Caralho, lá vem tu com essa conversa de que não encontrará alguém que vibre como tu e blá, blá, blá. Mas não é assim que funciona, "sangue bom". Tu ainda não foi atingido pela pena do Urutau, mas quando for, não terá escolha – profetizou a antropóloga.

— O que é isso? – quis saber.

— Porra, tá por fora mesmo! – Jamile andou de um lado a outro. — Cacete, ninguém conhece nada do que é brasileiro. Há muitas lendas sobre ele. Uma diz que era uma jovem virgem, filha de um grande chefe que por não poder viver com um índio de outra tribo, sumiu de casa e embrenhou-se na mata, e de lá se podia ouvir os seus tristes lamentos: "Hu-hu-hu". Ela se transformou em ave, a urutau. É um ser feérico, ligado, segundo algumas lendas, ao amor. Por isso, se uma pena o tocar, a paixão é certa. É um mito Guarani, como o cupido é um mito grego.

— Bom, nunca ouvi falar nessa ave, e aqui acho que não existe, então posso ficar despreocupado – fui pegar outra garrafa de cerveja. — Além do que, acha mesmo que vou encontrar alguém que vibre como eu numa cidadezinha de três mil habitantes? Mas se está marcado, que venha o amor – concordei, para dar fim àquela conversa. — Na verdade, todo mundo idealiza uma pessoa para conviver, e eu, como faço parte do mundo, também idealizo. E se no futuro existe essa mulher que vibra como eu, ela está ligada a mim num fio delgado entre instantes – virei o copo de cerveja. — O amor para mim se apresenta numa possibilidade de vir a ser? Ou o amor está numa eternidade que é? Se, como diz, vou amar, pode chamar de destino, mas como vou encontrá-la dependerá das minhas escolhas.

— Que é isso, mano? Não entendi nada! – arregalou os olhos a carioca. — Mas e se, digo e se, encontrar alguém que vibre e blá, blá, blá, o que fará na real, mané? – quis saber Jamile.

— Se isso acontecer realmente, assim como acredito, vou me entregar ao amor, de corpo e alma, pois sei que não conseguirei viver sem ele – ergui os braços em sinal de cansaço de tal discussão.

— Caracas? Vai casar e tudo? De terno e igreja? Com direito à porra toda? – buscou saber o Marcelo

— Caso de terno e igreja e toda a porra. Está bem?

— Ê trem bom! Teremos um chá de caldeirão – brincou a Renate.

— O que é isso? — perguntei.

— Chá de panela para a noiva. Chá de caldeirão para o noivo. É uma festa que os amigos do noivo fazem lá em Minas – explicou a arqueóloga.

— Então caso de terno, igreja, a porra toda e com chá de caldeirão – ironizei.

— Arre, égua! Isso quero ver – declarou Chica.

— Manero, galera! vamos preparar roupas de festa. Teremos casório pela frente – anunciou a antropóloga, sempre puxando o "r" e o "s".

— Vou contar um segredo para vocês... – sentei-me na mesa e cruzei os braços. — Eu já senti vibração por uma mulher. Vibramos na exata frequência.

— Capaz! Cadê essa divina e pobre criatura? – perguntou Carol.

— Não sei. Só a vi uma vez, mas foi intenso – caminhei até o freezer e peguei uma cerveja para eles.

---

[101] Vade retro – afaste-se (latim)

— Uai, mas que trem aconteceu? Por que não está com ela? Explique isso – pediu a Renate enchendo o copo.

— Eu apenas a vi – a lembrança dela avivou-se na minha mente.

— Como apenas viu? Não a agarrou, jogou-a no chão e fez amor com sua "alma frequência"? – indignou-se o Marcelo.

— Não – coloquei um pedaço de carne na boca.

— Bah tchê! – exclamou o Silvio, agora com o chimarrão na mão. — Mas não te achegaste na prenda por quê?

— Foi na época em que me enterrei nos estudos. Já faz um bom tempo que isso aconteceu, quando ainda o Kabir aventurava-se comigo na pesquisa – a simples lembrança dele fez meu coração se alegrar. — O que afirmo para vocês sobre vibração é a maior de todas as verdades. Senti a vibração dela e a busco em todas as mulheres com quem me relacionei desde então.

— E nada, "mermão"? – admirou-se a Jamile.

— Nada – fiz uma careta. — Por isso não acredito que seja possível para mim – comentei. – Tive a chance e deixei passar.

— Mas bah tchê, não se pode encontrar outra guria que vibre como tu? – perguntou Carol. — Só existe uma no mundo todo?

— Não sei responder essa questão – bebi mais um pouco de cerveja. — Talvez sim, talvez não.

— Arrr, caralho, você me deixa bolada. Tô vendo aqui, cacete! – Jamile parecia irritada. — Eu nunca erro. Diz isso por causa da tal vibração?

— Também, mas para que tenhamos sentimentos em relação a uma pessoa ou acontecimento, no caso o amor, o cérebro precisa encontrar um meio de representar o "amor" – coloquei aspas gestualmente na palavra amor. — Eu não tenho essa representação mental, não tenho construído nenhum tipo de representação de "amor" entre homem e mulher. Minha mãe morreu quando eu ainda era pequeno e meu pai nunca se relacionou afetivamente com mais ninguém. Ele foi um mulherengo convicto até a sua morte. Assim como sou. Então, sem representação mental, não tem como eu entender ou ter qualquer tipo de sentimento amoroso com uma mulher. Entendido dessa forma?

— Aff, sinistro. Desde quando precisamos de representação mental para amar alguém, porra. É só sentir – indignou-se a antropóloga. — E se você não tem este negócio que falou, vai ter que aprender sem ele, caralho.

— Tudo bem Jamile, tudo bem. Aprenderei.

– Sinistro esse seu jeito de ser e pensar – comentou Marcelo. — Agora se liga, "mermão", se a encontrar não chegue de sapatinho, pule em cima. Tá ligado?

— Ficarei ligado – sorri.

— Mas não se esqueça do que também vejo haverá muitas confusões, brigas e tiros.

— Vou amar ou vou morrer? Agora estou confuso. Ou será que amar é morrer? – questionei.

— Caralho, talvez ela não queira você – disse Jamile, irritada. — Isso será a morte pra você. Física e quimicamente a morte.

— Impraticável tal possibilidade – afirmei tranquilamente, comendo uma linguiça e tomando cerveja.

— Bah tchê, como assim? – indignou-se a gaúcha. — Considera-se assim tão conquistador? Só porque teu olho é mais verde que cuspida de mate novo?

— Não é isso, Carol. O fato é que se eu vibrar por ela, inevitavelmente ela vibrará por mim. Seremos um caso perdido, não haverá fuga. Como diz minha cara amiga Jamile, maktub.

— Arre! Mas o caso pode emborcar.[102] Vai que é casada, tem compromisso com alguém, é freira, não goste de homem, ou qualquer coisa que impossibilite vocês viverem esse turbilhão químico-físico que você fala com tanta propriedade – ponderou Zé. — Não poderá bulir[103] com ela.

Eu fiquei olhando para ele sem ter muito que dizer. Se encontrasse alguém como descrevi, tudo o que mais iria querer era grudar nela e nunca mais soltar.

— Aí, Guardiões, notaram que o João não está mais esporreteado?[104] – notou Zé. — Conversou o tempo todo sem perder a cabeça.

— Cacete, não tá o quê? – questionou Marcelo.

— Assim ó, como vou dizer, brigão – explicou o nordestino. — Nunca antes ele agiria assim.

— É a prática da meditação e minha decisão de mudar meu jeito de ser – gostei que eles perceberam minha mudança.

— João, meu lorde, entendo que você, como cientista, tenha essa concepção sobre tais temas – falou cantadinho Renate, com um copo de cerveja na mão. — E como tal, sua explicação é precisa.

— Obrigada, minha amiga – joguei um beijo para ela.

— Porém – continuou, depois de pegar o beijo e colocá-lo no coração – há mais ou menos três anos você vem se dedicando a outros estudos, se não me engano – batia com os dedos na mesa.

— Exato. Tenho me dedicado às filosofias orientais e à física quântica.

— E esses estudos não lhe forneceram uma concepção mais sublime do amor? - abriu um sorriso.

— Ah, sim – concordei e muitos pensamentos sobre amor afloraram na minha cabeça. — Mas serei sincero com vocês, é difícil para quem sempre foi tão hedonista mudar radicalmente o jeito de ser – respirei fundo. — E para falar a verdade, perto de vocês sinto-me ainda o João totalmente racional. A busca para o autoconhecimento é bem complicada para mim.

— Aí, meu rei! Conte-nos um pouco sobre outra forma de amar – pediu Chica.

— Cada uma das filosofias tem uma peculiaridade em relação ao amor que me fazem refletir muito sobre tal sentimento – comecei a explicar –, mas de uma forma simples e geral, o amor é bondade... é leveza... é compaixão. É olhar nos olhos do ser amado e sentir suas necessidades e desejos. É troca. É jamais levar ao sofrimento e às lágrimas. É o caminhar junto para o crescimento de ambos. É buscar ter um coração leve, feliz e tranquilo para que possamos dar o melhor de nós. É observar com carinho e conseguir ver a alma do ser amado. É deixar o fluxo na natureza agir para que haja o encontro de almas. Enfim, o amor é o caminho para a autossublimação.

— Você acha que é capaz de amar assim? – indagou Renate.

—Talvez – olhei fixo para ela, refletindo sobre sua questão. — Talvez eu seja capaz de amar assim.

---

[102] Emborcar – virar de cabeça pra baixo (gíria baiana).
[103] Bulir – mexer, tocar (gíria baiana).
[104] Esporreteado – pavio curto, cabeça quente, brigão (gíria baiana).

— Então, se, digo, SE encontrar alguém naquela cidadezinha para onde vamos, dê uma chance para esse amor – recomendou a Renate.

— Uau! Caracas, Marcelo, se não te amasse tanto iria querer ser o objeto de amor do João.

— Mandou bem, pai! – o Ernesto deu um tapa no meu ombro. — Quero amar assim.

— Deu de conversa, sô! Tá tudo "dimái"[105] da conta de bom, João – o Toni se levantou e começou a falar. — Mas "préstenção"[106] pessoal, já beliscaram e beberam um pouco, apaziguaram a fome, então "devemoir"[107] ao mezanino nos planejar antes de nos perdemos no churrasco e nas cervejas – chamou o Toni, pondo fim às previsões de Jamile.

— "Émêzz".[108] – concordou Renate

O mezanino era amplo e muito iluminado. A parede lateral era toda de vidro, cortinas brancas davam uma sensação de paz. Algumas estavam abertas e o ar que entrava dava movimento aos tecidos alvos. Uma grande mesa oval, com dez cadeiras, ficava bem ao centro. Na parede oposta às janelas havia prateleiras repletas de livros e quem se sentisse chamado a conhecer os segredos da humanidade estava à disposição um tapete macio com muitas almofadas, um pufe e um enorme sofá.

— Sentem-se, por favor – pediu Antônio. – Mais uma vez fomos designados pelo Instituto Nacional de Ciência e Tecnologia de Novos Fenômenos para investigar a "grandincidência"[109] de raios que cai na região do município de Fênix, interior aqui do Paraná. Estou feliz em nos reunirmos mais uma vez. Já faz um bom tempo que todos os Guardiões não se encontram – cuidou de falar sem tanto "mineirês", embora tenha dado um pequeno deslize.

— Sim, o último desafio foi investigar os sumidouros que surgiram no Jalapão e o desespero dos moradores da região por não saberem o que acontecia em suas terras – lembrou-se Marcelo.

— Barbaridade! Que saudades de vocês – comentou Carol. — Esse grupo é tri legal.

— Teremos dez dias nessa primeira etapa da pesquisa – inteirou-nos Toni que, juntamente com a Renate, eram os líderes do grupo.

— Serão dias arretados[110] de bom! – falou eufórica Chica. — Quero curtir o frio de vocês.

— E eu quero comer pinhão – emendou Zé. — Já experimentei uma vez e adorei.

— Primeiras notícias é que já nos avisaram que os Anhangás estarão por lá – torceu os lábios Renate. — Infelizmente, sabemos que pelas suas ações não tem nenhum caráter. João, sinto avisar, o Lorenzo estará por perto.

— O Lorenzo tem uma moral de jegue.[111] Foi mal aí, João, sei que foi seu amigo – desculpou-se Zé.

— O Lorenzo? – comecei a me preocupar com o que a Jamile havia falado. Se eu vibraria por alguém e ele também iria, isso levaria a confusões. — Sinto muito que ele tenha mudado tanto. Tentarei evitá-lo para que não surja nenhum problema – disse tristemente.

— Como sabemos, a pesquisa deles busca resultados que possam render dinheiro – relatou Renate.

---

[105] Dimai – demais (gíria mineira).
[106] Préstenção – preste a atenção (gíria mineira).
[107] Devemoir – devemos ir (gíria mineira).
[108] Émêzz – é mesmo (gíria mineira).
[109] Grandincidência – Grande incidência (gíria mineira).
[110] Arretado – pode ser algo bom ou algo ruim (gíria baiana).
[111] Moral de jegue – falsa moral (gíria baiana).

— Viventes, o que pode estar ligado à incidência de raios? – perguntou Silvio.

— Estou descalqueado[112] do que fazer. É um caso cheio de nós pelas costas.[113] Talvez possa estar ligada à existência de algum minério que ainda não conhecemos – ponderou o geólogo. — Será um bom estudo. Na verdade, é um caso amarrado de corda.[114]

– Voltando aos Anhangás, "temociência"[115] que o grupo que os financiam quer sempre mais e mais lucro – comentou Toni. — E por dinheiro eles podem ser perigosos.

— Precisamos encontrar uma explicação rapidamente, evitando que eles o façam e coloquem a região em risco de devastação – emendou Renate.

Eu fiquei olhando para quem falava, mas não ouvia o que diziam. Pensava apenas no que a Jamile havia dito sobre minha ida a Fênix.

— Falarei um pouco da região que vamos estudar. Alguém leu algo sobre o local? – inquiriu o historiador e a maioria negou. — Pois bem, iremos para o município de Fênix, que fica próximo às ruínas de uma vila que pertencia à Espanha, isso lá no século XVII – contou várias curiosidades sobre a região que eu e o Ernesto havíamos conversado horas antes. — Os primeiros brancos a utilizarem o Peabiru foram Aleixo Garcia, em 1524, Cabeza de Vaca, que seguiu seus passos para chegar ao Peru, em 1541, e Schimidt, em 1552 – levantou-se e começou a andar. — Textos antigos afirmam que em 1524, o português Aleixo Garcia, conduzido pelos Guarani, conseguiu chegar ao Império Inca por tal via e deslumbrou-se com o ouro que ali havia. A notícia se espalhou e os espanhóis começaram a explorar o delta do Prata, e em consequência fundaram Buenos Aires e Assunção. Em 1553, o então governador do Paraguai, Domingos Martinez de Irala, começou a explorar o rio Paraná, e em 1554, enviou o capitão Garcia Rodriguez de Vergara, que fundou Ontiveiros, perto de onde ficavam as Sete Quedas,[116] mas tal vila só durou dois anos. Em 1556, o governador Irala desejou fundar outra cidade e mandou o capitão Ruiz Diaz Melgarejo com a missão de construir uma nova cidade e, então, surgiu a Ciudad Real del Guairá, perto da foz do rio Piquiri. Em 1570, Melgarejo fundou Villa Rica del Espiritu Santo, num local onde acreditava haver ouro, mas lá só encontraram ferro. Hoje se localiza a cidade de Nova Cantú, mas em 1589, devido a uma epidemia de varíola que matou muitos espanhóis e índios, o capitão Guzman determinou que mudassem a cidade para a junção do rio Ivaí e Corumbataí. A economia se dava pelo sistema de encomendas e o produto explorado era a erva-mate. Jesuítas organizaram várias reduções pelo território do Guairá. Em 1632, todos foram expulsos, aldeões e padres, pelos bandeirantes. E depois, com o tratado de Madri, toda essa região ficou sob domínio dos portugueses. Esse é um breve relato histórico da região do nosso objeto de estudo – finalizou Toni, sem nenhum "mineirês", apenas cantadinho como um bom representante do estado mineiro.

— Um ótimo resumo meu bem – manifestou-se Renate.

— O que é sistema de encomendas? – quis saber Silvio.

— É um sistema medieval em que os vencidos eram submetidos ao trabalho pelos vencedores. Na colônia espanhola do Guairá empregavam dois tipos de encomendas, a mita e a yanácona. A primeira

---

[112] Descalqueado – sem ideia, sem plano (gíria baiana).

[113] Nós pelas costas – complicado (gíria baiana).

[114] Amarrado de corda – difícil de resolver (gíria baiana).

[115] Temociência – temos ciência (gíria mineira).

[116] Sete Quedas – O Salto de Sete Quedas ficava próximo à cidade de Guaíra, Paraná. Era, em volume de água, o maior conjunto de quedas do mundo. O som produzido pelas quedas podia ser ouvido a aproximadamente a 30 km de distância. Devido à construção da Usina Hidrelétrica de Itaipu, foi inundada, com o fechamento das comportas, em 13 de outubro de 1982, que durou 14 dias.

era empregada para índios vencidos pelas armas reais, a segunda para os colonos que, por sua força, conquistavam algum povo indígena.

— Todos trabalhavam? – questionou a médica.

— Não, só homens entre 18 e 50 anos, menos o cacique.

— Era um trabalho na tora? – perguntou Chica.

— O que é isso? – perguntei.

— Na tora é obrigado, à força – explicou Zé.

— Não – continuou Antônio. — Nas colônias espanholas não. Eles trabalhavam apenas dois meses por ano, depois ficavam livres até o próximo ano. Todos os encomendeiros precisavam cuidar da alimentação e catequização dos encomendados e de forma alguma podiam ser vendidos, pois não eram escravos.

— E como a terra era dividida? – indagou Zé.

— A coroa espanhola presenteava com uma mercê de terra a quem quisesse aventurar-se no Novo Mundo.

— Mercê de terra? – foi a vez de Marcelo perguntar.

— Especificamente nesse caso, era uma concessão de terra, e o dono era chamado do Vossa Mercê.

— Vai me dizer que é daí que vem o "você"? – colocou aspas com os dedos em você a baiana.

— Isso mesmo – voltou a explicar Antônio. — Vossa Mercê, vosmecê e depois apenas você.

— João. João – chamou Renate. — João... – tocou-me.

— Desculpe, o que foi?

— Aê "mermão", tu tá bem? Ou está com a cabeça no futuro amor que a Jamile revelou? – zombou Marcelo.

— Para com isso, Marcelo. Sabem que não acredito nisso – parti na defensiva dele e de mim mesmo. — Para amar é preciso estar aberto ao amor e sabem que não quero isso na minha vida. Eu controlo essa bomba que tenho aqui – bati no meu coração. — Eu passei a noite toda lendo sobre a região, há muitos fatos históricos que aconteceram por lá – explanei. — Na verdade, o que me deixa chateado é a possibilidade de perder os jogos da Copa. Espero quatro anos para poder assistir.

— Com certeza lá tem televisão. Daremos uma trégua para você na hora dos jogos – avisou Toni.

— Obrigada pela compreensão.

— Quero só ver se quando estiver apaixo... ops, vibracionado, se vai querer ver futebol – retalhou a carioca.

— Daí terei um bom motivo para perder aos jogos – entrei na dela.

Depois de discutirmos alguns pontos importantes referentes ao andamento do estudo e decidirmos que eu iria primeiro para arrumar um local para todos ficarem, voltamos para a churrasqueira. Logo estávamos nos divertindo, a cerveja rolando. Comemos muita carne, salada, mandioca cozida, batata doce assada na grelha, conversamos, tocamos violão, cantamos. Foi um domingo divertido. Eles dormiram na chácara.

CAPÍTULO 2

SEGUNDA FEIRA
09/06/2014

O SINO COMEÇOU A TOCAR DISTANTE. Havia chegado à hora. Era noite. O fogo aceso e o cheiro de madeira queimando enchia o ar. A cada badalada do sino o tempo se ultimava. Em breve não se veriam mais, haveria apenas a saudades. Os invasores chegavam. Era preciso fugir. A insistência dos toques anunciava que o tempo se esgotava. A despedida evidente enchia de lágrimas todos os olhos. Abraços eram espalhados. Alguns vão, outros ficam. Uma grande tristeza inunda meu coração. A inevitável separação do amor doía no peito

Acordei suando, com a mão no coração, que batia descompassado.

— Novamente esse pesadelo – lamentei com um suspiro.

Por um momento me perdi no tempo, não sabia qual era o dia da semana, mas as horas tinha certeza, pois o sino da igreja continuou insistentemente tocando, cumprindo sua missão diária de acordar a cidade às 6h30 na manhã.

Mas que dia era mesmo? Poderia ficar um pouco mais na cama? Espreguicei-me e me lembrei do fim de semana.

— Ai, segunda-feira, preciso levantar... – mas aconcheguei-me no travesseiro ainda angustiada pelo sonho, que se repetia desde a minha infância.

Sem muita vontade e ainda com muito sono, sentei-me na cama, coloquei os pés no chão e fiquei parada ali mesmo. Meus olhos não queriam abrir. Como tinha sono de manhã. Definitivamente, não gostava de acordar cedo. Se pudesse dormiria até tarde. Eu era da noite, amava-a com todos os seus encantos e mistérios. Mas fazer o quê? Precisava enfrentar mais um dia, igual a tantos outros e há tantos anos.

Uma rotina diária. Às vezes cansativa e sem graça nenhuma. Não é que não goste da rotina. Ela é importante, eu sei, só que em Campo Mourão sempre tudo é tão igual. Mas, afinal de contas, minha vida era uma rotina gostosa na alegria de estar com meus filhos e envolvida com o meu trabalho, que tanto gostava.

— Acorda, Liz! – abri os braços, envolvendo o dia. — A vida é uma grande magia e é uma delícia aventurar-se nos segredos que o dia apresenta – saltei da cama. — Desejo que as emoções dessa segunda-feira sejam espetaculares! – falei para mim mesma.

Decidida a vivenciar a magia e as emoções daquele dia e saldando a manhã com cantos ritualísticos, fui acordar "as crianças". Primeiro passei no quarto do Pedrinho, pois conhecia a ladainha diária para ele se levantar e, como já sabia, ele ainda dormia.

— Acorda filho – chamei-o, abrindo a porta, mas ele nem se mexeu.

Meu filho Pedro é pisciano e tem vinte e um anos. Tem encantadores olhos azuis como o pai, seu cabelo é castanho-escuro e levemente ondulado. Tem 1,82 m de altura, é bem magro. É um rapaz gentil e tem uma paciência fora do comum com crianças, idosos e animais. Cursa a faculdade de Veterinária. O quarto onde adora ficar dormindo, sempre que pode, é verde, e tudo que há no quarto tem o símbolo do seu time de futebol preferido. O gosto pelo futebol e o amor pelo time são herança do pai.

Parei no quarto da Aninha, bati na porta.

— Entra, mãe! – gritou ela do banheiro. — Bom dia, mãezinha – colocou a cabeça na porta do banheiro para que a visse. — Descansada para uma nova semana? Lembra-se do acampamento, né? – jogou um beijinho.

Minha menina é de escorpião, tem dezesseis anos, está no último ano do ensino médio e pretende fazer a faculdade de Direito. Seus olhos têm cor de mel e o cabelo é castanho-claro e bem longo. Tem 1,70 m de altura e é magra como o irmão. É elétrica e gosta de tudo muito bem feito. No colégio é exigente com as amigas na elaboração dos trabalhos em equipe. O cantinho da Ana é branco e lilás, um quarto típico de adolescente. Numa parede ela colou cartazes dos seus filmes e atores preferidos. Ela ainda tinha bonecas, as preferidas, numa prateleira acima da cama. No criado-mudo havia uma luminária, para que pudesse ler à noite. Ela devorava livros. Esse gosto ela herdara da mãe.

— Opa! Claro que sim, fique tranquila – joguei um beijinho para ela também. — Vou preparar o café da manhã para nós.

— Mãe, já tô descendo! – gritou a Ana do quarto.

— Não demore para não se atrasar – respondi no mesmo tom de voz, já na escada.

— Vocês querem parar de gritar! Assim não consigo dormir – veio um rugido do quarto do Pedro.

— Ei, rapaz, já passou da hora de levantar – gritou novamente Ana, abrindo a porta do quarto dele.

— Só mais cinco minutos. Mãe, olha o jeito dela! – bradou, já demonstrando que acordara.

— Esse piá só dorme, gente. Como ele consegue?

A Ana sentou-se, comeu rapidamente uma tapioca com creme de amendoim e tomou café com leite.

— Tô indo, mãe.

— Pegou a japona?[117]

— Sim. "Bença" – ela fechou a porta.

— Deus a abençoe – respondi, mas sabia que ela não mais me ouvia.

— Filho, vamos, vamos, vamos. Hora de levantar – alertei do pé da escada.

— Só mais um minuto, mãe – pediu ele.

— Quando vou vê-lo acordar sem essa ladainha? Levanta! – era um ultimato. Mas nada. Então recorri à última alternativa:

— Nhunhuca Sininho, Trola Siri, acordem o Pedrinho. E lá foram os Pinschers cumprir a missão diária de tirar o Pedro da cama.

— Mãe, assim não vale – gritou ele, levantando-se, pois era impossível resistir a tantas lambidas.

---

[117] Japona – casaco de frio (gíria paranaense)

Tomamos café juntos, ele seguiu para a faculdade e eu para a Porção da Terra. Eu adorava essa rotina barulhenta de acordar meus filhos e tomar café da manhã com eles.

Morava a uma quadra da minha loja e logo após o desjejum caminhei lentamente até ela. O Sol da manhã deixava a rua muito linda, com um ar romântico. Pensei na minha vida, nos filhos, nos amigos, no trabalho, na ONG, e percebi que embora eu tivesse uma vida cheia, havia um pequeno vazio no meu coração, e eu sabia exatamente o que era. Um romance.

Lembrei-me dos oráculos e senti um frio na espinha.

— Puxa, Liz, agora você viajou – comentei comigo mesma. — Você, falando de romantismo, numa segunda-feira de manhã, eu não tô acreditando. O fim de semana afetou você.

Logo cheguei à Porção da Terra. Adorava estar em minha loja, que fica numa rua transversal a avenida principal da cidade. Modéstia à parte é linda, toda colorida, cada cor dando sua contribuição ao bem-estar a quem passava por lá. Espalhados pelo espaço, seres encantados fascinavam a todos. Havia uma parte destinada a frutas secas, sementes e cereais, e outra a ervas desidratados. Nas seções, os potes tinham na tampa uma réplica da planta em acrílico, para que o cliente tivesse certeza do que queria. Um local que recebia a luz solar de uma grande janela, ficavam temperos e ervas frescas em vasos, para quem quisesse cultivar em casa. Outros tantos produtos naturais estavam dispostos em prateleiras de fácil acesso. Não poderia faltar uma pequena livraria sobre o poder das plantas, das pedras, das cores e sobre inúmeras magias, é claro. No centro havia um chafariz para jogar moedas e fazer e pedidos. Havia também um espaço aconchegante organizado pela Fernanda, que servia delícias naturais, enquanto os clientes liam e viajavam nos mistérios das plantas ou dos oráculos.

Assim que entrei na loja o celular começa a tocar. Era o Rudá, o meu padrinho que cuidava da fazenda para mim.

— *Bom dia, Rudá. Como está tudo por aí?*

— *Não muito bem, minha menina. Preciso falar algo para você, mas não quero que se preocupe* – eu me arrepiei ao ouvi-lo.

— *Aconteceu algo com a madrinha?*

— *Ela está ótima, como sempre.*

— *O que é então? Por favor padrinho, conte logo.*

— *Temos invasores nas terras. Você precisa vir aqui para decidirmos o que fazer.*

— *Como assim, invasores? O que está falando?*

— *Tem uns caras dizendo que querem estudar os raios que caem na região R. Estranho, não é?*

— *Rudá, não me diga isso logo na segunda de manhã.*

— *Sinto querida, mas o problema aqui é sério. Já mataram algumas reses.*

— *Tudo bem. Tenho compromissos agora de manhã, mas vou agilizar as coisas aqui e parto assim que puder. Segure as pontas até eu chegar. Se causarem problemas chame a polícia. Quer alguma coisa daqui?*

— *Não, está tudo certo. Aguardo você. Venha com calma. Cuidado com a estrada.*

— Pode deixar, não ultrapassarei a velocidade permitida – acalmei-o. — Por favor, peça à Marica para dar uma geral na casa e fazer uma lista do que está faltando. Já vou aproveitar e fazer o mercado. Esta semana teremos o acampamento.

— Eu sei, por isso precisamos resolver isso o quanto antes – comunicou Rudá.

— Ai, justo nesta semana temos problemas... Mas acharemos uma solução. Até à tarde. Beijinho.

Fiquei preocupadíssima com o telefonema do Rudá. Que história era essa de pesquisar os raios que caíam por lá? Toda minha vida os vi riscarem o céu naquela região e porque agora esse negócio de pesquisa? Só pode ser algum tipo de brincadeira.

Não passou nem cinco minutos e o pessoal da reportagem chegou. Fui com eles até a sede da ONG, e lá já se encontravam a Márcia, a Rubi, a Fernanda e o Alfredo, fundadores da instituição, como eu. Tiramos muitas fotos, explicamos como tudo começou, os tropeços do início, os acertos depois das dificuldades; como conseguimos adeptos ao projeto, a participação voluntária, o incentivo da administração municipal e o apoio dos empresários. Assim que pude, despedi-me, explicando que surgiram problemas para resolver na fazenda.

Fui direto para casa, almocei com meus filhos, contei que Rudá havia ligado relatando sobre invasores na fazenda e que iria para lá para ver que providencias tomar.

Depois voltei à loja e deleguei funções para a Lívia, comentei que talvez tivesse que ficar na fazenda alguns dias.

Lembrando-me da conversa do sábado com as amigas, passei numa loja para dar uma renovada nas minhas peças íntimas, pois as que tinha na fazenda, sem dúvida, estavam em péssimo estado. Também comprei perfumes.

Já eram quase duas da tarde quando, enfim, apanhei a Dindim e o Trola. Não viajava para a fazenda sem eles. E saí para a estrada.

— Ufa, que dia! – falei, enquanto ligava uma música. — E eu que acordei reclamando da rotina.

O tempo estava fechado, até o fim da tarde a chuva cairia. Na viagem pensei na entrevista realizada sobre a ONG "Plantando Sonhos", desejando que tivéssemos transmitido a importância do que fizemos e, assim, despertar novas iniciativas na sociedade. Inevitavelmente, preocupei-me com a realização do acampamento se não conseguisse me livrar de tais invasores. Por fim, lembrei-me dos oráculos. Eles apontavam uma semana de surpresa no amor, mas, pelo visto, haviam se enganado, pois o que me esperava era um confronto com estranhos.

Eu acreditava nos astros, na energia das pedras, nas revelações do Tarô, e embora sentisse falta de um romance, nesse momento da minha vida seria sinônimo de complicação. Mas como quase toda mulher, não posso negar que gostaria de viver uma grande paixão, aquela que faz ver estrelas, borboletas rodopiando de satisfação, sentir a perna tremer, a mão suar, o coração disparar, a respiração se alterar.

— Oh céus! Cuidem dos meus pensamentos!

Acordamos cedo e tomamos café reunidos. O assunto não poderia deixar de ser o meu provável romance. Brincaram tanto com tal possibilidade que cansei de negar e passei a aceitá-la.

Assim que saíram para passear pela cidade, fui arrumar minhas coisas para a viagem. Enquanto colocava mais algumas roupas na mala, meu pensamento voltou à visão da Jamile, que nunca errava. Seria mesmo possível eu encontrar alguém numa cidadezinha tão pequena? Existiria uma mulher interessante a ponto de eu me perder de amor? Pensei também que o Lorenzo estaria na liderança dos Anhangás e talvez nos envolvêssemos com a mesma pessoa, provavelmente daí tanta complicação prevista pela carioca.

Deixei um recado ao Ernesto, para que levasse os Aparelhos para Bloqueio de Ondas Cerebrais, que chamávamos simplesmente de ABOC. Possivelmente, os Anhangás Leandro e o Marcos, que acessavam mentes alheias, estariam por lá. Tudo pronto, fui à garagem para decidir qual motocicleta levaria para a missão, que duraria alguns dias. Olhei para uma, para outra, como eu gostava delas.

— Bem, como a pesquisa será numa fazenda, levarei a de trilha.

Tinha uma rampa para facilitar a carga e a descarga das motos na camionete. Antes disso tinha muita dificuldade para conseguir fazê-lo. Com ela bem presa, parti rumo a Fênix, que fica a aproximadamente 450 km de Curitiba.

Saí de Curitiba quase onze da manhã. Durante a viagem, novamente meus pensamentos rondaram a previsão da carioca: eu iria encontrar o amor da minha vida. Estava com 55 anos e havia vivido boas aventuras, alguns romances mais sérios, mas nunca um amor. Não acreditava que pudesse amar alguém. Trazia comigo uma forma própria de encarar tal conceito, que nada mais era do que uma reação físico-química.

Mudei o pensamento para quando ainda dava aula de física na UFPR e da pesquisa científica que coordenava, com a parceria do Lorenzo. Depois me lembrei do Instituto Nacional de Ciência e Tecnologia de Novos Fenômenos, que financiava o nosso estudo. Com base nos conhecimentos da física quântica e pesquisando as habilidades inatas de algumas pessoas, buscávamos desenvolver um aparelho capaz de mudar a estrutura nuclear dos átomos, fazendo que células doentes voltassem a ser saudáveis apenas com a mudança da frequência de ondas. Progredíamos na pesquisa, já estávamos prontos para testar em pequenas cobaias, quando uma agência financiada pela indústria de armas nos chamou para uma reunião e fez uma proposta quase irresistível. Eles nos pagariam 10 vezes mais para que a pesquisa se voltasse para o setor bélico.

Eu neguei de imediato.

Jamais deixaria um estudo destinado a salvar vidas para torná-la uma arma aplicada à morte. O Lorenzo acolheu a proposta prontamente e fez de tudo para que eu aceitasse também. Discutimos muito. Não acreditava que ele, meu melhor amigo, iria voltar-se para o mal.

Fiquei desiludido, pois ele e mais três pesquisadores da equipe partiram para a nova agência. Diferentemente de mim, que desejava aplicar meus conhecimentos para o desenvolvimento e cura das pessoas, eles visavam apenas à remuneração financeira que teriam. Decepcionado e abalado pela mudança de foco dos meus colegas de pesquisa, decidi abandonar tudo: a pesquisa, que passou a ser propriedade de outra instituição, e a docência na universidade. Não queria formar sujeitos que pudessem futuramente usar o conhecimento para o infortúnio humano. Comprei a chácara para me isolar de tudo e de todos.

Os primeiros tempos na nova vida foram muito difíceis. Sentia-me perdido, sem saber o que fazer. Tudo era muito novo para mim. Não havia mais laboratório controlado, agora era a natureza com toda sua vulnerabilidade diante das intempéries do tempo. Passava horas olhando a exuberância da serra do mar, mas sem foco em nada. Isso durou até que a presença energizante do Kabir se manifestou quando encontrei o rascunho do seu livro. Interessei-me muito pelo que escreveu e decidi dar continuidade aos seus estudos da relação entre a física quântica e as tradições espiritualistas, pois ambas versam sobre o que não é visível.

Desde a mudança para o campo e os estudos das filosofias orientais acredito que me tornei uma pessoa melhor. Por ser extremamente racional, a minha luta diária era para deixar um pouco de emoção entrar na minha vida.

Fui uma criança diferente, sempre reflexivo e de poucas relações sociais, muito brigão e nada afetuoso. Como tinha dificuldade com as palavras, partia logo para a porrada. A minha história me fez assim. Filho único de pais ingleses, nasci no Brasil. Meu pai era presidente de uma multinacional inglesa no Brasil e não desejava ter filhos. Queria a mulher só para ele, não queria dividi-la com ninguém. Minha mãe sentia-se solitária no novo país e pedia para que tivessem filhos. Após muita insistência, ele cedeu e tempo depois eu nasci. Enquanto estive com minha mãe, a vida era repleta de atenção e carinho, mas, infelizmente, ela faleceu de câncer quando eu ainda tinha cinco anos, então tudo mudou radicalmente.

Meu pai sofreu demasiadamente com a perda e nunca mais constituiu família, virou um mulherengo inveterado, teve muitas mulheres, mas nenhuma especial. Antes do falecimento da minha mãe, a convivência com meu pai era pouca, e depois da fatalidade foi quase inexistente. Ele era um *workaholic*, o tempo todo dedicado para a empresa. Vivia para o trabalho. Seu tempo era gasto em reuniões, confraternizações e, claro, orgias. Não houve um relacionamento afetivo entre nós. Nasci aqui e passei minha adolescência numa ponte aérea entre em Curitiba e Londres, na casa dos meus avós. Eu era o neto mais velho materno e paterno e exigiram de mim uma postura madura diante dos primos. Talvez devido a essa fase peculiar da vida tive poucos amigos, mais muitas brigas tanto na Inglaterra como no Brasil. Lá, a confusão era com primos e, aqui, quase toda semana meu pai era chamado na escola devido a minha irritabilidade.

Era inteligentíssimo, porém desordeiro. Aprendi a preferir os números ao ser humano. Depois que virei adulto aprendi a controlar minha intolerância com as pessoas. Fiz minha faculdade na Inglaterra e voltei para o Brasil. Logo que cheguei comecei a dar aulas na Universidade Federal do Paraná e a trabalhar no Instituto Nacional de Ciência e Tecnologia de Novos Fenômenos. Dediquei minha vida a essas duas instituições. Fiz meu mestrado e doutorado na Inglaterra também e frequentemente viajo para lá para vistoriar algumas propriedades herdadas.

— Uau! – respirei fundo. — Quanta história vivida!

Parei num posto lavar o rosto, caminhar um pouco e comer algo.

Assim que retomei a estrada recordei-me de quando conheci o Ernesto. Ele era um garoto de rua e quando o encontrei ele tinha três anos. Ele presenciou um salto.

— *Você é um saltador. O espaço para você não é fixo.*

— *Por que diz isso? – eu estranhei um garotinho tão pequeno, sujo, vivendo na rua, ter uma percepção e sabedoria tão grande.*

— *Ué, acabou de aparecer do nada – deu de ombros.*

— *Conhece alguém como eu?*

— *Ainda não tinha visto um saltador, mas já vi outras coisas.*

— *Como se chama, garoto? – sentei-me ao seu lado, muito curioso pelo o que ele tinha a contar. Talvez pudesse me ajudar na pesquisa.*

— *Ernesto – respondeu ele, olhando para o vazio.*

— *Onde estão seus pais? – perguntei curioso.*

— *Não tenho. Vivo aqui – fixou os olhos em mim.*

— *O que come? Onde dorme? Quem cuida de você? Quantos anos tem? –sem perceber, despejei todas as questões de uma só vez.*

— *Quantas perguntas pessoais – fechou a cara. — Não o conheço, não vou revelar nada sobre mim – levantou-se e começou a se afastar.*

Eu me deslumbrei com a sua maneira de falar. E tratei de adotá-lo. No mesmo dia o levei para morar comigo e em menos de uma semana os papéis da adoção começaram a ser organizados. Ele foi um garoto incrível e nos demos bem sempre. Tínhamos conversas inteligentíssimas. Ele nunca conseguiu ficar na escola, pois seu conhecimento era superior ao das crianças da idade dele e, na maioria das vezes, da própria professora. Ele não se esquece de nada. Tudo que lê ou vê fica gravado no cérebro e é acessado quando ele deseja. Tem uma super memória. É um ser como eu, só que com habilidade diferente.

O Ernesto trouxe muitas alegrias na minha vida. Foi a primeira pessoa com que me relacionei com amorosidade e me senti responsável. Quando ele era pequeno tinha sempre uma pessoa para ficar com ele enquanto eu trabalhava. Eu adorava chegar a casa à noite e conversar com ele sobre o que tínhamos feito de bom durante o dia.

Outros pensamentos fluíram. Lembrei-me de casos que tive. Alguns foram bons, outros nem tanto. Algumas mulheres me sufocavam, ligando o tempo todo, cobrando minha presença, perguntando onde e com quem estava. Outras gritavam por qualquer coisa. Era só eu informar que não tinha tempo para vê-las que já as escutava alterar a voz. Umas só queriam transar, outras não queriam nunca. Acho que, na verdade, eu não queria me dedicar a mais nada, nem a ninguém além da física, da pesquisa e do Ernesto.

Depois que deixei a pesquisa e a sala de aula e me mudei para a chácara tive dois ou três relacionamentos, mas nenhum que vibrasse na minha frequência. Só uma vez, uma única vez, tive a nítida sensação de vibrar por uma mulher, mas isso foi há muito tempo.

O último romance que tive foi com uma professora da minha área, a Patrícia. Era uma mulher elegante, corpo esbelto, 51 anos, morena, cabelo bem curto e sempre bem arrumado, o rosto sempre com uma maquiagem suave. Conversávamos bastante sobre tudo que envolvia a Física. No início era bom ficar na companhia dela. Cheguei até a pensar em assumir um compromisso mais sério e talvez até a morar junto. Mas na mesma medida em que era inteligente, era ciumenta. Morria de ciúmes de tudo. Do Ernesto, da mulher que cuidava da minha casa. Ciúmes por eu ter mais tempo para as plantas do que para ela, não queria que eu meditasse, pois achava que ficava pensando em mulheres, entre outras idiotices.

Eu aguentei até aonde deu. O fim fatídico do relacionamento aconteceu numa tarde de sexta-feira. Eu caminhava em frente à chácara e encontrei uma vizinha, que voltava do trabalho.

— *Boa tarde, João. Fazendo a caminhada diária? – perguntou alegremente.*

— *É preciso. Estou engordando depois que me mudei pra cá. Como vai o Lucas? – parei, ao lado do carro dela.*

— Ele está ótimo. Hoje à noite faremos um churrasco para uns amigos. Se der, aparece por lá – convidou-me.

Nesse momento a Patrícia chegou e me encontrou conversando com a Verônica.

— O que é isso, posso saber?! – gritou, saindo do carro.

— Patrícia, esta é a ... – fui apresentar uma à outra.

Mas antes que eu terminasse, ela pulou em cima de mim. Suas unhas cravaram na carne do meu braço e eu gritei de dor.

— Eu sabia que você tinha outra mulher, imbecil! Eu peguei você no flagra, otário! – gritava e batia no meu peito e rosto.

— Pare com isso, Pat. Ela é minha vizinha – tentava acalmá-la e segurar os seus braços para que ela não me batesse.

A vizinha arrancou o carro e nos deixou ali, naquela cena lastimável.

— Vá pra puta que pariu, seu traidor! Odeio você, filho da puta! Como pôde fazer isso comigo, caralho?! – urrava enlouquecida e me agredia.

— Não estou fazendo nada. Para com isso, Pat. Pare agora – tentava me esquivar dela.

— Você não manda em mim! – gritou e puxou os próprios cabelos. — Faço o que quero e quero matar você agora! – chutou-me várias vezes.

Eu tive que me afastar rapidamente.

— Está fugindo agora, seu ridículo? Caralho de uma porra!

Ela me alcançou, agarrou o meu cabelo, puxando-o com força. Fiquei sem reação com a loucura repentina dela. Eu segurei a sua mão e tentei soltar o meu cabelo, ela então voltou a me chutar. Eu assustei-me com o que acontecia. Ela era ciumenta, mas agora parecia totalmente transtornada.

— Não estou reconhecendo você – tentava me desvencilhar dela. — O que aconteceu no seu dia hoje? Por que está tão nervosa?

— Desgraçado! Se faz de inocente. Aconteceu que eu peguei você me traindo, seu cachorro! – unhava-se enquanto esbravejava e partiu novamente para cima de mim com suas garras afiadas.

Eu já estava cansado de me defender, então vi o Valter e a Lourdes correndo em minha direção. Ele segurou a Patrícia pela cintura e a Lourdes soltou a mão dela do meu braço. Eu sentia-me exausto, machucado, e queria que aquela mulher sumisse da minha frente.

— Acalme-se. Vamos entrar – tentei acalmá-la. Mas minha vontade era que ela virasse fumaça e sumisse da minha frente.

— Não vou entrar nunca mais na sua casa, seu ordinário, safado, cachorro! – chutava o ar, segurada pelo Valter.

— Então vá embora e não apareça mais aqui. Simples assim – sentia o sangue escorrer da minha cabeça e braços.

— É o que vou fazer, desde que esse troglodita me solte! – berrou aos sete ventos.

— Solte-a, Valter – pedi.

Quando ele a soltou, ela correu na minha direção. Eu agora estava preparado. Segurei seus braços com uma mão e com a outra o rosto.

— Escute aqui, Patrícia, não sei o que aconteceu no seu dia hoje. Não entendi essa sua reação. Você enlouqueceu? – enquanto eu falava, ela se sacudia toda, tentando se libertar. — Só quero que entre naquele carro e suma da minha vida. E nunca mais nem pronuncie meu nome. Você está me entendendo?

Eu a levei até o carro, o Valter abriu a porta, eu a empurrei para dentro e fechei a porta.

— Some daqui! Escafeda-se! Nunca mais volte! – agora era eu que gritava.

Ela então ligou o carro, deu a volta e o jogou em cima de mim. Tive que me jogar no barranco para não ser atingido. Ela deu uma gargalhada e foi embora. Jamais a vi novamente.

— Nunca mais quero saber de mulheres – coloquei as mãos na cabeça. — Pelo Cosmos! O que deu nela? Parecia estar possuída. Ela me machucou todo – falei, desapontado.

— Venha, João – Lourdes segurou meu braço. — Você está sangrando. Vamos fazer uns curativos.

— Você deveria tomar uma antitetânica – comentou rindo o Valter.

— Estou desolado, triste, assustado – balançava a cabeça, tentando entender a reação daquela mulher. — O que aconteceu com ela?

— Tente esquecer – aconselhou-me Lourdes. — Vá para casa, tome um banho, lave bem esses arranhões. Vou pegar os medicamentos para fazer um curativo – prontificou-se Lourdes. – Já chego lá.

Caminhamos comentando o fato ocorrido. Foi uma cena bizarra.

— E eu que pensei em morar com ela – disse em voz alta, enquanto dirigia.

Os pensamentos ajudaram o tempo passar. Quando dei por mim, já entrava em Fênix.

O TRAJETO DE 70 KM PASSOU QUE NEM VI. Atravessei Fênix e fui direto ao encontro do Rudá. A porteira eletrônica que dava acesso à fazenda não acionou e tive que descer e abri-la. Obviamente, foi obra dos invasores. Já o portão que levava à área da sede ainda funcionava. Senti alívio. Quando parei o carro, a Nhunhuca e o Trola, que tinham ficado a viagem toda na caminha, começaram a latir de alegria e assim que abri a porta pularam do carro e fizeram a festa com Rudá e Naiá.

O Rudá, meu padrinho, é da nação Tupi. Tem 67 anos, pele morena, rosto marcante, um pouco acima do peso recomendado, cabelos negros e bem lisos, às vezes deixava que crescessem até o meio das costas, outras os cortava bem curto. É engraçado, alegre, gosta de dançar e de contar lendas antigas. A Naiá, minha querida madrinha, tem 65 anos e pertence à nação Guarani. Sua pele é mais clara que a do Rudá, rosto delicado, sem deixar de revelar sua origem. Seus cabelos sempre foram longos, pretos, lisos e grossos. É magra, meiga e muito carinhosa comigo. Ela também relata curiosidades dos seus antepassados. Os dois transmitiram seus conhecimentos para mim. Contavam que se conheceram por intermédio dos meus pais e acabaram se apaixonando. Eles nunca tiveram filhos, por isso depositavam em mim muito amor.

— *Ko'ërã gua Yvoty*[118] – abraçou-me o velho indígena.

— Oi, padrinho. Senti saudades desse meu fofo – retribui o abraço afetuosamente e apertei sua bochecha.

— Minha querida, venha cá me dar um beijo – chamou-me Naiá, com os braços abertos.

— Madrinha, que delícia o aconchego dos seus braços... – mas era eu que a envolvia, pois ela era pequenina.

— Sente-se – foi por lenha no fogão. — Vou assar uns pinhões na chapa pra você.

— Hummm, delícia! – adoro tal iguaria.

O Rudá me esperava com a bomba nas mãos. Um grupo de homens acampara na fazenda. Conversou com eles e foi informado de que iriam pesquisar a incidência de raios da região, só que não tinham autorização minha nem outra qualquer. Apenas chegaram e se apossaram do lugar.

Após relatar o ocorrido, o meu padrinho saiu e fiquei com a Naiá.

— Você está muito magrinha. Não tem comido bem? – comentou, preocupada.

— Não estou magrinha nada. Olha, a saia está apertada! – coloquei a mão no cós, mostrando o que dizia.

— Sei... – torceu os lábios. — E o coração, como vai? Amando? – fez uma carinha de curiosa.

— Ah, Dinha – eu a chamava assim desde pequena –, faz só dez dias que estive aqui. É possível se apaixonar em tão pouco tempo? – balancei a cabeça, negando tal possibilidade. — E, aliás, acho que meu coração ficou com defeito depois que perdi o Pedro.

— Defeito? – assustou-se ela. — Você está doente?

— Acalme-se. Estou bem – tranquilizei-a. — É que o pedacinho responsável pelo amor não anda funcionando muito bem – sorri.

— Não há nada de errado com ele e saiba de uma coisa, *Yvoty*,[119] o amor pode surgir de um simples olhar – segurou minha mão carinhosamente.

— Então acho que preciso começar a olhar mais – ri para ela. — Na verdade, gosto de ser sozinha, dona de mim. E você sabe que tenho medo de amar, medo de sofrer.

— O amor traz alegria e não sofrimento – ela sempre repetia isso para mim.

— Quando pode ser vivido. E quando não pode? – tinha em mim essa sensação.

— E por que você acha que não poderia viver o amor?

— Não sei, Dinha. Algo que trago aqui no meu peito. O amor parece ser algo proibido e que faz as pessoas se separarem. Assim como eu e o Pedro.

— Ainda carrega esse pensamento triste, menina? Precisa mudar isso – virava os pinhões na chapa.

— Como? – levantei-me e peguei um para experimentar.

---

[118] Ko'ërã gua Yvoty – flor do amanhã, em Guarani.
[119] Yvoty – flor, em Guarani.

— Se apaixonando novamente, oras – deu de ombros. — Só a experiência mostrará que você está errada.

— Talvez você esteja certa – sentei-me novamente. – Vou começar a olhar mais para homens bonitos.

— Isso, faça isso. Eu e o Rudá já estamos velhos e precisa de alguém para cuidar de você – colocou as mãos na cintura.

— Não preciso de ninguém e vocês não estão velhos – ralhei.

— Todos precisamos de alguém e nós estamos velhos sim – sentou-se ao meu lado e olhou séria para mim.

— Ah, Dinha, os homens de hoje em dia não querem mais amar – levantei-me e peguei mais uns pinhões e comecei a descascar.

— O que eles querem? – estranhou a minha declaração.

— Sexo. Eles querem sexo, sexo, sexo – sentei-me, desiludida.

— E você não gosta de sexo? – arregalou os olhos.

— Gosto, claro que sim, mas eu também gosto de aconchego, tomar vinho, ouvir música, conversar, ver filme enrolada no cobertor, dormir juntinho, essas coisas – ela me olhava com muito carinho. — Parece que ninguém mais gosta disso.

— Encontrará alguém assim – sorriu.

— Ele tem que aparecer logo – retribui o sorriso. — Já estou com 50 aninhos.

— *Yvoty*, minha menina, o melhor está por vir – levantou-se, começou a cantar em guarani e a dançar. Eu a acompanhei.

— Acho que deixarei para conversar com os intrusos amanhã e aproveitar o resto da tarde para ir ao mercado – fiquei em pé. — A Marica deixou a lista aqui?

— Está aqui sim – entregou-me o papel com as anotações. — Mas acho que não deve ir agora. Um temporal se aproxima – advertiu a Dinha.

— Prefiro ir hoje. Reservarei o dia de amanhã para resolver a situação com os intrusos – falei determinada.

— Está certo. Quer que eu vá com você? – prontificou-se.

— Não precisa, minha fofa. Eu já volto – dei um beijinho nela antes de sair.

Eram quase cinco da tarde quando fui comprar os itens que faltavam. A tempestade aproximava-se, os raios já começavam a riscar o céu e o vento forte avisava que a natureza estava em fúria.

Enquanto me dirigia ao mercado vi uma camionete vindo em sentido contrário. Eu não reconheci o veículo. Na pequena cidade de Fênix todo mundo conhece todo mundo. Talvez, o forasteiro fosse um dos visitantes indesejáveis que invadiram a fazenda e com quem iria conversar no dia seguinte.

Ao passar ao seu lado diminui a velocidade e percebi que ele era muito bonito. Lembrando-me do que tinha acabado de falar com a Dinha, fitei-o, e ele fez o mesmo.

— Uau! Que homem lindo! – murmurei. — Tomara que seja com ele que eu tenha que conversar amanhã.

Quase dei meia-volta e o segui para resolver o impasse de uma vez por todas. Só não tomei tal ação devido ao mau tempo. Segui então para as compra, parei o carro no estacionamento do mercado e entrei rapidamente. Um frio percorria minha espinha. Tal fato seria por ter ficado com medo que o homem lindo fosse do mal ou seria por ser desse estranho que os oráculos falaram? As duas alternativas me deixaram em alerta.

Enquanto fazia as compras, uma gostosa sensação invadiu todo o meu corpo e comecei a cantarolar uma rima ensinada pela minha avó para ampliar o que sentia. Achei estranha aquela placidez, pois tinha um grande problema para resolver e como sempre teria que tomar decisões sozinhas. Contudo a magia que me envolvia me fez me sentir leve e capaz de enfrentar qualquer impasse que viesse.

Com o estado emocional elevado, exagerei nas compras e enchi o carrinho. Quando caminhava para o caixa, vi, na parte de baixo da prateleira, uma bolacha que adorava e abaixei-me para pegá-la. Então senti alguém me empurrando e caí no chão, esparramando as embalagens. Ouvi a voz de uma mulher brigando feio com alguém, e com palavrões saltando de sua boca se afastou sem ao menos me pedir desculpas. Tentei pegar as bolachas que se espalharam ao cair, mas me atrapalhei. Pegava uma e outra caía da minha mão. O que estava acontecendo comigo?

Quando fui tentar me levantar, vi uma mão se estendendo em minha direção. Ao olhar, reconheci quem me prestava tal gentileza. Era o homem da camionete. E nesse exato momento, nesse olhar, apaixonei-me por ele.

Ele tinha um semblante sério, havia um enorme vinco entre seus olhos. Usava uma calça jeans e uma túnica branca com cordões até a altura do peito. Sua pele era morena, o rosto anguloso tornava-se perfeito com os olhos de um verde brilhante. O nariz e a boca se harmonizavam com sua face, que era contornada por uma barba que denunciava que já há uns dias crescia sem nenhum cuidado. O cabelo castanho escuro, passado do ponto de cortar, apresentava alguns cachos rebeldes, que o deixava extremamente atraente.

— Obrigada – segurei sua mão, aceitando a gentileza.

Ao sentir seu toque meu coração disparou. Comecei a suar, minha respiração se alterou, pensei que não fosse conseguir levantar. Ao ficar em pé, percebi que era bem mais alto do que eu. Minhas pernas amoleceram. Fiquei com medo que ele percebesse o que acontecia comigo.

Totalmente sem jeito e envolvida pelo olhar penetrante que ele impunha, comecei a falar rapidamente, sem pensar no que dizia. Ele respondeu as minhas perguntas, com a voz mais agradável do mundo.

— Desculpe-me – ainda estávamos com as mãos dadas. — Preciso ir – soltei a minha mão da dele, mas não era isso que eu queria. O que eu desejava era permanecer ligada nele.

Agarrei o meu carrinho antes que fizesse algo de que me arrependesse depois e sai rapidamente, sem olhar para trás. Mas seu rosto não saiu mais da minha mente. Fui direto ao caixa, dando uns tapinhas em cada lado do meu rosto, tentando me tirar do transe em que me encontrava.

Quando saí do mercado assustei-me com a ventania. A tempestade não tardaria a chegar. Com carrinho cheio de compras e o coração cheio "dele", fui direto à minha camionete, mas antes de alcançá-la fui abordada por dois homens. Um deles pegou no meu braço.

— Senhora Liz? – chamou um indivíduo barbudo.

— Sim, quem são vocês? – perguntei, com o coração a mil por hora.

— Nós estamos na sua fazenda e a levaremos ao chefe – o sujeito barbudo que segurava meu braço foi me puxando.

O vento forte levantava poeira e fazia alguns redemoinhos. Minha saia parecia que iria sair do meu corpo, meu cabelo ficou totalmente entregue ao império do ar. Eu não sabia o que fazer. Obedecia ou gritava? Nesse momento, o homem grande e lindo que havia me ajudado a me levantar surgiu ao meu lado. Estranhamente, senti-me protegida, embora não soubesse quem ele era.

Entre a troca de conversa, ouvi o nome dele: João.

E na sequência, ele afirmou que estava comigo. Adorei isso.

Ouve uma breve discussão, eles se encararam com raiva, então, com um empurrão, fui solta. mas a força foi tanta que me desequilibrei e quase cai. O João me segurou.

— Vamos nos encontrar, cara – avisou o barbudo. – Isso está apenas começando.

Os dois dirigiram-se a uma pick up e rumaram em direção à minha fazenda.

Eu estava fascinada pelo charmoso desconhecido que me ajudara pela segunda vez em menos de 10 minutos. De onde tinha surgido esse "lindo protetor"? Ele ainda segurava meu braço, que parecia queimar.

Gentilmente, perguntou como eu estava e continuou segurando o meu braço. Fiquei com medo daquele estranho encantador que não me soltava e fiz muitas perguntas, entretanto, a mais importava não fiz: você é comprometido? Pois era tudo que eu queria e precisava saber sobre ele.

Após o bombardeio de questões ele quis saber se havia um lugar para conversarmos sem a intervenção da chuva. Só depois soltou o meu braço.

Trocamos algumas palavras, apresentamo-nos, e quando ele segurou a minha mão senti toda aquela sensação novamente, e tudo que eu desejei era que ele não a largasse mais. Insegura de que notasse o turbilhão de sentimentos que me causava, tentei soltar minha mão. Precisava sair de perto dele. Ele mexia comigo de uma forma estranha. Mas ele não a soltou.

Conversamos um pouco e mais calma expliquei o que acontecia.

— Esses caras invadiram a minha fazenda, e pelo que percebi você os conhece e me pareceu que não são bons amigos – ele me olhava fixamente. — Talvez você possa me ajudar com eles – não conseguia tirar meus olhos dele. — Bem, quem sabe seja um deles – fiquei com medo, puxei a minha mão com força e tristeza, é claro, e afastei-me rapidamente. — Tenho que ir.

— Espere, precisamos conversar – ele me seguia. — Eu não sou um deles e posso ajudá-la sim. Espere, por favor.

Andei rapidamente até o carro e ele atrás de mim. O vento estava muito forte, gotas de chuva começaram a cair. Ele gentilmente me ajudou a colocar as compras na camionete. Sua presença me incomodava, pois embora sendo ele um completo desconhecido, sentia algo diferente ao seu lado. Não conseguia explicar, era uma mistura de bem-estar, tesão, paz, medo... Realmente, era muito confuso.

— Obrigada pela ajuda. Vamos para a fazenda. Conversaremos lá – eu me sentiria mais segura perto do Rudá.

— Tudo bem. Sigo você – fechou a porta do meu carro.

FÊNIX ERA REALMENTE UMA PEQUENA CIDADE. Parecia se resumir a uma ou duas avenidas, todavia era uma cidadezinha bem simpática.

Passeei lentamente pela rua, cruzei com poucos carros e apenas um ou outro morador vagava pelas calçadas. Algumas crianças brincavam livremente pela via acompanhadas de seus animais de estimação. A paz era grande, completamente diferente da agitação da capital.

Dirigia vagarosamente, pois minha função nesse primeiro momento era encontrar um local que pudesse acolher meu grupo, quando cruzei com uma camionete igual a minha, apenas a cor era diferente. Uma mulher estava ao volante e ao ficarmos lado a lado nossos olhos se fundiram. O tempo ficou em câmera lenta e senti algo bom. Naquele momento indescritível, recordei-me da profecia da Jamile. A troca de olhar foi tão intensa que não vi exatamente como era seu rosto, apenas que era loira. Eu gostava de loiras, isso era bom.

Uma grande tempestade formava-se e eu poderia ter uma noção da incidência de descargas atmosféricas que era o alvo da pesquisa que me levara até a pequena cidade, mas tal fato ficaria para depois. Antes era necessário verificar aqueles olhos, investigar quem era aquela mulher. Precisava vê-la de perto. Pelo retrovisor observei que tinha parado num mercado. Fiz o retorno, estacionei a camionete.

Desci do carro e caminhei rumo ao estabelecimento, mas parei. Lembrei-me da minha conversa com a Jamile entre destino e escolha. Se fosse destino encontrar alguém com a mesma vibração que a minha acredito que estava feito. A mulher da camionete era essa pessoa, disso tinha quase certeza, mas caminhar até o mercado para conferir era escolha. Eu havia falado que se percebesse uma mulher vindo em minha direção correria para o lado contrário e agora, com minhas próprias, pernas pretendia caminhar na direção dela.

— Não posso fazer isso – comecei a voltar para a camionete. Poucos passos depois parei, balancei a cabeça sem saber como agir. Respirei fundo. Lembrei-me da sua imagem, sentia-me confuso em que decisão tomar. Então me recordei da mulher colorida, com quem nunca conversei e sempre me arrependi. O estimado Kabir surgiu dizendo que deveria prosseguir, pois eu "sentiria" a pessoa que me era "predestinada".

Fiquei em frente ao mercado, andando de um lado ao outro.

Meus pensamentos me dominavam: "João, você nunca saberá se ela realmente vibra como você ou não, ficará para sempre com a dúvida, e isso não é bom. Além do que, você vive dizendo que é dono da bomba que bate no seu peito, não é? Não vai se envolver com ela só de vê-la. Não se esqueça de que é um pesquisador e, como tal, precisa verificar sempre os fenômenos. Também se lembre de que compartilha da ideia que o amor é subjetivo e objetivo. Subjetivo é como o sentimos e objetivo é como nos posicionamos diante dele. Pode até amá-la, mas não se relacionar com ela". E impulsionado por tais ideias caminhei com passos firmes ao mercado.

— Embarcarei nesse desafio entre destino e escolha, pois sei bem onde vai dar – parei na porta do mercado, buscando ter certeza do que fazia. Respirei fundo, passei a mão no cabelo. — Vou ter argumentos contra a Jamile – adentrei.

Assim que coloquei os pés no interior do mercado senti no corpo uma onda vibracional agradável. Peguei um carrinho e percorri as gôndolas, tentando encontrá-la. A cada passo, a sensação de bem-estar amplificava-se e fiquei certo de que só podia advir das ondas oscilatórias dela.

Quando a percepção ficou mais intensa sabia que ela estava próxima, provavelmente do outro lado da prateleira. Ansioso, apressei o passo, precisava vê-la. Era necessário ficar frente a frente com o "fenômeno" para ter certeza do que acontecia comigo. Ao dar a volta, fiquei de cara com uma mulher loira.

A mulher da camionete!

De súbito, arregalei os olhos. Ela era horrível! Assustado, bati no carrinho dela.

Estou perdido, ainda bem que o amor é subjetivo e objetivo. Tal pensamento surgiu como um raio. Podia sentir algo por ela, mas não chegar aos fatos. Isso me aliviou um pouco.

— Desculpe-me — foi o que consegui dizer. Assombrado com sua aparência, fiquei desnorteado. Seria ela? O cabelo era da mesma cor. Socorro! A mulher era muito estranha e feia.

— Desculpar coisa nenhuma, seu cretino, apressado, filho da puta – veio em minha direção. Afastei-me um pouco. — Não vê por onde anda, seu desajeitado? – deu de dedo. — Vá te catar – e começou a se afastar. — Este mundo está uma droga. Todo mundo apressado, sem consideração com o outro, todos uns cornos filhos da puta. Que bosta! Acabou-se a tranquilidade. Puta que o pariu.

Eu fechei os olhos, suspirei fundo, fiquei paralisado de tristeza. Vibrar por alguém tão insuportável assim seria o fim. Essa era a lei do retorno, pois sempre fui pavio curto. Agora teria de pagar pelo meu descontrole. Embora soubesse que eu não era lá muito agradável, também sabia que não era intolerável como a sujeita que se evadia da minha presença com lamúrias desagradáveis.

Mas ela se afastava e a energia continuava. Poderia não ser dela que vinha a vibração que sentia?

Abri os olhos lentamente e meu corpo se alegrou. A origem das minhas sensações estava abaixada, pegando embalagens espalhadas pelo piso do mercado.

Respirei fundo ao vê-la. Meu coração quase parou. Houve uma fenda temporal e senti-me expandindo em união com o campo eletromagnético dela. A frequência vibratória era exatamente a mesma, eu podia sentir. Acalme-se João, pense, pense, pense no que fará. Destino e escolha, destino e escolha, era o que vinha à minha mente. Destino é você entrar, escolha é permanecer.

Mas por mais que quisesse negar, física e quimicamente senti-me enormemente atraído por ela e não consegui reagir. Um tempo indeterminado se passou até que estendi a mão para ajudá-la a se levantar. Isso não pode estar acontecendo. Não comigo.

Era linda. Pele bronzeada, cabelo encaracolado, com mechas loiras que caíam abaixo dos ombros, os olhos castanhos e um sorriso encantador.

O toque das nossas mãos fez meu corpo reagir. Meus hormônios e neurotransmissores entraram em ação: a adrenalina acelerou o coração; a dopamina produziu a sensação de felicidade; a noradrenalina aflorou o desejo sexual; a serotonina aumentou o humor; a oxitocina criou o desejo de ficar para sempre com ela, e a explosão continuou por um tempo.

Saia, saia, saia! Já viu o que queria, agora suma.

Eu não queria sair.

Não sei se era escolha ou destino, mas queria ficar.

Não havia mais possibilidade de escolha. Estava feito.

Quando ela se levantou, vi que usava uma saia longa toda colorida, uma regata vermelha que revelava seios fartos e lindos, um cardigã creme, nos pés uma sapatilha preta. Os seus dedos cheios de anéis e na sua orelha balançava um brinco de argola. Ela tem estilo. O que eu acho irresistível em uma mulher.

Essa era a mulher que esperava e queria para mim, tinha certeza. Meu corpo sentia a vibração emanada dela. Ela tinha que ser minha. Mas um raio pairou sobre a minha cabeça: poderia ser casada, ter alguém. Oras, claro que vivia algum tipo de relacionamento. Era quase impossível alguém com tantos predicados andar livremente por aí. Precisava urgentemente saber mais a seu respeito.

Retomando a razão, resolvi falar com ela. Necessitava confirmar se era mesmo aquela mulher que iria fazer minha teoria se cumprir: duas pessoas só vivem o pleno amor quando vibram na mesma frequência.

Mas ela tomou a iniciativa.

– Você não é daqui, não é mesmo? De onde é? – falou, atropelando as palavras. — Quem é você? Será que é você quem invadiu minha fazenda? – parecia assustada. — Você...

— Realmente, não sou daqui. Moro em Curitiba – interrompi-a. — E não fui eu quem invadiu sua fazenda – tentei tranquilizá-la.

Sem dar chance a mais conversa, ela saiu rapidamente. Eu a segui com o olhar, fiquei parado por um tempo tentando entender o que acontecera. A previsão da Jamile se cumpriu e eu me senti impotente. Então me lembrei do Kabir, que dizia: *"Estimado Guru, ao encontrá-la não poderá mais viver sem ela"*. Fui atrás dela.

Uma forte ventania espalhava poeira e folhas para todos os lados. Os cabelos e a saia da linda mulher pareciam brigar com o vento, mas esse não era o seu único problema. Um homem a segurava pelo braço e outro parecia falar com ela. Logo os reconheci. Eram do grupo do Lorenzo. O Leandro, que manipulava mentes, e o Fuad, que tinha super força. E era esse que a segurava no braço.

A ira apoderou-se de mim.

Ou seria o ciúme?

Fiquei na dúvida.

Era a ira devido ao ciúme, defini.

Num instante posicionei-me ao lado dela. Não podia deixar que nada acontecesse com a mulher que vibrava na exata frequência que a minha. Principalmente, outro homem tocar nela.

— O que está havendo aqui, Fuad? – impus minha presença.

— João, você sempre inconveniente – balançou a cabeça o barbudo.

— E o que me dizem de vocês? — cruzei os braços. — Pelo que ouvi, invadiram a fazenda dela.

— E o que você tem com isso? Faremos nossa pesquisa – respondeu o Anhangá.

— Sei, Leandro, conheço muito bem o estudo de vocês. Ela não vai a lugar algum – falei muito sério, fechando a cara e fitando o que ainda a segurava. — Solte-a. Eu estou com ela – ordenei.

O Fuad a empurrou, ela quase caiu, mas eu a segurei firmemente, e naquele momento fui remetido ao mundo dos protetores. Agora não era mais apenas guardião do conhecimento, mas também daquela desconhecida, que havia me magnetizado.

A partir daquele segundo, apresentou-se um novo sentido para minha vida: ter aquela mulher para mim. Meus olhos correram diretamente para o dedo anelar da mão esquerda. Havia um anel, mas ele não era uma aliança. Um alívio inebriou meu corpo.

— Você está bem? – perguntei gentilmente.

— Sim, obrigada – sorriu e senti que tentava soltar seu braço da minha mão.

— Está com um baita problema – ergui as sobrancelhas e esbocei um sorriso. — Mas vou ajudá-la.

— Você os conhece? Quem são esses caras? De onde surgiram? Quem é o chefe deles? Devo chamar a polícia? – começou a derramar perguntas. — O que querem na minha terra? Devo ficar com medo? – respirou e arregalou os olhos. — E também, quem é você? O que está fazendo aqui? O quer comigo? – bombardeou-me de indagações novamente.

— Uau! Quantas perguntas! – sorri. — Tem algum lugar aqui para tomarmos um café e conversarmos longe da chuva que se aproxima? – só então soltei seu braço.

— Desculpe minha grosseria – passou a mão nos cabelos, tentando arrumá-los e conter o volume, pois o vento o deixava todo esvoaçante. — Hoje o dia está sendo um pouco complicado. Meu nome é Liz – estendeu a mão para me cumprimentar.

— Muito prazer, Liz. Eu sou o João – abri um sorriso enorme. — Pode me inteirar do que está acontecendo?

Enquanto ela me contava o seu baita problema, tentava manter-me sóbrio apesar da embriaguez que aquela linda mulher provocava em mim. Tentando acalmá-la, insisti que tomássemos café para conversarmos. Na verdade, tudo o que eu mais ansiava era ficar o máximo de tempo perto dela.

Encontrar uma mulher, num lugar tão remoto, com a vibração em total sintonia com a minha me deixou um pouco desconcertado e sem saber exatamente como agir. Creio que o mesmo acontecia com ela, pois era evidente sua inquietação, tanto que levantou a possibilidade de eu ser um dos invasores e seguiu rapidamente para o seu carro.

Eu estava perdido. Perdido de sensações nunca antes experimentadas por causa uma total estranha, numa cidadezinha com pouco mais de três mil habitantes. Tudo o mais ilógico possível. Justo comigo!

Segui-a e ajudei com as compras. E foi uma delícia. Algumas gotas de chuva começaram a nos molhar. Eu tocava nela ao passar as sacolas e senti-me feliz por ajudá-la. Fui gratificado pela minha gentileza, pois ela me chamou para ir até a sua fazenda.

Sem pensar em destino ou escolha, eu a segui.

Estava com frio, morrendo de medo e com vontade de abrir a porta do carro e beijá-lo.

Ai, mulher é bicho bobo mesmo. Lembrei-me da conversa com as amigas, que não podemos ver homem bonito e gentil que já nos apaixonamos e queremos beijar na boca. Como somos suscetíveis a homens bonitos.

No trajeto até a fazenda voltei à consciência e comecei a ficar com medo. O medo cresceu e se transformou em pavor. Eu era realmente muito ingênua. Como tinha convidado aquele forasteiro que nem conhecia e que poderia muito bem ser o líder dos invasores, para ir até minha casa? Talvez tivesse armado com os outros dois para que eu confiasse nele. E se ele fosse um assassino? E se... Minha imaginação correu solta, formando inúmeras imagens mentais de momentos perigosos. Quando estava quase tendo uma síncope, respirei fundo uma, duas, três vezes e me lembrei do conselho que sempre dava às minhas queridas clientes quando tinham que enfrentar uma situação difícil: "o monstro é sempre menor do que imaginamos". Voltei à razão. Bem, se ele fosse o invasor teria que conversar com ele mais cedo ou mais tarde. Acalmei-me.

Com o pensamento um pouco mais organizado, lembrei-me da linda figura do João, da deliciosa magia que me envolveu ao vê-lo e entendi que ele não podia ser alguém do mal. Eu sempre pude confiar na minha intuição. Ao segurar sua mão, por duas vezes, senti que ele não transmitia nada de ruim, pelo contrário, estar perto dele me deixava bem, muito bem, bem até demais. Ele despertou em mim novas e deliciosas sensações.

Ai, que sensações!

Minha visão foi tomada pela sua bela forma, a audição pela sua voz grave e forte, o tato que fez meu corpo arrepiar. Precisava urgentemente cheirá-lo e beijá-lo para completar os sentidos. Acho que ele não é um invasor, mas um bruxo querendo me enfeitiçar com sua presença encantadora. Lembrei-me da profecia dos oráculos, que dizia que estava aberta ao amor.

Para, Liz!

Será que é uma pessoa do bem?

Para, Liz!

Será que ele é comprometido?

Para, Liz!

Claro que ele tem alguém, impossível um homem tão charmoso ser sozinho. Ai, que pena! Lastimei o meu infortúnio.

Quanta bobagem! Tantos problemas e você pensando em prenúncios e amor. Por favor, pare com isso! Olha a sua idade. Lembre-se de que não tem espaço para o amor na sua vida toda organizada. E tome cuidado, você é muito boba e confia em qualquer um.

E assim, com o carro voando na mesma velocidade dos pensamentos, entrei na estrada de terra. A porteira estava escancarada, claro, pois os invasores tinham passado por ali pouco antes.

Parei na casa do Rudá buzinando, avisando minha chegada. Estacionei na garagem e o João logo atrás de mim.

O Rudá e a Naiá apareceram na porta da casa assustados com o meu alarme. A Dindim e o Trola começaram a latir nos degraus da cozinha. Eu desci do carro e apressei os passos em direção aos meus padrinhos. Estar sob a proteção deles era tranquilizador. O João saiu da camionete e ficou parado na varanda, esperando a reação do dono da casa.

Eu os apresentei e fomos convidados a entrar.

O Rudá parecia intrigado e perguntou ao João se eles já se conheciam, e o interessante foi que a Naiá também achava que ele não era estranho. Ah, com certeza ele nunca esteve na região porque eu seguramente lembraria.

Logo após chegarmos a tempestade intensificou-se e os raios não paravam de rasgar o céu. A noite caiu rapidamente.

Estranhei que a Sininho e o Trola foram deitar no ninho deles e não avançaram no visitante.

O João, com um jeito todo especial, logo se fez íntimo dos meus padrinhos e a Naiá, toda prestativa, prontificou-se em passar um cafezinho. Enquanto ela espertava as chamas do fogão, sentamos ao redor da mesa da cozinha.

Eu me sentia completamente confusa. Como Rudá havia deixado o João entrar assim, como se fosse da casa? Ele sempre tratava com estranhos na varanda. E como meus cachorrinhos, que avançavam em todos que chegavam, não tiveram o mesmo comportamento com ele?

Ele era um feiticeiro, fiquei convencida. Deveria ter medo?

O João tentando tornar-se mais confiável, começou a esclarecer quem ele era e comentou sobre um grupo que viria pesquisar os raios que caíam na fazenda. Até então tudo bem, mas quando ele pegou a Sininho e ela se aconchegou tranquilamente entre suas pernas, encafifei.

— Esquisito ela não ter estranhado você. É uma oncinha – passei a mão na cabeça dela, que dormia tranquilamente.

Ele apenas sorriu e continuou sua apresentação enquanto a Naiá passava um café. Contou-nos sobre uns tais Anhangás, quem eram, o que pretendiam e o perigo que possivelmente eles apresentavam.

Enquanto tomávamos café, escutamos uma explosão.

— Meu Deus, o que foi isso? – assustada, fiquei em pé.

João e Rudá correram para fora, eu os segui e a Naiá veio atrás. Ainda conseguimos ver uma grande nuvem de fumaça espalhando-se no ar.

— Eles estão explodindo minha terra? Vou lá agora mesmo – no ímpeto do momento, saí correndo na chuva.

O João alcançou-me e pegou no meu braço. O seu toque me fez parar onde estava. A chuva torrencial e fria deixou de existir. Tudo se resumia àquele olhar. Ele falou alguma coisa, mas não ouvi. Ficamos presos um ao outro. Tudo deixou de ter sentido, apenas existia eu e ele. Tentava respirar, mas não conseguia. Ele passou a mão no meu rosto e, presa aos seus olhos, senti segurança e paz. Foi um momento mágico, estranhamente senti como se fôssemos um. Os seus olhos verdes brilhavam à luz dos relâmpagos, o calor dos nossos corpos parecia fazer as gotas da chuva evaporarem, envolvendo-nos numa nuvem de paz e harmonia. Eu estava enfeitiçada e tudo que desejava era encostar minha cabeça no peito dele, depois beijá-lo e viver para sempre com ele ao meu lado.

Rudá tirou-nos do transe, falando que ligaria para a polícia. João sugeriu que avisasse meu marido do ocorrido. Foi quando o meu padrinho anunciou minha viuvez. Nesse exato momento, um sorriso surgiu nos lábios e nos olhos do físico, então ele envolveu-me em seu braço, minha respiração parou e eu quase morri e desejei que o mundo acabasse naquele momento.

Meu Deus, apaixonei-me por aquele homem!

— Vamos sair da chuva – sussurrou docemente. — Amanhã resolveremos tudo – caminhamos abraçados até a casa.

Embora tivesse acabado de conhecê-lo, numa situação singular, ele me transmitia uma sensação deliciosa que ainda não conseguia definir. Deixei-me levar.

A Naiá nos deu toalhas para nos secarmos, aconselhou que tomássemos um banho quente e que colocássemos roupas secas. Seguimos a sua recomendação, enquanto ela e o Rudá providenciaram o jantar.

Liguei o chuveiro com a água bem quente e deixei-me envolver por ela. Suspirei de satisfação. Fechei os olhos e tudo o que vi foi o sorriso do João, seu jeitinho de se importar comigo, a forma como me protegia. Desejei que estivesse ali comigo.

Abri os olhos.

Para com isso, Liz! Briguei comigo mesma. Está parecendo uma tola que se deixa envolver por qualquer homem bonito que aparece na frente. Abri bem a torneira, a água gelou, dei um grito com o choque da água fria. Terminei rapidamente o banho assim. Vesti um agasalho rosa, meias e chinelos. Sempre dormia na casa deles e tinha roupas guardadas. Enquanto me vestia, decidi que ele deveria ir embora logo depois do jantar. Nem sei por que meus padrinhos o convidaram. Talvez devido àquela história de achá-lo conhecido. Eu nunca o vira antes e não queria tê-lo por perto, porque me perdia em emoções desconhecidas. Só que ele disse que iria pesquisar por que caíam tantos raios na região R, então teria que vê-lo por alguns dias ainda. O que fazer?

Sentei para desembaraçar o cabelo e pensar em como agir nos dias do acampamento. E em segundos tomei uma decisão. Eu dormiria com a Aninha no acampamento e ficaria com o pessoal da escola, sem manter nenhum contato com o físico feiticeiro. Fiquei contente com minha decisão de esquivar-me dele e assim não correr perigo de envolver-me. Ou será que deveria deixar-me levar pelo encanto que ele havia me lançado?

Para Liz, para!

Decidida, fui juntar-me a eles e enfrentar a situação. O João ainda não voltara do banho. Respirei aliviada e fui ajudar a madrinha no preparo da refeição.

— Por que o convidaram para jantar? – perguntei de cara feia. — Mal o conhecemos.

— O que tem? – estranhou minha madrinha, colocando as mãos na cintura. Seu jeitinho era uma graça.

Nesse momento, o João apareceu com uma calça de sarja bege, uma camiseta verde musgo, no pé um tênis marrom. Os cabelos molhados, mesmo penteados, apresentavam cachos rebeldes. Ai, meu Deus! Ele era tão alto e lindo, seus olhos verdes enormes brilhantes focaram nos meus e não conseguia desviar o olhar.

— Liz, poderia dar uma mão aqui? – chamou-me Naiá, tirando-me do transe. — Experimente se está bom de sal.

Sorri para ele antes de provar o molho do frango, ele retribuiu e eu quase não consegui andar. Ajudei a Naiá a deixar o tempero no ponto. O cheirinho emanado da alquimia que toda cozinha tem provindo da transformação dos alimentos fez com que nos esquecêssemos do que acontecia. A pinguinha feita pelo Rudá também deu sua contribuição, deixando-nos relaxados. O visitante parecia estar com velhos amigos, ria o tempo todo e a conversa corria solta.

Embora tivesse uma grande encrenca para resolver no dia seguinte, nem estava ligando. Aquele momento não merecia preocupações. Sentia uma paz intensa e percebia que ela vinha do meu hóspede. Em alguns momentos nossos olhares se cruzavam, ele então sorria, o que fazia meu coração saltitar. Seus olhos verdes transmitiam segurança. Estar perto dele era mágico, tudo ficava mais colorido.

Encantada, isso, essa era a palavra que podia descrever o modo como eu me sentia. Aquele homem que conhecera havia poucas horas parecia preencher o grande vazio que há muito tempo experimentava. Poderia ser ele o homem profetizado no sábado? Lindo e de olhos verdes já era, faltava ainda alguns predicados: ser inteligente, gentil, sincero e me amar incondicionalmente.

O jantar ficou pronto, servimo-nos diretamente no fogão e nas panelas de ferro. O cardápio da noite foi feijão cozido para a ocasião, arroz soltinho, frango ao molho, especialidade da Naiá, purê de batatas com nata, salada de alface bem temperada e suco de maracujá. Tudo estava uma delícia e comemos além do necessário. De sobremesa fomos servidos de doce de abóbora em calda com creme de leite. O João não parava de elogiar, dizia que nunca tinha comido nada igual.

Após o jantar voltamos a conversar sobre os acontecimentos do dia e num dado momento lembrei-me do evento que haveria na fazenda.

— Meu Deus! – arregalei os olhos. — Esta semana teremos o acampamento da escola da Aninha. Acho que não poderá acontecer este ano... – o que há minutos seria um álibi para me esquivar do João, agora me pareceu um problema enorme.

— Do que está falando, Liz? – quis saber João.

— Já há sete anos a escola da minha filha faz um acampamento aqui. As crianças trazem barracas e ficam alguns dias na fazenda se divertindo – levantei-me e caminhei pela cozinha. — Este ano, além da escola dela virão mais três instituições – olhei fixamente para ele. — Pode ser perigoso devido à presença dos intrusos, não é?

— Acho que eles não mexerão com as crianças. Fique tranquila. Além do mais, meu grupo estará aqui e ajudará a cuidar de todos.

— Não sei. Pode ser arriscado – voltei a me sentar.

— Perigo em acampamentos no campo sempre há. Pode-se encontrar uma cobra, não é? – ergueu as sobrancelhas. — Os Anhangás são temíveis, mas não são bobos para mexerem com crianças. Numa escala de 0 a 10 em periculosidade, eles chegam a 8, mas se fizerem algo que as prejudiquem perderão o patrocinador, com toda certeza. Eles têm regras a seguir.

— Anhangás? – questionei, com olhos arregalados.

— Espíritos ruins – explicou Rudá.

— Deus nos livre dos Anhangás! – benzeu-se a minha madrinha.

— Vocês estão corretos. São espíritos do mal e que Deus nos livre deles – João benzeu-se como a Naiá. — É assim que chamamos o grupo do Lorenzo.

— Você acabou de dizer que numa escala de 0 a 10 de periculosidade eles chegam a 8 – fixei os olhos nele.

— Eles são perigosos, andam armados, usam explosivos... – assustada, levantei novamente. – Acalme-se – abriu um sorriso. Acho que ele gostou de me ver preocupada. — Mas também são cautelosos, sabem até onde podem ir.

— Meu Deus! Não sei o que fazer – sentei-me e coloquei as mãos na cabeça.

— Tranquilize-se – passou a mão no meu cabelo. — Eles são perigosos, mas não malucos. Jamais farão algo para as crianças.

Eletrizei-me com seu gesto. Que intimidade era essa? Deveria zangar-me com ele? Avisar que não queria que me tocasse? Ai, Deus, amei o carinho... Deixei de ouvir o que ele falava, parece que até esqueci onde estava.

— Se você acha que não haverá problema... – não sei como comecei a falar, e ainda bem que ele me interrompeu antes de terminar a frase.

— Além do que, a pesquisa com certeza irá durar mais do que os dias que os estudantes ficarão aqui.

— Então você acha que a pesquisa pode demorar? – perguntou Rudá.

— Provavelmente. Não temos a menor ideia do que acontece aqui. O Instituto quer respostas e precisaremos encontrá-las – suspirou. — Meus amigos trarão uma autorização do Governo Federal para que possamos realizar a pesquisa. Depois entrego a você.

— Tudo bem, mas nem precisava. Queremos muito entender tal fenômeno. A área onde os raios caem não é produtiva. Será bom resolver esse impasse e poder aproveitá-la – comentou meu padrinho.

Enquanto eles conversavam, eu olhava para o João, admirando cada movimento, cada sorriso, o tom da sua voz, a paciência que tinha com todos. Ele era fascinante. Oh, céus! Estou apaixonada por esse sujeito encantador.

Após o jantar, ajudei a tirar a mesa e a lavar a louça. O João ficou conversando com Rudá e riram muito, como se fossem velhos e bons companheiros. Foi um momento agradável.

— Gostaria de agradecer o acolhimento, mas já está ficando tarde – levantou-se. — Preciso voltar a Fênix para achar um lugar para passar a noite.

Entristeci-me em imaginá-lo longe, mas era preciso mesmo manter distância dele, porque não saberia como agir se ficasse sozinha com ele.

No mesmo instante, Rudá pediu para que ele dormisse na minha casa, que ele se sentiria mais tranquilo com a sua presença.

Arrepiei-me.

Isso não podia acontecer. Ficar sozinha com ele era um risco que eu não podia correr. Percebi que ao ouvir o convite do Rudá os olhos do João brilharam. Eu, apavorada, olhei com reprovação para o meu padrinho. Não queria/podia passar uma noite sozinha com aquele homem que havia me cativado no primeiro olhar. Para complicar minha vida, o João concordou imediatamente com tal possibilidade.

Socorro!

Discordei na hora.

Mas meu padrinho insistiu.

Ora, o que o físico feiticeiro pensaria de mim? Que precisava de alguém para me cuidar? E da atitude do Rudá? Que ele estava me empurrando para um desconhecido?

Ah, fiquei muito irritada quando o pesquisador lindo declarou que a presença de um homem na casa seria conveniente, já que eu era viúva. Subi nas tamancas,[120] mas respirei fundo, controlei-me e respondi calmamente que era dona de mim.

— Nem pensar, *Ko'ërã gua Yvoty*. Ele fica – determinou Rudá e assustei-me por ele usar meu nome indígena na frente de um estranho. Raramente me chamava assim na frente dos meus filhos, mas não devia me preocupar, pois o João nem se daria conta disso. — Você é casado? – foi direto o meu padrinho.

— Se acha que pode haver algum perigo decorrente da presença dos Anhangás posso dormir aqui – fiquei em pé, ao lado da Naiá, buscando apoio e esperando a resposta dele.

---

[120] Subi nas tamancas – ficar brava.

— Ah, minha querida, eu e a Lilian, que veio me ajudar nestes dias, estamos fazendo uma faxina na casa. Os quartos estão desarrumados – descartou a possibilidade de ficar ali.

Olhei confusa para eles, não entendendo tal atitude. Não havia nada bagunçado na casa. Eles estavam me empurrando para um homem que acabaram de conhecer? Só podiam estar ficando loucos. Meu padrinho segurou o olhar e entendi que devia obedecê-lo.

— Não sou e nunca fui casado – meus olhos correram para encontrar os dele. — Também não estou me relacionando com ninguém – quando ouvi o que ele disse, meu coração expandiu-se e ele entrou definitivamente nele. — Mas não quero causar conflito entre vocês – falou João, dirigindo-se à porta, mas com os olhos presos em mim, esperando minha aprovação.

— Não há conflito algum. Você fica – confirmou Rudá, olhando seriamente para mim. — Podem ir que acendo as luzes.

— Tudo bem, já que o padrinho insiste... – mas mandei um olhar reprovador para Rudá.

Embora tivéssemos conhecido o João há algumas horas, Rudá, que era extremamente rigoroso com novas amizades, confiou-me a ele. Simplesmente não entendia o motivo.

O que aquele homem tinha que atraía o afeto das pessoas? Seria ele mesmo solteiro? Será mesmo que era apropriado ele ficar na minha casa? Eu estava em total conflito sobre a presença dele, mas na verdade, bem na verdade, no fundo mesmo, o que eu receava era de não conseguir ficar distante dos lábios dele.

Quando chegamos à varanda, luzes que ligavam as duas casas foram acesas e o João ficou encantado com o que viu.

Irritada com atitude dos meus padrinhos e receosa de passar uma noite com o encantador físico, coloquei Trola e Dindim no carro e fui para minha casa, que ficava a uns 100 metros de distância. O João me seguiu. No pequeno trajeto, um frio percorreu minha espinha. Quem era esse homem que acabara de conhecer e levava para minha casa? E ele era lindo, gentil e inteligente. Ai, meu Deus!

No trajeto, inevitavelmente fui refletindo sobre o fenômeno ocorrido no mercado. Não podia negar que a reação experimentada no meu corpo foram as melhores da minha existência, que precisava e desejava revivê-las. Lembrei-me de que ela não usava aliança, então deveria ser solteira. Mas ela podia simplesmente não usar aliança, talvez não gostasse de convenções e mesmo sem ela, podia ser comprometida. Ah, isso era a mais absoluta realidade. Esse pensamento me deixou terrivelmente triste pela possibilidade de nunca poder tê-la, e irritado, mas muito irritado comigo mesmo, por ter entrado no mercado.

A chuva era torrencial. Entramos numa estrada de terra e um atoleiro se apresentou. Eu não era acostumado a dirigir em terreno escorregadio, mas a camionete era traçada, o que tornou tudo mais fácil. Ela passou por uma porteira aberta, logo à frente ela diminuiu a velocidade e percebi que um portão se abria.

Avistei uma casa. Ela buzinou e depois parou na garagem, saiu do carro e foi ao encontro de um casal, que me pareceu ser indígena. Por que será que buzinou? Estaria com medo de mim? Justo de mim, que vibrava como ela? Precisava urgentemente mudar isso.

Estacionei atrás dela, desci e confirmei meu palpite de ser um casal de índios. Qual seria a relação dela com essas pessoas? Parecia que eram íntimos pela atitude da Liz, mas como isso era possível? O homem olhou-me de uma forma estranha, cerrou os olhos e tive a nítida impressão de que ele tentava me reconhecer.

— Estes são meus padrinhos, o Rudá e a Naiá – apresentou-os. — Este é o João – apontou para mim. — Ele conhece os sujeitos que estão aqui – percebi que Rudá ainda me encarava.

— Vim em paz – ergui as mãos em sinal de amizade. — Meu nome é João Russell e posso ajudá-los com os invasores – caminhei até eles e apertamos as mãos.

— Entrem – convidou-nos o dono da casa.

Então eles eram padrinhos dela. Mas outra questão surgiu: como assim, indígenas padrinhos de uma mulher linda e rica? Com certeza, a resposta se apresentaria no decorrer da noite.

— Eu o conheço? – o padrinho dela parecia intrigado.

— Acredito que não – respondi meio sem jeito pela forma que ele me encarava.

Percebi que Rudá cerrou ainda mais os olhos. Parecia que queria a qualquer custo se lembrar de mim.

— Há uma sombra de seu rosto na minha cabeça – insistiu o indígena.

— Bem, nunca estive nesta região – achei estranha sua insistência. — Você já foi a Curitiba?

— Não, a lembrança é daqui, desta região, de fatos que ocorreram aqui, mas não estão claros. Interessante... Tenho quase certeza de que o conheço. Nunca esteve por aqui mesmo?

— Infelizmente, não – respondi, olhando para a Liz. — Não tenho dúvidas de que me recordaria – sorri para ela.

— Talvez esteja confundindo você com outra pessoa – respirou fundo o padrinho da Liz.

— Eu também sinto que o conheço – manifestou-se Naiá. — É uma recordação longínqua, mas boa, muito boa – esclareceu.

— Ainda bem que é boa – coloquei a mão no peito. — Mas peço desculpas, não me lembro de vocês ❒ sinceramente, para mim, numa escala de 0 a 10 de reconhecimento, não passava do 0. Definitivamente, eles não me pareciam nem um pouco familiar.

Após o protocolo de apresentação e de negar que os conhecia vi um fogão à lenha com pinhões assando sobre a chapa, o que fez me lembrar de alguns poucos e bons momentos da minha infância, na cozinha da minha casa.

— Estou vendo uns pinhões na chapa – não me contive e pedi para comer alguns, fato que quebrou a constrangimento que havia naquele momento.

— Claro, fique à vontade – Rudá deu um abridor de pinhão para mim. Em minutos senti-me em casa. Achei estranho, eu era tão antissocial e rapidamente me dei bem com aqueles estranhos. Mas tinha um palpite certeiro: vibrávamos na mesma faixa frequencial.

Sentamos ao redor da mesa da cozinha e tranquilamente conversamos. Primeiramente, falei do meu grupo e da pesquisa que tínhamos sido convocados a fazer.

— Como você conhece aqueles homens? – perguntou a linda mulher, interrompendo minhas explicações sobre o objetivo da minha presença na cidade.

— Eles também são pesquisadores – respondi calmamente.

— Mas senti que há certa hostilidade entre vocês – cerrou os olhos.

— Temos linhas de pesquisas diferentes.

— Pode explicar melhor? – colocou os braços sobe a mesa e começou a dedilhar.

No meio da conversa, o cãozinho menor arranhou minha perna. Peguei-o e ele se deitou tranquilamente no meu colo. O outro se sentou ao meu lado. Nunca conheci Pinschers tão bons como eles.

— De uma forma geral, meu grupo busca responder os fenômenos objetivando seu uso para o bem. Eles nem tanto.

— Como assim? – a Liz começou a roer as unhas. Parecia nervosa. Eu, delicadamente, puxei sua mão, evitando tal ação. Eu estava ali para protegê-la.

— São financiados por um grupo que não visa à preservação, mas à exploração – respondi, sempre afagando o bichinho.

— Isso é ruim – comentou o Rudá.

— É péssimo – concordei. — Hum... Esse cheirinho de café está uma delícia.

— E já está pronto! – Naiá ofereceu-me uma xícara.

Eu a observava em todos os detalhes enquanto falava. Eu passaria a noite toda contando histórias só para poder ficar ao lado dela.

O que acontecia comigo? Estaria sofrendo de paixão? Estaria eu preso a essa mulher? Assim tão rápido? Ela não parava quieta, mexia-se o tempo todo, eu tinha quase certeza que tal agitação provinha da ressonância das nossas ondas vibratórias. Mas ao contrário dela, permaneci calmo, pois eu sabia o que acontecia entre nós e ela não.

Repentinamente, houve uma detonação que assustou a todos e só o que veio a minha cabeça era salvaguardar a Liz. Para tanto corri para fora da casa para verificar o que acontecera e elencar possibilidades de defesa. Ao longe pude ver o volume de terra voando pelos ares devido à explosão.

— Esses Anhangás são mesmo desprezíveis – falei um tanto incrédulo da atitude repugnante deles. — Querem demonstrar o seu poder e alarmar você e...

Quando me dei conta, ela corria na chuva dizendo que iria falar com eles naquele momento.

Ah, isso eu não poderia permitir. Além do que era noite e noite são assustadoras para mulheres, não é mesmo? E eu deveria protegê-la de todo e qualquer perigo. Corri atrás dela, precisava impedir tal atitude.

— Tenha calma – segurei-a pelo braço. — Conheço esse pessoal. Eles só estão tentando amedrontá-la – e eu estou aqui para protegê-la, era o que desejava dizer. — Amanhã de dia falaremos com eles.

Ela voltou-se para mim e olhou-me firmemente. A necessidade que sentia de protegê-la, juntamente com o contato da pele e o meu olhar preso ao dela, fez a dimensão do tempo entrar em colapso e ele parou. Não conseguia respirar. Ficar próximo e tocá-la alterava todo o meu comportamento. Senti meu campo vibracional expandir-se e unir-se ao dela. As gotas de chuva pareciam mudar de rota ao entrar em contato com a energia que nos cercava. Eu precisava urgentemente abraçá-la, beijá-la e nunca mais deixá-la. Fiquei totalmente entregue à força energizante do momento.

Embora tentasse acalmá-la, era eu que estava nervoso, não pela presença dos Anhangás, mas pelo domínio que ela impunha sobre mim e, pior de tudo, o medo dela pertencer a outro homem. Precisava urgentemente saber se ela poderia ser minha.

— Saiam já da chuva! – gritou Rudá da varanda. — Vou ligar para a polícia. Eles precisam ser avisados do que está ocorrendo por aqui.

— Seria bom ligar para o esposo dela. Ele é quem deveria estar aqui – eu precisava saber se ela era comprometida.

— Ela é viúva – retrucou o indígena. — E eu tomo conta de tudo aqui. Fique tranquilo e saiam agora dessa chuva.

Foram as três palavras mais espetaculares que já ouvi. "Ela é viúva". Então ela poderia ser minha. Só minha.

Eu a olhei com intensidade ao saber que era livre, o tempo parou novamente. Eu vibrava perdidamente por aquela mulher que havia conhecido numa pequena cidade do interior. Isso era bom! Ou era ruim? Então eu estava sentido amor e paixão? Como era mesmo a definição que tinha para tais sensações? Ah, isso não importava nenhum pouco naquele momento.

Eu a abracei com um carinho que nunca havia experimentado, que não acreditava que havia dentro de mim, e a tirei da chuva.

Estávamos molhados e o frio era grande.

— Peguem estas toalhas e vão tomar banho agora mesmo – determinou Naiá. — Podem pegar um resfriado.

— Acho uma excelente ideia – concordei e fui pegar minha mala no carro.

Enquanto a água quente corria pelo meu corpo, lembrei-me das inebriantes sensações que experimentara naquela tarde e decidi que queria repeti-las para sempre. Se o destino havia me levado àquela cidadezinha para conhecer uma mulher que abriria inúmeras perspectivas emocionais em mim, estava feito. Não havia mais possibilidade de escolha.

Mas espere João, deveria repeti-las? Balancei a cabeça tentando colocar as ideias no lugar. Precisava me portar como refém do acaso? Eu tinha uma boa vida em Curitiba, não tinha? Alguns planos de vida, não é mesmo? Havia minha busca pela paz interior, minhas palestras, a chácara, amigos, enfim, 55 anos de conquistas. Eu não podia largar tudo por uma mulher.

Ou podia?

Ah, o que está acontecendo comigo?

Acalme-se, João, acalme-se, respire. Seja racional e profissional. Está aqui unicamente para pesquisar a grande incidência de descargas atmosféricas da região. Ponto. Em Curitiba está o seu projeto de vida e você não vai se desviar dele.

Ah, isso era escolha.

Senti-me orgulhoso de mim mesmo. Nada como um bom banho para colocar o pensamento em ordem. Refletindo friamente, longe dela, coloquei ordem na mente e decidi que logo após o jantar procuraria um lugar para dormir e não chegaria mais perto daquela mulher, que me magnetizava. Ela, com certeza, liberaria a fazenda para a pesquisa, mas, em todo o caso, tínhamos autorização e em poucos dias resolveríamos tudo e eu voltaria para minha vida. Tudo o que eu precisava era ficar longe dela, longe da vibração dela.

Simples assim.

Saí do banho decidido a ser dono do meu destino. Cheguei à cozinha repleto de determinação. Então meus olhos colapsaram com as ondas dela, vi-a de cabelo molhado, num moletom cor-de-rosa, meia e chinelos de dedo, e tudo se complicou. Ela estava linda! Como eu podia achar alguém com meias e chinelos linda? Ela sorriu quando me viu. Ressoamos. Tudo que tinha pensado dissipou-se como fumaça ao vento. Respirei fundo, estava perdido.

Isso era destino.

O jantar começou a ser feito e aos poucos os aromas dos alimentos invadiram o ambiente. Um destilado feito pelo dono da casa foi servido e colaborou para que eu ficasse mais à vontade. Conversamos sobre vários assuntos. Meus olhos teimavam a todo o momento encontrar os dela, que por um breve instante se fixavam aos meus e rapidamente se desviavam. Isso me deixava louco!

Assim que a comida ficou pronta, enchi meu prato direto na fonte, isto é, em panelas de ferro que fumegavam sobre a chapa quente do fogão a lenha, mantendo o calor e exalando sabores típicos.

Perdi-me na mistura de paladares.

— Está uma delícia – falei, entre uma garfada e outra.

— Fico feliz que tenha gostado – alegrou-se Naiá.

— Nunca experimentei nada igual – servia-me já pela segunda vez.

— Moradores de grandes cidades não sabem o que é comida boa – afirmou Rudá.

— Você tem toda a razão – sorri, satisfeito. — Nada como frango caipira e hortaliças produzidas nos fundos de casa – tomei um gole do suco. — Naiá e Liz, tudo está extraordinariamente delicioso. Comi além do limite.

— Ih, se ficar dias aqui vai acabar engordando – avisou Naiá. — Agora um doce?

— Claro, há sempre um lugarzinho para ele! – a sobremesa também estava supimpa.[121]

Após o banquete improvisado, Liz lembrou-se de uma atividade que aconteceria na fazenda com a escola da filha dela.

Hum, uma filha. Quantos mais teria? Não importava. Ela poderia ter um batalhão de filhos, eu iria gostar de todos. O único motivo que poderia me impedir de ficar com ela era a existência de um marido, mas isso não era mais problema. ELA ERA VIÚVA. O que estou pensando? Só posso estar louco! João, pare com isso! Agradeça a recepção, levante-se e vá embora o quanto antes. A vida é feita de escolhas. Escolha ir embora. Escafeda-se. Fuja enquanto há tempo.

Respirei fundo, seria mesmo melhor partir. Mas eu não queria, precisava prolongar minha permanência ao lado dela. Ainda bem que ela se lembrou da atividade escolar e preocupou-se com a presença dos Anhangás. Eu precisava tranquilizá-la antes de partir de que não havia perigo para a realização do acampamento. Ah, o que uma frequência vibracional faz com um homem!

Ganhei alguns minutos. Para minha satisfação, Rudá começou a puxar assuntos diversos e nos envolvemos numa boa prosa.

A Liz foi ajudar a madrinha a deixar a cozinha limpa e eu a achei linda lavando louça. Por todas as forças do universo, o que acontecia comigo?

Quando ela voltou à mesa para participar da conversa, eu, com o coração apertado por ter de partir, levantei-me, avisando que já era tarde e que precisava ir embora para encontrar um local para passar a noite.

---

[121] Supimpa – legal

— De forma alguma. Você vai dormir na casa da Liz – então havia outra casa? — Ficarei tranquilo de saber que você está lá – comunicou o indígena.

Isso era destino!

Fiquei radiante com tal sugestão.

Fiquei apavorado com tal sugestão.

Negue João, negue. Arrume uma desculpa e suma de perto dela. Se ficar estará encrencado, falava a razão. Você está ciente de que se ficar uma noite com ela será sua perdição e precisará ficar para sempre ao lado dela. Você não pode negar esse amor, gritava tão alto meu coração que deixei de escutar a razão. Lembre-se de como é sozinho, de que precisa da companhia de uma pessoa como ELA. A briga entre a razão e a emoção estava me deixando com medo, excitado, indeciso, feliz, louco...

— É claro que posso ficar – concordei, animado. Foi isso mesmo que falei? — Isso é, se você não se importar – percebi que ela havia desaprovado a recomendação do seu padrinho pelo olhar que lançou a ele. Fiquei desapontado. Eu, totalmente em conflito com meus sentimentos e ela não me queria por perto? – Será bom ter a presença de um homem em sua casa, já que é viúva – articulei lentamente a última palavra. Por que disse isso mesmo? Ah, eu era o protetor dela agora, não era isso? Espere, eu queria ir embora há poucos segundos e agora penso em defendê-la de iminentes perigos? Pobre de mim. Estava mesmo perdido em emoções que tornam o homem escravo de suas ações. E acho que não quero me achar nunca mais. Ou quero? Vou embora ou fico?

— Há muito tempo vivo bem sem a presença de um homem – ela discordou totalmente do meu comentário. — Sei muito bem tomar conta de mim – comunicou, olhando firme para mim. — Acho que não há necessidade padrinho, estarei bem – voltou-se para Rudá. — Além do que, ele pode ter alguém que não vai gostar de saber que passou uma noite sozinho na casa de uma mulher – agora era ela que queria saber se eu tinha ou não alguém. Tinha certeza disso.

Enquanto a Liz conversava com os padrinhos meu pensamento agitava-se. Destino ou escolha? Destino ou escolha? João, você ainda tem tempo de partir. Livre-se dessa encrenca. É só dizer que é casado e pronto, irá embora e fará da sua vida o que escolher. Ah, não, eu quero estar junto dela, é preciso conhecê-la melhor para averiguar se minha teoria se confirma. Liz, por favor, pare de negar e continue comigo. Vamos ficar um pouco a sós. Eu preciso sentir mais a sua presença. Sem dúvida alguma, o desejo de ir embora era infinitamente menor do que permanecer ao lado dela.

Ela tentava se esquivar de passar a noite comigo. A sua negativa de me ter por perto aflorou um pavor em ter que me afastar e de não poder ficar junto daquela mulher que me envolvia em sua energia, então ouvi Rudá insistir para que eu dormisse na casa dela. Eu virei fã desse cara! Mas perguntou se eu era casado, o que neguei rapidamente.

O que era escolha agora estava escrito ou o que estava escrito agora virou escolha?

Encontrei-a e me perdi.

Graças à determinação do Rudá, ela, claramente a contragosto, concordou com minha companhia, mas eu mudaria sua opinião.

Quando saímos na varanda parei deslumbrado.

— Uau! Isso é muito lindo! – caminhei um pouco, parei novamente. — Fascinante! – suspirei. — Que visual surreal! Isso é impressionante! Nunca vi nada parecido! - era um verdadeiro espetáculo, feixes coloridos iluminavam um lindo caminho entre as casas. Era cinematográfica. O sobrado da Liz ficou inteiramente iluminado, evidenciando a grandeza da residência. E sobre uma frondosa árvore vi uma casinha.

— Vamos – falou muito séria. — Já passou das nove e o dia amanhã será complicado.

Ficaria um bom tempo parado contemplando a beleza da cena, mas a Liz me chamou tirando-me do transe.

Colocou os bichinhos no carro e acelerou.

Despedi-me dos gentis anfitriões e a segui.

Enquanto meu pensamento viajava nas possibilidades que poderiam acontecer numa noite sozinha com o meu hóspede "lindo de morrer", vi um homem surgir em frente ao meu carro e freei assustada, mas assim como apareceu ele sumiu. Sem saber muito que fazer, acelerei e estacionei na garagem o mais rápido que pude. Quando vi, o João já estava ao meu lado.

— Por que freou Liz? – estranhei a rapidez dele, pois estacionei antes e ele já abria a porta para mim.

— Eu vi um homem diante do carro – desci. — Mas assim que diminui a velocidade ele evaporou. Devem ser eles, não é?

— Sem dúvida – ergueu as sobrancelhas. — Querem amedrontá-la.

— Podem querer me machucar? – parei na frente dele, olhando bem dentro dos lindos olhos verdes. Uma mistura de medo e desejo queimava em mim.

— Eles são capazes de tudo, Liz – respondeu, preso no meu olhar. — Mas me conhecem bem e já sabem que estou aqui – segurou minha mão e minha respiração reagiu imediatamente ao contato. — Não serão otários de tentar chegar perto de você. Confie em mim – abriu um sorriso sedutor e não consegui me mexer.

— Então tá – foi o que saiu da minha boca. — Vou confiar, mas estou morrendo de medo – não sei como, mas soltei minha mão da dele.

Peguei a chave da casa e tentei abri-la, mas não conseguia. Eu segurava a Dindim no colo, o Trola latia, pulando na minha perna, um grande medo apossava-se do meu peito. Quem eram esses Anhangás e o que queriam de verdade? Não, não era essa a origem do meu receio, claro que não. O que me apavorava de forma inexplicável era a companhia do João e a perspectiva de uma noite com ele. Provavelmente, ele era um feiticeiro negro que buscava aumentar seu poder sugando a energia de mulheres solitárias. Pare com isso, Liz! Deixe de inventar bobagens! Confusa e nervosa, não conseguia nem colocar a chave na fechadura.

— Deixe-me ajudá-la – chegou bem perto, percebi que sua respiração acelerou um pouco e inevitavelmente me arrepiei toda. Fechei os olhos, inspirei seu perfume. Gentilmente, ele envolveu minha mão com a sua, grande e quente, firmando-a. Colocou a chave no lugar e a girou. — Pronto! – certamente, ele percebeu a minha reação de desespero com o contato dele, mas não se afastou.

Era disso que eu tinha medo. Das sensações que ele causava em mim.

— Preciso descarregar a compra – falei, buscando um pouquinho de fôlego que me restava. — Você me ajuda? – afastei-me dele para colocar a Nhunhuca Sininho no chão.

— Claro – pegou algumas sacolas e me seguiu.

Ao entrar no ambiente, ele parou com as compras nas mãos, olhou toda a cozinha, depois colocou as sacolas no balcão e caminhou, observando tudo, e eu ao seu lado. Após mostrar os atrativos da casa, claro que fiz isso para me aparecer para ele, o que deu certo, pois ele ficou deslumbrado com o que viu, voltamos às sacolas.

Enquanto levava as compras do carro para dentro, a Sininho me acompanhava no vai e vem. O Trola deitou-se num tapete e começou a rolar.

— Dindim, cuidado, vou pisar em você – avisei minha amiguinha. O João auxiliava-me, mas ao cruzar comigo dava um jeito de encostar-se, o que me fazia sorrir.

— Nhunhuca, sai da frente! – alertou João, imitando-me.

Tudo corria muito bem, até comecei a mudar de ideia em relação a ele ser um feiticeiro negro. Comportava-se normalmente, apesar dos encontrões nas idas e vindas com as compras, só que tudo mudou quando ele pegou duas sacolas que não eram do mercado. Paralisei.

Sem pedir licença, ele as abriu, primeiro falou dos perfumes, em seguida começou a brincar com as lingeries que havia comprado no período da manhã.

Demorou, mas mostrou para que veio, não é seu feiticeiro.

Respirei fundo. Como ele era abusado!

Primeiro fiquei sem jeito em vê-lo com as lingeries na mão, depois com raiva, em seguida me diverti me imaginando desfilando para ele sentado no sofá, com um cigarro em uma mão e um copo de uísque na outra. Achei graça do que pensei, esbocei um sorriso. Voltando à realidade, tentei parar aquela tortura com frágeis argumentos, que não deram resultado. Ele só se divertia com meu constrangimento. Para dar fim a tal tormento, tentei pegá-las da mão dele. Ele as ergueu, fiquei na ponta do pé, mas não as alcancei. Desequilibrei-me e me apoiei no peito dele. O toque e a proximidade fizeram minha respiração se alterar e meu coração disparar. Ele rapidamente segurou minha mão firme contra o seu peito. Ele se aproximava de mim, fiquei sem ar, iria me beijar? Meu Deus! O que faço? Se nos beijarmos estarei perdida!

Fechei os olhos.

Com medo de estar sendo ridícula ao mostrar meu desejo, dei um passo para trás.

A brincadeira acabou aí.

A Sininho latia o tempo todo vendo a confusão entre nós. O Trola dormia no tapete.

— Você não devia ter feito isso – repreendi-o sem olhar para ele.

— Desculpe – parecia sem jeito. — Mas não resisti – esboçou um sorriso, colocou as lingeries na sacola e a devolveu para mim.

— Por favor, tranque bem a porta – pedi, de cara feia, abraçando a sacola. Eu estava totalmente encabulada e ele também parecia um pouco nervoso.

— Pode deixar – piscou e foi fazer o que pedi.

— Estou brava com você – olhei bem séria para ele. — Vou levar minhas coisas para o quarto. Acompanhe-me e traga as suas. Você ficará no quarto de hóspede.

— É assim que você fica brava? – admirou-se.

— E como é que se fica brava? – ergui os ombros sem entender o que ele queria.

— Sei lá, não deveria gritar?

— Gritar? – achei engraçada a teoria dele.

— É. E também jogar algo em mim – fez gesto como se estivesse se defendendo de um objeto imaginário.

— Você é louco ou o quê? – ergui as sobrancelhas mostrando minha indignação pela expectativa dele. — Já disse que estou brava e até fiz uma cara feia. É o suficiente.

— Você não existe... – olhou-me com ternura.

— Existo sim e ainda estou brava – caminhei na frente dele. — Venha.

Em silêncio, ele me acompanhou. Ao chegar ao quarto onde ele ficaria, algo atingiu a veneziana. Pareceu-me uma tocha de fogo.

— Meu Deus! - gritei assustada e paralisei. — Vão incendiar minha casa! – não consegui sair do lugar, o tempo parou.

A Nhunhuca latia ferozmente, o Trola a acompanhava. Quando consegui ter uma reação e me virei para correr, o João segurou nos meus ombros.

— Fique calma. Estou aqui – tranquilizou-me. — Seus companheiros são muito ferozes e corajosos. Não puxaram a dona – estava bem perto de mim, fato que contribuiu para que continuasse paralisada. — Numa escala de coragem de 0 a 10, eles atingem o auge.

— O que foi isso? - perguntei assustada e peguei a Sininho no colo. — Eles querem nos matar queimados?

— São os Anhangás, mas não colocarão fogo. Como já anunciei, querem amedrontá-la, para que os deixem ficar – disse calmamente, passando a mão na Dindim e pegando o Trola no colo.

— Estão conseguindo – estava chocada com a situação e com a proximidade dele. — Não seria mais civilizado eles falarem diretamente comigo? – afastei-me um pouco.

— Eles não são civilizados, são Anhangás – ergueu as sobrancelhas.

— O que devo fazer?

— Confie em mim. Ele confia – referiu-se ao Trola.

Olhei firmemente para ele. Sim, eu confiava nele. Não sabia como, nem por que, mas confiava. Respirei fundo para conter minha vontade de beijá-lo. Sorri, ele também. Foi o que bastou para ficar tranquila.

— Este é o seu quarto – abri a porta.

— Eletrizante como toda sua casa – caminhou pelo aposento, observando tudo. — É, acho que ficarei bem aqui – sorriu e colocou sua bagagem sobre a cama.

— O meu é logo ali. Você me acompanha? – ainda me sentia temerosa com o incidente. — Quero deixar minhas coisas lá, e não vou negar, estou com medo.

— Mas é claro – mostrou um sorriso largo. — Não é sempre que uma mulher me chama para ir ao seu quarto – olhei com ar de reprovação ao seu comentário e caminhei até o meu aposento.

Quando abri a porta, ele arregalou os olhos.

— Que lugar é esse? – admirou-se. — Nunca vi nada parecido.

Enquanto colocava as benditas sacolas sobre a mesinha, ele ficou parado na porta, de braços cruzados, admirado. Eu senti paz e uma enorme vontade de convidá-lo para desfrutar de um momento de prazer.

— Posso? – pediu autorização para entrar.

— Claro, entre – estava perdida, teria que ter muito controle para não fazer amor com ele. — Fique à vontade enquanto arrumo aqui – não tinha nada para arrumar naquele momento, mas estar perto dele no meu quarto e vendo a sua admiração me fez perder a noção do perigo.

Ele caminhou, admirando cada detalhe. Atreveu-se e entrou no banheiro e eu ousei pensar em passar algumas horas com ele no ofurô que eu tinha ali. Respirei fundo, precisava sair dali antes que me deixasse levar por meu desejo.

— Já chega – passei ao seu lado e puxei-o pela camisa. — Preciso arrumar as compras agora. Você me ajuda?

— Com prazer – seguiu-me, comentando do banheiro.

Na cozinha, enquanto eu arrumava as compras, o silêncio nos envolveu. Era possível ouvir nossa respiração. Claro que as duas estavam alteradas e não havia dúvidas de que tudo o que queríamos era sentir nossos corpos unidos num encontro mágico, aconchegante e efervescente de prazer.

— Me alcance as verduras – pedi, quebrando o devaneio. — Dindim, você pode ficar parada?

— É uma delícia ajudá-la – alcançou-me a rúcula. — Adoro rúcula com tomate seco.

— Também. Posso fazer para você amanhã – não creio que falei isso.

— Vou gostar muito. Se tiver costelinha de porco frita será o céu.

— Combinado então – sorri. — Você quer beber algo? – novamente, não acreditei no que fiz. — Deixa ver o que tenho aqui... – abri a geladeira e o armário. — Cerveja, vinho, uísque, vodca e... – sorri para ele. — Tem mais opções lá no barzinho da sala. Quer ir escolher? – tropecei na minha cachorrinha. — Nhunhuca, você vai se machucar se não ficar quieta.

— Numa noite chuvosa e fria de junho, um vinho vai bem – afirmou. — Deixe que eu abro – entreguei-lhe o saca-rolhas. — Quantos nomes tem essa cachorrinha? – questionou.

Enquanto ele abria o vinho pareceu que o tempo ficou mais lento. Cada gesto dele era harmônico e firme. Entrei em pânico. Ai, meu Deus! Não resistiria a ele essa noite, tinha certeza. Ele era exatamente o homem que sempre imaginei, pelo menos fisicamente. Cada pedacinho dele era perfeito, mas o "todo era certamente melhor do que a soma das partes". Socorro! A cada segundo, ficar perto dele aumentava a mistura de emoções e sensações que fluía dos nossos corpos e nos envolvia. Eu podia sentir uma magia poderosa nos unindo. Era quase visível. Por que ofereci algo para beber?

— O nome dela é Nhunhuca Sininho. Eu a chamo de Dindim por que é o barulho do sino. Ela era muito barulhenta – joguei um beijinho para ela.

— Para ter direito a um beijo é preciso seguir você o tempo todo? – fez uma carinha de abandonado. — Eu já a estou seguindo há algum tempo.

Novamente, fiquei sem saber o que dizer e fazer. Apenas sorri.

— O Trola é só Trola? – perguntou, percebendo meu embaraço.

— Ele é o Trola Siri – peguei as taças.

— Trola Siri? É cachorro ou crustáceo? – ele colocou vinho nas taças.

— É porque quando ele fica feliz encosta a cabeça no bumbum e anda de lado.

Depois que acabamos de guardar tudo, entre uma taça de vinho e outra, fomos nos conhecendo.

– Quantos badulaques diferentes! – apontou para uma peça de tapeçaria na parede. Em seguida pegou uma estatueta de uma lhama, admirou-a e a colocou no lugar. — Comprou este quando foi ao Peru?

— Ah, não... Quando fui ao Peru trouxe apenas lembrancinhas – sentei-me num banco.

— Tenho quase certeza de que são peruanos – ele abaixou-se e pegou a Sininho. — E certeza absoluta de que não são brasileiros.

— Eram da minha avó. Ela os trouxe da Espanha – eu estava inquieta demais e me conhecia. Precisava fazer algo manual. Foi quando vi uma abóbora e comecei a cortá-la em fatias.

Ele achou estranho o que pretendia fazer, mas eu tinha duas alternativas para acabar com minha inquietação: fazer o doce ou ir dormir. Mas a segunda opção não era o que eu desejava. Envolvi-o na atividade da abóbora e assim ganhei tempo para ficar com ele, conversando e bebendo vinho, pois era muito bom estar com ele.

— Sabe que adoro cozinhar? – declarou sorridente.

— Verdade? – voltei-me para ele e sorri. Coloquei a abóbora picada na panela, cobri com açúcar e liguei o fogo.

— Sim, é uma das minhas atividades preferidas desde que deixei meus trabalhos profissionais e mudei para a chácara.

— Jura?

— Meu filho diz que sou um grande aprendiz de chefe.

— Agora estou me sentindo um pouco melhor – coloquei a mão no peito e respirei fundo. — Você tem filhos também? É casado? Ou foi? – será que isso queria dizer que ele havia mentido para Rudá quando afirmou que nunca havia se casado? Teria uma esposa esperando-o no sofá enquanto ele se divertia comigo? Um frio percorreu minha espinha. Tal ideia me deixou desconcertada e tive vontade de chorar.

— Sim e não – sorriu, com certeza por ver a expressão do meu rosto. — Sim, tenho um filho, o Ernesto. Não, não sou e nunca fui casado, como disse agora há pouco. Recorda-se disso?

— Ah, sim.

— Eu o adotei quando ele tinha três anos. Ele trouxe muita alegria para minha vida.

— Criou-o sozinho? – na verdade a dúvida de que ele era mesmo solteiro me corroía.

— Tá desconfiando de mim? – cerrou os olhos.

— Não, claro que não – fiquei sem jeito. — É que filhos dão muito trabalho.

— É verdade – riu novamente e continuou com o trabalho. — Quando ele era pequeno sempre contratava cuidadoras. O Lorenzo me ajudava também. A maior dificuldade era que ele é superinteligente e não podia contar com a escola – suspirou. — Ele participou por um tempo de um grupo de estudo na UFPR,[122] com pedagogas e psicólogas que estudavam crianças com altas habilidades. E foi assim, com dificuldades, que o criei.

---

[122] UFPR – Universidade Federal do Paraná.

— Quantos anos ele tem?

— Vinte e três.

— O Lorenzo foi mesmo seu amigo? Ajudava a cuidar do seu filho?

— Ele foi um irmão. Sinto muito a falta dele – soltou a faca e ergueu os braços. — Ufa, terminei!

— Ótimo! Vou colocar na panela – peguei o prato com os cubos e ele colocou suas mãos sobre as minhas. Novamente, não sabia como agir, puxei-as assim que consegui.

— Não, deixe por minha conta – pegou o prato com os últimos pedaços de abóbora e com toda boa intensão tentou colocar os cubos da abóbora na panela, mas derrubou muito sobre o fogão.

— Você tem certeza de que a culinária é um prazer para você? – perguntei em tom de escárnio.

— Tenho sim, é que estar perto de você me deixa assim... – deu um sorriso torto. — Um pouco sem jeito.

Eu fiquei encabulada com suas palavras, mas precisava não deixar transparecer.

— Não coloque a culpa em mim – mostrei-me indignada com a confissão. — Você é que não tem afinidade com o fogão.

— Para ser bem sincero, estou tentando aprender. Numa graduação de 0 a 10 em fogão chego a 1,5. Mas sei fazer outras coisas melhor – ergueu as sobrancelhas.

— Acredito. Deve ser muito bom em pesquisas físicas – pisquei para ele. — Eu li uma vez um autor que diz que a filosofia é uma árvore, a metafísica é a raiz, o tronco é a física e as outras ciências são os galhos e folhas. É verdade?

— Essa foi uma ideia aceita no mecanicismo, quando o mundo era visto como uma máquina e cada ciência tinha uma função específica e isolada. Como a física estuda o movimento, tudo o que se movia precisava do entendimento da tal ciência para explicar como os fenômenos aconteciam, por isso era encarada como o tronco da árvore. Mas com o advento do pensamento sistêmico houve grandes mudanças. Como tudo está conectado, sabe-se que nenhuma ciência é mais importante do que a outra e que tudo se une numa grande e intrincada rede. Entende-se agora que os fenômenos que a física explicava como verdadeiros não são mais importantes do que os explicados pela química, por exemplo. São apenas diferentes níveis sistêmicos, mas todos importantes e interligados.

— Físicos devem pesquisar coisas incríveis, não é?

— Na grande maioria das vezes – sorriu. — Na universidade fazia pesquisas de Iniciação Científica com alguns alunos sobre teletransporte...

— Tá brincando? – interrompi-o antes de tomar mais um gole do vinho. — Isso é mesmo possível?

— Mas é claro – gesticulou com a mão, como se tivesse falado algo tão comum. — Embora só teletransportamos pequenas informações por meio do entrelaçamento quântico. Há muito que se pesquisar ainda, mas um dia isso será possível, tenho certeza – degustou a bebida.

— Puxa, que legal! Um dia gostaria de ver um átomo no microscópio, ver os elétrons girando ao redor do núcleo e conferir se a distância é tão grande como sempre leio.

— Quando for a Curitiba levo você a um laboratório.

— Combinadíssimo então! – estendi a mão para selar o acordo. Acabei de abrir uma brecha para nos vermos futuramente, que maravilha. — É difícil entender como pode deixar um trabalho tão interessante, embora o que faz atualmente também seja importante – voltei-me para a panela para verificar o andamento do cozimento. — Mas o que o fez mudar radicalmente sua vida?

Ele então contou em poucas palavras a razão do afastamento da vida acadêmica e do amigo, que agora era líder dos Anhangás. Enquanto narrava, caminhava pela cozinha.

— Isso é triste – acabei com a taça de vinho ouvindo sua história.

— Sim, muito triste – sentou-se, colocou mais vinho para mim. — Só não digo que foi a pior coisa que aconteceu porque gosto da vida que levo hoje...

— Ah, sim, vida boa, tem até tempo para pesquisar raios – completei a frase dele.

— É, também – sorriu. — Mas ia dizer que gosto da vida que levo porque posso estar aqui com você.

— Tá bom – fiz uma careta. O que fazer com esse sujeito lindo que o tempo todo me deixa encabulada?

— Eu e o meu amigo éramos fantásticos juntos – voltou a falar. — Vibrávamos numa frequência bem próxima.

— Numa frequência bem próxima? – ergui as sobrancelhas. — Como assim? – perguntei, sempre mexendo o doce.

Ele explicou-me com detalhes sua teoria sobre amizade e amor. Eu prestava atenção em tudo que dizia. Adorava ler e ouvir vídeos sobre física quântica, ondas e vibrações, mas ouvir de um físico era empolgante, ainda mais sendo esse físico lindo, educado, atencioso...

Ao final da sua teoria que falava de ondas vibracionais e amor, estávamos entregues ao sentimento mágico para mim, vibracional para ele. Uma magia enorme nos envolvia. Nossa respiração era audível, ele mexeu nos cabelos dele, no meu, acariciou meu rosto e se aproximou.

Meu Deus, será que ele quer me beijar? Eu não conseguia me mexer, entrei em pânico. Senti sua respiração na minha pele, o toque suave dos seus lábios nos meus, não conseguia respirar.

Em frações de segundos, mil imagens passaram na minha mente.

Dei um passo para trás, esbarrei na minha taça, que caiu e quebrou, espalhando vinho no chão.

Abriu-se um vácuo entre nós.

Ele pediu água. Depois desculpas.

Eu era mesmo uma tola. Era adulta, dona de mim, independente financeiramente, estava com um homem dos sonhos despertando em mim desejos nunca antes experimentados e eu fugia dele. Ora, mas eu precisava me precaver, pois ele era apenas um pesquisador. Logo chegariam seus amigos, ele se envolveria no trabalho, em alguns dias iria embora e eu ficaria inevitavelmente destruída porque estava completa e magicamente apaixonada por ele.

Melhor evitar o mal pela raiz. Nada de aproximação físico-labial.

— Interessante sua teoria – foi o que consegui dizer com o nó na garganta que me sufocava, enquanto limpava a bagunça que tinha feito.

Ai, Deus, dai-me forças! E não é que Ele me ouviu e um sorriso surgiu no meu rosto e pedi para ele mexer o doce para mim.

Ele sorriu também, senti uma paz provinda dele e tudo voltou a ficar bem entre nós.

— Sinto por você perder um grande amigo – puxei assunto.

— Pessoas diferentes, pensamentos diferentes – balançou a cabeça novamente. — Ele teve as razões dele – respirou fundo e de novo passou a mão nos cabelos. — Foi depois desse momento complicado que decidi mudar de vida. Deixei a docência e as pesquisas e me dedico à busca espiritual para entender um pouco melhor o comportamento das pessoas e, claro, conhecer mais a mim mesmo. Sou um pouco complicado – abriu um sorriso amarelo. — Ainda estou no início dos meus estudos das filosofias orientais. Elas e a mecânica quântica se tocam em vários pontos, falam do invisível. Muitos físicos já fizeram esse interessante paralelo. E tudo junto é um novo paradigma.

— Legal. Eu já li alguma coisa sobre isso, mas você, sendo um profissional da área, deve ter um entendimento fantástico – coloquei mais vinho nas nossas taças.

— É bem interessante sim. Melhor dizendo, é extraordinário – abriu os braços demonstrando o tamanho do que sentia. — Antes dessa mudança radical a minha vida era pesquisa, estudo, pesquisa, estudo, pesquisa, estudo. Hoje sei que fiz a escolha certa, mas no início sofri um pouco.

— No que consistia exatamente tal pesquisa que de salvar vidas iria aniquilá-las?

— Deixe-me pensar numa maneira concisa e clara... – mordeu os lábios, torceu a boca, coçou a cabeça, olhou para mim. — É o seguinte: tudo no mundo é energia, certo?

— Hum hum – concordei.

— E toda energia vibra. Cada coisa tem sua vibração... – ele balançou as mãos imitando algo vibrando.

— Vibração de novo? – suspirei.

— O mundo vibra Liz. O mundo é pura vibração – com as mãos, mostrou tudo ao redor. — E algumas pessoas conseguem controlar esse movimento oscilatório. Fazem isso porque nascem assim. E nossa pesquisa buscava entender como faziam isso e desenvolver essa habilidade em qualquer pessoa. Conseguindo dominar as ondas, pode-se fazer doença sumir.

— Controlar movimento oscilatório? – não estava entendendo muito bem. — Tipo mover objetos com a mente?

— Exatamente. Tem pessoas que fazem isso naturalmente, nascem assim. Elas conseguem manipular as ondas dos objetos.

— Ler mentes faz parte? – tive medo que ele tivesse tal habilidade.

— Também. O pensamento é uma forma de energia vibrante – arregalou os olhos. — Você lê?

— Não – sorri vendo a preocupação dele. Será que ele também tinha medo de eu saber o que pensava? — Vejo nos filmes. E você consegue fazer isso? – precisava saber.

— Também não – torceu a boca. — Que pena.

— Ufa, ainda bem – sorri aliviada.

— Ainda bem é? Tá pensando em algo que eu não posso saber? – olhou desconfiado e com um leve sorriso.

— Imagina... – olhei para ele maliciosamente. — Claro que não. E você? Pensou?

— Pensei – declarou. Enrubesci.

— E têm muitas pessoas com habilidades por aí? – avancei no assunto.

— Sim, muitas – mostrou com as mãos que a quantidade era enorme.

— Você tem alguma?

— Sim – percebi que ficou agitado com minha pergunta.

— Qual é? – encarava-me e não respondia. — Pode ir contanto.

— Sou físico – externou, por fim.

— Tá isso é mesmo uma grande habilidade – concordei –, mas quero saber daquelas habilidades diferentes que você deixou claro que muitas e muitas pessoas têm.

Ele tomou um grande gole de vinho, parecia ganhar tempo para pensar. Será que ele podia saber o que eu pensava e tentou disfarçar?

— Não quero parecer arrogante – fez um semblante de superioridade –, mas sou um pouco mais inteligente do que a média das pessoas, assim como o Ernesto. – Fez uma cara de intelectual.

— Entendo – olhei para ele demonstrando que aquela resposta não havia me convencido. Ele levantou e mexeu o doce.

— Seus amigos têm alguma habilidade? – quis saber.

— Sim, todos têm.

— Quais são? – fiquei super curiosa.

— O que acha de perguntar para eles quando chegarem? – parecia nervoso. — Assim terão assunto de sobra. Sabe, além de estudar e escrever sobre a intrínseca relação entre física e as filosofias orientais – puxou um novo assunto –, estou aprendendo a cozinhar, como já disse – sorriu. - E a cuidar de plantas, mas já matei umas afogadas e outras de sede – tomou um gole de vinho. — E o meu grande objetivo é controlar o meu lado de pavio curto – fez uma careta. — É que já fui muito briguento. E esporadicamente dou aula de física quântica no curso de Noergologia[123].

— Noergologia? Que curso é esse? – fiquei curiosa.

— É um novo paradigma da Psicologia – aspirou o vapor que saía da panela. — Nossa, o cheiro desse doce está uma delícia.

— Que bom que está gostando, mas voltando ao curso... – coloquei um pouco do doce num pires.

— A Noergologia utiliza novos óculos para ver o mundo e o homem. Tem seus próprios axiomas... – parou de falar e me encarou. — Por que está fazendo essa careta? – perguntou.

— Deixa ver se entendo o que diz. Paradigma é um sistema de valores, percepções, pensamentos que nos faz entender a realidade, assim temos o paradigma mecanicista e o paradigma sistêmico.

— Certo – prestava atenção.

— Axiomas são tipo leis que estruturam os paradigmas, tipo "o mundo funciona como uma máquina" no mecanicismo e "tudo está interligado" no sistêmico.

— Perfeito! – sorriu. — Liz, você é a pessoa mais doce que já conheci. É muito bom estar aqui falando de algo tão complicado.

— Doce é isto aqui, veja – passei o dedo no doce do pires e depois na boca dele. — Eu sou bem azedinha.

---

[123] Noergologia – Novo paradigma da Psicologia criado e desenvolvido pelo professor Jacob Betoni.

Quando encostei o doce nos seus lábios, ele pareceu assustar-se, mas rapidamente segurou suavemente minha mão e lambeu lentamente o meu dedo. Eu fiquei sem saber o que fazer. Não tinha previsto essa atitude dele. Meu coração começou a saltar no meu peito, minha respiração alterou-se bruscamente e pude sentir uma gota de suor brotar na minha nuca. Vi que a reação dele foi idêntica à minha. Nossos olhos estavam fixos, os dele tinham um brilho intenso.

O que eu fiz? Assim que retomei a consciência, puxei a minha mão assustada. Mas não consegui falar nada.

— Não acredito no que diz – respondeu ele calmamente, depois de um tempo baixando o olhar. — Você, azedinha? Como pesquisador preciso ver para crer.

— Viva e crerá.

— Começarei a pesquisa imediatamente – mostrou um sorriso maroto nos lábios.

— Pare de conversa fiada e me deixe mexer a abóbora – falei, tentando cortar o rumo da prosa. — Continue falando do novo paradigma da psicologia.

— Deixe-me ver então como posso explicar melhor. No modelo antigo, com axiomas antigos, acreditavam que o pensamento do homem era inconsciente. Na Noergologia, como um novo paradigma e, claro com axiomas novos, o pensamento do homem é ativo e criador.

Enquanto a abóbora apurava, a conversa corria solta e o vinho da garrafa acabou.

— Não temos mais vinho – mostrou a garrafa vazia.

— Quer ir dormir agora?

— A única coisa que não quero agora é dormir. Quero abrir outro, tem aí? – disse com um largo sorriso.

— Deve ter lá na adega da sala – levantei-me.

— Deixa comigo – bagunçou o meu cabelo e foi pegar a segunda garrafa.

— Aprendi a gostar de vinho com minha avó – dei minha taça para ele encher. — Ela me deixava tomar alguns goles desde pequena.

— Sua avó deve ter sido uma mulher incrível. Fez um bom trabalho com você. De 0 a 10 foi 10.

— Você não sabe o que está dizendo. Sou, como posso dizer... – olhei para cima brincando que procurava uma palavra. — A complicação em pessoa.

— Impossível essa premissa – balançou a cabeça num movimento de negação.

— Você não me conhece – eu senti que o vinho já me deixava animada.

— Tudo o que mais quero a partir de hoje é conhecê-la.

Minhas pernas amoleceram, a causa era o vinho ou ele? Estar perto dele era mágico, cheio de emoção e alegria. Mas ao mesmo tempo me enchia de temor.

— O doce está quase pronto – menti, não sabia o que dizer.

— O que acha de irmos para a sala? – sugeriu.

— Tudo bem – concordei mesmo em ficar mais um tempo com ele?

— Vou acender a lareira, pode ser?

— Claro, está mesmo frio – o que eu fiz? Vinho, lareira, um homem e uma mulher, humm! Não vai prestar. Socorro!

— Espero você. Não se esqueça de desligar o fogo – afastou-se com a taça de vinho numa mão e a garrafa na outra.

Assim que ele saiu, desliguei o fogo, o ponto do doce ficaria para depois e fui para fora da casa. Precisava tomar um ar. A Sininho foi comigo. Eu não deveria ter concordado em ficar com ele mais tempo. Era mais prudente irmos dormir, cada um em seu quarto, óbvio.

A chuva havia passado, algumas estrelas piscavam distante. Eu caminhei pela grama ao redor da casa, respirando fundo o ar limpo depois da chuva. O que acontecia comigo? Era fácil responder: eu estava totalmente apaixonada por aquele estranho e não adiantava mentir para mim mesma. Tudo o que tinha falado para minhas amigas no sábado acontecia comigo na segunda feira.

Era pura loucura.

NEM ACREDITEI QUE PASSARIA A NOITE COM ELA. Foi mais fácil do que eu poderia supor. Agora, sozinho com ela, iria seduzi-la, mataria meu desejo louco e tudo voltaria ao normal. O que eu sentia por ela não passava de um tesão arrebatador.

Respirei fundo.

Não tente se enganar, João. Sabe muito bem que dessa vez é diferente. Vocês têm a mesma frequência de ondas e você a "sentiu". Então vi o Kabir dançando e sorrindo dizendo que eu havia encontrado a predestinada.

Enquanto pensava no que a Liz realmente significava para mim, quase bati no seu carro, quando ela freou repentinamente.

Sai rapidamente do meu devaneio. Algo errado aconteceu. Por que será que ela agiu assim? Só havia uma resposta: Anhangás!

O trajeto era pequeno e logo chegamos. Estacionei ao lado do carro dela e "saltei" para abrir a porta para ela. Eu teria sido muito rápido? Precisava pensar em algo para desviar a sua atenção.

Pense, pense, pense. Tudo que vinha na minha cabeça era perguntar se ela queria ter uma noite de prazer e viver para sempre comigo. Mas isso estava fora de cogitação, ainda. Ou não? Trocamos olhares, sorrisos, vibrações. Ah! Ela certamente compartilhava o mesmo desejo que eu. Mas contendo meu impulso, sorvi o ar e perguntei o óbvio: por que diminuiu a velocidade?

Como imaginei, era mesmo um Anhangá, e pelo que contou, só podia ser o Lorenzo. Aproveitei a oportunidade e fiz uma propaganda de mim, dizendo que eles me respeitavam e coisa e tal e, claro, peguei sua mão. Precisava do contato físico com ela.

Ah, como era bom estar perto dela. Essa sensação não se limitava apenas a uma noite de sexo, tinha algo pulsante, vital, suave, energizante. O tempo poderia parar ali que para mim seria perfeito. Como era difícil me desvencilhar dos seus olhos, da sua pele, da sua presença.

Ela se afastou e foi abrir a porta. Eu fiquei observando a grandeza e beleza da garagem. Tinha vaga para uns cinco carros. Estacionadas lado a lado, duas motos. O jardim que rodeava a casa era magnífico, uma piscina que não se via o fim refletia a grande morada. A casinha da árvore que me fascinou era, na verdade, uma casona, e eu subiria nela assim que desse.

Percebi que ela demorava com seu intento. Voltei minha atenção para Liz e sem perder tempo me propus a ajudá-la. E antes que ela me desse a chave, cheguei bem perto e segurei sua mão com firmeza. Ao aproximar-me demasiadamente dela e segurar sua mão, foi a minha vez de perder o controle e quase não consegui encontrar a fechadura. O contato com a sua pele me fez novamente perceber que estava conectado a ela de uma forma que me assustou. E melhor de tudo é que podia jurar que ela sentia o mesmo que eu.

Porta aberta, novamente um raio pairou sobre a minha cabeça: será que deveria ficar naquela casa? Eu sabia e sentia que adentrava numa experiência em que eu era o objeto da pesquisa, o fenômeno a ser estudado. O resultado afetaria diretamente minha forma de viver no mundo. Que atitude tomar?

Ah, fácil foi o resultado de tal equação existencial, pois assim que ela pediu minha ajuda para descarregar o carro, e com todo prazer peguei algumas sacolas da camionete, entendi que o meu lugar era ao lado dela. Eu estava afetado "vibracionalmente" pela energia que fluía daquela mulher, que tinha total controle sobre mim.

Isso estava mesmo acontecendo comigo?

Respirei fundo.

Sim!

E era bom.

Quando entrei na casa, pasmei e rodei nos calcanhares. Coloquei as sacolas numa bancada, depois caminhei em silêncio.

Era um grande ambiente aberto, cozinha e sala. O pé direito da cozinha tinha mais ou menos cinco metros, varões de madeira faziam a estrutura do teto e era forrado com madeira. Em destaque havia um nicho dourado com a imagem da Nossa Senhora Aparecida. A decoração era aconchegante, diferente, envolvente. Os armários eram coloridos em tons pastéis. A geladeira, o freezer, a lava-louça e outros apetrechos eram pintados com as mesmas cores e se integravam ao ambiente. Havia um caminho de vidro no chão, levando a água da piscina para dentro da casa. Esse canal era sinuoso, tinha aproximadamente 1,20 de largura e dividia-se em canais menores. Era surreal. Numa escala que chegava até 10, o ambiente atingia facilmente o máximo.

Havia uma grande ilha de granito cor de areia, nela tinha uma pia e fogão separados por uma bancada de madeira. Logo acima estavam penduradas, num suporte que pendia do teto, gamelas, panelas e conchas de cobre. Encostado na parede havia outra pia e num canto, um fogão a lenha. Sobre ele várias ervas secavam e abaixo lascas de madeira arrumadas e secas, e ao lado um suporte com panelas de ferro de vários tamanhos. Balcões de granito ladeavam toda área e sobre eles ficavam cestos com frutas, flores e ovos. Muitas peças coloridas preenchiam espaços alegrando o ambiente.

Também havia algumas estatuetas douradas, que davam a tudo um tom sofisticado. A mesa de refeição era para 10 lugares e cada cadeira era de uma cor. O acesso a uma grande sala era uma porta vai e vem e a decoração lá era completamente diferente, mas o canal de água no chão continuava aparente e a decoração o destacava. Havia três ambientes. Um enorme sofá de couro marrom repleto de almofadas bege ficava em frente a uma linda lareira. Um tapete, que parecia muito fofo, dava aconchego ao local. Outro sofá enorme, em L, preto e com almofadas coloridas ficava em frente a uma enorme televisão e longas cortinas claras fechavam a sofisticação. Em um canto ficava um bar, num estilo rústico, repleto de bebidas coloridas. E o que dizer dos objetos de decoração?

— O que achou? – perguntou ela ao ver minha admiração.

— Incrível! – arregalei os olhos. — Que mundo você tem aqui?

— O meu – fez uma carinha feliz e acendeu luzes que iluminaram o sinuoso "rio" aos meus pés e fiquei totalmente inebriado com o visual. — Venha ver o que acha disso – ela parecia satisfeita.

Caminhou na sala e abriu as cortinas, em seguida uma enorme porta de vidro e acendeu as luzes da parte externa.

— Uau! – novamente fiquei maravilhado. Em frente a uma enorme varanda seguia-se um jardim que terminava em um rio, com refletores que chegavam até ele, proporcionando uma visão deslumbrante.

— Apresento a você a região R. É logo depois do rio que caem os raios – apoiou-se no pilar da varanda. — Aqui terá uma visão particular do que veio pesquisar.

— Quem é você? – fitei-a, fascinado.

— Eu sou a Liz Ortiz Montoya, sua anfitriã – fez uma reverência e sorriu encantadoramente, e eu quase a beijei. — Agora vai ou não me ajudar?

— É claro! Vamos lá – caminhei ao seu lado, com enorme anseio de jogá-la no tapete e tê-la em meus braços.

Nunca achei tão bom descarregar compras. Para mim aquele momento ao lado dela descrevia-se como pura diversão.

— Você quase comprou o mercadinho todo – caçoei, com sacolas nas mãos.

— Faltou metade da lista – sorriu. — Parei com a compra depois que você me atropelou.

— Não tive culpa – dei um encontrão nela no meio da cozinha, ela se desequilibrou. — Isso foi um atropelo.

— Você está louco! – fez uma cara assustada. — Quase me derrubou! – ela colocou as sacolas no balcão, as mãos na cintura e ficou me olhando.

Ao vê-la parada daquele jeitinho tive vontade de apertá-la e dizer que era uma pessoa encantadora. Oh, Cosmos! Estava louco, louco por ela.

— Que é isso? Foi só um empurrãozinho – deixei as compras no balcão e voltei pegar mais. — Vamos, tem muitas ainda – convoquei-a.

Enquanto descarregava as comprar admirava o "rio" que perpassava a cozinha, que agora também estava iluminado. Nunca tinha visto algo tão futurista e bonito ao mesmo tempo. De onde ela havia tirado essa ideia fantástica? E quem foi o engenheiro que realizou essa maravilha? Tudo naquele ambiente era envolvente.

Eu aproveitei o vai e vem e a admiração do espaço para esbarrar nela todo tempo, até quando peguei as últimas sacolas e percebi que eram diferentes. Não me reconhecendo, resolvi brincar com ela. Jamais tive a liberdade de agir assim com alguém. Mas ela era diferente! Ela vibrava como eu e sentia-me totalmente à vontade.

— Acho que essas não são do mercado, não é? – balancei as sacolas para mostrar que tinha um trunfo nas mãos. Ela empalideceu. — Deixe-me ver o que temos aqui? Perfumes. Hum... Este é doce – borrifei e aspirei. — Eu adoro. E este aqui? Floral. Minhas duas notas preferidas.

Ela me olhava com olhos arregalados, imóvel, vendo-me invadir sua intimidade.

— Dê-me essas sacolas agora – pediu, estendendo a mão. — São coisas pessoais – seu rosto enrubesceu e fiz de conta que não ouvi.

— O que mais há aqui? – fui tirando lingeries de dentro de uma das sacolas. A expressão do meu rosto iluminou-se e a dela, petrificou-se.

— Mas que atrevido! – tentou tirar as lingeries da minha mão, mas eu me esquivava. — Pare com isso agora! – a voz dela estava trêmula.

— São lindas. Numa escala de 0 a 10 em beleza elas atingem o 10 – sorri. — Faz sempre compras desse nível antes de vir para a fazenda? – elevava as mãos para escapar das tentativas dela de tomar as peças de mim. Ela parecia bravinha, uma graça.

— Me dê aqui! – abria a mão na esperança que eu devolvesse suas coisas.

— Branca, vermelha, preta, rosa. Prova para mim? – segurei os conjuntos na mão.

— Capaz! – cerrou os olhos. — João, por favor, não faça assim comigo, está me deixando sem jeito.

— Experimenta vai – insisti sem dar crédito ao seu apelo.

— Não seja abusado! – ralhou. — Rudá sugeriu para você dormir aqui para cuidar de mim e não para assistir um desfile de peças íntimas – suspirou. — Comporte-se – cruzou os braços.

— Elas são lindas. Pode ser só este aqui – estendi o conjunto rosa. Eu não me divertia assim há muito tempo. Sentia uma liberdade estranha ao brincar com ela.

— Não vou provar nada para você, seu tolo! – pareceu nervosa. — E se não me entregar isso agora vou chorar – avisou-me.

— Tudo bem, sem lágrimas – percebi que tinha passado do limite. — Mas você precisará pegá-las – elevei o braço. Estar perto dela era uma alegria intensa.

— Vejamos... O rosa primeiro.

— João, você me paga! – fez uma cara de brava.

Ela ficou na ponta do pé e ergueu o braço para poder alcançar, mas perdeu o equilíbrio e apoiou a mão do meu peito, que quase explodiu de tanto vibrar, e uma vontade de beijá-la apoderou-se de mim. Eu segurei sua mão no meu peito e nossos olhos se encontraram. Senti a reação do seu corpo com a minha aproximação. Ambos ficamos aprisionados no olhar um do outro, com a respiração alterada e o coração pulsando além do habitual.

Eu tentei beijá-la. Foi uma ação instintiva, não reflexiva, o corpo tomou a decisão sozinho. Senti-me totalmente refém de mim mesmo.

Mas ela, como uma felina pulou para trás e brigou comigo.

Achei divertida a forma como manifestava seu descontentamento. Falava mansinho, em nenhum momento alterou a voz ou tentou me agredir. Embora dissesse que estava zangada comigo, continuava a mesma. Tal atitude, que desconhecia nas mulheres, deixou-me ainda mais eletrizado por ela.

De 0 a 10, a sensação prazerosa de estar com ela chegava a 10 facinho.

Embora estivesse me divertindo, entristeci-me por estar lhe causando desconforto. Essa não era minha intensão. Queria apenas distraí-la. Desculpei-me, mas ela continuou séria, abraçou suas sacolas e pediu que a acompanhasse até o quarto onde eu passaria a noite.

Ainda na cozinha, vi pela janela que havia alguém na varanda, com uma tocha acesa. "Saltei" para fora para ver o que ele pretendia. Era o Fuad, o forte. Com o susto da minha súbita aparição ele colidiu contra uma janela. Eu o puxei o empurrei para fora.

— Diga para o Lorenzo que estou aqui e que é para ele deixá-la em paz. Agora suma! – "saltei" novamente para perto da Liz.

Ela estava paralisada, em choque. Se o objetivo de tal ação era assustá-la, eles tinham conseguido. Mas ela podia ficar tranquila, pois eu a protegeria. Sentindo um desejo intenso de que ela confiasse em mim, segurei em seus ombros com tanto afeto que me surpreendi. Até que meus adversários me prestaram uma ajuda. Minha vontade era envolvê-la em meus braços, aconchegá-la, resguardá-la de qualquer perigo.

Controlando meus instintos, peguei o Trola no colo, demonstrando total tranquilidade.

Mais calma, mostrou-me a suíte em que eu ficaria. Admirei-me com o tamanho e a decoração. Devia ter uns 60 metros quadrados, todo decorado em estilo rústico. Uma cama enorme de casal ficava sobre um estrado de madeira tipo demolição. A cabeceira e os criados mudos eram do mesmo material. O lustre pendia em cordas de sisal com nós, o que deixava com um visual harmônico. Em uma parede havia um tipo diferente de beliche, no mesmo estilo da de casal. As camas em dois andares eram fixadas na parede, com escadas entre elas. Era tão bonito que eu quase quis subir na cama de cima. As portas do guarda-roupa embutido pareciam portas de celeiro. Ao lado das camas, pelegos eram usados como tapetes. Grandes cortinas embelezavam uma parede, que com toda certeza eram de vidro. Mais tarde iria conferir. Ah, como desconfiava, o chão de vidro sinuoso com água sob ele adentrava o quarto. Eu nunca tinha visto uma casa como essa, em cada ambiente uma decoração de extremo bom gosto e totalmente fora do convencional.

Um pouco menos brava comigo, mas ainda com medo, pediu-me para acompanhá-la até o seu quarto. Claro que fui com prazer e com a curiosidade explodindo para ver como seria o refúgio dela.

Enquanto a seguia, agradeci em pensamento Rudá. Devo uma para você, caro amigo. Poder conhecê-la, ajudá-la, irritá-la, protegê-la, era nada mais nada menos que uma aventura energizante e prazerosa.

João, o que está acontecendo com você? Repreendi-me.

Perdeu-se?

Totalmente. E não quero mais me encontrar.

Ao chegar ao quarto dela outra surpresa. Parei na porta, mas não me contive e pedi para entrar.

O aposento era bem grande e o aroma do ambiente deliciosamente adocicado. O piso de madeira era recortado pelo chão de vidro, e naquele espaço ampliava-se e dividia-se, compondo o quarto em dois ambientes. Logo na entrada, à esquerda e afastada da parede, ficava uma enorme cama com dossel de madeira, e muitos metros de tecido claro e leve a emoldurava. A colcha era creme e almofadas fofíssimas deixavam-na ainda mais aconchegante. Pequenos tapetes felpudos ladeavam a cama. Em cada lado, pequenas mesas do mesmo tom de madeira do dossel apoiavam abajures, um sino e alguns livros, e tudo isso ficava sobre a piscina interna. Ela dormia sobre água.

À frente e à direita ficava um sofá lilás intenso, postado diante a uma lareira de pedra com filetes dourados. Também sob o sofá havia uma tapeçaria lanosa e inúmeras almofadas. O espaço ainda continha algumas mesinhas com tampo de granito com enfeites, abajur de pé alto e uma pequena estante, com livros e sinos. Toda a frente tinha enormes cortinas creme com frisos cor de ouro, e com certeza dava acesso a janelas ou portas. A parede oposta era espelhada. No canto ao lado do sofá uma escada em caracol de madeira dava acesso a outro ambiente, que eu queria conhecer, e sob ela uma pequena adega refrigerada. O "rio" sinuoso, além de ficar sob sua maravilhosa cama, ramificava-se em canais, dando ao quarto uma aparência magnífica. Sem dúvida, a graduação do ambiente atingia o auge de qualquer escala.

— Este lugar é formidável, como tudo que já vi até agora! – caminhei vendo os detalhes. — De onde vem tantas ideias?

— Daqui – apontou para sua cabeça. — É que tenho muito espaço, e o que dizer da imaginação –piscou satisfeita.

— Aquela escada leva aonde?

— Um escritorinho pessoal.

— Aqui é o banheiro? – perguntei, parando na porta e, agora sem pedir, abri-a.

— Vamos – chamou-me, tentando evitar que entrasse ali, mas minha curiosidade era tamanha que ela não conseguiu me impedir de abrir a porta.

Novamente, fiquei deslumbrado. Não era por menos. O chão era quase todo de vidro, com a água fluindo sob ele. Logo à esquerda havia um closet, e à direita um lindo e grande banheiro com uma banheira convidativa. Havia uma parede de vidro que dava para um jardim de inverno, muito bem cuidado. Lá pude ver degraus de pedras que levavam a um platô, onde havia um ofurô. Plantas davam vida ao ambiente. Eu acendi as luzes e desnorteei.

— Este lugar é um sonho – falei após ver o espetáculo das luzes coloridas, que davam mesmo uma aparência onírica. Que mulher é essa?

A um puxão seu segui-a a contragosto e voltamos à cozinha. Ela começou a guardar as compras do mercado. Eu a observava. Era como se estivesse fazendo uma pesquisa e precisasse analisar por longo tempo a evolução do experimento. Eu ficaria para sempre ali, em silêncio, olhando-a numa atividade tão corriqueiramente doméstica. Mas como toda espécie a que ela pertence gosta muito de falar, logo me tirou do devaneio.

Entre uma conversa e outra, ela me ofereceu algo para beber. Aceitei o vinho. Conversamos coisas triviais. Eu nunca perdia meu tempo com isso, mas com ela tudo parecia tão interessante. E eu estava gostando do meu novo eu que ela fazia surgir. Como era possível uma mudança de comportamento em tão pouco tempo?

Será que eu me deixei influenciar pela previsão da Jamile? Seria plausível que se ela não tivesse me despertado a possibilidade de encontrar alguém que mudaria minha vida eu estaria agindo dessa forma tão irracional? Sabia que o pensamento é influenciável, mas eu deixaria isso acontecer comigo? Estaria eu submetido à profecia da borra do café? Achei graça da minha dúvida.

Não! Não era influência da previsão da Jamile. Era uma questão vibracional, hormonal, físico-química!

Na verdade, não importava qual a origem do que eu sentia. Eu só desejava perpetuar minha vida ao lado dela, queria me perder para sempre na energia física e química que inundava meu corpo.

Só podia estar ficando louco.

Louco de amor é certo.

Esse não era o João que eu conhecia. Era um João muito mais intenso, alegre, descontraído e alguns outros novos predicados. Queria sugerir para irmos à sala para nos aconchegarmos, brindar tranquilamente a energia que nos unia e a explosão de sensações que um despertava no outro.

Ela, então, pegou uma abóbora.

— O que pretende fazer? – questionei, erguendo as sobrancelhas, saindo do meu devaneio.

— Um doce de abóbora. Você gosta?

— Gosto – sentei-me desolado ao redor da ilha. — Mas agora? – ela iria mesmo fazer um doce? Não queria ela o mesmo que eu? Aconchego e amor?

— Ah, desculpe — seus olhos correram para o relógio na parede. — Já são mais de dez da noite. Você deve estar cansado e com sono – ficou sem jeito. — Acordou cedo e viajou por horas. Quer ir se deitar?

— De forma alguma. Estou ótimo. Quero ficar com você. Nada me daria maior prazer neste momento. Como posso ajudá-la? Uma progressão de 0 a 10, ficar com você é 20 – pisquei para ela.

— 20 não está na escala, então não existe – deu de ombros.

— Então você é 10 – sorri. — Melhorou?

— É... Melhorou – fez um biquinho. — Você poderia descascá-la para mim? – tentou me envolver na sua atividade "antiunião carnal". — Você descasca e eu pico.

— Claro, como você quer que corte este legume? – sem ter alternativa, lavei as mãos, peguei uma faca e esperei orientação.

— Abóbora é uma fruta – explicou. — Tem sementes.

— Bom saber – sorri.

— Tire a casca, mas só a casca – sorriu também. — Não corte metade da polpa – mostrou para mim. — Farei um doce para passar no pão.

Mesmo sem ter noção alguma do como descascar aquela fruta enorme aceitei a tarefa com o maior gosto do mundo. Claro, ficaria um tempo a mais com ela, não importava que fosse sem sexo.

Ou importava?

Era diferente, com ela era diferente. Ressoávamos o que havia de melhor em cada um.

Entre uma conversa e outra fomos nos conhecendo. O jeito como gesticulava, falava, sorria e ficava sem jeito com algumas provocações sutis que eu fazia aprisionou-me ainda mais. Quando ela explicava algo, as mãos enfatizavam o que dizia. O sorriso era de uma delicadeza incrível e quando ficava constrangida, o seu olhar era de uma singeleza que dava vontade de apertá-la.

Ao falar do meu trabalho, contei que vibrava quase na mesma frequência do meu amigo, que agora era líder dos Anhangás, e aproveitei para explicar minha concepção de amor e amizade.

— Deixe-me explicar uma teoria minha. Sabe quando queremos sintonizar uma emissora de rádio para ouvir uma música?

— Aham!

— Pense num rádio analógico, aquele, que você virava a rodinha, certo? – peguei num botão imaginário. — Aqui é botão.

— Certo – sorriu, pôs o dedo na têmpora e fechou os olhos. - Imaginando.

— No começo é só chiado, não é? Xiiiiiiiii – imitei o som.

Concordou com a cabeça enquanto cuidava da panela.

— Quando o chiado é tudo que ouvimos, a frequência é incompatível com a emissora desejada – continuei virando o botão imaginário. — Isso acontece também conosco em relação a muitas pessoas. Sabe aquelas que a gente vê e já sabe que não gosta?

— E como sei! – fez uma careta.

— Isso! – sorri. — As frequências vibratórias são totalmente diferentes, é só chiado. Impossível se dar bem com ela.

— Você está certo – seu olhar era pensativo.

— Lembrando de alguém que chia? – perguntei, curioso.

Ela sorriu e confirmou minha opinião com um balanço de cabeça.

— Então, voltando ao botão tudo bem?

— Tudo bem.

— Vamos girando, girando, girando, até que no meio do chiado surge o som de uma música. Não é assim que acontece?

— Sim – apoiou o braço na bancada e segurou a cabeça com a mão.

Parei de girar o botão imaginário ao vê-la assim, tão atenta ao que eu dizia. Ela era linda, atenciosa, delicada. Percebi que não respirava. Havia esquecido como fazia isso?

— Sente-se bem, João? – preocupou-se comigo.

— Pare de me olhar assim – pedi.

— Como estou olhando? – estranhei seu pedido.

— Assim, tão atenta.

— Estou só prestando atenção – deu de ombros. — Continue girando o botão – fez um gesto com a mão.

Engoli seco e continuei fazendo de conta que girava o botão.

— Tá, se continuarmos com o movimento o som começará a ficar mais nítido, o chiado some totalmente e a música fica limpa. Mas se girarmos mais o botão o chiado surge novamente, até que toma todo o lugar da música. Tô certo? – respirava com dificuldade.

— Certíssimo.

— Então... – peguei algumas cascas de abóbora e coloquei uma no balcão. — Aqui é o momento em que começamos a ouvir a música com muito chiado – com o dedo fiz ondas imaginárias no balcão por uns 50 centímetros e coloquei outra casca. — Aqui virá só chiado novamente. É nessa faixa de ondas vibratória que vai de uma casca a outra que ficam as pessoas com que nos damos bem.

— Hum! – ela pegou uma casca e colocou bem no meio das outras. — Aqui o som é perfeito.

— Exato! – sorri. — Quanto mais limpo o som, melhor é a amizade.

— Deixe-me ver se entendi. A intensidade da amizade equivale à proximidade da exata frequência. Quando mais afastada, é só um colega, quando mais próxima, a amizade aumenta.

— Perfeito! – ela havia compreendido.

— Entendo. E o que acontece quando uma pessoa vibra exatamente na mesma frequência? – colocou o dedo na casca central. — Quando o som fica perfeito?

— Então, segundo a minha teoria – olhei fixamente para ela, fiquei em silêncio, buscando as palavras certas –, o amor acontece.

— Ah! – ela tomou um enorme gole de vinho, eu fiz o mesmo, nossos olhos em segredo diziam o que queríamos e o que queríamos era denunciado pela nossa respiração.

Eu me aproximei dela, passei as mãos no meu cabelo, buscando força, depois nos dela. Eu precisava beijá-la. Aproximei-me para que ela soubesse do meu desejo. Ela ficou imóvel, respiração alterada. De olhos fechados, por um tempo desfrutei da proximidade, da troca de respiração. Minha excitação crescia na velocidade da luz e explodiu quando toquei sua boca quente. Dei um passo à frente para pegá-la no colo e levá-la para o tapete, mas para meu desespero, ela deu um passo para trás, bateu na taça, que se espatifou no chão.

Entrei em choque.

Como assim, ela se afastou?

Eu não conseguia vê-la direito. Estava sob o efeito de uma alta dosagem neuroquímica. Minha cabeça parecia que iria explodir. Estava excitadíssimo.

O silêncio nos envolveu.

— Preciso de água, Liz – respirava com dificuldade. Ela me deu um copo.

Lentamente, meu corpo saiu do estado de torpor.

— Desculpe-me – olhava para o copo vazio.

Ela não disse nada, permaneceu em silêncio por um tempo limpando os cacos espalhados no chão.

— Interessante sua teoria – mencionou, enfim, com uma voz sufocada. Em seguida, pegou outra taça e estendeu para que eu a enchesse de vinho.

Ela não me desculpou, isso era ruim. Mas também não me mandou embora, isso era bom.

— Quer mexer um pouco para mim? – pediu ela, com um sorriso encantador.

Retribui o sorriso. Ressoamos um amor intenso, só que impedido de se manifestar por ela. Passado a forte emoção, logo falávamos alegremente. Estar com ela era interessante e leve.

Num certo momento da nossa agradável conversa declarei que ela era a pessoa mais doce que já tinha conhecido. Ela negou tal opinião e passou na minha boca o dedo com doce de abóbora, dizendo que aquilo era doce.

Eu fiquei surpreso e depois deliciado com seu gesto.

O que ela estava fazendo comigo? Queria brincar? Ótimo, vamos brincar! Segurei o seu dedo açucarado e o lambi. Mas acabei sendo vítima de mim mesmo. A reação do meu corpo foi imediata e eu ainda me recuperava do tesão anterior. Eu a desejava como nunca desejei outra mulher. Comecei a suar e um tremor tomou conta do meu corpo. Ela se assustou e tirou o dedo da minha boca. Fiquei sem fala por um tempo, e com todo o autocontrole que consegui, afirmei que não acreditava no que ela havia dito.

O forte magnetismo do momento foi quebrado e continuamos a conversar até que o vinho acabou e pedi mais. Já ficava um pouco alterado, mas nem ligava. E se fosse preciso eu beber até cair para ficar perto daquela vibração eu o faria.

Quando o doce, segundo ela, já estava quase pronto, sugeri irmos para a sala. Ela concordou. Eu fui na frente.

O QUE FAZER COM O TURBILHÃO de encantamentos e sensações que ele imprimia sobre mim? Procurei as estrelas, pedi auxílio, mas elas, com sua majestosa presença, apenas me olhavam, sem nada dizer. Perdida em pensamentos entre fascinação e medo, fiquei sem noção de tempo.

— Liz, você está bem? – perguntou João da varanda, com seus quase 1,90 m de altura, lindo e sorrindo para mim.

Quando o vi, sob as luzes do jardim, respirei fundo. Paz e medo invadiram-me concomitantemente. Paz porque era o que ele me transmitia. Medo da intensidade do que eu sentia.

Não, não estou nada bem, foi o que quis dizer. Por que você apareceu na minha vida? Tudo andava tão organizado e sob controle. E você chega incendiando meu corpo e minha alma e pergunta se estou bem?

— Sua fiel escudeira está cuidando de você contra os perigos noturnos? – indagou, caminhando ao meu encontro.

Minhas pernas tremeram, meu coração disparou. Ele era encantador, seus passos lentos e seu olhar sério, um pouco carrancudo, na verdade, fizeram-me esquecer de como respirar. O pequeno trajeto que nos separava durou uma vida, pois um vendaval de pensamentos varreu a minha mente. O homem que sempre imaginei estava a poucos passos de mim e eu me sentia insegura e com medo de aproveitar o que a vida emanava. Mas eu tinha acabado de conhecê-lo, como podia estar tão enfeitiçada? Ele parou tão próximo que precisei dar um passo para trás.

— Tudo bem? – falou, depois de um grande suspiro, com a testa franzida, sua característica.

Claro que não estava nada bem. Você me encantou e quer sabe se estou bem? Que raiva. Ele era um bruxo, com toda certeza.

— Só vim me refrescar um pouco. Já vou – falei, quase sem voz, inebriada com seu perfume.

— Refrescar? – arregalou os enormes olhos verdes. — Está frio.

Fiquei sem resposta. Ele abaixou-se e pegou a Nhunhuca no colo.

Descontraímos.

— A noite está linda – mudei de assunto. — A chuva se foi e as estrelas chegaram – comecei a caminhar.

— Você conhece as estrelas? – chegou bem perto de mim, minha respiração se alterou, mas pude sentir que a dele também não estava lá essas coisas.

— Só as Três Marias, o Cruzeiro do Sul e a Constelação de Escorpião – respondi, sabendo que não era lá grande conhecedora de estrelas.

— Já é um bom começo. Posso lhe ensinar outras tantas. Quer? – encostou sua cabeça na minha, esticou o braço para o céu e apontou o dedo para a escuridão. — Veja aquelas...

— Podemos deixar para outro dia, ou melhor, outra noite? – afastei-me dele.

— Como você preferir. Vamos entrar? – convidou ele. — A lareira já deve ter aquecido a sala – estendeu a mão para mim.

Fiquei novamente sem ação, não sabia se pegava na sua mão ou não.

— Vamos lá então – andei na frente dele, decidida a aproveitar a presença dele. Só não deixaria haver contato físico.

Em silêncio, ele me seguiu.

A sala estava com as luzes apagadas. Apenas dois abajures e as chamas da lareira iluminavam o ambiente, deixando o lugar muito aconchegante. Uma linda música preenchia o espaço de romantismo. As almofadas, colocadas sobre o tapete em frente à lareira, convidavam para um momento de carinho.

Estou perdida!

Com as pernas bambas caminhei até o sofá e me lembrei da Bárbara me dizendo que deveria dar uma chance ao amor. Então me sentei nas almofadas e ele ao meu lado. Eu mal conseguia sorver o ar.

Curta Liz, curta a alegria de tê-lo perto.

Ele permaneceu em silêncio, mas a sua respiração denunciava o que sentia e não era nadinha diferente do que se passava em mim. O desejo estava latente em nós.

— Sua casa é incrível – começou a roçar seus dedos nos meus.

Enrijeci. Era isso que precisava evitar, contato físico! E agora o que deveria fazer? Retribuir o gesto ou sair correndo e me trancar no quarto? A presença dele me envolvia e me deixava vulnerável. Com o toque entrei em pânico. Ora, era só um roçar de dedos, que mal há nisso? Tentei respirar normalmente depois de alguns segundos e sem conseguir resistir, brinquei com os dedos dele também.

— É um pouco fora do padrão, assim como eu – não sei como consegui falar.

Ficamos assim um tempo, ouvindo a música, o estalar do fogo, a nossa respiração e nos tocando sutilmente. Foi um momento intenso e sublime.

Ele levantou-se um pouco e apoiou o corpo com uma mão, olhando fixamente nos meus olhos. O silêncio entre nós era quase insuportável. Com medo de suas ações e do que fosse falar, saltei para o sofá e comecei a perguntar sobre ele. O ataque é sempre a melhor defesa, ensinou minha avó.

E não é que deu certo! No começo ele parecia um pouco raivoso, mas em minutos tudo voltou ao normal e fiquei sabendo muito sobre o grupo de pesquisa que chegaria em breve.

Percebi que não queria mais falar sobre os amigos, pois mudou radicalmente de assunto.

— Você só fala da sua avó. E seus pais?

— Eu não conheci meus pais. Mas tenho um desenho feito a mão de cada um deles – tomei um grande gole de vinho. — Minha mãe era espanhola e meu pai, português. A vovó contou que eles se conheceram numa viagem que minha mãe fez a Lisboa, apaixonaram-se e resolveram vir se aventurar aqui no Brasil. Então, quando meu vô morreu, lá na Espanha, ela vendeu tudo e veio morar com a filha – levantei e mexi no fogo. — Viviam em Ouro Preto, no estado de Minas Gerais. Quando a minha vó chegou da Espanha, eu tinha dois anos. Infelizmente, logo meus pais morreram, parece que de um surto de gripe.

— Parece? – virou-se para mim. — Não sabe como seus pais faleceram?

— Eu era pequena e minha vó não gostava que eu tocasse no assunto, respeitei seus sentimentos – a imagem da vó veio na minha cabeça, senti saudades. — A vó Veridiana disse que eles morreram de gripe – ele arregalou os olhos. — Tipo a gripe H1N1, não sei qual era época – ele ergueu as sobrancelhas intrigado, eu sorri. — Continuando, a vovó ficou sem saber o que fazer. Resolveu vender a fazenda de café dos meus pais e veio parar aqui em Fênix. Comprou esta fazenda em 1967. O Rudá e a Naiá, que trabalhavam com meus pais, vieram com a vovó.

— Ainda bem que para sua avó ainda sobrou você.

— É, fui uma boa sobra – fiz uma careta.

— E agora você sobrou para seus padrinhos – deduziu.

— Ainda bem que os tenho.

Aproveitando o gancho de falar dos meus padrinhos, ele questionou sobre a forma que Rudá me chamou. Não acreditei que ele tivesse prestado atenção nesse fato.

Para os Guarani, o nome de uma pessoa é algo sagrado e tinha muitos pontos a esclarecer sobre tão nobre assunto, mas resolvi tentar explicar, embora soubesse que seria complicado porque ele não tinha noção dos conceitos de tudo que falaria. Depois de uma longa explanação sobre a "palavra-alma" e como ela é aplicada na nomeação da criança Guarani, fui buscar água.

— Tanta coisa que não conhecemos dos nossos primeiros habitantes – concordou ele. — Há infinitas falhas no nosso conhecimento. Acho interessante sabermos mais de povos de outro continente e não sabermos nada do que é nosso.

Voltei com a água e ele caminhava olhando os inúmeros enfeites que tinha pendurado na parede, sobre a lareira, sobre a mesa, enfim, em todos os cantos havia um adorno.

— Quer? – ofereci.

— Sim, por favor – veio na minha direção, com os olhos fixos nos meus, e eu, como já de costume, fiquei com o coração batendo descompassadamente.

— Esses artefatos são como os da cozinha – falou, enquanto enchia o copo com água. — Você tem muitos deles.

— Você nem imagina quantos – sentei-me no tapete e bebi água.

Ele sentou-se também. Dessa vez, mais perto de mim. Ai, o que fazer?

— Sabe o que são? – investigou.

— Sim – levantei e apontei para um deles. — Este é o Maracá, uma porunga com sementes dentro. É usado pelos homens guaranis quando fazem seus cantos sagrados. Esta é a Taquara, ornada é usada pelas mulheres para acompanhar os cantos. Esses outros não sei o que são, mas são lindos, não acha?

— São extremamente lindos – levantou-se também. — São de ouro. Se fosse você não os deixaria assim, expostos.

— Não são de ouro, não. Isso é tinta dourada.

— Acredito que não – pegou um na mão e examinou com os dedos.

– Acabou o vinho?

— Pode deixar que já sei onde tem mais – como quem já conhecia bem a casa, João foi pegar a terceira garrafa.

Deitei no tapete, agora bem mais tranquila e um pouco alterada com tanto vinho. Balançava as mãos ao ritmo da música que tocava. Mas o que eu queria mesmo era me encostar no peito dele e dançar até que me pegasse no colo e me levasse para a cama, para nos amarmos.

Ao ouvi-lo chegar, sentei-me. Fiquei com medo de que ele soubesse o que eu pensava. Ah, tenho certeza que ele adoraria saber. Sorri, já me sentindo embriagada, e estendi a taça para ele completar.

— Vamos com um pouco de água para amenizar a ressaca – sentou-se ao meu lado e me fez beber água.

Deitei-me e a tranquilidade se foi. A aproximação dele fazia meu coração desacertar. Ele então se apoiou numa mão e virou-se para mim, olhando-me com um sorriso lindo.

— Pare com isso – avisei e comecei a me levantar.

— Fique aí – impediu-me de me mover e deitou-se ao meu lado, e começou a roçar meus dedos novamente.

Impressionante que nesse exato momento, novamente o ar sumiu e precisei respirar mais forte. Ele virou-se para mim e sorriu, tinha a mesma falta de ar.

Precisava pensar em algo para evitar termos que fazer respiração boca a boca. Mas eu não conseguia. O vinho me deixou lenta e, na verdade, eu o desejava intensamente. E com muito esforço consegui que a razão sobressaísse à emoção.

— Você disse que você e seus amigos têm habilidades especiais? – lembrei-me do que ele tinha dito. — Quer explicar agora? – sentei-me para prestar atenção.

Ele suspirou antes de falar. Percebi que não era bem isso, falar dos amigos, que pretendia fazer, pois se deitou de costas.

— Cada um de nós tem conhecimentos específicos e habilidades especiais que contribuem para ampliar tal conhecimento. Em todos os governos do mundo há pessoas como nós trabalhando incessantemente. Olha, assim que chegarem você pode conversar com eles sobre tais habilidades – deu fim à conversa novamente.

— Vocês têm a missão de estudar os raios que caem aqui? – cruzei as pernas e dei margem para mais papo.

— Exatamente – imitou meu movimento.

— Por que esse interesse agora? – virei-me para ele.

— Faz tempo que o Instituto observa as descargas atmosféricas aqui. Mas só agora nosso grupo teve tempo de vir pesquisar – virou-se para mim.

— Tá certo? – bebi na taça e voltei a me deitar, não conseguia mais pensar.

— Você sabe que o Brasil é o país que mais recebe raios no planeta? Sabe-se que no nosso país cai quase 60 milhões de raios por ano.

— Não sabia – respondi, de olhos fechados.

— E aqui nesta região é onde eles mais acontecem – levantou-se e começou a andar pela sala.

— Ah, disso eu sei. Já perdi animais lá. Até coloquei para-raios para ver se dava jeito. Acho que será bom saber o que acontece por aqui. Chamo o local de região R – sentei-me no sofá e o observei caminhando. Ele era impressionantemente lindo. — Eu já lhe falei isso, né? E mostrei onde é

— Sim, sim – parou, pegou uma estatueta, olhou-a e a colocou no lugar.

Acabei com o vinho e peguei mais um pouco. Queria me embebedar para dormir antes que fizesse amor com ele e me arrependesse amargamente no outro dia.

— Aqui perto fica um parque estadual, não é? – ele me imitou e finalizou o vinho, em seguida sentou-se ao meu lado.

— Sim, é o parque Estadual de Vila Rica do Espírito Santo, onde há ruinas de uma antiga cidade espanhola – deitei-me no tapete e fechei os olhos, prestando atenção na música romântica ao piano.

— Esse parque já existia quando sua vó comprou a fazenda?

— Aham – senti o sono se aproximando. — O local foi tombado pelo Patrimônio Histórico em 1948, mas só em junho de 1965 foi declarada a Reserva Florestal Estadual. A vovó comprou aqui em janeiro de 1967 – ele encheu as taças de vinho. — Ela sabia que no meio da terra adquirida havia um local preservado. Ela não se importou. E eu acho legal, pois acabo, de certa forma, protegendo o parque, pois tenho terras ao redor dele todo.

O sono foi chegando de mansinho e eu não queria ir dormir sozinha, mas não mais conseguia conversar, apenas sentia a presença dele pertinho de mim e o calor do fogo no meu corpo.

— Você veio achar um lugar para seus amigos ficarem, não é?

— Uhum!

— Podem ficar aqui na minha casa, se quiserem, é claro – minha voz saía sonolenta e eu não conseguia mais conversar. A música suave, o vinho e as emoções do dia tinham tirado as minhas forças.

— Obrigada...

Estava com muito sono e só ouvi o começo da frase. Dormi ao som da sua voz e sob o domínio do vinho.

ACENDI A LAREIRA FACILMENTE, pois tudo o que precisava estava ali. Liguei o som e escolhi músicas ao piano, joguei almofadas no tapete, acendi algumas luzes, apaguei outras.

Sentia-me feliz, mas confuso.

Fui para a varanda e deixei-me envolver pela magnífica paisagem noturna. Inevitavelmente, o pensamento me levou ao momento em que ela me evitou, deixando-me quase explodindo de tesão.

Por que ela agira assim? Era viúva, linda e livre.

Livre? Livre? Livre?

Viuvez não significa não ter outro amor.

Era isso!

Ela tinha alguém.

Comecei a caminhar pela varanda que dava para o rio, o ar me faltava. Não, isso não podia estar acontecendo. Uma vida para encontrá-la e não poder tê-la.

Eu precisava ir embora daquela casa, necessitava esquecê-la. Desistiria da pesquisa. Viajaria para a Inglaterra.

Calma João, calma. Não tire conclusões apressadas. Ela pode apenas estar assustada com sua presença. Não se esqueça de que vibram na mesma frequência. O que um sente o outro também sente.

Um pouco mais tranquilo, percebi a cilada que a vida havia me aprontado. Mas, enfim, uma deliciosa cilada.

Voltei para a sala e ela ainda não estava lá. Decidi procurá-la. Fui até a cozinha e a porta estava aberta. Passei por ela e a busquei na noite. Quando a vi no jardim meu coração se descontrolou, assim como minha respiração. A física e a química do meu corpo experimentavam uma excessiva atividade novamente e isso era prazeroso. A vibração que podia sentir vindo dela enchia meu corpo de muita satisfação. Eu era capaz de fazer uma grande equação matemática do que estava sentindo.

Estou amando.

Respirei fundo e caminhei até ela, impulsionado pelas reações químicas do meu corpo. Tudo o que eu desejava era tê-la nos meus braços e fazer sexo. Não, sexo não, ardia de vontade de fazer amor com ela. Deliciar-me em seus lábios e em seu corpo não saía da minha mente. Só que não era só isso, eu a queria perto, queria viver com seu sorriso, seu jeitinho encabulado de ser; desejava ficar ao seu lado para sempre. Mas precisava me conter. Tinha acabado de ser rejeitado. Eu tinha total consciência do que sentia e das consequências que traria para minha vida. Mas ela não possuía a mesma compreensão que eu e podia pedir para eu ir embora, e isso seria o meu fim. Precisava manter a calma.

Caminhei em sua direção, totalmente energizado pela sua presença.

Enquanto conversávamos, peguei a Sininho no colo.

— É estranho como ela gosta de você e o deixa segurá-la. Não é assim com ninguém e não admite pessoa alguma chegar perto de mim – falou, passando a mão nela.

— Eu e a Nhunhuca Sininho Dindim vibramos numa frequência muito similar – expliquei.

— Como eu e você?

— Não – fixei o olhar. — Eu e você vibramos em perfeita sintonia, na exata frequência.

— Como pode afirmar isso com tanta certeza?

— Porque sinto. Eu sinto você – sorri. — Porque é muito bom estar perto de você.

— Não posso negar, também acho legal estar perto de mim – retribuiu o sorriso.

— Importante isso. Tem pessoas que não suportam a própria presença – fiz um semblante triste. — Mas pensei que também gostasse de estar perto de mim.

— Ora, isso é um fato – passou a mão no meu rosto, fiquei surpreso com o seu gesto.

— Bom saber – abri um enorme sorriso.

— Então se você diz que eu e você vibramos em total sintonia, e seu amigo chega bem perto da sua frequência, eu e o líder dos Anhangás vibramos próximos também?

— Sim – balancei a cabeça não gostando do que ela disse. — Infelizmente, achará bom estar perto dele.

— Interessante sua teoria – declarou. — Quero agora conhecer o Lorenzo para comprová-la.

— Para com isso – fechei a cara. — Não permitirei tal fato.

— É inevitável – deu de ombros. – Preciso conversar com ele sobre os estragos aqui na fazenda.

— Eu resolvo isso – comecei a ficar agitado.

— Eu resolvo meus problemas – olhou-me com o canto dos olhos.

— Não com o Lorenzo. Vou morrer de ciúmes – admiti, abrindo os braços.

— Seu bobo — achou graça e riu do meu jeito.

— É a vida – ri também. — Coisas de vibração.

— Durante a vida é possível mudar de ondas vibracionais? Assim como fases da vida, fatores emocionais, entre outras coisas?

— Sim. Isso ocorre, mas é momentâneo, logo volta ao normal.

— Agora quero mesmo encontrar o seu amigo para ver como vai sua vibração.

Conversamos mais um pouco sobre estrelas e constelações e decidimos entrar.

Dei minha mão para ela, mas ela não a pegou, mais uma vez deixou claro que não queria contato e que eu deveria ficar afastado. Como ela conseguia agir assim? Havia um padrão de reações sentidas no meu corpo e com certeza ela também sentia esse padrão, mas ela preferia me evitar. Eu precisava dar tempo para que ela compreendesse que estávamos ligados energeticamente.

Quando ela chegou à sala parou por um momento. Acho que ficou receosa pela forma como eu tinha organizado o local. Eu mesmo percebi que estava explícito o que eu desejava. Balancei a cabeça brigando comigo por ser tão afoito e não entender que ela precisava de tempo.

Ela me daria boa noite, iria para o quarto e fim. No dia seguinte eu procuraria um local para ficarmos e não mais nos veríamos. Eu era um grande bocó.[124] É, esse é mesmo o termo, bocó.

Mas para minha surpresa ela, sem dizer nada se sentou no tapete, aconchegando-se em frente à lareira.

— Eu adoro ficar na horizontal – espreguiçou-se.

O mundo voltou a brilhar.

Feliz pelo comportamento dela, deitei-me ao seu lado e também adorei ficar na horizontal. Uma música tocada ao piano ajudava a relaxar.

Por um tempo fiquei desfrutando o momento. Eu, ela, uma música tranquila. Uma paz enorme envolveu-me e certamente a ela também.

Fui pegar a taça de vinho e minha mão tocou na dela. Tomei um gole e troquei o cálice de mão e muito sutilmente encostei nela novamente. Meus dedos tomaram a iniciativa e começaram a brincar com os dela. Eu queria parar com isso com medo de que ela fosse dormir e me mandasse embora, mas não sei como, perdi o controle sobre minha mão. Ao invés de aproveitar a deliciosa sensação, eu fiquei tenso.

Mas tal estado emocional dissipou-se quando ela retribuiu meu gesto e brincou com meus dedos também. O nosso campo eletromagnético era um só. Houve paz. Como pode um simples toque proporcionar tal sentimento?

Naquele momento de silêncio desejei envolvê-la nos braços, beijá-la e fazer amor com ela até o dia amanhecer. Outra vez perdi o controle sobre meu corpo, sentei-me ao seu lado e fitava-a ardentemente. Eu estava tendo sensações catalíticas.

Mas assim que ela percebeu o que eu pretendia levantou-se rapidamente, sentou-se no sofá e começou a falar novamente.

Por que as mulheres gostam tanto de falar?

Entristeci, chacoalhei a cabeça tentando me livrar de tamanho desejo, passei a mão pelo rosto tentando acordar de tal tentação; os cabelos também foram remexidos com o intuito de me trazer à realidade. Ela não queria aproximação, pelo menos no momento. Precisava aceitar tal fato antes que a intimidasse e fosse expulso da sua presença, o que não suportaria.

---

[124] Bocó – bobo.

Deitei-me de costas para ela. Estava irritado comigo e com ela.

— Quantos são seus amigos que virão? – perguntou, como se já não soubesse.

— São nove. Quatro casais e meu filho – cruzei os braços sobre o corpo.

— Ah, sim – foi tudo que conseguiu dizer. Acho que percebeu que eu estava chateado.

— Nosso grupo chama-se Guardiões da Terra.

— Guardiões da Terra? – repetiu ela. — É um nome muito bonito. O que guardam? – arguiu docemente.

— O conhecimento que surge dos fatos pesquisados – rendi-me a sua docilidade e virei-me, apoiado nos cotovelos. — Quando deciframos tais fenômenos eles são apresentados para o Instituto Nacional de Ciência e Tecnologia de Novos Fenômenos, que decide o que fazer com eles. Alguns podem mudar a forma que vemos o mundo – pisquei para ela. A irritação já havia evaporado.

— Credo, como assim? – mostrou-se indignada.

— A ciência muitas vezes descobre fatos que não devem ser revelado. Então quando nós encontramos algo nesse sentido, guardamos as informações para quando a humanidade estiver mais evoluída – sentei-me.

— Deixe-me ver se entendi direito. Você quer dizer que têm conhecimentos que nós, simples mortais, não podemos saber? –fez uma careta. — Que arrogância!

— Fazer o quê? – achei graça do jeitinho dela.

— Como os grupos são formados? Precisam vibrar na mesma frequência? – usou a minha teoria.

— Não necessariamente – respirei fundo. Como ela era capaz de formular tantas perguntas? — Os conhecimentos precisam relacionar-se com o que vai ser pesquisado. No nosso caso temos, além de mim, que sou físico, um meteorologista, um geólogo, uma geocientista e um gestor ambiental, porque os fenômenos envolvem fatos relacionados com a terra e a atmosfera ▯ tomei todo o vinho da taça. — O meu filho, que é engenheiro elétrico, pois sempre precisamos de uma nova invenção para nos ajudar – sorriu. — Uma arqueóloga, um historiador e uma antropóloga, porque envolve vidas e história – respirou fundo. — E uma médica, caso haja alguma eventualidade e precisemos dos seus cuidados.

— Uau, que reunião de gente inteligente! – espantou-se. — É preciso de tudo isso?

— Quase sempre.

— E tem grupos diferentes?

— Claro – levantei-me e peguei mais vinho. — Há casos relacionados com todo tipo de fenômenos, como com entidades paranormais, com os aquíferos, com o oceano, com a tecnologia da informação, com Óvnis... Ih, tem muita coisa sendo pesquisada por aí.

— Nunca imaginei isso – deu seu copo para eu completar.

— Pois é. Para você ver – sentei-me no sofá ao seu lado. Não queria mais falar de mim, desejava saber dela. E antes que ela formulasse nova questão, perguntei sobre seus pais.

E assim seguiu nossa conversa por mais algum tempo, e pouco a pouco fomos nos conhecendo.

— Ouvi Rudá chamá-la de um nome que quero muito saber o que é.

— *Ko'ërã gua Yvoty* – pronunciou lentamente.

— Isso mesmo, *Ko'ërã gua Yvoty* – tentei repetir. — O que é *Ko'ërã gua Yvoty?*

— Deixa para lá – deu um sorrisinho. — É coisa de família – tive a impressão de que ela não queria entrar nesse assunto.

— Então agora mesmo é que quero saber – ergui as sobrancelhas.

— *Ko'ërã gua Yvoty* é meu nome Guarani e não sei por que ele me chamou assim na presença de um não índio – olhava para o nada.

— Jura? – postei-me na sua frente. — Estou curioso. Quero saber como tem um nome Guarani se você é uma não índia.

— Pois é, não sou – torceu os lábios. — Mas sou *Ko'ërã gua Yvoty.*

— Seu nome é *Ko'ërã gua Yvoty.*

— Não, eu s-o-u *Ko'ërã gua Yvoty* – destacou o verbo. – Eu não me chamo assim eu sou. O Guarani é o seu nome.

— Agora quero entender.

— É uma história longa... – abriu os braços demonstrado a grandeza do que dizia.

— Sou todo ouvidos – sorri.

— Por onde começar... – suspirou. — É um tanto complicado.

— Pelo princípio. Coragem. Vá em frente! – gesticulei com a mão, apressando-a.

— Deixe-me pensar numa maneira concisa e clara – imitou-me e sorriu. Ela era uma graça. — Bem, a pessoa é sua "palavra-alma" – parou de falar e pensou um pouco. — Não dá para falar do nome sem entrar no *Nhandereko* Guarani, ou seja, o seu jeito de ser – pensou um pouco — que engloba sua religiosidade.

— Palavra-alma? – balancei a cabeça demonstrando que não havia entendido. — Ela é o nome?

— É mais ou menos assim: a história do Guarani é a história da sua palavra – começou a explicar. — Quando *Nhanderu*...

— *Nhanderu?* – interrompi-a e tomei um gole do vinho.

— Deixe-me contar – olhou séria para mim. — *Nhanderu Ete* é Nosso Pai Primeiro, sempre existiu. Quando ele se desdobrou a si mesmo no seu próprio desdobramento...

— Desdobrou-se?

— Vai me deixar contar ou não? – colocou as mãos na cintura e eu achei uma graça o seu jeitinho.

— Desculpe – pisquei.

— Esse desdobramento não quer dizer criou-se, mas, sim, uma evolução de si mesmo, pois ele sempre existiu.

— Interessante – bebi mais um gole. — Continue.

— O "grande pai", depois de se desdobrar, criou antes de tudo "a palavra", que é a essência da alma e liga o homem à divindade. É a "palavra-alma", que dá a verticalidade ao homem, sua postura ereta, que constitui sua natureza humana. "A palavra", atributo de *Nhanderu,* tem para o Guarani dupla função: enquanto dá ao homem uma existência terrena e corruptível, também dá a certeza de pertencer ao divino.

— O sagrado e o profano – comentei. – A palavra-alma, o sagrado, o corpo corruptível, o profano – ela apenas assentiu e continuou.

— Pode ser – sorriu. — Tem outro ponto importante: a palavra-alma traz o nome à criança e com isso suas ações na aldeia, como ser um bom caçador, um líder, um guerreiro, um *Xamõi,* uma mulher de coragem, boa mãe e esposa, enfim, a palavra-alma possibilitará que a criança se torne um *Guarani ete,* isto é, um Guarani verdadeiro. Por isso é tão difícil escolher um nome.

— Tô assustado – suspirei. — É complexo.

— Ora, João – ela deu de ombros –, quando os não índios esperam filhos também ficam procurando um significado para ele.

— Você está certa – concordei.

— E tem mais. Antes de a mulher engravidar, o homem sonha que terá um filho e conta para a mulher, que sonha também, só depois engravida. É que a palavra-alma está rodeando a casa. Sempre há uma festa para comemorar a vinda de uma palavra-alma do mundo de *Nhanderu* para o mundo dos homens. Depois os pais procuram o *Xamõi,* que é o mediador entre os dois mundos. Ele é o único que conseguirá "ouvir o nome" da criança, e para isso realiza o *Mborai,* que são os cantos e danças, que são poemas que chegam até *Nhanderu,* sempre dentro da *Opy,* a "casa de reza", até que consiga ouvir o nome, que envolverá os ossos do pequeno e o fará ficar em pé, e isso pode levar dias. Esse ritual nunca é feito com pessoas que não são Guarani, pelo fato de não compreenderem o seu jeito de ser – explicou.

— Entendo e concordo com eles – tomei um gole de vinho. — E quando a pessoa morre?

— Quando a pessoa morre, "a palavra-alma" deixa o corpo e volta para *Nhanderu Ete.*

— Você falou *Xamõi.* Não seria pajé ou xamã? – fiquei na dúvida.

— É o seguinte – respirou fundo –, a palvra pajé é perjorativa para o Guarani. Pode-se até usar *Xamã,* que é universalmente utilizada para líderes religiosos. Mas aqui na aldeia Guarani usa-se *Xamõi.*

— Como você sabe tanto sobre a nação Guarani? – admirei-me.

— Meus padrinhos me ensinaram muito e outro tanto eu li.

— Isso tudo é muito bonito – suspirei –, embora um pouco complexo quando se ouve a primeira vez. Você terá que me explicar um pouco mais sobre tudo isso. Sempre quando se tem contato pela primeira vez com um novo conhecimento é difícil assimilá-lo completamente.

— Claro, quando quiser – sorriu lindamente para mim e eu me senti muito feliz com a possibilidade de ter uma próxima vez.

Mas, enfim, o que quer dizer seu nome *Ko'ërã gua Yvoty?* – ergui os ombros.

— Flor do Amanhã.

— Flor do Amanhã – repeti lentamente. — Essa é sua palavra-alma, sua missão no mundo?

— Sim.

— Liz é uma flor, mas por que "do amanhã"?

— Não faço a menor ideia – deu de ombros.

— Talvez porque você vai deixar que pesquisemos as descargas atmosféricas aqui e tal fato será útil para a humanidade.

— Mas quanta criatividade! – achou graça da minha ideia. — Vou pegar um pouco de água para nós – levantou-se.

— Boa ideia – acompanhei-a. — Achei interessante a forma dos Guarani pensar na "palavra-alma". Acredito que é possível fazer uma boa ligação entre as filosofias que estudo com a deles.

— Você nem imagina quanto conhecimento lindo eles têm. Embora estude um pouco e converse com meus padrinhos e o *Xamõi* da aldeia que tem aqui perto, falta-me conhecimento – falou, com um copo na mão.

— Vou aproveitar e ver qual é minha palavra-alma – tomei uns goles de água.

— A palavra-alma não é dada assim, numa visita. Para um *Juruá,* "homem branco", merecê-la, precisa mostrar seu valor e isso demora tempo.

— Então acho que precisarei ficar por um longo tempo por aqui – acabei com a taça de vinho.

A bebida acabou e temi que ela resolvesse ir dormir, então fui buscar a terceira garrafa. Quando voltei ela estava deitada no tapete. Com uma mão brincava ao som da música, a outra segurava a taça. Fiquei parado observando os seus gestos, eram suaves e ritmados.

Senti-me o mais feliz dos homens.

Cheguei perto e ela se assustou. Sentou-se rapidamente para encher a taça de vinho e deitou-se novamente. Acredito que o vinho já cumprira o seu papel e ela começou a ficar mais solta. Sentei ao seu lado e virei para ela, totalmente vibracionado.

E era bom, muito bom.

Ela tentou se levantar, mas eu a impedi, e não sei como, ela obedeceu. Deitei ao seu lado e novamente comecei a tocar sua mão. Eu precisava beijá-la. Meu corpo iria explodir com a combustão que a presença dela impunha em mim. Virei para ela, não a deixaria escapar.

Mas ela foi mais rápida do que eu e antes que pudesse impedi-la, ela sentou-se e começou a fazer novas perguntas.

Respondi com paciência a todas as questões. Sentávamos, deitávamos, sentávamos novamente, cruzávamos as pernas, enfim, foi uma dança de movimentos acompanhada de vinho e muita conversa. O assunto correu para o estudo dos raios, para a área da fazenda, para o parque estadual. Como ela puxava assunto! Como eu sentia prazer em conversar com ela. Lentamente, sua voz foi ficando arrastada e, finalmente, ela adormeceu.

Deitei-me ao seu lado e fiquei roçando sua mão, pensando que em menos de 12 horas minha vida havia mudado completamente. Passei de incrédulo a aficionado no amor.

Você é minha de agora em diante, pensei.

Fiquei uns minutos assim, desfrutando o que acontecia comigo. O sono chegou de mansinho, mas antes de me entregar a ele, resolvi ver o Ernesto e levar uns artefatos para Toni investigar para mim. Dei um beijo na testa dela e saltei ao apartamento do meu filho.

ACORDEI COM UM GRANDE BARULHO, não conseguia distinguir o que era, nem de onde vinha. Meus pensamentos rodavam confusos. O som alto insistia em invadir meus ouvidos. O sono me consumia, não conseguia abrir os olhos, deu um branco e não sabia que dia era e onde estava. Minha cabeça parecia que iria estourar com aquele barulho estridente. Abri os olhos com dificuldade, estava escuro, mas lentamente reconheci o ambiente, era a sala da fazenda. Então me lembrei do João, das emoções vividas, da forma como ele me protegia, como despertava em mim desejos intensos. Mas onde ele se encontrava? Sentei-me, apertei a cabeça com as mãos para tentar entender o que era aquele barulho. Percebi que era som de carros e buzinas na frente de casa.

— João? João? – chamei-o baixinho. — João, onde você está? Acho que seu ex-amigo está aí fora.

Olhei para os lados, tentando encontrá-lo, mas não o vi. Instantaneamente, o pânico tomou conta de mim.

— João, pelo amor de Deus, apareça – enquanto suplicava pela sua presença ouvi chamando meu nome lá fora.

Levantei com um frio percorrendo minha coluna. Só podiam ser os tais Anhangás, espíritos do mal. O que eles queriam comigo durante a madrugada a não ser me fazer algo ruim? O medo me paralisou. A escuridão predominava dentro da casa. Caminhei até a cozinha e pude ver luzes de carros entrando pela porta de vidro.

— Meu Deus, o que vou fazer? – sentia-me confusa e com muito medo. — Vou me esconder? Vou esperar Rudá aparecer? – estava totalmente sem saber como agir. — João, cadê você?

O Trola e a Nhunhuca latiam ferozmente. O barulho só aumentava lá fora. E o meu medo só aumentava aqui dentro.

— Calma, Liz, calma – falei para mim mesma. — Lembre-se do que a vovó sempre dizia: "É preciso enfrentar o medo, sempre o monstro é menor do que imaginamos". Calma, respire, fique calma, respire, pense – andava em círculo. — JOÃO! JOÃO! – gritei por ele. Mas ele não respondia ao meu chamado. Triste por sua ausência e sem ter a quem recorrer, só me restava enfrentar a situação.

Tomei coragem e andei lentamente em direção ao desconhecido. O buzinaço e o movimento dos carros continuavam. Abri a porta e saí, deixando meus ferozes cãozinhos que latiam enlouquecidos, dentro da casa. No exato momento em que apareci eles pararam de buzinar e o silêncio tomou conta da noite. Eu não conseguia ver nada, os faróis ofuscavam minha visão. Para ajudar, o vento frio queimava o meu corpo. Cruzei os braços, tentando me esquentar.

— Liz! – alguém chamou.

— O que querem? – cerrei os olhos para poder ver alguma coisa. — Para que tanta algazarra?

Assim que falei os faróis se apagaram e minha vista ficou turva novamente, mas logo se acostumou com a pouca luz e pude ver que havia um carro e quatro camionetes. Alguns homens estavam na caçamba, outros ao redor dos veículos. Eram muitos, não conseguia precisar o número. Focando a visão, vi que Rudá se encontrava entre eles, com uma arma apontada para sua cabeça. Paralisei, eles iriam matar todos nós.

— Rudá! – gritei. — Você está bem? – não conseguia pensar em nada. Fiquei completamente sem ação, tomada pelo pânico.

Então vi um homem descer da camionete e começar a caminhar em minha direção. Ele andava lentamente. Ao chegar mais perto pude ver o seu rosto. Era o mesmo homem bonito que havia ido à minha loja no sábado. Seus olhos fixaram-se nos meus. Paralisei de medo. Ele sorriu e uma certeza surgiu: era o Lorenzo.

Eu podia ouvir a voz do Rudá, mas não entendia o que dizia. O receio da aproximação do líder dos Anhangás alterou todos os meus sentidos. Ele continuava a se aproximar e eu permanecia imóvel. Seu olhar parecia me hipnotizar. Ele parou a poucos passos da varanda e sorriu novamente, parecia satisfeito com a situação criada ao perceber o temor estampado na minha face. Lentamente, voltou a andar e eu, ainda parada, queria, mas não conseguia fugir. Quando chegou a poucos passos, ergueu a mão para me cumprimentar.

Nesse momento, o João apareceu, colocou o seu braço na minha frente e me puxou para trás dele. Uma sensação de segurança invadiu-me. Senti-me totalmente protegida. Entregue a tal sentimento, encostei minha cabeça nas costas dele por um momento, respirei fundo e afastei-me. Foi bom experimentar alguém me protegendo, pois há muito tempo enfrentava tudo sozinha. Fiquei olhando o que acontecia sobre o seu ombro.

Eu ouvia o que diziam, percebia que havia hostilidade no tom da voz de cada um. E que história era essa de saltador daqui, saltador dali?

— Estou indo mesmo. Sei que já avisaram a polícia e isso vai me atrapalhar. Vou buscar autorização para ficar aqui e você sabe que consigo, não é? – esfregou as mãos. — Soltem o índio e vamos embora.

— Sei, sim. Aguardo seu retorno – avisou João em alto tom.

— Até mais, linda Liz – despediu-se ele, já de costas.

Empurraram Rudá com força. Ele caiu com a testa no chão e começou a sangrar. Nesse momento ouvimos um grande barulho. O susto não deixou que identificasse o que era, mas parecia um vidro quebrando. O João correu ajudar o meu padrinho. Logo Naiá chegou à casa muito assustada.

— Acho que devemos levá-lo ao hospital. O corte foi grande – disse João, preocupado.

— Hospital, aqui, a uma hora dessas? Só na sua imaginação – falou Rudá, dando uma grande risada.

— Podem deixar. Tenho tudo que precisamos aqui. Naiá, ajude-o a lavar o ferimento – enquanto eles entravam peguei uma folha de babosa que havia num vaso na varanda. Voltei, lavei-a, tirei a pele e a coloquei no almofariz reservado para tal fim.

— Vai arder um pouquinho, mas amanhã estará ótimo – coloquei a mistura em uma gaze e apliquei sobre o ferimento. Enfaixei a cabeça dele e afirmei que estava pronto para outra.

Enquanto ajudava Rudá, João foi investigar o que poderia estar quebrado. Logo voltou dizendo que o vidro da sala se encontrava em cacos e que havia sumido algumas estatuetas.

— Esses homens são os Anhangás, não é?

— Sim, são eles.

— O seu amigo Lorenzo é o que chegou perto de mim? – pisquei para ele. — É um pedaço de mau caminho.

— Sim, é o Lorenzo – fez cara de bravo. — E pode ir parando com isso.

Achei graça do jeito dele.

— Vou fazer um chá de erva cidreira. Acho que todos precisamos nos acalmar – Naiá colocou a água para esquentar na chaleira de cerâmica.

Enquanto o chá era feito, conversamos sobre o incidente.

— Ainda bem que foram embora – falou João. — Tudo poderia ser mais simples se eles não fossem tão hostis. Não entendo por que gostam de fazer tanta confusão. Mas eles voltarão e com permissão para ficar.

— Isso é possível? – ergui as sobrancelhas. — Você e seus amigos estarão aqui. Eu posso não os aceitar.

— Isso é fato, mas você tem vizinhos de terra, não tem? – João andava pela cozinha. — Eles ficarão em algum lugar próximo.

— Você acha que essa pesquisa vai demorar muito? – perguntou Rudá.

— Não sei – o João ergueu os ombros. — Não faço a menor ideia do por que caem tantos raios aqui. E o Instituto quer uma resposta.

— Pelo menos os Anhangás ficarão longe.

— Mas eles vão perturbar – João balançou a cabeça inconformado. — Disso tenha certeza.

— Estou muito assustada – coloquei o chá nas xícaras. — Quero minha paz de volta.

— Ela pode demorar um pouco, Liz. Eles voltarão. Seus patrocinadores são poderosos, corre muita grana do lado deles.

— Mas o que pode ter aqui neste fim de mundo? – insistiu meu padrinho.

— É o que viemos investigar – afirmou João.

— Bem, vamos dormir. Já está quase amanhecendo e o dia será longo – falei.

— Esperem – disse João. — Quero que usem este pequeno aparelho. Ele não deixa que os Anhangás leiam o pensamento e nem colocar coisas na nossa cabeça.

— Eles podem fazer isso? – indagou Rudá.

— Há um entre eles, o Marcos, que lê pensamentos a muitos metros de distância. O cara é bom. É prudente que eles não saibam o que pensamos – levantou-se e foi buscar os tais aparelhos. — Há também o Leandro, que coloca informações em nossas cabeças, e isso também não é bom.

— Claro. Como se usa isso? – quis saber Naiá. — Quero me proteger dos Anhangás – fez o sinal da cruz.

— É preciso colocar bem próximo à cabeça. Veja, ele tem um grampo, é só prendê-lo em qualquer lugar, cabeça ou na roupa. Ah, é resistente a água. Podem tomar banho com ele.

— Pode deixar. Vamos colocar agora mesmo – assegurou a minha madrinha.

— Por favor, só tirem quando for estritamente necessário. E nesse momento não pensem em nada que possa ser importante para eles – explicou João. — Boa noite para vocês – despediu-se.

— Boa noite – disseram os dois ao mesmo tempo.

Naiá e Rudá foram para a sua casa, eu fiquei novamente sozinha com o João. Nossos olhares se encontraram e sempre que isso acontecia algo em mim entrava em combustão.

— Deixe-me colocar um ABOC em você.

Ele puxou meu cabelo e prendeu o aparelho na gola do meu agasalho. O toque das suas mãos me arrepiou.

— Agora seus pensamentos estão protegidos – sorriu.

— Quando acordei com o buzinaço que faziam fiquei com muito medo. Eu o chamei e você não respondeu. Onde você foi?

— Liz, desculpa, eu fui ao banheiro – argumentou.

— Essa explicação não me convence – olhei séria para ele. — Você está o tempo todo colado em mim e quando precisei você desapareceu. Demorou para voltar – ele abaixou a cabeça e permaneceu em silêncio. — Por que vocês se chamaram de saltador?

A reação dele foi apenas me olhar seriamente.

— Amanhã o dia será cheio de compromissos, precisamos descansar – fez de conta que bocejou. — Depois falaremos sobre isso. É uma longa história – deu um sorriso torto.

— Tudo bem, amanhã – cerrei os olhos. — Vamos dormir.

— Está me convidando para dormir com você? – disse, com um sorriso malicioso.

— Estou – retribui o sorriso. Pude perceber um brilho no olhar dele. — Não seja bobo. Você no seu quarto, eu no meu.

— E se eles voltarem? – enrugou a testa, como de costume. — Sabe que são perigosos.

— Eu grito – fiz uma careta de assustada.

— E se eu não ouvir? – arregalou os olhos.

— Enfrento-os, como fiz agora.

— Tudo bem, fazer o quê? – fechou a cara.

Ele me acompanhou até o meu quarto. Entrei e ele ficou parado, com os braços cruzados, olhando-me.

— Boa noite – despediu-se parecendo triste.

— Boa noite, ou pelo menos o que resta dela – dei um beijo no seu rosto. Ele ficou surpreso e deu um lindo sorriso, que retribuí com doçura.

Entrei e fechei a porta, mas não a chaveei. Encostei-me nela, escorreguei até o chão e abracei minhas pernas. Pensei nas possibilidades que poderia acontecer caso eu resolvesse abrir a porta.

Eu o beijaria e me envolveria nele.

— Mas posso me arrepender depois. Não sei quem ele é, conheci-o hoje – balancei a cabeça. — Mas parece que o conheço há uma vida.

Levantei-me. Eu só queria abraçar, beijar e ter uma noite de amor.

O frio era intenso, deitei e dormi sob o efeito do chá e das emoções vividas.

— Que susto, pai! – Ernesto deu um salto em frente ao computador. — Sabe que horas são? Você não pode aparecer assim, do nada. Vai que estou com alguém? Precisa avisar que vai chegar – ralhou o rapaz.

— Desculpe-me. Você está certo – saltei.

Fui para a porta de entrada e toquei a campainha.

— Só você, pai. Entre! – gritou ele.

— Oi, filho. Tudo bem por aqui? – passei a mão em sua cabeça, que estava colada no computador.

— Oi, pai. Está quase tudo pronto para nossa ida. Como estão as coisas por lá? – virou a cadeira para mim, deixando o aparelho de lado.

— Os Anhangás já estão fazendo barulho no local onde os raios caem – sentei-me no sofá. — Você acredita?

— Como assim? – mostrou-se interessado.

— Explodiram uma bomba por lá.

— Ô loco! – arregalou os olhos. — Feriram alguém?

— Não, eles querem apenas impor a presença deles – cruzei as pernas. — Querem amedrontar a dona da terra onde há as incidências de raios.

— Eles são rápidos mesmo – levantou-se animado. — Como foi que disse? Dona da terra? – bagunçou o meu cabelo com um sorriso maroto.

— Conheci a dona da fazenda onde ocorrem as descargas atmosféricas e...

— Humm... – esfregou as mãos animado. — Conta aí, pai. E como ela é? Apaixonou-se, ou melhor, vibrou por ela? A Jamile acertou novamente? Maktub, pai? – falava sem parar. — A borra do café previu a verdade? Ela é gente boa? É loira? Morena? Qual a idade? Se tem fazenda deve ser rica. Conta tudo – colocou os cotovelos na perna e erguia as sobrancelhas enquanto perguntava.

E por um momento relembrei de tudo que tinha vivido naquele dia.

— Pai, pai, você está bem? Onde está, pai?

— Eu estou aqui, filho – olhei para ele.

— Você se apaixonou, não é? – sorriu. — Ou melhor, vibracionou?

Encarei-o.

— Pensa que não conheço você? Esse sorriso bobo que demonstrou agorinha – caiu na gargalhada. — A Jamile sempre acerta.

— Você pode não acreditar. Eu mesmo não acredito – balancei a cabeça. — Foi tudo muito rápido.

— E aquele negócio de destino e escolha? – tirou uma casquinha.

— Quis provar que a Jamile estava errada – sorri. — Me dei mal – ergui os braços num gesto de aceitação. — Na verdade, me dei bem.

— E aí? Como está se sentindo?

— Perdido.

— E ela?

— Perdida também – passei a mão nos cabelos.

— Quero saber tudo, pai – o Ernesto caminhava pela sala.

— Conto amanhã. Deixei-a dormindo – levantei-me.

— Até hoje ela dormiu sem você – olhou-me de canto de olhos.

— É que até hoje ela não me conhecia – passei a mão nos cabelos dele. — É que já estou com saudades – pisquei. — Ernesto, você tem mais alguns ABOCs aqui?

— Tenho sim. Fiz dez para o grupo. Você quer?

— Por favor, vou levá-los. Olha, pode preparar uma porção deles. O Leandro e o Marcos estão por lá.

Ele entregou-me os pequenos aparelhos que impossibilitavam que o pensamento fosse captado.

— Não vejo a hora de conhecê-la – esfregou as mãos. — Estou super curioso.

— Você vai adorá-la – abracei-o. — Os Guardiões estão na chácara?

— Só o Toni, a Renate, a Carol e o Silvio. Os outros saíram jantar e virão dormir aqui.

— Ótimo. Vou falar com o Toni, mas acho que vou ligar avisando que estou chegando. Empresta o celular – após a ligação me teletransportei para a chácara.

Cheguei à porta da casa, bati e logo a Renate veio me receber.

— Olá, meu lorde. Entre! A casa é sua, sô! – deu-me três beijinhos. — Como está?

— Ótimo, Renate. E você? – sorri e entrei na minha casa. — Pronta para a viagem? E o Toni? O Ernesto me contou que ele está animadíssimo.

— Venha falar com ele. Está no mezanino, estudando. Essa vai ser uma grande aventura, muito mais aventura do que pesquisa. Ou será que mais pesquisa que aventura? Sei lá. O que importa é que muitas coisas podem ser reveladas – filosofava e caminhava ao meu lado.

— Agora estou curioso. Os raios deixaram de ser o principal ponto de pesquisa? Que aventura pode haver por lá?

— Olá, João – levantou-se Toni, abraçando-me. — Já estamos prontos para partir. Tudo certo lá?

— Tudo sim. Conheci a dona da terra onde acontecem as descargas atmosféricas. Vamos ficar na casa da fazenda.

— É dela que a Jamile falou? – mostrou-se curioso meu amigo, dando um sorriso malicioso.

— Acabei de ouvir do Ernesto a mesma pergunta – sorri.

— E o que respondeu a ele? – perguntou Renate.

— Foi dela mesmo – sentei-me no sofá. — Ainda não entendo bem a rapidez do fato. Foi instantâneo.

— Sei como é isso – piscou para a esposa. — Eu a Renate nos apaixonamos num olhar – lançou um olhar carinhoso para a esposa. — A Jamile, com sua borra do café, não erra mesmo – reconheceu Toni.

— Estou confuso ainda. Não sei o que acontecerá conosco. Ela tem uma vida lá e eu aqui em Curitiba – balancei a cabeça, tentando afastar o pensamento.

— Isso é o de menos, João – ralhou a Renate. — Darão um jeito.

— Amigo, vamos ter muito trabalho lá – relatou Antônio. — Aquela região foi uma área de intensos combates entre portugueses e tupis de um lado e espanhóis e guaranis do outro. Como devem lembrar, aquela região já pertenceu à Espanha e tem ruínas de uma cidade espanhola.

— Cidade espanhola? Guerras entre tribos indígenas, entre povos ibéricos? E os raios, onde ficam? – ergui as sobrancelhas. — Bem, preciso voltar logo. A Liz está sozinha e os Anhangás podem aprontar algo.

— Liz, é? – começou a me provocar Renate. — Liz de Elizabete, de Elizangela, de Elizete?

Olhei para ela novamente sem saber o que dizer. Nem tive a curiosidade de saber como era realmente seu nome.

— Ainda não sei. Vou perguntar – sorri.

— Você pode conseguir alguns trabalhadores para nós? Vamos demarcar a região para fazermos algumas escavações – pediu Toni.

— Claro. Quantos precisará?

— De 10 a 15 homens.

— Fique tranquilo. Providenciarei. Antes que me esqueça – tirei as estátuas de uma sacola –, trouxe isso da casa dela. Você reconhece as imagens?

— Claro, esta é uma pequena estátua de Inti, um deus Inca – o historiador arregalou os olhos. — E parece de ouro. É bem pesada. Deve ter quase 1 kg – segurava-a na mão.

— Toni, será que você consegue datar essas peças amanhã, antes de partir? Não se esqueça de levá-las. A Liz não sabe que eu as trouxe. Na verdade, nem sabe que sai de lá.

— Se forem legítimas, como parecem ser, são uma raridade e deveriam estar nos museus do Peru. Ela já viajou para lá?

— Sim, mas afirmou que não as comprou lá. E ela informou que tem várias peças semelhantes.

— Como as conseguiu? – questionou o velho amigo.

— Coloque essa pergunta na lista das coisas misteriosas que acontece por lá. Preciso de outro favor, acho que podem me ajudar. Terá uma gincana na fazenda, realizada pela escola, pelo que pude saber, já faz alguns anos. Será que poderiam entrar em contato com ela e nos colocar nessa atividade?

— Como assim? – pareceu não entender a Renate.

— Já há alguns anos a escola da filha dela faz um acampamento na fazenda. Pensei que se nos envolvermos os Anhangás não ousarão a entrar em ação onde tem crianças e adolescentes. E assim teremos um tempo para investigar sem a presença deles.

— Boa ideia. Qual é a escola? – quis saber a arqueóloga. — Se for de Ensino Médio falarei sobre os povos indígenas brasileiros. Aproveito e divulgo a pesquisa que eu e o Toni estamos fazendo.

— Vejo amanhã e aviso você. Até mais, preciso ir. Deixei-a sozinha – pisquei para eles e saltei para minha Liz.

Não permaneci mais do que 30 minutos fora. "Espero que ela não tenha notado minha ausência", pensei enquanto caminhava pelo corredor, mas quando cheguei à sala vi que ela não estava mais no tapete. Meu coração disparou. O que acontecera no tempo em que fiquei fora?

Ouvi os cãezinhos latindo ferozmente na cozinha. Talvez ela tivesse saído para me procurar. Ao sair na varanda tive uma síncope.

O Lorenzo estava a apenas alguns centímetros da Liz. Eles olhavam-se fixamente e eu soube nesse momento que ele percebeu que a vibração deles era quase a mesma. Isso seria um problema. Como eu, ele também se apaixonaria por ela. E o que ela sentia por mim, poderia sentir por ele.

Eu tinha que evitar que ele a tocasse. Num "salto" cheguei perto da Liz e a puxei para trás de mim. Senti que ela encostou a cabeça nas minhas costas e o desejo de protegê-la ampliou-se. Senti-me agigantar, precisava mostrar para ela que podia confiar em mim, seu protetor.

— O que quer com tudo isso, Lorenzo? – falei firme e autoritário. — Assustar uma mulher sozinha? Você sempre foi de fazer grandes demonstrações, mas aqui, sem plateia, com uma mulher indefesa?

— Olá, irmão. Há quanto tempo. Quase dois anos, não é? – falou o invasor.

— Bons tempos quando éramos irmãos – cruzei os braços, delimitando espaço. — Sinto por termos tomado rumos opostos.

— Por onde andou, saltador? – ironizou Lorenzo. — O Osvaldo não o viu na casa. Foi dar uma voltinha?

— Lorenzo, saltador como eu, por que não faz a gentileza de soltar esse homem e ir embora? – não podia deixar a Liz entender o que ele dizia.

Sem ter muito que fazer e como já tinham dado seu show, os Anhangás foram embora.

Aliviado com o impasse resolvido, refleti sobre o que senti ao perceber que tive ciúmes da Liz e ri de mim mesmo por querer ser o defensor dela, de querer protegê-la de todo mal. Nunca tinha sentido isso.

Enquanto a Liz e a Naiá cuidavam do velho homem fui verificar qual vidro havia sido quebrado. Era o da sala. E percebi que havia sumido uns dois ou três artefatos decorativos. Depois conversamos tomando chá, dei um ABOC para cada um e o casal foi embora.

Pedi para colocar o bloqueador nela, ela se aproximou, deixando que eu pegasse em seu cabelo. Ao tocá-lo pude sentir a maciez, a textura, o cheiro. Lentamente, ergui uma mexa do cabelo e coloquei o aparelho. O meu desejo era pegá-la pelo cabelo e beijá-la.

A minha tortura novamente começava. Ficar sozinho com ela sem poder tocá-la era intolerável, mas embora fosse complicado, era gostoso. Ela tinha um jeito de ser próprio, que me deixava feliz e tudo que falava, a forma como gesticulava e sorria, deixava-me mais vivo.

Quando fomos deitar eu a acompanhei até o seu quarto e tudo que queria era que me convidasse para passar a noite com ela. Eu até que tentei dar um empurrão da decisão dela, amedrontando-a dizendo que os Anhangás poderiam voltar, mas não consegui convencê-la.

Antes de fechar a porta ela me beijou na face e foi tudo que consegui dela. Fiquei sentindo o toque dos seus lábios na minha pele. Ela fechou a porta, mas não a trancou. Coloquei as duas mãos na porta. Eu não queria ficar longe dela, precisava entrar. Aquela porta não era empecilho para mim. Ponderei sobre algumas possibilidades.

E se eu entrasse e a beijasse a força?

E se não fosse a força? Se ela também quisesse?

E se eu a jogasse na cama e fizesse amor com ela?

E se eu dissesse que vibrava como ela e queria amá-la para sempre?

E se eu revelasse que não podia mais viver sem ela?

E se eu contasse que ela agora fazia parte do meu sistema dinâmico de vida?

E se eu fosse expulso e não pudesse mais ficar perto dela?

Resolvi ir dormir no outro quarto.

CAPÍTULO 3

TERÇA-FEIRA
10/06/2014

Dormia profundamente quando a Sininho começou a latir insistentemente, pulando sobre mim, fazendo-me acordar. Tentei abrir os olhos, mas não tive êxito. Não tinha noção de horas. Ai, não queria acordar. O sono ainda me dominava, a noite anterior foi cheia de emoções e além do mais, eu detestava acordar cedo.

— Liz... Liz... Acorde – ouvi uma voz me chamando ao longe. — Já são 9 horas da manhã e seu celular não para de tocar – era a Marica, acordando-me. Ela morava em Fênix, tinha 43 anos, era bem magrinha, seus cabelos eram bem pretos, lisos e curto. Sempre que precisava ela me ajudava na casa da fazenda. Seu marido também fazia diárias para Rudá.

— Oi, Marica. Que horas são? – mal conseguia abrir os olhos. Segurei a Sininho, para que se acalmasse.

— Desculpe entrar aqui, é que o seu João mandou que a chamasse às 9 horas em ponto – bateu no pulso, mostrando o horário. — Essa Sininho é um alarme mesmo – colocou as mãos na cintura.

— Ah, ele mandou é? – sorri. — Agora ele dá ordens por aqui? – sentei-me na cama.

— Também. Mas o que ele dá mesmo é um bom caldo. Ah, isso ele dá! – respondeu com um sorriso maroto.

— Marica, Marica... – devolvi o sorriso com uma piscadela. — O pior é que é verdade. Um minuto para trocar de roupa e já vou – fui ao banheiro e me assustei com o meu cabelo, como todas as manhãs. Borrifei um produto que me ajudava muito, passei os dedos entre os fios e pronto, logo os cachos estariam bem comportados. Coloquei uma calça jeans, uma regata branca e uma camisa xadrez. Nos pés, uma sapatilha preta; nos dedos, alguns anéis, pois não conseguia ficar sem eles; na orelha, um brinco com uma pedrinha azul. A Sininho ficava o tempo todo andando atrás de mim, um amor.

Ao chegar à cozinha um maravilhoso café da manhã estava servido.

— Que delícia, Marica. Obrigada! – sentei-me, com fome. — Bom dia, Trolinha – afaguei meu cãozinho, que dormia no seu ninho na cozinha.

— A Naiá mandou tudo: o pão, o bolo, os doces e o patê. Só fiz o café e esquentei o leite. Quer ovo?

— Não, obrigada. Tem alimentos demais aqui – comecei a me servir.

— Quer uma tapioca? – questionou a Marica.

Fiz que não com a cabeça, pois a boca estava ocupada com um pedaço de fruta.

— Já limpei a sala. Precisa providenciar um novo vidro. É perigoso deixar aberto e pode chover.

— Farei isso assim que tomar café. Onde estão todos? – a curiosidade de saber o paradeiro do João dominava meu pensamento.

— Seu Rudá e seu João foram dar uma olhada onde aqueles homens detestáveis estiveram. A dona Naiá está na casa dela e disse que não é para me preocupar com o almoço, que será lá – falava e gesticulava encostada na pia. — Liz, o seu celular não parou de tocar.

— Deixe-me ver quem é – verifiquei as chamadas. – Meu Deus, 27 chamadas da Aninha. O que será que aconteceu? Liguei para ela.

> — *Oi, filha. O que ouve?*
> — *Mãe, você se esqueceu do acampamento?*
> — *Não, claro que não.*
> — *Então, mãe, a diretora da escola quer falar com você. Amanhã vamos para a fazenda.*
> — *Diga a ela que à tarde estarei aí e conversaremos. No mais, tudo bem?*
> — *Sim, mãezinha. E aí? Como estão as coisas? Tudo sob controle?*
> — *Graças a Deus.*
> — *Ai, que bom.*
> — *Até mais tarde. Beijão, filha.*
> — *Beijos, mãe.*
> — *Deus a abençoe.*
> — *Benção.*

— Seu Rudá gostou muito do seu hóspede. Nunca vi ele se dar tão bem com alguém em tão pouco tempo.

— Impressionante isso – cortei um pedaço de bolo de fubá cremoso. — Até pediu para ele dormir esta noite aqui, você acredita?

— Curioso, muito curioso – coçou a cabeça para demonstrar sua estranheza.

Após tomar café da manhã sentei-me na varanda, com a Sininho no colo, para esperar os dois voltarem e relatarem qual era a situação do local onde os Anhangás haviam estado. Enquanto aguardava lembrei-me do dia anterior. De quando vi o João pela primeira vez, das sensações que ele despertava em mim. De como era extasiante estar perto dele. Do medo que senti de me envolver demasiadamente. De como meus padrinhos me deixaram aos cuidados dele. Questionei-me como era possível encantar-me por alguém assim tão rápido, que magia era essa? Com o pensamento voando em busca de respostas, vi-os ao longe. Inevitavelmente, meu coração disparou.

Ao se aproximarem percebi que ele montava o Conhaque, meu cavalo. Estava lindo. Usava uma calça marrom terra, uma camiseta branca e nos pés um coturno marrom. Sua barba e cabelo por fazer davam a ele um ar másculo que me fascinava. Usava um óculos escuro e um chapéu marrom.

— Bom dia, Rudá, João – cumprimentei-os assim que apearam. — Por que não me chamaram? – dei um beijo no meu padrinho e a mão para o físico.

— Não quis incomodá-la, minha menina – respondeu Rudá.

— Gostaria de tê-los acompanhado para ver como está tudo lá.

— A bagunça foi pequena, nada que não se possa dar um jeito. Mas mataram cinco animais. As carcaças estão a céu aberto. Vou enterrá-las ainda nesta manhã.

— Você está com o ABOC? – entrou na conversa o João.

— Sim, aqui – mostrei que estava na regata.

— Ótimo! – sorriu. — E o estrago na sala, como foi? – quis saber, já sem óculos e com os olhos de esmeralda brilhando.

— Sabe que ainda não fui ver – na verdade, tinha me esquecido de tal incidente. — Farei isso agora.

— Vou com você – João convidou-se rapidamente.

Eles me acompanharam. O vidro quebrado era uma das portas da sala.

— O que será que eles queriam aqui dentro?

— Tenho um palpite – anunciou João. — As suas estatuetas. Não sou perito nisso, mas elas me parecem ser peças Incas e de ouro maciço, como já falei.

— Você não é perito mesmo. São meus brinquedos de criança. Tenho outros guardados.

— Brinquedos? – arregalou os olhos. - Guardados? Posso ver? – João ficou empolgado.

— Eu vou cuidar das coisas lá fora – avisou Rudá. –Não se esqueçam de quando forem à tarde para Campo Mourão, chegar na vidraçaria em Fênix e solicitar que venham arrumar isso aí.

— Pode deixar, vou providenciar, padrinho – tranquilizei-o. — João, as peças estão no sótão. Vamos? – senti-me feliz por ficar mais um tempo com ele. — Só não ligue para a bagunça que deve estar lá.

— Claro que não, fique tranquila. Você na frente – fez um gesto com a mão.

—Na casa antiga eu costumava brincar no sótão, era meu mundo encantado. Reformei-a, na verdade, deixei apenas algumas partes dela. Tudo é novo.

— Esta casa nova é realmente incrível – comentou.

— É..., caprichei – sorri. - O sótão deve estar muito empoeirado. Acho que só fui lá quando terminei a construção – subíamos a escada que dava para o andar superior. No fim do corredor havia outra escada, que levava ao sótão. A Sininho corria na minha frente.

— Ai, não acredito!

— O que foi? – indagou ele logo atrás de mim.

— Para entrar aqui preciso de uma chave e não a trouxe. Vou buscá-la. Já volto.

Desci para pegar a chave que guardava em uma gaveta no meu quarto. Fiquei com raiva de mim de tal esquecimento. Eram momentos preciosos que deixei de estar junto a ele. Enfeitiçada ou não pela presença daquele homem desconhecido, tudo o que eu mais queria era não me afastar dele nenhum segundo. Peguei-a e voltei o mais rápido que pude.

O João me esperava no último degrau da escada e a Sininho dormia ao seu lado. Ao vê-lo paralisei, meu coração descompassou. Isso já estava virando rotina. Ele estava sentado de pernas afastadas, com os braços apoiado nelas e segurando o rosto com uma das mãos. Ai, como era lindo. O poder mágico que sua presença impunha em mim era tão forte que não conseguia descrevê-lo. Ele não era apenas um homem grande e bonito, com olhos verdes incríveis, sorriso encantador, gentil e inteligente, ufa, tudo o que sempre idealizei. Havia algo a mais nele. Podia sentir a magia dele me envolvendo, parecia uma força viva. Nunca tinha sentido por alguém, nem de perto, o que sentia por ele. Com o Pedro tinha sido diferente. Foi um sentimento que cresceu conosco. Com o João foi uma explosão instantânea de emoções. Sem saber como agir diante dele, apenas esbocei um sorriso, ele retribuiu. Quando comecei a subir a escada fiquei com medo de tropeçar, pois a forma como ele me olhava me deixou atordoada. Não sei como consegui galgar os degraus e ao chegar perto dele tudo parou novamente. Como era possível esse encantamento com um homem que conheci há menos de 24 horas? Acorde, Liz, acorde.

— Vai querer ver as peças ou não? – balbuciei, mostrando a chave. Ele impedia a minha passagem.

— Claro, por favor – levantou-se.

Mas não deu muito espaço para eu passar. Ficamos bem juntos. Eu podia sentir o calor do seu corpo próximo ao meu e a sua respiração no mesmo ritmo da minha. Excitei-me com essa proximidade. Por um breve tempo esqueci o que fazia e não conseguia abrir a porta.

— Quer ajuda? – envolveu-me com seu corpo. Sua mão quase tocava a minha quando destranquei a porta.

— Consegui – abri a porta quase perdendo o fôlego. Ele estava ficando abusado. — Como eu imaginava, está tudo empoeirado – entrei rapidamente antes que o beijasse. A presença dele alterava toda a energia do meu corpo. A Sininho correu, deitou-se num tapete e ficou quietinha.

O quarto era cheio de caixas, prateleiras e armários, cada um com seus segredos. Assim que entramos uma grande nostalgia apossou-se de mim e lágrimas brotaram dos meus olhos. Quando ele percebeu ficou preocupado, segurou minha mão afetuosamente e me chamou para sair. Aquele gesto de carinho e preocupação me emocionou ainda mais e daí que chorei de verdade. Não consegui reter as lágrimas que minavam sem cessar. Chorei de saudades da vó Veridiana e de emoção e medo do que ele causava em mim. Ele era atencioso, paciente, cuidadoso, importava-se com o que eu sentia, sem deixar de dizer que era lindo. Cada vez ficava mais difícil permanecer perto dele, e cada vez mais gostoso de tê-lo próximo. Eu estava enfeitiçada.

— Vamos sair daqui – envolveu-me com seu braço e começou a caminhar rumo à porta.

— Não quero – parei de andar. — Preciso enfrentar a saudades e meus dilemas – fiquei tensa com seu abraço. — As adversidades nos fortalecem – suspirei.

— Então se sente aqui – passou a mão tirando o pó. — Está meio empoeirado. Parece que faz tempo que a dona do local não o limpa – balançou a cabeça sorridente.

— Já estou melhor. Desculpe – esbocei um sorriso. – Parece que tenho duas "válvulas lacrimais" com problema. Elas vazam sem permissão – tentei justificar-me.

— Imagino que sente falta da sua avó. E chorar faz bem, limpa os olhos, tira a poeira... – tentou me alegrar e foi impossível não sorrir. — Quanto às válvulas, posso tentar dar um jeitinho.

E sem tempo de eu ter qualquer tipo de reação ele tocou com seus lábios um olho, e foi como se eu tivesse caído num abismo. Depois lentamente ele beijou o outro e eu me perdi num espaço sem fim. Tentei me segurar em algum pensamento lógico, mas quando seus lábios, com suaves toques, deslizaram na minha face, perdi-me em sensações e emoções. Mal conseguia respirar e o meu único desejo era que seus lábios tocassem os meus para que eu pudesse retornar à realidade, ou, não sei, perder-me de vez num mundo mágico de sentimentos. Nesses segundos fiquei sem ação, com os olhos fechados. Desde o exato momento em que os lábios dele tocaram meus olhos todo o meu corpo desejou o dele, então o ar sumiu e pensei que nunca mais o encontraria. Por fim, ele afastou-se um pouco. Abri os olhos, ele sorriu. Eu sorri. Ele fechou os olhos e aproximou-se, e tocou meus lábios com os deles suavemente.

Morri de desejo.

Socorro! Socorro! Socorro! O que devo fazer? De onde veio esse forte encantamento que me deixava tão refém desse desconhecido?

Desconhecido? Desconhecido?

Não!

Tinha a sensação de que éramos um. Não como partes que deviam se unir, mas, sim, eu e ele, inteiros, na forma mais pura da sua individualidade, que se completavam.

Afastei-me para tentar achar o ar, abri os olhos, ele também.

Sorrimos. E o que foi aquele sorriso senão a manifestação nos lábios do que nossos corações ansiavam?

Ele permaneceu parado, esperando uma ação minha. Passei a mão no seu rosto, ele fechou os olhos novamente e encostou a cabeça no meu ombro.

— Está melhor? – perguntou após um breve tempo, ainda de cabeça baixa e com dificuldade de respirar.

Não conseguia responder. Pensar e respirar eram muita atividade para administrar naquele momento. A única coisa que queria era beijá-lo e fazer amor com ele. O que me impedia? Por que não fazia amor com ele? O que estava acontecendo comigo? Eu sei, eu o amava.

— Mais ou menos – foi o que saiu da minha boca sedenta da dele.

— Que bom – levantou a cabeça e sorriu. — Vamos vasculhar esse lugar – deu a mão para me ajudar a levantar.

Depois de ter me ajudado com a saudade, com as "válvulas lacrimais" e de quase ter me matado de desejo, foi olhando tudo. Abriu algumas gavetas, fuçou nas caixas, mexeu nas prateleiras. Ele observava tudo e não falava nada. Às vezes olhava para mim, sorria, eu retribuía.

Então resolvi vasculhar também, mas ao contrário dele, eu não parava de falar. Aquele lugar e tudo que havia ali realmente me proporcionavam doces e saudosas recordações. Enquanto mexíamos nas caixas, o João insistia em dizer que a maioria das peças eram Incas. E eu negava o tempo todo.

— Ah, olhe aqui estes bonequinhos – peguei uma estátua de barro de uns quarenta centímetros. – Eu que fiz, todos eles, com a ajuda dos meus padrinhos, é claro.

— Uau! Mas que coisas feias! – fez uma careta.

— Magoei... – passei a mãos nos olhos para dizer que chorava. — Eu que fiz.

— Não foi minha intenção – sorriu. — É que são... como posso dizer... um tipo de abominação – tentou se desculpar. – O que são estes monstrinhos?

— E é isso mesmo que eles são. Temos aqui os Sete Monstros Lendários Guarani – estendi a mão, apresentando-os. — São da mitologia dos nossos índios.

— Nunca vi nem ouvi falar deles – ele pegou um de cada vez e virava de todos os lados. — Acho que a escultora não era lá muito profissional – piscou.

— Nisso posso até concordar – dei de ombros. — Quer ouvir a história deles?

— Sim, claro – sentou-se ao lado dos monstrinhos.

— Aqui no Brasil eles foram esquecidos e alguns incorporados aos mitos que vieram da Europa e da África – sentei na frente dele e tive vontade de beijá-lo, mas continuei a história. — Você sabe que há muitas variações nessas lendas, por serem, no princípio, orais, mas vou contar a que conheci: entre os Guarani havia um espírito do mal chamado *Anhã*, que fazia maldades com homens, animais e plantas. Por onde passava deixava choro e destruição. Esse ente maléfico apaixonou-se por uma bela jovem, filha de um grande chefe, o cacique *Marangatu* e neta de *Rupave* e *Sypave*, o primeiro homem e a primeira mulher criados por *Tupã*. Esse é um dos quatro seres engendrados por *Nhanderu,* o Grande Pai. Diz a lenda que sua beleza era inigualável, seus lábios tinham a cor de mamão maduro, sua face era delicada como uma flor de maracujá, suas mãos mexiam-se como a delicadeza da brisa, seus olhos brilhavam como o reflexo do sol na água.

— Uau, impossível não se apaixonar – declarou.

— Pois bem – torci os lábios. — Ela dormia quase o tempo todo, por isso chama-se *Kerana*, a dorminhoca. Em um dos poucos momentos em que caminhou na aldeia foi vista por *Anhã*, que passava por lá para fazer suas maldades, e ele caiu de amores pela linda jovem e a desejou. Assim que ela adormeceu, o malvado ser apareceu em seus sonhos como um belo guerreiro que tocava uma flauta mágica e passeava com ela. Por sete noites visitou-a em sonhos, tempo necessário para que ficasse enfeitiçada pela música e pelos falsos sorrisos. Dessa forma, a pobre menina sentia prazer em estar na companhia de *Anhã*. Só que o espírito do bem, *Angatupyry*, vigiava as ações de *Anhã* e resolveu interceder em favor da bela jovem. E iniciou-se a peleja entre o bem e o mal.

— Essa luta está presente em todas as culturas, a eterna luta entre o bem e o mal – analisou ele cheio de atenção.

— Por sete dias lutaram ferozmente e *Angatupyry* vencia. *Anhã* sentia-se esgotado. Quando viu que perderia o combate gritou por *Pytãjovái*, o espírito da guerra, que o atendeu e jogou fogo em *Angatupyry*, que cai desacordado. Aproveitando-se do momento, *Anhã* roubou *Kerana*, não mais como o corpo de formoso guerreiro, mas com sua horrenda aparência, e a levou para sua tenebrosa casa. E para apavorá-la ainda mais, dizia a ela que se tentasse fugir, morreria. A menina chorava desconsolada e dizia que ele jamais a teria. Não dando ouvidos aos lamentos da *Kerana*, ele a possuiu, desejoso. A tribo clamou a *Jaxy* que os ajudasse a resgatar *Kerana*, mas a Lua sabia que nada conseguiria de *Anhã*, então lançou uma maldição, que todos os filhos do casal se tornassem monstros, e assim se fez. Eles tiveram sete filhos monstruosos.

— Que história mais triste – comoveu-se ele. — Por que você tem esses monstros malditos aqui? Não entendo.

— Deixe-me continuar e entenderá. Passados apenas sete meses, *Kerana* dá à luz precocemente a este aqui – peguei um monstro. — Este é o filho mais velho, o *Teju Jagua*.

— Sete cabeças com cara de onça e com corpo de lagarto – ele olhava a estátua. — Deve ser um grande assassino.

— Parece, mas segundo a lenda, ele só come frutas e mel, quando o irmão mais moço leva para ele. É o protetor de cavernas, grutas e nascentes de água.

— Ele não é do mal mesmo? – João ergueu as sobrancelhas admirado. — É tão estranho.

— Algumas versões das lendas dizem que quando encurralado ou quando homens invadem sua caverna, ele os devora. Mas na maior parte do tempo é bom – coloquei no lugar e peguei outro monstro. – *Anhã* assedia a pobre índia e assim, sete meses depois, nasce prematuramente este aqui – ofereci para que ele pegasse.

— Uma cobra com cabeça de pássaro, um grande bico e patas de lagarto – arregalou os olhos. — Que horror!

— É o *Mboi Tui*. Este monstro protege os cursos de água e tudo que há sob ela, plantas e animais – passei a mão na cobra de barro. — A cabeça é bem maior que o corpo, tem penas – rocei os dedos nas que havia colocado –, a cabeça é de pássaro, o bico é de um papagaio, o corpo de cobra tem escamas e listras, patas de lagarto e rabo com espinhos. Preste atenção na língua. É dividida, como de cobra mesmo. Conta o mito que ele tem um grito muito feio, que amedronta quem está na floresta e, pior – cerrei os olhos –, dizem que tem um olhar medonho, que deixa quem o encontra assustadíssimo.

— Ficaria mesmo assustadíssimo se me deparasse com um monstro desse. Nem precisaria prestar atenção em seus olhos.

— Concordo – sorri.

— Também não é do mal?

— Não – enfatizei com movimento da cabeça. — Se alimenta apenas de frutas. Agora vamos para o terceiro filho, o *Moñai*.

— Outra cobra? – admirou-se. — Mas parece, pelas voltas que você deu aqui, que deve ser bem grande – olhou para mim e eu concordei. — Tem uma cabeça enorme, dentes na boca e dois chifres.

— Ele cuida dos campos abertos, sobe em árvores e é muito veloz. Alimenta-se de pássaros, e para pegá-los ele os hipnotiza com os chifres e por isso é chamado de "Senhor do ar".

— Quanta imaginação! – suspirou ele.

— É o ladrãozinho da família – gesticulei com a mão. — Gosta de passar nas aldeias roubando coisas e esconde em lugares que só ele sabe, o que causa confusão entre os indígenas. Quando some alguma coisa na aldeia eles já dizem: "O *Moñai* passou aqui".

— Interessante... – pegou outro monstrinho. — Este parece gente, feio demais, mas parece – fez uma careta.

— É o *Jaxy Jaterê* – relatei.

— O Saci Pererê? – corrigiu-me.

— E o que você sabe do Saci Pererê? – perguntei.

— É um negrinho de carapuça vermelha, com uma perna só e que fuma cachimbo – abriu um sorriso lindo. — Pensa o quê? Conheço nossas lendas.

— Pois é, só que quando o mito foi criado aqui não havia negrinho – ele ergueu as sobrancelhas admirado. — Acredita-se que os primeiros europeus que chegaram aqui se apropriaram do nome, *Jaxy Jaterê*, modificando-o um pouco e incorporaram outra personalidade.

— Pode ser, mas conte-me sobre ele.

— Pode ser não, é – fui enfática. — Bem, seu nome, *Jaxy Jaterê*, quer dizer pedaço da Lua, e é um dos mais importantes dos irmãos.

— Pelo menos é o mais ajeitadinho – brincou. — Tem forma humana.

— Aqui não dá para perceber – balancei a pequena estátua –, mas ele tinha pele mais clara, assim como os cabelos, podendo ser branco ou vermelho; olhos azuis, podia aparecer bonito ou assustador, ele escolhia sua aparência, e nasceu com um bastão mágico na mão.

— Saiu da barriga da *Kerana* com um bastão – satirizou. — Só pode estar brincando.

— Coisas de mitos – dei de ombros. — Ele mora na mata e é considerado o protetor da erva-mate, planta nativa desta região. Ele é travesso da turma, adora uma brincadeira e vigiava a sesta das crianças. Quem não dormia, ele levava embora.

— O que fazia com elas?

— Alguns dizem que brincava e depois devolvia, outros que levava para serem devorados por um dos seus irmãos. As mães cuidavam muito dos filhos com medo de que o *Jaxy Jaterê* os levasse.

— Que horror! – fez uma careta. — E essa bengalinha aqui?

—Ah, sim, seu bastão, é mágico. Se alguém conseguir pegá-lo consegue dele tudo que quiser.

— Como a carapuça do Saci.

— Exato. O Saci que conhecemos tem um pouquinho de sua origem aqui – concordei com ele.

— Tá certo – ele devolveu a estatuazinha e pegou outra. — E este aqui?

— Este é o *Kuripi*, o responsável pela sexualidade e fertilidade – expliquei.

— Esta coisa feia, de olhos grandes e com dentes cheios de pontas? – balançou a cabeça negativamente. – Responsável pela sexualidade e fertilidade? Sem chance.

— Ele é meio humano meio monstro, como o *Jaxy Jaterê*, mas ao contrário dele, é horrível. Seus olhos não têm pupilas, como os extraterrestres – sorri do jeito que o João olhava o monstrinho –, dizem que se desloca muito rápido, com grandes saltos, e mora nas partes mais fechadas das florestas. Tem um grito muito forte, causando medo a todos que o ouvem. Sua alimentação é baseada em filhotes recém-nascidos e fezes.

— O que é isso aqui enrolado? – apontou no abdômen do ser mitológico.

— Esse espiral de várias voltas é o pênis dele, com o qual violenta quem adentra seu habitat, homem ou mulher. E, no caso de mulher, ela pode gerar outro dele.

— Ui, que perigo – brincou. — Tem desse por aqui?

— Até hoje nunca o vi – tranquilizei-o, ele sorriu. — Em noites de lua cheia sai da floresta e vai vigiar as aldeias na esperança de que uma moça saia desacompanhada.

— Endiabrado este aqui – colocou no canto e pegou outro.

— Este é o *Ao Ao*.

— Que horroroso. Parece um javali com lã de carneiro e patas com garras – virava a estatueta. — Você tem certeza disso? Acho que exagerou.

— São monstros. Precisam ser feios – sorri. — Chama-se *Ao Ao* porque fazia esse som. Proliferava-se muito e andava em bando. É o protetor das colinas e montanhas. Diferente dos irmãos, ele come gente. Quando um índio o via precisava correr para um *pindá*, o coqueiro sagrado. Caso corresse para uma árvore qualquer, o monstro ficaria rodeando e cavando até ela cair.

— Nunca ouvi nada parecido. Coitados dos Guarani – balançava a cabeça.

— Vamos ao último filho, o *Lusion*, responsável por tudo que é ligado a morte. Só a menção do seu nome amedrontava os índios.

— É um ser muito magro – ergueu as sobrancelhas. — Isto aqui são as costelas dele? – confirmei com um gesto de cabeça. — Sabe, parece que você é uma boa escultora.

— Tem cara de cachorro, dentes de vários tamanhos e são bem afiados – continuei. — Tem uma orelhinha aqui na parte de trás da cabeça, mãos humanas, pés com garras, seu domínio são solos sagrados, tipo cemitério, porque se alimenta de cadáveres.

— Achei superinteressante saber um pouco sobre esses monstros lendários, mas não sei por que você os tem aqui.

— O mito de *Anhã* e *Kerana* segue e seus filhos horrendos são mortos, queimados numa gruta junto com a pequena *Porãsy*, "tia *de Kerena*", que se sacrifica para pôr fim nos terríveis sobrinhos *Porãsy* virou uma estrela que anuncia a aurora e os sete monstros também são estrelas, as Plêiades, que têm vários nomes, não é mesmo? Sete cabritas, sete irmãs, sei lá...

— Sim, fica na constelação de Touro – explicou João. — Sabia que eram filhas de Atlas e Pleione.

— Tá vendo, sabe mitologia grega e não a nossa – olhei séria para ele. — Continuando, *Kerana* chora, chora, chora, por ter sido tão infeliz, por ser roubada por *Anhã*, por gerar monstros, por vê-los mortos, por ter uma vida tão miserável. Quando eu era menina tinha muito dó dela e pedi para meus padrinhos me ajudarem a fazer uma imagem dos seus filhos, para que quando ela quisesse matar as saudades, pudesse olhar aqui.

— Agora entendo você – passou a mão no meu rosto.

Respirei fundo e levantei.

— Vamos sair daqui.

— Como achar melhor – levantou-se também.

Parei em frente a um grande armário.

— Este armário era da minha avó. Ela não me deixava tocar em nada que tinha aqui – fui tentar abri-lo mesmo sabendo que se encontrava trancado. — Onde será que está a chave? Não me lembro de uma chave tão grande assim.

Nesse momento, Rudá entrou no quarto.

— Liz, preciso que vá agora a Fênix.

— Por quê? O que aconteceu?

— Nada de grave, apenas para buscar diesel para o trator. Eles levaram tudo que tínhamos. Quero enterrar os bois.

— Ótimo, já aproveito e passo na vidraçaria.

— Vamos com o meu carro? – ofereceu-se o João.

— Tudo bem – sorri, concordando. Ficar perto dele era muito bom, alegre e leve, mais ou menos como ficar comigo mesma, mas às vezes era complicado, como há uns minutos atrás. Sabia que ele gostava de ficar perto de mim pelo sorriso que o acompanhava, aliviando a expressão sempre séria do seu rosto.

Fechei a porta do sótão, peguei a Sininho no colo e caminhamos falando dos monstros lendários. No fundo eu estava extasiada pelo que havia acontecido lá.

DORMI POUCO, O INCIDENTE COM OS ANHANGÁS me deixou preocupado. Não só pelo mal que sempre causavam por onde passavam, mas pelo fato do Lorenzo ter se encontrado com a Liz e saber que vibravam quase na mesma frequência. Outro fator do motivo da insônia obviamente era o que se passava comigo. Sabia que não conseguiria mais viver sem aquela mulher. Logo que o sol raiou levantei-me e fui meditar ou melhor fui tentar meditar e, claro, não consegui. Esse aprendizado levaria um bom tempo, além do que, deixar a mente vazia com tantas novidades surgindo em minha vida era difícil demais para um principiante.

Resolvi caminhar, e vi ao lado da casa inúmeros pés de primavera, de várias cores exuberantes. Lindíssimo! Também vi a casinha na árvore. Não resisti e subi nela, pois sua aparência era incrível. Para acessá-la havia duas opções: uma escada suspensa, pertinho do caule da grande árvore, e uma escada em caracol. Optei pela segunda. A cobertura era de palha, as paredes e o chão eram de madeira rústica. Tinha vários níveis e pontes suspensas os ligavam. O interior era todo equipado com peças de barro e madeira, tudo funcionava. Dava para morar nela. Sentei numa rede na varanda e do alto observei a linda paisagem. Inevitavelmente, meu pensamento direcionou-se à minha teoria sistêmica do que chamam de amor e paixão. Sei que há um padrão autorregulador para a nossa sobrevivência, no caso estou falando do "amor", que é realimentada num mecanismo de homeostase. Mas como somos um sistema energicamente aberto porque precisamos de fluxos de energia para sobreviver, ela era essa fonte de energia que num sistema circular de alimentação me tornou mais vivo. Isso por que ela vibrava na mesma frequência de ondas que a minha, e estar na mesma sintonia que ela me deixou totalmente sem ação.

O que dizer das sensações que o meu corpo tinha sentido ontem? Isso porque, seguindo o raciocínio, o coquetel químico que tinha vivido na noite anterior, o que é comumente chamado de paixão, é parte da organização fechada, porque se dá em complicada rede de reações químicas no cérebro e no sistema endócrino. Os hormônios e neurotransmissores tomaram conta de todo o meu ser. Dopamina, adrenalina, noradrenalina e oxitocina fizeram-me sentir dopado, dispararam meu coração, fizeram-me suar, ter desejo sexual, a respiração se alterar, ora quase faltando, ora exacerbada.

Respirei fundo, uma, duas, três vezes para afastar tais pensamentos, que já não faziam tanto sentido depois que a conheci. Agora tudo parecia tão simples.

Resolvi apreciar a vista, que era muito linda. Dava para ver o rio Ivaí ao fundo e o rio Corumbataí por todo lado que se olhava. Vi uma fumaça saindo da chaminé da casa do Rudá e decidi ir até lá. Para descer da casinha, além das opções de subida havia um escorregador, e eu me aventurei nele.

Ao me aproximar da casa dos padrinhos da Liz, o cheiro do café fez com que apressasse os passos. A porta estava aberta.

— Bom dia! – saldei-os do degrau da porta.

— Olá, meu rapaz. Já acordado? Entre, venha tomar café conosco – convidou-me Rudá.

— Sente-se e aprecie o café da fazenda, plantado, colhido, torrado e moído por mim – gabou-se Naiá.

— Tá brincando? – dei um beijinho no rosto dela. — Jura que é totalmente caseiro?

— Caseirinho, com as mãos da Naiá – sorriu orgulhosa.

— O leite eu acabei de tirar – apressou-se em dizer o indígena.

— O pão e os doces eu que fiz – declarou Naiá, não querendo ficar para trás do marido.

— Obrigado, vou aceitar e me deliciar logo de manhã. Já estou vendo que engordarei nestes dias – falei, servindo-me de uma enorme fatia de pão.

— João, eu sinto que conheço você – disse reflexiva Naiá.

— Acredite, Naiá, se eu os conhecesse, jamais os esqueceria – quando ela usou a expressão "eu sinto" fiquei alerta. Como ela poderia sentir que me conhecia? — Vocês estão numa faixa frequencial bem próxima – passei nata e depois doce de goiaba no pão. — Gosto muito de vocês.

— Não entendi muito bem esse negócio de faixa frequencial – torceu os lábios –, mas também gosto muito de você.

— Também tenho a nítida impressão de que o conheço – Rudá comia pão com ovo e tomou um gole de café. — Sinto que fomos amigos e vivemos algumas aventuras – sorriu. — É interessante tal lembrança.

— Estranho esse sentimento – como os dois podiam "sentir" que me conheciam? Será que estariam confundindo a minha frequência vibracional com a de outra pessoa? Talvez com a do próprio ex-marido da Liz? Por que eles sentiam e eu não? — Mas não lembro mesmo – peguei um pedaço de bolo. — Talvez seja uma lembrança de vidas passadas – sugeri.

— Não, não, não. É desta vida – Rudá bebeu mais um gole de café.

— Confiamos a você a nossa menina – a pequena Naiá comeu um pedaço de queijo. — A lembrança boa que temos de você nos fez confiar.

— Estranho os dois se lembrarem de mim... – fiquei pensativo. — Quem sabe possamos, de alguma forma, ter nos conhecido – peguei mais um pedaço de pão. — Obrigado por terem confiado a Liz a mim.

— Sei que você a ama – pronunciou com ternura Naiá. — Está estampado em seus olhos.

— E no sorriso – emendou Rudá.

— E no carinho com que a trata... – enfatizou a madrinha da Liz.

— E como a protege – continuou o padrinho.

— Mas ela é dura na queda – ergui as sobrancelhas.

— Isso nós sabemos, não é minha flor? – falou Rudá.

— E como! – sorriu para o marido. — Tenha paciência. Ela é a pessoa mais maravilhosa que conhecemos.

— Eu acredito em vocês.

— Assim que terminarmos vamos ver o que seus amigos fizeram lá – avisou Rudá.

— Não são meus amigos. Um deles, o líder, foi meu melhor amigo, meu irmão de coração, como já contei. De certa forma, fico triste de não poder mais tê-lo ao meu lado. Formávamos uma dupla e tanto.

Enquanto conversamos sobre os Anhangás comi mais uma fatia de pão com doce de leite e uma com patê de torresmo, um ovo mexido, um pedaço de bolo de fubá cremoso e duas xícaras de café com leite.

— Terminou? – perguntou Rudá ao me ver passar a mão na barriga. — Tava com fome, meu amigo! – sorriu.

— Nunca comi nada assim, tão puro e delicioso – sorri ainda com a mão na barriga. — Agora estou passando mal.

— Caminhar um pouco ajuda – Rudá levantou-se. — Vamos ver o estrago que fizeram com a explosão.

— Claro – levantei-me também. — Obrigada Naiá, estava tudo muito bom.

— É, deu para notar que gostou – sorriu e retribuí o sorriso com um abraço.

Era estranho como eu tinha necessidade de tocar nessas pessoas.

— Você sabe andar a cavalo? – questionou Rudá.

— Infelizmente, nunca montei.

— Então hoje vai aprender a cavalgar. Todos os dias precisamos aprender algo – deu um tapa nas minhas costas assim que saímos da cozinha.

— Concordo com você – falei um tanto apreensivo. — Vamos à aula.

Em um cercado perto da casa havia alguns cavalos à disposição. O indígena chamou dois pelo nome e eles vieram calmamente.

— Este é o meu Polo, o senhor dos ventos. O Conhaque é o da Liz, hoje será o seu.

O Polo era branco com manchas pretas. Um animal muito lindo e grande. O Conhaque era da cor da bebida, um belo exemplar também. Ambos tinham pelos brilhantes e crinas exuberantes.

Os animais nos acompanharam até o celeiro, que ficava atrás da casa do Rudá. Eu estava bem receoso com um cavalo tão grande perto de mim. Nunca tinha vivido tal experiência e fiquei um pouco temeroso.

Tranquilamente, Rudá foi me ensinando a encilhar o equino.

— Tome, escove as costas dele – jogou uma escova para mim. — É para prevenir que algo fique sobre os pelos e o machuque quando colocar a cela. Deixe-o bem limpo. Primeiro de um lado, depois de outro. Aproveite para fazer amizade com ele.

— Olá, Conhaque – muito sem jeito e a todo o momento me afastando de animal, que virava a cabeça para mim, terminei a tarefa.

— Está bom, já que é a primeira vez que faz isso – deu novamente um tapa no meu ombro. — Agora pegue o bacheiro e coloque no lombo, logo após esse osso – mostrou-me. Muito bom. Agora aquela manta.

Eu observava como ele fazia para imitá-lo em seguida.

— Agora é a vez da cela. Use a da Liz, é aquela preta.

A cela estava pendurada na parede. Eu a peguei e a joguei sobre a manta.

— Muito bom, muito bom – incentivou-me.

— Agora é apertar a barrigueira bem firme – mostrou-me.

Novamente, olhei como fazia. Ele abaixou-se um pouco, esticou o braço sob o animal e puxou uma alça, depois a outra, para apertar a cela.

— É preciso se abaixar sob o animal? – falei receoso. — Não é perigoso?

— Fique tranquilo. Eles são acostumados.

Amedrontado, abaixei-me e puxei a barrigueira. Rudá veio ao meu lado e me ensinou como fazer com a da frente, e eu fiz com a outra.

— Agora é só pôr o pelego, depois a cincha e apertar novamente.

— Esse negócio de entrar embaixo do animal é meio arriscado, Rudá.

Ele deu uma grande gargalhada.

— Vocês da cidade são todos medrosos – disse, ainda rindo. — Agora é só colocar o freio e está pronto.

Observei-o fazer no cavalo dele e parecia muito simples. Mas quando fui colocar o freio na boca do Conhaque tudo se complicou. Ele mexia a cabeça para os lados, não me deixando finalizar a tarefa. Rindo muito, Rudá teve que colocar para mim.

— Conhaque, acalme-se – no mesmo instante o animal parou com os movimentos. Rudá sorriu. — Ele ainda não o conhece.

— Entendo, ele me estranhou – passava a mão no pescoço do animal. — Olá, Conhaque. Sou o João – eu me apresentava mesmo a um cavalo? Estava mesmo perdido.

— Tudo bem, da próxima você consegue. Foi um bom aluno.

Alegrei-me com o elogio. Mas a próxima lição era muito mais difícil. Agora era preciso montar o animal.

— Preciso ser sincero, Rudá, estou com medo – ergui os braços demonstrando minha insatisfação. — Não dá para ir de carro?

— Um homem do seu tamanho – olhou com o canto dos olhos – não precisa. O Conhaque é o cavalo da Liz. Ele é muito tranquilo e gosta muito dela. E, claro, se ele gosta dela, vai gostar de você também.

Imitando Rudá, um pouco constrangido por sentir medo, pisei no estribo e consegui subir com facilidade. Mas a sensação de estar sobre um animal era estranha.

— Pegue este chapéu. Logo o sol estará escaldante e precisamos nos proteger dos raios ultravioletas. Recomendação diária da Liz.

Coloquei o chapéu e saímos lentamente. A cada passo conseguia maior equilíbrio e aos poucos fui aprendendo a mexer com as rédeas. Estava gostando da experiência. Passamos uma pequena ponte sobre o rio Corumbataí. A vista era muito bonita. O sol da manhã batendo nas gotas de orvalho no pasto dava a impressão de pequenos diamantes espalhados pelo campo. Ao fundo podia se observar o grande rio Ivaí. Viam-se todas as tonalidades de verde. Nas árvores, nos arbustos, no pasto, no rio.

— Tudo aqui é muito bonito – falei, admirado.

— A natureza é vida. Ainda mais quando é bem tratada, como nesta fazenda. Sabe, João, nós, indígenas, somos ensinados pelos nossos antepassados que o sol, *Kuarahy*, é nosso pai, a terra, *Yvy Retã*, é nossa mãe, e tudo que há nela, animais e plantas, são nossos irmãos e merecem toda a nossa consideração. O pai sol fecunda a mãe terra e ela gera tudo o que precisamos para viver. Os frutos desse amor nos alimentam, fornecem-nos abrigo, encantam-nos com sua beleza, por isso devemos tratá-los com muito respeito.

— Muito inteligente essa forma de pensar – comentei.

— Meus antepassados diziam que se maltratamos a terra, nossa mãe, as plantas e animais, nossos irmãos, os nossos descendentes não poderão usufruir o mesmo que nós. A terra pode morrer e não dar mais frutos. Se caçarmos ou colhemos além do que precisamos, nossos filhos poderão não ter o que comer. Quando caçamos e colhemos fazemos uma troca. Hoje nos alimentamos de sua carne e de seu fruto, quando morrermos seremos alimento para eles. A terra é viva, há troca de favores, de forças, de vida.

— Pensamento perfeito – concordei. — Se tivéssemos ouvido o conhecimento do seu povo o planeta estaria em melhores condições – identifiquei-a com a hipótese de Gaia[125], de James Lovelock, que

---

[125] Gaia – na mitologia grega era a deusa primordial da terra e gerou o planeta e tudo que há nele.

é uma hipótese da ecologia profunda, que sugere que todos os ecossistemas da terra são interligados e conseguem se autoregular combatendo as intempéries numa homeostase constante.

— Infelizmente, a nossa mãe está morrendo. Só ficaremos com nosso pai. Ele não terá quem fertilizar, não haverá mais vida. Os próprios filhos estão matando a mãe – senti emoção na voz dele. — Não a respeitam, desviam rios, produzem lixo em demasia que é jogado no solo, na água e no ar, lançam bombas tóxicas e tantas outras atrocidades.

— Você está certíssimo, Rudá. Nossa mãe, *Yvy Retã*, está agonizando.

— Sim, sim – balançou a cabeça demonstrando sua indignação. — Eu gosto muito de me sentir filho do sol e da terra, de *Kuarahy* e *Yvy Retã*, e que sou irmão de tudo ao meu redor.

Fomos cavalgando e conversando tranquilamente. Não tínhamos pressa de chegar ao local onde os invasores estiveram nos últimos dias. Mas logo avistamos algumas vacas mortas, lixos e um buraco no chão. Rudá apressou o passo do Polo e eu do Conhaque, já mais acostumado.

— Olha só isso – Rudá ergueu os braços. — Quanta destruição.

Havia cinco animais mortos com tiros na cabeça.

— Pelo visto foram usados como alvos – resmungou Rudá. — Não os mataram para comer. Veja, estão intactos. Isso é desrespeito com a natureza.

— Pode-se esperar tudo deles, pois não têm princípios – desci do cavalo. — Olhe o buraco que fizeram com a explosão, usaram dinamite pela dimensão.

— Vou aproveitar o estrago, aumentar a abertura e colocar os animais dentro para enterrá-los.

Eu andava pelo local observando a sujeira que fizeram. Havia muitas garrafas de bebida, carteiras de cigarros vazias, copos descartáveis, duas barracas ainda montadas, uma fogueira apagada e uma arma.

— Veja o que deixaram para trás, uma pistola e vários pentes – admirei-me. — Eles têm um grande arsenal, tanto que nem cuidam. Vou levá-la. Quem sabe podemos precisar. Eu não tenho arma.

— Pois eu tenho uma 38 com 16 tiros e uma espingarda. Aqui na fazenda já enfrentei alguns ladrões. É preciso estar preparado para tudo. Embora não goste nem de pensar em ter de disparar em alguém. Vamos voltar, tenho muito que fazer.

No retorno, Rudá desafiou-me para ver quem chegava à ponte primeiro e partiu galopando. Eu aceitei a batalha, mesmo sabendo que iria perder.

Só para ter ideia da disparidade da competição: ele cavaleiro há décadas e eu aprendiz. Mas soltei a rédea, cutuquei o Conhaque e comecei a galopar. No começo pendi para um lado, depois para o outro, mas logo consegui me equilibrar e tive uma das melhores sensações que já vivi. O vento batendo no rosto, a velocidade aumentando, parecia estar voando. A sensação de liberdade era intensa. Era diferente do que andar de moto. Com a motocicleta era uma relação de homem máquina. Com o cavalo era uma relação entre homem e animal. Ambos repletos de energia vital.

Quando cheguei à ponte, Rudá me aguardava.

— Você já está quase um bom cavaleiro. Sabia que você e o Conhaque se dariam bem.

— Adorei cavalgar. Acho que até levo jeito – segurei na aba do chapéu. — Só me desequilibrei uma ou duas vezes. Estou quase dominando essa modalidade de transporte. De 0 a 10 já me atrevo a dizer que cheguei aos 6 – ergui os braços vitorioso.

Continuamos lentamente até chegar à sede da fazenda. De longe pude ver a Liz sentada na varanda. Uma suave alegria inundou meu corpo. Que maravilhosa surpresa a vida aprontou comigo.

Apeei do cavalo o queria apressar o passo para chegar logo perto dela, abraçá-la, beijá-la e não a largar mais. Mas Rudá continuou com passos lentos. Ela aproximou-se deu um boijo na face do indígena e para mim sobrou apenas um aperto de mão e um sorriso. Fiquei indignado com tal atitude, queria um beijo também, de preferência na boca, é claro, mas no rosto já ficaria contente.

Ela conversou com Rudá sobre o que havia acontecido no local e nem prestou atenção em mim. Era preciso agir, pense, pense, pense João, puxe um assunto, deixe de ser palerma e aja. A única ideia que me veio à mente foi perguntar se ela usava o ABOC. Ela ergueu o cabelo e o mostrou preso na regata e pude sentir o seu perfume doce, deixando-me ainda mais cativo à sua presença.

Para não perder a oportunidade de ficar perto perguntei sobre o que tinha acontecido com o vidro da sala e aproveitei para acompanhá-la na vistoria, é claro. Minha intuição era de que arrombaram a casa porque o Osvaldo viu as estatuetas e avisou o Lorenzo, que queria saber o que eram aquelas peças douradas.

Como era bom estar próximo dela. A reação físico-química que ela despertava em mim me deixava meio abobado, fato que sempre neguei viver, ou achava que não viveria, mas eu não podia controlar tais reações, e também não queria mesmo. Estava totalmente indefeso e não desejava me defender de algo tão bom. Sabia que se tentasse evitar seria uma guerra da qual eu sairia perdedor.

Enquanto olhávamos a sala e as peças ela comentou que tinha mais no sótão e me convidou para vê-las. A felicidade por ter a oportunidade de ficar mais tempo com ela ampliou-se quando Rudá, que piscou para mim, deixou-nos sozinhos.

Tinha um comparsa, sorri para mim mesmo.

Eu a segui bem de perto, sentindo o seu perfume, que provocava um levante hormonal. Ao chegarmos ao local ela lembrou-se de que estava trancado e foi providenciar a chave.

Sentei e fiquei esperando. A pequena Pinscher ficou ao meu lado e adormeceu. O pensamento como um raio voou na direção da dependência física do meu corpo diante daquela mulher e de como estava aprisionado à frequência vibratória dela; na negação que tinha do amor por nunca ter experimentado tal força; de como enfrentaria a gozação dos Guardiões diante da vibração "Liziana".

— Estou perdido, pequena – acariciei a Dindim, Sininho, Nhunhuca. Ela levantou a cabecinha, olhou para mim e voltou a dormir.

Quando, enfim, ela retornou, senti uma deliciosa ressonância, que mexeu com meu corpo. Eu sabia que ela sentia o mesmo por mim, as ondas iam e voltavam numa sintonia perfeita.

Ela no pé e eu no topo da escada, ficamos inertes, apenas nos olhando. O nosso campo magnético se expandiu e senti a formidável energia provinda dela. Ela sorriu e fiz o mesmo, totalmente entregue.

Ela subiu a escada e chegou bem perto. O seu perfume adoçou meus pensamentos, a meiguice do seu olhar cativou o meu, eu não conseguia me mexer. Desejei que o tempo parasse ali, naquele instante de sintonia.

Ela me chamou e saindo do transe, levantei-me. Mas não me afastei muito, precisava avivar a vibração provinda do perfume dela. Queria tocá-la, envolver-me nela, meu corpo pulsava pelo dela e o dela pelo meu, pois teve dificuldade para abrir a porta.

— Quando reformei a casa caprichei nesse espaço, porque o sótão antigo foi muito importante pra mim – informou, assim que entramos. — Minha avó me levava lá desde que eu era bem pequena, era meu cantinho de brincar. Depois que cresci abandonei esses brinquedos, é claro – sorriu. – Acho que a última vez que mexi com isso tudo foi quando refiz a casa e construí este sótão, já faz quase sete anos.

— Tá bem empoeirado mesmo – cocei o nariz e fiz uma careta.

— Tudo que há nesse lugar lembra minha avó, me faz sentir saudades, por isso não venho aqui – desculpou-se.

— Posso imaginar – caminhei pelo quarto. — Ela foi importante para você, não é?

— Foi sim – falou baixinho. — Sabe, ela dizia que tudo que eu necessitasse encontraria nestas coisas. Estranho eu nunca ter precisado de nada – sua voz estava estranha.

— Talvez ainda não tenha precisado, mas vai – falei, enquanto mexia nas caixas.

— Pode ser – disse ela

Achei estranho o tom de sua voz e quando olhei para ela vi que enxugava lágrimas.

— Está chorando, Liz? — olhei-a atento.

— Acho que é alergia ao pó – tentou disfarçar.

— Você quer sair daqui? – aproximei-me.

— Imagina, está tudo bem. Logo passa – secou algumas lágrimas com o dorso da mão.

— Não quero vê-la assim – segurei a sua mão e fiquei apreensivo ao perceber sua tristeza. Abracei-a carinhosamente, tudo que desejava era protegê-la para não a ver chorar, e quis tirá-la do quarto que lhe fazia tanto mal.

Nunca fui um homem atencioso, muito menos carinhoso, mas era só assim que conseguia agir com ela. Havia uma única resposta para meu comportamento, a ressonância do nosso sentimento intensificava o que havia de melhor em mim.

Poderíamos observar tais peças em outro momento, o que eu não poderia é fazê-la sofrer só para que eu as visse. Ela quis ficar, com os olhos rasos d'água enfatizou que enfrentar as dificuldades a deixaria mais forte. Admirei-a.

Sentamos juntos, conversamos um pouco e ela revelou que tinha um problema com a válvula lacrimal.

Sem conter o meu desejo de tocá-la, beijei seus olhos levemente. Um... depois outro... Minha respiração mudou e expôs o meu desejo. Eu precisava dela. Decidi beijar suas lágrimas para provar um pouco daquela mulher que vibrava como eu. Beijei o seu rosto, saboreando seu gosto. Entregue à ânsia de amá-la, precisava ver seu rosto. Ela estava com os olhos fechados, entrega total. Mas me sentindo longe, olhou-me. Seus olhos ardiam de desejo assim como os meus. Sorrimos. Precisava provar seus lábios naquela hora e foi o que fiz. Calmamente, toquei seus lábios com os meus.

Explodi de vontade por ela toda, queria agora mais que sua boca, meu corpo estava pronto para o dela.

Senti-a deixando minha boca. Ah, não! Eu não aguentaria manter distância dela. Olhei-a. Sorrimos. Esperei que ela desse sinal de que necessitava de mim da mesma forma que eu precisava dela. Mas ela simplesmente acariciou meu rosto.

Quase explodindo de desejo, respeitei-a.

Não sei de onde tirei forças para não a jogar no chão e ter o melhor momento de prazer da minha vida. Completamente ardente de desejo e sem saber como me mexer para outro lugar que não fosse cobrir o seu corpo, apoiei minha cabeça no seu ombro. O ar me faltava. Meu corpo latejava de excitação.

Não sei como, mas ela, depois desse momento de extasiante aproximação, conseguiu dizer que se sentia melhor, mas eu estava acabado, sem forças e morto de tesão. Afastei-me e a convidei para ver o que havia naquele sótão, pois foi para isso que tínhamos ido até lá.

— Me lembro dessa estatuazinha – pegou uma e a abraçou. — Era a Candinha. Dessa aqui também, o Esquisito – olhava-as com nostalgia.

— Para mim parecem deidades Incas e outras representações comuns a eles – fiquei intrigado com as imagens.

— Não, claro que não – negou a minha opinião.

— O que você acha que essas imagens representam? – peguei uma na mão.

— Nunca me interessei em investigar – ela caminhava pelo sótão, tocando em tudo.

— Elas são de ouro maciço – bati nela para ouvir o som.

— Ouro maciço? – balançou a cabeça negativamente. — Devem ser de barro pintado de dourado.

— Não, não – falei enfático. — Tenho certeza do que digo – peguei mais uma na mão. — Você acha que são deuses tupi-guarani? – olhava intrigado as imagens.

— Nem pensar. Eles não tinham representação de divindades, tipo imagens ou totens.

— Não? – arregalei os olhos. — E o trovão, a Lua, o Sol, as estrelas?

— Não, não, não – achou graça da minha dúvida. — Tudo isso é criação de *Nhanderu Ete*, o Grande Pai. Ele é que fez tudo para o homem. Você não sabe nada dos Guarani, não é? – torceu os lábios.

— Nadinha.

— Como a maioria dos brasileiros – suspirou. — Sabe que há muitos guarani vivendo entre nós e a língua guarani é co-oficial em algumas cidades aqui do Brasil? E na América do Sul há mais de sete milhões de pessoas que falam essa língua.

— Você só pode estar brincando! – arregalei os olhos incrédulo.

— Pode acreditar. É a mais pura verdade – beijou os dedos cruzados.

— Se você diz – ergui os braços em conformidade. — E sobre o deus deles, continue – estava interessado.

— Eles não têm um Deus. Acreditam que um Deus é possessivo, limitador, quer tudo para si, exclui o que pensa diferente. Um Deus tem posse da verdade e quem não o segue vive no erro. Aí já viu né?

— Não é à toa que grandes guerras aconteceram e acontecem entre as religiões monoteístas – comentei.

— Isso mesmo – concordou. — Eles confiam em *Nhanderu Ete*, o Grande Pai, o Pai Primeiro, e como um grande pai inclui tudo e não exclui nada, é o criador de tudo o que há na natureza. Os Guarani não se veem apenas como parte da natureza, mas como parte do divino também. Eles se consideram "eleitos" de *Nhanderu*. Acreditam em forças da natureza como o Sol, a chuva, o trovão, a Lua, em seres da floresta, uns bons outros nem tanto. E eu vivia nesse mundo imaginário, repleto de entes encantados da mata brasileira aqui do sul do Brasil, narrados pelos meus padrinhos, e outros tantos das florestas espanholas, contados pela minha avó.

— Entendo sua confusão agora – sorri. — Então não sabe mesmo o que são essas imagens? – retomei o assunto. — Pois vou dizer a você, são peças de algumas deidades Inca.

— Você está enganado – negou o que eu dizia.

— Liz, não estou não – ergui uma com as mãos.

— Você tem certeza disso? – acredito que a espada da dúvida pairou sobre a sua cabeça.

— Numa porcentagem de 0 a 100%, 99% de certeza.

— Digo que você está enganado 100% – balançou a cabeça, negando e continuando a mexer em tudo.

A investigação acabou quando ela encontrou uns monstrinhos que tinha feito e empolgada contou a lenda dos Sete Monstros Lendários do povo Guarani, algo de que nunca ouvi falar, com direito a estatuetas feitas por ela quando era criança. Achei a história interessantíssima, principalmente contada por ela.

Assim que o mito acabou ela decidiu terminar com o tour no sótão, mas parou em frente a um grande armário de sua avó. Nesse momento fomos interrompidos por Rudá, "meu comparsa", que precisava que fôssemos para a cidade para buscar combustível para o trator. Mais do que depressa me prontifiquei para levá-la no meu carro. Não perderia por nada a oportunidade de ficarmos juntos, por mais dolorido que fosse.

A distância percorrida do sótão até o carro foi preenchida por esclarecimentos sobre os lendários monstros, mas eu ainda não estava recuperado do fogaréu que me incendiara.

Deixei a Sininho com a Marica e vi que o João me esperava com a porta aberta da camionete. Quando entrei, senti que tocou no meu cabelo.

Envolta no poderoso encantamento que ele lançara em mim não conseguia falar. Meu corpo todo estava prestes a sair flutuando de tão bem que me sentia perto dele. No trajeto permanecemos um tempo em silêncio. Foi um tanto constrangedor, fiquei imaginando o que ele pensava e se o feitiço o atingira também. Decidi puxar um assunto.

— João...

— Liz...

Falamos ao mesmo tempo. Isso só podia era sinal de que a magia jogada em mim havia caído sobre ele também. Era recíproco. Fiquei feliz por saber que estava enfeitiçado também.

— Esse carrão tem algum tipo de música? – falei rapidamente, para evitar o silêncio constrangedor entre nós.

— Claro – ligou o som do carro numa rádio.

— O que gosta de ouvir? – foi bom escutar algo que não fosse nossa respiração.

— Sou bem eclético. Gosto de quase tudo, depende do ambiente e da companhia – olhou para mim.

— O que tem para este momento? – fiquei na expectativa.

Ele mudou da rádio para uma música sertaneja que falava de amor.

— Gosta da dupla? – ele quis saber.

— Adoro. E da música também – ai, tinha que ser uma tão romântica? Por que ele não colocou um rock pauleira?

E assim, envoltos na magia da música, a viagem seguiu tranquilamente. Ele comentou que falara com uma amiga para ajudar na gincana e ela concordou. Um problema a menos.

— Achei muito interessante a palavra-alma – puxou outra conversa.

— Não relatei nem uma pequena parte sobre ela – comentei.

— Tem mais? – arregalou os olhos.

— Muito, muito, muito mais – mexia com as mãos tentando demonstrar a dimensão de tal conhecimento. — Há tanto conhecimento, ele é tão elaborado que eu nem sou capaz de falar com propriedade, porque não sou uma *Guarani ete*, ou seja, não sou uma guarani de verdade, mas vou tentar apresentar a você da forma que entendo os "que não têm umbigo" – fiz aspas com os dedos. — Não tem umbigo por que foram criados e não gerados. Quem os criou foi *Nhanderu Ete*.

— O grande pai – demonstrou que sabia.

— Isso mesmo – sorri. — São quatro os que não têm umbigo: o *Karai*, que mora no Sul e rege o Sol; o *Jakaíra*, que vive no Norte e rege a neblina e a bruma; o Nhamandu, que habita o Leste e rege o fogo; e por fim temos *Tupã*, que reside no Oeste e rege a chuva. Eles são, depois da palavra, as grandes criações de *Nhanderu* e é a partir deles que as palavras-almas se originam. Como todos são tão diferentes em suas especificidades, ao enviarem a palavra-alma para as crianças humanas/guarani, eles as tornam distintas, assim como sua função na aldeia. Cada palavra-alma é única e está ligada há dois sem umbigos.

— Interessante... – suspirou – e complexo.

— Tem ainda o ritmo do mundo, entre elas as estações do ano, que dão às crianças características próprias. Tipo, quem nasce no verão é mais agitado, quem chega no inverno é mais reservado, e por aí vai, vai, vai ...

— Vou procurar saber mais sobre tudo isso – articulou lentamente, como se estivesse absorvendo o que havia dito.

— Sabe que a cultura Guarani é a cultura indígena mais estudada do mundo?

— Não imaginava isso – olhou para mim. — Estou adorando esses novos conhecimentos. Com certeza poderei fazer alguma ligação com os estudos que realizo. Tudo é lindo e novo para mim.

— Sim, é lindo, mas veja só, embora seja tão pesquisada, nós, brasileiros, não sabemos quase nada sobre ela.

— Você está certa. Eu mesmo não tinha a menor noção de tudo o que contou.

— Sinto tanto por isso - torci os lábios. – Os pesquisadores de tal assunto afirmam que eles têm um sistema mítico e religioso muito elaborado. Segundo eles é um "*corpus mythorum*[126]" muito rico, coerente e coeso.

— *Corpus mythorum* – repetiu ele. — Assim que tiver tempo aprenderei mais sobre esse assunto.

Ao prestar atenção na estrada percebi que um carro vinha em nossa direção, no nosso lado da estrada. Eu achei estranho, mas não articulei nenhuma palavra. Com a distância ente os carros diminuindo e a permanência do veículo na contramão, comecei a ficar temerosa.

---

[126] Corpus mythorum - O Corpo de Mitos

— Estou enganada ou aquele carro está na nossa pista? – agitei-me no banco.

— Não, não está enganada – ele olhava fixamente para o veículo, que se aproximava em rota de colisão. — Droga! Só pode ser um Anhangá querendo nos confrontar.

A cada segundo nos aproximávamos de um impacto certo. O carro que vinha em nossa direção parecia dobrar de tamanho a cada segundo. Estávamos a uns 20 metros, não dava tempo para mais nada. Eu fechei os olhos e ergui os braços numa reação instintiva sobre o rosto, esperando o impacto. O que senti foi como se o carro flutuasse, em seguida ele rodopiou, senti um impacto e os air bags se abriram para a nossa proteção.

Quando abri os olhos estávamos caídos na lateral da estrada. Eu não conseguia me mexer. Estava presa pelos bolsões de ar e assustadíssima.

— Você está bem? – preocupou-se João.

— Estou furiosa com você. Quase nos matou – tentava me livrar do cinto de segurança e do air bag. Meu coração queria sair pela boca depois do "quase acidente fatal".

— Já vi que está bem – abriu um sorriso, erguendo as sobrancelhas.

— Me tire daqui. Preciso respirar – agitava-me dentro do carro. — Isso foi insano! – lágrimas começaram a rolar. — Minha avó e o Pedro morreram num acidente de carro.

— Desculpe-me – ele desvencilhou-se da parafernália que lhe dera segurança o mais rápido que pôde.

Assim que ele me ajudou a sair do carro sentei-me no chão. Minhas pernas estavam moles, eu não conseguia ficar em pé. Ele parecia nervoso e subiu o barranco atrás dos Anhangás.

— Seus cretinos! – gritou. — Estão loucos? Quase nos mataram! – começou a caminhar em direção aos Anhangás.

— João, volte aqui pelo amor de Deus! – chamei-o. — Deixe-os.

Alguns carros pararam para nos ajudar. Formou-se um tumulto ao nosso redor, mas como estávamos bem, logo foram embora.

Depois de conversar com alguns homens que tinham presenciado o acidente, agradecer a ajuda e despedir-se de todos, sentou-se ao meu lado, colocou a cabeça entre as mãos e ficou em silêncio por alguns segundos.

Conversamos um pouco sentados no chão, até que o susto fosse amenizado. Logo após ele foi investigar qual seria o seu prejuízo. Eu continuei sentada, incrédula com o episódio. Ele rodou a camionete e concluiu que o estrago era pouco.

— Ainda bem. Já bastou o susto – comentei. — Ajude-me a levantar. Minhas pernas ainda estão tremendo.

Ele gentilmente estendeu as duas mãos para me auxiliar e minhas pernas ficaram ainda mais moles. Assim que fiquei em pé, ele, segurando minhas mãos, as colocou nas minhas costas, puxou-me para bem perto dele e sem que eu pudesse ter qualquer tipo de reação, tocou os seus lábios nos meus como havia feito antes. Foi um toque leve e quente, como a primeira vez. Meu coração parou. Dessa forma não iria aguentar ficar sem o corpo dele.

E assim, nesse estado de transe, ele desculpou-se.

— Tudo bem – falei, ainda com os braços presos. — Como não desculpar com um pedido desses?

Ele sorriu e tentou me beijar novamente. Eu abaixei a cabeça. Embora desejasse muito seus beijos, não podia deixar que eles acontecessem.

Ele soltou-me.

— Entre – abriu a porta do carona. — Vamos buscar o diesel para Rudá e chamar um vidraceiro para você.

Embora a camionete fosse traçada 4x4, ele teve dificuldade para tirar o carro da vala. Ele virava o volante para um lado, tentava avançar, mas só alguns centímetros eram ultrapassados. Estorcia o volante para outro lado, dava ré, colocava novamente a primeira e pouco progredia. Ficamos alguns minutos num vai e vem até que, finalmente, livramo-nos do buraco. Assim que voltamos à estrada comecei a rir.

— Está achando graça do quê? – ergueu as sobrancelhas.

— Do susto, desse buraco, de você, de ontem à noite. Ah, de toda essa loucura que nos envolve desde que nos conhecemos.

— De tudo eu entendo que ache graça, mas de mim? Por quê?

— Porque você veio de longe só para entrar em encrencas aqui comigo. Com certeza também tinha uma vida tranquila. Mas agora... – ergui as sobrancelhas, imitando-o.

— Tem razão. Você desorganizou minha vida de uma maneira que não entendo – olhou sério para mim. — Que poder é esse?

— Ora, ora, não fui eu que chamei você para investigar os "meus" raios – frisei os "meus". — Veio porque quis – sorri para ele. — Agora aguente as consequências – dei um beliscão em seu braço.

— Ai, doeu! – puxou o braço e fez uma cara feia.

— Não doeu nada – achei graça do jeito dele. — Foi de mentirinha.

Brincando e rindo chegamos à cidade.

— Onde fica a vidraçaria?

— Pode seguir mais umas duas quadras.

Ele parou em frente da única vidraçaria do município. Enquanto descia do carro, ele segurou a minha mão e eu a puxei rapidamente. Não queria mais proximidade depois dos ensaios de beijos.

— Enquanto você combina com eles, vou pegar o combustível ali no posto. Não quer que eu pegue na sua mão? – perguntou, erguendo as sobrancelhas.

— Devemos manter distância – esbocei um sorriso. — O dia de hoje já teve contato demais. Espero você aqui – disse, com um sorriso sem graça.

O que fazer com esse homem intenso que surgiu na minha vida? Não conseguiria resistir por muito tempo às investidas dele. Eu me conhecia muito bem. Adorava beijar na boca e já estava há algum tempo sem sexo. E fazer amor com ele seria a minha perdição.

Entrei na vidraçaria e o dono me prometeu que em 15 minutos estaria na fazenda para consertar o estrago que tinham feito.

João não demorou a voltar. No caminho de volta, o silêncio estabeleceu-se. Eu então resolvi puxar um assunto.

— João, será que não terá mesmo problema realizar o acampamento? Esses caras podem fazer algo contra as crianças?

— Acredito que eles não farão nada irracional com as crianças. São maus, mas não loucos. Eles querem amedrontar você para que os deixe ficar na fazenda. Não prejudicarão ninguém. – Ergueu as sobrancelhas — espero.

— Espera? – repeti.

— Tá, vou melhorar - fez um olhar reflexivo. — Acredito.

— Melhorou – sorri. — Mas não me convenceu. Acho melhor cancelar.

— Não se preocupe. Eles irão se comportar – respirou fundo. — Os Guardiões da Terra estarão aqui – bateu no peito, demonstrando poder.

— Se está tão confiante assim... e os conhece... – balancei a cabeça em dúvida. Ele fez sinal de positivo. — Tudo bem, não cancelarei o acampamento.

Depois de um breve momento de silêncio ele começou a fazer perguntas, e entendi que a intensão era saber se eu tinha algum relacionamento. Então pensei que se dissesse que existia um namorado ele me deixaria em paz e assim eu manteria minha lucidez e ficaria longe, bem longe dele.

Confirmei a existência de um namorado e que pretendíamos morar juntos. Ele me olhou com espanto. Vi uma ponta de dúvida e tristeza em seus olhos. Fiquei arrependida do que falei.

Percebi que havia feito uma grande besteira. O resto do caminho só houve silêncio. Mas o silêncio demonstrou claramente que o fato de haver outra pessoa entre nós era tudo o que não desejávamos. Eu havia mentido e agora não sabia o que fazer.

Quando chegamos à fazenda havia um abismo entre nós.

— Por favor, não comente com o Rudá sobre o incidente. Ele ficará preocupado – pedi.

— Tudo bem. Invento algo para o amassado da frente – falou sem olhar para mim. — Fique tranquila.

A<small>O ABRIR A PORTA DO CARRO PARA</small> ela não consegui evitar cheirar o seu cabelo quando passou por mim. Ficar ao seu lado fazia dos nossos campos magnéticos um só, fato que ampliava a atração, assim, estar perto dela sem tocá-la tornava-se cada vez mais difícil, mais complicado, mais impossível.

Enquanto seguíamos para Fênix eu não conseguia pensar em algo interessante para dizer além de convidá-la para ficar comigo para sempre. Pensei, pensei, pensei...

— Liz...

— João...

Falamos ao mesmo tempo. Sintonia perfeita!

Isso foi o suficiente para descontrairmos e começarmos a conversar. Ela pediu para ligar o som, o que fiz rapidamente e a conversa fluiu.

— Liguei para minha amiga hoje de manhã e pedi ajuda para a gincana – relatei.

— Que boa notícia, o que ela disse? – animou-se com a notícia.

— Vai entrar em contato com a diretora e, se possível, abordar os povos indígenas brasileiros. Irá apresentar um trabalho que ela e o marido fazem – olhou para mim. — Sei que vai gostar.

— Vou mesmo. Preciso passar o número da escola – ficou entusiasmada com o tema. — Quero aprender com eles mais sobre os Guarani, isto é, se forem objeto de estudo deles.

— Isso não sei afirmar – ergueu as sobrancelhas. — Coloque no meu celular o número da escola, por gentileza – apontou para o aparelho no banco de trás.

Voltamos a falar sobre a palavra-alma e fiquei impressionado de como os Guarani tinham um pensamento tão elaborado.

Pouco tempo depois nossa viagem tomou um rumo inesperado. Um carro vinha na contramão, em rota de colisão. Eu não tinha dúvida de que eram os Anhangás.

— Saia da pista – pediu ela, com um tom de voz que indicava medo. — Vamos bater.

— Não, não. Não vou sair – afundei o pé no acelerador. — Ele é quem vai.

— Por favor, João, não faça isso – ela estava assustada.

A velocidade do nosso carro aumentava cada vez mais. Meus olhos fixos para frente, segurava o volante com tanta força que minha mão ficou esbranquiçada.

— Vamos colidir, por favor, desvie – falou, quase sem voz.

— Confie em mim – eu sabia o que fazer.

Embora Liz, sobressaltada, pedisse para eu sair da pista e dar passagem ao veículo, mantive a posição. Eles precisavam saber que eu não me intimidaria. Poucos segundos antes de nos chocarmos percebi que eles também não arredariam um centímetro sequer. Sem alternativa, segurando firme no volante, "saltei" com o carro o suficiente para evitar a batida.

Para não levantar suspeita após o "salto" virei a direção e a camionete rodopiou devido ao desnível do acostamento e acabamos caindo numa depressão que havia ao lado da estrada. Os airs bags foram acionados, evitando que nos machucássemos.

A única preocupação que tive no primeiro momento foi verificar o estado da Liz. Ela agitava-se, tentando se soltar do ar bag. Queria descer, respirar. Dizia estar uma fera comigo e contou que a avó e o esposo tinham morrido num acidente automobilístico. Fiquei abalado com tal revelação e triste com o que havia a feito passar. Outro ponto que me perturbava era imaginar uma possível reação histérica dela ao sair do carro. Lembrei-me do meu último relacionamento. Entrei em pânico. A cena que vivi com a Patrícia aflorou na minha memória. Será que ela agiria da mesma forma agressiva? Gritaria? Jogaria algo em mim? Cravaria suas unhas na minha pele? Essa expectativa me deixou mais nervoso que o incidente. Saí do carro, parecia caminhar em câmera lenta. Queria a todo custo evitar presenciá-la raivosa. Sem querer prolongar o estado de ansiedade fui ajudá-la a descer. Eu estava tenso, preocupado e com muito, mas muito medo da reação dela. Se agisse de forma histérica ou me agredisse, tudo que acreditava que ela era... bummm!!! Voaria pelos ares. Tais pensamentos me deixaram transtornado. Um derrame de adrenalina deixou-me pronto para qualquer atitude agressiva dela.

Assim que abri a porta do carro e a ajudei a sair, com medo da reação dela, subi o barranco e fui ver o que havia acontecido com os otários que quase tinham nos matado.

Eles caminhavam ao lado do carro, com as mãos na cabeça, incrédulos com o ocorrido. Creio que eles também não perceberam o "salto" e não acreditaram que estavam vivos. Como não poderia deixar barato o ataque suicida, com fortes insultos comecei a caminhar ao encontro deles, mas ao ouvir a Liz me chamar, retrocedi.

Alguns carros pararam para nos ajudar, pessoas foram ver como a Liz estava, outras conferiram o estado do carro e teve um homem que me deu a placa do carro que havia atentado contra a minha vida e da mulher que amava. Depois de verificarem que nada de mal tinha acontecido, um por um foi embora.

Ficamos apenas eu e ela e era agora que iria me decepcionar com ela. Entristeci-me.

Ela permanecia sentada no chão com novas lágrimas rolando pela face. Enterneci-me. Por que a tinha feito passar por tamanho susto? Sentei-me ao seu lado e esperei as agressões.

— Por que fez isso João? Você é doido ou o quê? – disse calmamente, olhando para mim com lágrimas rolando.

— Você está muito brava comigo? – perguntei sem olhar para ela.

— Uma fera – suspirou e abraçou as pernas.

— E é assim que você demonstra sua ferocidade? – coloquei as mãos na cabeça, um grande alívio tomou conta de mim. — Falando desse jeito?

— Já me fez essa pergunta. Você é traumatizado – cruzou as pernas. — E louco, e inconsequente, e sem noção, e... – olhou para mim com lágrimas nos olhos – quase nos matou.

Ela era exatamente como eu "sentia", uma pessoa calma, que me ajudaria a ser uma pessoa melhor. Toda minha teoria sobre vibrar na mesma frequência era correta. Eu sabia que se encontrasse uma pessoa assim não conseguiria mais viver longe. E eu não queria me separar dela nem por um segundo. Ela me completava, era quem eu sempre havia esperado, mas nunca acreditei que encontraria.

— Sou mesmo tudo isso – a felicidade que tomava conta do meu coração era imensurável. — Desculpa novamente – olhei para ela. — Você não vai fazer nada comigo?

— O que você quer que eu faça? – balançou a cabeça, não entendendo minha insistência.

— Grite, arranhe-me, dê-me um soco – bati no peito.

— Para que fazer tudo isso? – achou graça do que falei.

— Mulheres não são assim? Gritam e agridem? – eu ainda estava sentado ao seu lado.

— Outra vez essa conversa – olhou-me muito séria. — Por que gritar? Agredir?

— Tive azar então. As mulheres com quem convivi eram histéricas.

— Sinto por você – abaixou a cabeça.

— Você me surpreende a cada momento.

— O tempo e a vida me ensinaram que reações agressivas são inúteis – argumentou sem olhar para mim. — E na maioria das vezes quem agride perde a razão.

— Desculpa, sei que a assustei...

— Assustar? Você quase nos matou – interrompeu-me. — Por que agiu assim?

— Eles precisam saber que não temos medo deles. Caso contrário estaremos perdidos.

— Eu tenho medo deles. Morro de medo deles – ergueu as mãos e gesticulou, como se estivesse tremendo.

— Você é uma graça – sorri. - Eles sabem que você tem medo deles. Mas devem saber que eu não. A vida me fez um homem muito intolerante, provoca-me, leva. Brigo por qualquer coisa – soquei o ar. — Meus alunos sofriam comigo.

— Mas você parece ser tão calmo, gentil, atencioso... – olhou-me com doçura.

— Acho que você aflora isso em mim. O João da época da minha mãe, calmo e sereno... – olhei fundo em seus olhos, ela ficou sem jeito. Eu adorava quando ficava assim. — Bem, estou tentando melhorar e chegar à minha essência – sorri. — Hoje é uma das minhas maiores lutas, ainda sou muito irritado. Desde que mudei para a chácara trabalho intensamente para melhorar meu "instinto selvagem" – fiz cara de mal e garras nas mãos nas últimas palavras.

— Agora estou com medo de você – ela se encolheu. — Você vive com a cara fechada. Olha essa prega que tem na testa.

— Tranquilize-se, o tempo, a vida e uma linda mulher estão me ensinando que reações agressivas são inúteis – repeti o que ela tinha dito. — Liz, jamais tenha medo de mim. Sabe, quando estou perto de você me sinto outra pessoa. Sinto paz.

Ela sorriu para mim.

— E quando eu estou perto de você... – ficou um breve segundo em silêncio, eu a olhava intensamente, ansioso pelo que diria. — Passo medo. Como agora há pouco – fez uma careta.

— Desculpe... – falei balançando a cabeça em sinal de arrependimento.

— João, mas os Anhangás não tinham ido embora ontem?

— Da sua fazenda sim, da região não. O Lorenzo deve estar por aí esperando a autorização chegar. Mandou alguém nos intimidar.

— O que aconteceu? Como caímos aqui? Fechei os olhos, não vi nada.

— Nós desviamos um segundo antes da colisão. Eles seguiram em frente, eu caí na vala, estava muito próximo do acostamento, não consegui evitar – levantei-me. — Vou verificar o estrago.

— Amassou muito? – perguntou, ainda sentada.

Após a rápida vistoria, parei na frente dela, passei a mão nos cabelos, fiz uma careta, segurei o queixo como se estivesse fazendo um cálculo.

— Numa escala de 0 a 10, o prejuízo chega a apenas 1 ou 2.

— Ainda bem... – respirou aliviada. — Você faz para tudo uma escala numérica. Por que isso?

— Para ficar mais fácil de todos visualizarem o que digo. Costume de quando era professor. Agora você sabe que o estrago foi pequeno.

— E a moto? Não saiu voando com os solavancos?

— Vou averiguar – fui olhar a carroceria. — Está firme como uma rocha. Fique tranquila.

Tudo calmo e a harmonia restabelecida, ela pediu para ajudá-la a se levantar.

Ah, por que fez tal pedido?

Eu peguei suas mãos e a puxei. O simples contato com suas mãos despertou em mim um desejo quase insano de beijá-la. Assim que ficou em pé, não pude resistir e a trouxe bem perto de mim, encostando o meu corpo no dela sem lhe dar oportunidade de escape. Uma leve brisa acariciava-nos nesse momento de pura emoção. Meus olhos nos olhos dela, nossos corações unidos, a respiração atropelada de ambos e um sorriso na face denunciavam a satisfação de estarmos unidos. Com muita suavidade toquei os meus lábios nos dela. Uma nova enxurrada química fez meu corpo inteiro reagir ao calor dos seus lábios. Fiquei excitadíssimo e sei que ela pôde sentir o que causava em mim, pois nossos corpos estavam apertados um no outro.

— Desculpe-me pelo susto que fiz você passar? – sussurrei, quase sem fôlego, olhando bem em seus olhos, pouco depois que deixei os seus lábios.

Precisava mais do calor de seus lábios, mas ela não permitiu. Ela não podia fazer isso comigo, eu sofria com cada recusa. A minha vontade era de jogá-la no chão e amá-la ali mesmo. Decidi forçá-la, mas antes de tomar qualquer atitude, o medo de ela não mais permitir que eu ficasse ao seu lado fez com que eu desistisse de ultrapassar qualquer limite desejado. Juntando todas as forças que eu nem sabia que tinha, soltei-a e abri a porta do carro para que ela entrasse.

Feliz da vida pela reação serena dela e por ter tocado seus lábios já duas vezes, teria que me contentar com isso até ela não mais resistir, e tinha certeza de que isso não iria demorar. Tentei sair do buraco e tive certa dificuldade, pois era pequeno e não conseguia esterçar suficientemente o volante. Ela começou a rir da situação, de como minha presença havia desorganizado a vida dela e a minha, é claro. Conversando animadamente chegamos à pequena Fênix.

Como o tempo deixava de existir quando estávamos juntos!

Quando parei na frente da vidraçaria ela foi descendo e eu segurei na sua mão para dizer que iria pegar o combustível e a pegaria em seguida. Acreditei que depois dos pequenos e sutis beijos seria mais fácil convencê-la de que eu a amava e que queria viver para sempre ao seu lado. Mas sua reação deixou-me surpreso. Ela puxou rapidamente a mão, como se não quisesse me sentir. Fiquei sem jeito e triste, principalmente quando afirmou que não deveríamos mais nos tocar.

Desolado, fui pegar o diesel. Vou enlouquecer com essa mulher. Qual o problema dela? Sei que sente por mim o mesmo que sinto por ela. Eu estou totalmente entregue a essa fúria descontrolada que rasga o meu peito, mas ela tenta resistir. Por que ela agia assim? Éramos duas pessoas maduras, donos de nossas vidas. O que a impedia? Por que não aceitava meu amor? Por quê?

Ela entrou no carro sem dizer nada e a viagem de volta começou envolta num grande silêncio. Se era assim que ela queria, era assim que seria.

Para minha alegria ela resolveu falar. Quis saber se os Anhangás não fariam mal algum. Conversamos um pouco sobre esse assunto e garanti que com as crianças lá eles iriam se comportar.

Enquanto falávamos pensei que talvez ela estivesse agindo de forma tão arredia porque podia ter um namorado. Era uma mulher linda, viúva há tempos, era suave e doce estar perto dela e por tantas outras razões não devia viver sozinha. Uma corrente elétrica tomou conta de mim. Precisava saber se ela tinha alguém, mas não sabia como perguntar. Porém era imprescindível para o meu viver descobrir tal fato.

— Você vem sempre sozinha para a fazenda? – urgia descobrir se era livre.

— Não vim sozinha. Esqueceu-se do Trola e da Sininho?

— Ah, sim – ela só podia estar desconfiando da minha intensão ao dar essa resposta. Mas insisti. — Com que mais você vem aqui?

— Às vezes, com meus filhos, "outras sozinhas" – fez aspas com os dedos para indicar que falava dos seus cães. — E ainda com meu namorado.

Minha visão ficou turva, meu estômago doeu, um zumbido invadiu meu ouvido, o ar sumiu. O mundo agigantou-se ao meu redor, senti-me sufocado.

— Você tem namorado? – eu tinha ouvido bem?

— Sim – respondeu sem olhar para mim. — Estamos pensando em nos casar no fim do ano.

— Tá brincando... – isso não estava acontecendo. — Mas como assim casar? – eu não podia acreditar nesse infortúnio.

— Bem, morar juntos talvez.

— Entendo – o meu peito doía. Só agora entendi porque o coração é o símbolo do amor. É nele que se fixa a dor.

Ela tinha um namorado e pensavam em morar juntos. Meu mundo desabou. Não podia aceitar tal fato. Fiquei sem fala.

Não entendia o que acontecia comigo. Sempre fui tão seguro com minhas palavras e agora, com ela, virei um tolo. Sempre afirmei que o amor torna os homens imbecis e agora eu fazia parte dessa estatística.

Encontrei-a e perdi-me.

Eu era um desafortunado por não poder tê-la como minha mulher.

O silêncio reinou o resto do trajeto. Assim que chegamos ela pediu para não contar nada sobre o acidente para o Rudá.

DESCEMOS DO CARRO EM SILÊNCIO e cada um tomou uma direção. Sentia o peito apertado e tudo perdeu a cor.

O vidraceiro chegou quase ao mesmo tempo em que nós, viu o estrago, marcou tudo que precisava e ficou de voltar depois do almoço. João foi ajudar Rudá com o combustível e eu fui conversar com a Naiá. Sentamos na varanda da casa dela e ficamos observando os dois.

— Um belo exemplar, não é? – afirmou a Dinha.

— Muito, muito lindo – suspirei. — Você e o padrinho estão tentando empurrá-lo para mim. Acha que não percebi? – olhei para ela com os olhos cerrados. – Pensa que não notei ontem à noite? Sei que não está fazendo faxina nenhuma – balancei a cabeça inconformada — Ai, que vergonha, madrinha.

— Você tá precisando de um empurrãozinho mesmo – sorriu. — Sabe *Yvoty*, tenho a impressão de que o conheço. É uma lembrança...

— Estranho essa sensação que você e o padrinho têm – continuava a observá-lo.

— Ontem, assim que vocês saíram, eu e o Rudá refletimos sobre a impressão que tivemos do João – levantou-se e andou pela varanda. — A lembrança não é só dele, é de vocês juntos.

— Será uma premonição? – fiquei intrigada.

— Não, não, nunca tive isso – ela olhava para o horizonte. — Mas mudando de assunto, ele é um bom partido, educado, gentil, bonito de doer – sorriu.

— O que está tentando dizer? – olhei furiosa para ela. Não gostava que insinuassem que precisava de marido.

— Você precisa de um marido sim, minha menina – olhou firme para mim. — De um companheiro – passou a mão carinhosamente nos meus cabelos, com um doce sorriso nos lábios.

— Não preciso não. Levo minha vida muito bem. E tenho meus filhos – dei de ombros.

— Sei disso. É uma mulher incrível, dona dos seus atos. Mas os filhos... – torceu os lábios. — Logo seguirão o caminho deles.

— Ah, sei que você está certa – afundei-me na cadeira. — Mas ele tem uma vida tão diferente da minha... – tal fato me entristecia. — Olha aqui, minha queria madrinha, eu não quero saber de ninguém me incomodando, você sabe disso.

— O que eu sei é que você já está encantada por ele e, melhor do que isso, ele também está por você – piscou. — Não há o que possam fazer, já ouviram a canção do *Mborahu*. Vou preparar o almoço – foi para a cozinha.

— Dinha, fiz uma besteira – segui-a. — Falei que tinha um namorado e que pensava em me casar.

— Por que fez isso? – atiçou o fogo.

— Por que sou uma tola – comecei a lavar a alface que estava na pia. — Ele ficou muito triste, pude sentir pelo silêncio que nos envolveu de Fênix até a fazenda. Agora não sei como desmentir.

— Oras, simples, fale que mentiu – parou e me olhou com censura. — A verdade é sempre a melhor saída.

— Não tenho coragem – suspirei.

— *Yvoty*, você sabe que para sustentar uma mentira muitas mais virão – explicou enquanto colocava lenha no fogão.

— Menti para me defender – tentei argumentar.

— Defender-se de um homem tão agradável como ele? – o tom de voz da Naiá era de indignação.

— Madrinha, os homens não podem ver uma mulher sozinha que já dão em cima dela e nós, bobas, caímos na deles – expliquei minha atitude. — Na maior parte das vezes só querem transar.

— E não gostaria de transar com ele? – colocou a mão na cintura.

— Madrinha! – estranhei sua pergunta.

— Sei bem porque não quer transar com ele – colocou água para ferver.

— Por que sabichona?

— Por que está amando e isso complica tudo – começou a escolher o feijão para cozinhar.

— Ai, Deus! – ela estava certa. — Bem, ele deixou escapar que queria comer salada de rúcula com tomate seco – mudei de assunto. — Você tem tomate seco ainda?

— Sim, fiz quatro potes da última vez. Ele terá uma deliciosa salada – beijou os dedos para enfatizar o que dizia. — Deixe a alface, vamos pegar rúcula.

Fomos apanhar a hortaliça na bela horta que ela tinha ao lado da casa.

— Ele também contou que gosta de costelinha de porco – comentei enquanto colhia as mais tenras folhas de rúcula.

— Pode deixar por minha conta. Matamos um na semana passada. Hum... Está tentando se redimir ou agarrá-lo pelo estômago? – sorriu, pegando cheiro-verde.

— Não é isso - fiquei sem jeito. — É que ontem à noite ele mencionou que gostava e já que você tem, não custa fazer, não é?

— Claro que não custa – piscou. — Vou caprichar.

Já na cozinha, ela pegou um pacote com a costelinha de porco já picada e colocou na panela para aferventar antes de fritá-la.

Olhei pela janela os dois homens dialogarem perto do trator. Logo vieram, tomaram água e se sentaram na varanda, esperando a refeição ficar pronta. Os dois conversavam o tempo todo, e eu fiquei só ouvindo de longe, atenta a tudo que diziam.

O almoço foi servido e como sempre a comida estava uma delícia. Teve costelinha de porco frita, mandioca cozida, salada de rúcula com tomate seco, arroz e feijão, suco de maracujá e de sobremesa pudim.

— Que maravilha! A salada que me prometeu – animou-se, enquanto enchia o prato. — E carne de porco!

Eu apenas sorri.

— Sirva-se à vontade – falou Rudá.

Eu e o João quase não nos falamos. Eu tinha dois motivos: o primeiro era o receio de que meus padrinhos deixassem escapar algum detalhe e desmentissem o que inventara sobre o meu namorado e possível casamento; o segundo era o medo da paixão avassaladora que tomava conta de mim.

Num certo momento, Rudá, que não é bobo nem nada, percebendo a mudança do nosso comportamento, investigou se havia acontecido algo, o que neguei de imediato.

— E você, João, por que está tão quieto? – eu juro que vi Rudá piscar para o João. Ai, meu Deus! É agora que meu engodo será revelado.

— Estou um pouco cansado – respondeu ele e eu respirei aliviada.

— Vocês pensam que me enganam? – Rudá arregalou os olhos. — Podem dizer o que aconteceu. Liz?

— Não houve nada – fiz uma careta para ele parar.

Em vez disso, ele perguntou ao João o que eu tinha feito a ele. Fiquei furiosa com tal insinuação.

— Então ele fez algo para você? – foi a vez da madrinha indagar.

— Não, é claro que não – balancei a cabeça negando novamente, mas ele tinha feito algo sim, era lindo de morrer, muito educado, carinhoso em demasia, tentou me beijar duas vezes...

— Vocês dois pensam que somos bobos? – continuou ela. — Sei muito bem que os dois têm um dedo de culpa nisso – olhávamos para ela atentamente. — Agora chega disso e comam, pois terão uma longa tarde pela frente.

Puxei alguma conversa com o João para tentar disfarçar e ele colaborou. Logo depois de almoçarmos, despedimo-nos, pois precisávamos ir a Campo Mourão.

— Rudá, chama o pessoal da cidade para ajudá-lo a terminar de arrumar o lugar do acampamento. Amanhã estaremos aqui com umas 60, 70 pessoas, ainda não sei ao certo.

— Fique tranquila, *Yvoty* – bateu no meu ombro carinhosamente. — Já sei como tudo funciona. Amanhã estará tudo prontinho.

João também incumbiu Rudá de certos afazeres. Eu dei um abraço no meu padrinho e um beijinho na Naiá, minha adorável madrinha.

— Trola, Nhunhuca, vamos – eles vieram correndo.

Caminhamos lado a lado, mas nenhuma palavra saía de nossas bocas. A cada passo meu coração reclamava de tal situação. Enfeitiçada de amor, sofria pela distância imposta pela mentira lançada. Eu era culpada por uma dupla tristeza: a minha e a do João. Para me sentir melhor resolvi quebrar o silêncio.

— João...

— Liz...

Olhamo-nos e rimos.

— Diga – eu falei rapidamente.

— Bem, eu estava pensando que deveríamos ir na minha camionete. Pode ser que os Anhangás estejam por aí e pode ser perigoso – alertou-me.

— Jura mesmo? – arregalei os olhos.

— Provavelmente – sorriu. — E, claro, será um prazer ter você ao meu lado, mesmo sabendo que – ergueu as sobrancelhas, torceu os lábios – pensa em se casar.

— Obrigada – ele estava de artimanhas. — Mas vou com a minha. Amanhã preciso trazer muitas coisas.

Coloquei os Pinschers na gaiolinha no banco de trás, refletindo sobre a possibilidade de encontrar algum espírito do mal na estrada, e assim que coloquei a chave na ignição um pavor tomou conta de mim. Lembrei-me do acidente com o Pedro e a vó Veridiana e imaginei um carro vindo em minha direção e eu tombando em uma das muitas pirambeiras que tinham no caminho.

— João... – minha voz saiu sufocada.

Ele aproximou-se da janela com o olhar mais lindo do mundo. Sorri, desejando beijá-lo.

— Será que realmente corro risco de tentarem me machucar?

— Aqui na fazenda não, mas na estrada, numa escala de 0 a 10... Acho que chega a 9 ou 9,5 – alegou com o semblante muito sério

— Estou com medo – confessei.

— Então venha comigo – seus olhos pareciam brilhar. — Você pode trazer tudo o que quiser, o carro é igual, não vou usar a caçamba para nada. Além do que meu filho virá com o carro dele e eu posso vir com ele caso seja necessário.

— Tudo bem, mas vamos com a minha. Pode usá-la na cidade, só vou precisar amanhã para voltar aqui.

— Ótimo – antes de eu dizer alguma coisa ele se afastou. — Vou pegar minha mala. Espere – apressou os passos.

Enquanto o aguardava apoiei minha cabeça no volante e pensei no que havia me metido. Sentia-me profundamente encantada por aquele homem estranho que há menos de um dia havia aparecido na minha vida. Perto dele eu me sentia protegida e amada, mas como isso era possível? Eu sentia uma forte magia que nos entrelaçava. Talvez fosse mesmo o "Espírito que Une" que enviou a canção do *Mborahu*.

Ai! O que fazer?

E até quando eu levaria a mentira do namorado? Por que tinha feito isso?

Ergui a cabeça e o vi, lindo, com a mala na mão, e tudo que senti foi arrependimento de ter mentido e um desejo enorme de tê-lo para sempre ao meu lado.

Suspirei.

Ele caminhou ao meu encontro no lado do motorista, parou na porta e sorriu. Desmanchei-me.

— Você me permite? – sorriu torto. — Gosto de dirigir e acredito ter mais experiência na estrada – antes de eu conseguir dizer alguma coisa ele fez um alerta: — Não se esqueça de que os Anhangás podem estar por aí e modéstia a parte acredito que sou mais ágil em lidar com eles.

Sem dizer nada fui para o banco do passageiro. Não me importava mesmo em dirigir e assim poderia ficar olhando para ele enquanto ele prestava atenção na estrada.

Com muita docilidade ele pediu para que não ficássemos mais sem conversar, o que concordei sem pestanejar. Ao passarmos em Fênix rumo a Campo Mourão, muitas pessoas ficaram olhando um homem dirigindo o meu carro, algo que nunca acontecia, e nesse dia já pela segunda vez me viram com ele. Com certeza, a cidade iria comentar tal fato. Mas ele não tinha a menor ideia de que era ele e não eu o motivo dos olhares.

Puxando conversa ele questionou se eu já tinha pensado em desfazer da fazenda e mudar para outra cidade. Meu Deus, que ideia mais absurda! É claro que isso nunca tinha, em nenhum momento da minha vida, passado na minha mente.

E para meu desespero ele foi fazendo mais e mais perguntas. Ai Deus, por que ele não parava com isso? Como a Naiá disse teria que inventar outras tantas mentiras para manter a primeira. Mas era para minha proteção.

Eu sabia que ele tentava investigar sobre o suposto "namorado", mas em todas as perguntas eu dava uma resposta evasiva. Ele perguntava e eu desviava.

— E você, tem namorada? – perguntei antes que ele fizesse uma nova pergunta.

— Não, depois do meu último relacionamento, que quase cheguei a casar, não quero mais saber de mulher na minha vida – falava olhando para a estrada, o seu tom de voz estava mais grave.

— Não quer mais mulher? – sorri. — Quer o que então? Homem?

— Tá me estranhando? – olhou sério para mim.

— Eu não conheço você – não pude deixar de dar um sorriso maroto. — Não sei das suas preferências.

— Meu último relacionamento foi traumático, só isso.

— Por quê?

— Com o tempo percebi que ela era uma louca, ou bipolar, sei lá, tanto faz. Ela me agrediu fisicamente, machucou-me. Namoramos uns seis meses, ela era sempre muito irritada. Eu estava iniciando minha busca espiritual e achava que era um teste do universo, mas estava enganado. Agora vivo sozinho.

— Complicado esse negócio de amar, não é?

— Estive conversando sobre esse tema com meus amigos – respirou fundo. — Tinha uma forma muito científica de ver o amor, mas meus estudos abriram minha mente – respirou fundo novamente. — Quero amar como na teoria.

— Amor científico tem a ver com hormônios e neurotransmissores?

— Sim – assentiu.

— E esse amor teórico tem a ver com o quê? – fiquei curiosa.

— Tem a ver com o encontro de almas em busca da perfeição com o divino – olhou para mim e eu fiquei totalmente sem jeito. — Quero muito conhecê-lo.

— Eu também tenho uma visão de amor, não é científico nem teórico, mas muito linda e mágica do amor – retribui o seu olhar.

— E como é?

— O amor para mim precisa manifestar os quatro elementos: terra, ar, fogo e água. O amor deve ser como a terra, seguro e produtivo; como o ar, leve e envolvente; como o fogo, quente e reparador; como a água, translúcido e vital.

— Você amou seu marido assim?

— Eu o amei muito – suspirei. — Mas foi um amor que cresceu conosco. Éramos amigos de infância e nos tornamos amantes na juventude. Foi um jeito sublime de amor. Essa forma de amor como os quatro elementos veio com a maturidade.

— E agora, na maturidade, você ama – tossiu – alguém desse jeito?

— É muito bom ter alguém para amar. Estar com uma pessoa que mexe com a gente é a melhor sensação do mundo – falava pensando nele, mas tinha certeza de que ele imaginava que falava do outro.

— É... Estou percebendo isso – sua voz pareceu-me triste.

— Está percebendo? – coloquei as mãos na cintura. — Então tem alguém?

Ele olhou para mim, um olhar muito triste.

— Não percebia até um tempo atrás, melhor dizendo, até ontem – ele balançou a cabeça. — Bem, eu nunca tinha amado alguém. Talvez não tivesse encontrado a pessoa certa. Às vezes, quem mexe com a gente vive em outro mundo, muito distante, e é impossível uni-los.

— É, talvez você esteja certo – meu Deus, o que ele estava falando? Que foi ontem que conheceu alguém que mexeu com ele? Mas ontem nos conhecemos. Ah, céus! O que vai acontecer conosco? Onde estávamos nos metendo? Acabaríamos nos machucando? Por que eu inventei que tinha um namorado? Como faria para acabar com essa farsa? Ou seria mesmo melhor assim para evitar complicações? Amei-o desde ontem e vivemos em mundos impossíveis de unir. Entristeci.

Permanecemos em silêncio por um tempo.

— Você ama esse cara da forma que expos? – ele voltou a questionar.

— Gosto dele... Não sei ainda se é amor – depois da declaração que fez de não poder unir os mundos sentia-me triste. – Os quatro elementos não estão todos presentes.

— O que falta? – insistiu ele.

— Não sei bem ...

Ficamos em silêncio.

— Ontem você falou que era viúva.

— E sou. Há quase 17 anos...

— Mas não comentou desse sujeito – interrompeu-me.

— E por que haveria de comentar? – dei de ombros.

— É... – começou a falar e parou um breve momento, como se refletisse. — Já estava na hora de encontrar alguém – sua voz quase não era audível.

— Estou viúva há muito tempo, mas isso não significa que fiquei sozinha todos esses anos. Tive alguns casos. Uns foram bons, outros nem tanto. É muito difícil encontrar alguém que nos faça uma pessoa melhor. Mas é ruim ficar sozinha.

— Olhe, vá por mim, antes só do que mal acompanhado – sorriu, eu retribuí. — Esse caso é sério mesmo?

— Pois é, está ficando. Namoramos há uns oito meses – continuei mentindo –, embora ele não seja do meu mundo.

— Oito meses? E o ama? – insistiu o João.

— Outra vez essa pergunta? Por que insiste nessa questão? – precisava ganhar tempo para pensar.

— Para verificar a sua convicção sobre o assunto – respondeu.

— Sei lá se o amo. Acho que sim – fiz-me de pensativa. — Estamos pensando em nos casar, unir nossos mundos – sentia que seguia por um caminho perigoso ao dar ênfase a tão grande mentira.

— Mas vai casar? É definitivo? – ele parecia angustiado.

— Casar, casar, assim de papel passado não sei. Mas estamos pensando em morar juntos – falei, morrendo de medo do meu embuste e da sua insistência. Era evidente que ele estava inconformado.

— Tem certeza?

— Já disse que estamos pensando no assunto.

— E que mundo é esse que você fala?

— O mundo em que eu vivo com o mundo em que ele vive – ai, não sabia mais o que falar.

— E por que está insistindo na questão de unir os mundos? – olhou para mim com a testa tensa.

— Foi você quem falou que era difícil unir mundos.

— É... – silenciou uns instantes –, mas vocês devem viver o mesmo mundo.

— Claro que não. Ele é médico e eu não. Ele mora em Maringá, uma cidade a 80 km de Campo Mourão.

— Vai mudar para lá? – ele parecia irritado.

— Não.

— Ele vai para Campo Mourão? – mexia na chave do carro o tempo todo.

— Não.

— Como vão unir mundos? – não tirava os olhos da estrada.

— Ah, sei lá, daremos um jeito – e agora, o que iria dizer? — Acho que quando se ama encontra-se uma forma de resolver os dilemas que surgem – precisava mudar de conversa antes de me complicar ainda mais.

Novamente o silêncio surgiu entre nós e com ele um clima tenso. Quando voltamos a trocar algumas palavras, tudo piorou quando eu disse que iria apresentar meu namorado. Ele foi curto e grosso, afirmando que não queria conhecê-lo. E eu podia entender muito bem o motivo.

João argumentou que receava que o "tal namorado", por ciúmes, impedisse que o grupo ficasse na fazenda. Afirmou que se eu fosse sua namorada e fôssemos nos casar que não deixaria outro homem entrar na minha casa.

Ai meu Deus, tudo que ele falava insinuava, não, deixava claro que ele se sentia perdido num sentimento que o dominava. E eu estava presa nele também e não sabia como agir. Uma espada pairava na minha cabeça, não sabia se desejava que ele se declarasse abertamente ou queria que ele sumisse no ar.

— É, não dá mesmo para confiar em ninguém – balancei a cabeça. — Talvez seja melhor você arrumar outro lugar para ficar – provoquei-o. Estava ficando boa nisso.

— Por que diz isso? – desviou novamente o olhar da estrada para mim, parecia muito bravo. — Fique tranquila, não acontecerá novamente. Pode confiar.

— Posso confiar em você então? – olhei com o canto dos olhos. — E por que não poderia confiar em outra pessoa?

— Não sei o que pensa esse seu namorado – rangeu os dentes –, mas eu teria ciúmes – falou enfático.

Virei-me para ele.

— É incrível, nunca tive ciúmes, mas tenho de você – amansou-se.

— Você tem ciúmes de mim?

— Tenho.

— Não estou entendendo? Por que tem ciúmes de mim?

— Porque você vibra na minha frequência e é a pessoa mais doce que já conheci. E sabe de uma coisa? Estou com ciúmes desse seu namorado.

Eu comecei a rir. Ele caíra na brincadeira.

— Já avisei que não sou doce. E você tem ciúmes dele?

— Ah, Liz, você é doce sim, posso dizer isso com toda a certeza. E sim, tenho ciúmes dele.

— Não entendo. Por que tem ciúmes? Você é engraçado.

Ele olhou para mim, seus olhos focaram os meus, voltou a olhar a estrada. O silêncio reinou por alguns segundos

— Sou engraçado por ter ciúmes de você?

— Claro, mal me conhece e tem ciúmes. Temos ciúmes de quem amamos.

— Você tem ciúmes dele? – perguntou.

— Eu não – dei de ombros.

— Então não o ama? – ergueu as sobrancelhas e olhou-me com um semblante feliz.

— Para amar é preciso ter ciúmes? – respondi com uma pergunta.

— Você acabou de dizer que temos ciúmes de quem amamos.

— É... – perdi-me na minha mentira.

Eu me arrependi de ter viajado com ele, pois era astuto, cobria-me de perguntas e eu só me enrolava. Queria que o tempo voasse e chegássemos logo a Campo Mourão. Acho que ele dirigia a uns 60 km/h para prolongar o percurso.

O tempo parou.

— Meus amigos chegarão, gostarão de você e sentirei ciúmes disso – declarou

— Ciúmes dos seus amigos? – balancei a cabeça, não acreditando do que ouvira, mas feliz. — Mas você não tem motivo algum de ter ciúmes de mim. Nós nos conhecemos ontem.

— Sinto que conheço você há muito tempo. É algo muito estranho – olhou para mim. – É como se você me tornasse mais inteiro, mais completo. E acho que concordo com sua teoria de ciúmes e amor.

— Você não sabe o que está falando – fiquei um pouco nervosa.

Pense Liz, pense, fale algo, rápido. Ai que esse Campo Mourão nunca esteve tão longe! O que veio na minha cabeça foi falar sobre as filosofias que ele estudava. Fui apontando para ele o que sabia, bem lentamente, para dar tempo de chegar logo na cidade, mas de duas, uma, ou não sabia nada, ou a distância aumentara.

O silêncio reinou entre nós. Mas não por muito tempo.

— Liz, voltando ao assunto anterior... – começou a falar calmamente e eu petrifiquei com medo do que sairia da boca dele. — Se você não tivesse um namorado eu pediria para ser seu namorado – meu coração parou de bater. — Se você não fosse se casar, eu pediria para se casar comigo – fiquei cega, surda e muda. — Desde que a vi no mercado entendi que você é tudo para mim.

Um silêncio ensurdecedor encobriu-nos por um espaço de tempo.

— João, não fale assim – balbuciei assim que consegui.

— Já expliquei que vibramos na exata frequência. Vai ser muito difícil ficar longe de tudo o que sinto quando estou ao seu lado e sei que todo esse sentimento é recíproco. Não imagino como você conseguirá viver com aquele "ser" depois que experimentou como é intenso estar comigo – respirou fundo.

Olhei para ele e não soube o que responder. E nem se quisesse conseguiria, pois novamente meus pulmões ficaram sem ar. Acabava de ser pedida em casamento?

Eu havia mentido e não sabia como desfazer tão grande erro. Estávamos apaixonados, isso era fato, mas fazer o que com tal paixão, ou vibração, como ele preferia? Tinha medo, o medo que me acompanhava sempre que pensava no amor, mas fiquei feliz. Três dias antes tinha falado de como queria amar e tudo acontecia de forma mágica, como se o universo tivesse ouvido meu desejo.

Só podia estar sonhando. Enfiei a unha do indicador sob a do polegar com toda a força para ver se sentia dor, com o intuito de investigar se estava acordada.

Doeu.

Então era real. Estava sentada ao lado de um grande e lindo homem, inteligente, bem-sucedido, atencioso, carinhoso e que me amava. Era mesmo difícil respirar!

O silêncio reinou no carro de forma imperiosa até passarmos por Peabiru e ele perguntar sobre o caminho milenar que deu origem ao nome da cidade. Então me animei e comecei a contar sobre o Caminho de Peabiru.

— Quero que você vire à direita na próxima rua – pedi assim que chegamos a Campo Mourão. — Vou mostrar um lugar onde há uma cruz que indica que ali passava o caminho lendário.

Em silêncio ele fez o que pedi e fomos ao Jardim Santa Cruz.

— Não dá para falar do Peabiru sem falar do povo Guarani e seu caminhar para a "Terra sem mal" ou *"Yvy Marã' ey"*. Eles eram caminhantes e buscavam um lugar onde não houvesse guerra, fome, nem morte, enfim nada que causasse dor e sofrimento. Há vários ramais desse lendário caminho e um deles passava por aqui – paramos em frente à igreja e fomos até a gruta de pedra que tem ali. — Dizem que esse pedaço de cruz de cedro queimada foi feito pelo Pai Sumé, ou como alguns acreditam, pelo próprio São Tomé, quando ele passava pelo Peabiru. Aqui tinha uma capelinha, que pegou fogo em 1962. A fé das pessoas na Cruz de São Tomé era grande. Pessoas traziam pedras na cabeça e deixavam ao pé dela como oferenda a graças recebidas, como a cura de um animal, uma boa colheita, um bom parto, a recuperação da saúde e por aí vai – ele permanecia calado e eu comecei a pensar que deveria desmentir minha falácia ali, na frente da cruz, mas não tive coragem. — E essa não é a única cruz. Havia muitas pelo caminho e várias cidades foram fundadas ao seu redor.

— Interessante. É algo tão presente aqui na região e tão pouco conhecido – seu olhar era sério. — Vamos?

— Sim, claro – saímos caminhando, em silêncio, lado a lado.

Ai meu Deus! Queria muito pegar na mão dele e ser sua namorada, mulher, amante, companheira, e tudo o que mais viesse. Mas com minha mentira criei um abismo entre nós.

Desconsolado com a revelação da Liz fui levar o combustível para Rudá. Misteriosamente, todas as coisas perderam o sentido. A nossa conversa não saía do meu pensamento. Agora entendia por que ela se comportava tão arredia.

— O que aconteceu, João? Está tão quieto – quis saber Rudá.

— Nada, está tudo bem – falei enquanto descarregava a encomenda.

— Acha que me engana? – comentou o indígena, ajudando-me.

— Não é nada não – parei e olhei o horizonte.

— É a Liz, não é? – chegou ao meu lado.

— Está assim tão na cara? – fitei-o seriamente.

— Estampado – abriu um sorriso. — E qual o problema?

— Me perdi por ela – balancei a cabeça tentando negar o sentimento.

— Fico feliz. Gosto de você, será um bom marido – ele parecia entusiasmado com a possibilidade de "eu" casar com a Liz.

— E o que fazer com o tal namorado dela? – encostei-me na camionete. — Ela me contou que há um concorrente e que pretende se casar no fim do ano, e não estou conseguindo viver com isso – virei-me para ele. — O que faço com esse sentimento que está me corroendo? – abri os braços em sinal de impotência. — Em menos de 24 horas estou perdido de amor.

Percebi que ele me olhou de forma diferente, talvez assustado com o meu comportamento ou com a rapidez do meu sentimento.

— Ela contou sobre o casamento? – indagou ele seriamente.

— Sim – comecei a caminhar.

— Isso complica um pouco – apertava uma mão na outra. — Mas ela ainda não se casou.

— Isso é verdade – uma ponta de esperança surgiu.

— Então lute por esse amor – veio ao meu lado, colocou a mão no meu ombro, senti-me acolhido. — Vou torcer por você.

— Não gosta do tal sujeito? – isso me ajudaria.

— Nem um pouco – balançou a cabeça negativamente para mim. — É como se ele não existisse. Sabe, meu caro amigo, a Naiá me ensinou sobre o "Espírito que Une" e quero falar sobre ele para você.

— "Espírito que Une"? – repeti a expressão lentamente.

— Sim, quando duas pessoas merecem ficar juntas, o "Espírito que Une" dá a oportunidade para que possam caminhar lado a lado. Ouve-se então a canção do *Mborahu*, isto é, a canção do amor. Ninguém sabe quando, onde e como se ouve essa canção. O fato é que quando o "Espírito que Une" decide, não há como evitar. Um exemplo: você veio de Curitiba a Fênix para ouvi-lo e estava na hora certa, no lugar certo, para encontrar a pessoa certa.

— Acho que ouvi essa canção no momento em que a vi – suspirei.

— O tal sujeito está perdido então – deu uma gargalhada. — Porque a canção do *Mborahu* é poderosa. Venha, vamos comer.

Ao chegarmos a casa entramos para tomar água. A Liz ajudava a Naiá a fazer o almoço e meu coração alegrou-se, porque ela me energizava, e, em seguida, entristeceu-se, porque ela pertencia a outro. Apenas trocamos um breve olhar. Essa condição era simplesmente inaceitável. Ficar sem conversar com a mulher amada era um contrassenso e, pior do que isso, muito pior mesmo era ela ter um namorado.

— Precisam de ajuda? – prontifiquei-me com esperança de permanecer por perto.

— Estamos quase terminando, obrigada – descartou-me a carcereira do meu coração.

Sem alternativa, sentei-me com o Rudá na varanda e conversamos sobre os incidentes ocorridos.

Almoçamos e, como na noite anterior, a comida estava uma delícia. A Liz tinha feito o que prometera. Ah! Ela era perfeita! Por que precisava ter um namorado?

Durante a refeição eu permaneci calado, ela também.

— O que aconteceu no caminho de Fênix? – quis saber Rudá.

— Não aconteceu nada, padrinho – falou ela rapidamente. — Só estou cansada. A noite de ontem foi complicada.

— Vocês não estavam assim hoje de manhã. Conte logo o que aprontou, *Yvoty*? – insistiu.

— Não aprontei nada – balançou a cabeça negando.

Rudá insistiu com as perguntas.

— João, o que ela fez com você? – persistiu Rudá

— Como assim, o que eu fiz com ele? – ergueu as mãos indignada. — Não fiz nada. Como já disse, é o cansaço. O cansaço crônico é a doença da moda, sabiam? – ela pegou uma costelinha de porco com as mãos e começou a comer e eu fiz o mesmo.

O casal fez mais algumas perguntas e vendo que não revelaríamos nada, puxaram outros assuntos. Eu e a Liz falamos o estritamente necessário para manter o ambiente agradável, mas mal nos olhamos.

Após a refeição, a Liz fez algumas recomendações a Rudá para a organização do acampamento.

— Rudá, meu grupo precisará de uns 10 a 15 homens para fazerem algumas escavações – lembrei-me do pedido do Toni. — Você pode providenciar para mim?

— Mas é claro. O pessoal da região precisa sempre de um trabalhinho extra. Para quando vai querer?

— Quinta-feira. Será que dará tempo?

— Vou atrás disso agora mesmo.

— Fico grato – apertei sua mão.

Despedi-me dos padrinhos dela, pessoas que agora faziam parte do meu estrito grupo de amigos.

No trajeto entre as casas o silêncio entre nós era insuportável e eu não podia deixar continuar assim, pois me sentia desorientado sem o som de sua voz. Precisava consertar as coisas. Se ela não queria falar comigo, eu queria falar com ela.

— Liz...

— João...

Novamente falamos ao mesmo tempo. Sintonia perfeita. Não há o que possamos fazer para mudar a força da vibração, ou, como alertou Rudá, não há como mudar a canção do *Mborahu*.

Tomando a palavra tentei persuadi-la a irmos juntos. Alertei-a que era possível os Anhangás tentarem algo novamente, mas ela negou minha oferta. Obviamente, não queria minha companhia, já que estava envolvida com outro homem. Meu estômago chegou a doer com tal pensamento.

Acompanhei-a até o carro e tristemente abri a porta. Como era bom poder sentir a sua vibração em mim. Como havia ressonância entre nós, evidentemente para ela também era bom estar perto de mim. Mas, infelizmente, apesar dessa força invisível nos atrair, ela estava comprometida.

Para a minha grande surpresa e alegria, é claro, no último momento ela sentiu medo de viajar sozinha e resolveu aceitar minha companhia. Mas o fato de ela ter um namorado era um complicador

Entre a satisfação de ficar perto dela e o desalento de saber que outro homem fazia parte da sua vida, caminhei lentamente para pegar minha mala e o meu pensamento, aflito pela situação em que me encontrava, focou no que Rudá havia dito: "*Mas ela ainda não se casou*", "*Então lute por esse amor*", "*Vou torcer por você*". Então era isso que iria fazer.

No segundo seguinte revoltei-me por me sentir tão vulnerável a um sentimento do qual sempre desdenhei. Deveria lutar contra essa amálgama de emoções? Sim, era isso que eu precisava fazer. Estava decidido, não me vincularia mais a essa forma de relação humana aprendida culturalmente. Se vivi minha vida inteira sem ela, poderia viver muito bem o resto.

Então me lembrei de quando a vi e das sensações experimentadas do coquetel químico que dominou o meu corpo, de quando senti que a minha vibração e a dela eram idênticas. Recordei-me do Kabir falando que eu "sentiria a prometida de Kama", das definições orientais sobre a beleza do amor. A complexidade do meu pensamento desnorteou-me. O que fazer? Perdi-me nesse turbilhão de pensamentos antagônicos e fiquei em contradição comigo mesmo. Respirei fundo e lentamente cheguei ao quarto, sentei-me na cama, fechei os olhos e tudo o que veio à mente foi a Liz, com seu jeito lindo de ser e tudo que senti foi uma energia vital que provinha dela. Então compreendi que tudo o que realmente importava desde o momento em que a vi no mercado era viver para sempre com ela.

Eu a amava.

Enfrentaria o tal sujeito nem que fosse na porrada. E nisso eu era bom!

Quando voltei, ela estava no banco do motorista, e sempre que eu a via um sorriso brotava nos meus lábios. Para persuadi-la deixar que eu dirigisse seu carro afirmei que tinha mais experiências com a estrada e com os Anhangás. Ela concordou.

— Liz, deixe-me pedir uma coisa para você? – falei assim que entrei no carro. — Sei que calei e quase não conversamos no caminho de volta. É que fiquei triste com sua revelação – sorri, constrangido. – Embora tenha namorado – tossi – e pensa em se casar – tossi novamente –, não fique sem falar comigo. É muito ruim.

— Tudo bem – ela esboçou um sorriso. — Não ficarei. Mas tem uma condição.

— Pode dizer já está aceita – elevei a mão direita em forma de juramento.

— A condição é você também não deixar de conversar comigo.

— Combinadíssimo! – ergui a mão para que ela batesse nela, firmando o acordo.

Percebi, ao passar em Fênix, que todos a cumprimentavam.

— Você é bem conhecida em Fênix, não é?

— Eu morei muitos anos aqui e tenho a fazenda e...

— Você alguma vez já pensou em vender a fazenda? – interrompi-a antes que falasse do outro sujeito. — Em morar em outro lugar?

— Nunca –foi enfática. — E eu moro em outro lugar. Estamos indo para lá. Por que pergunta?

— Pergunto por perguntar. Você tem alguém em Fênix ou nesse outro lugar?

— Ter alguém? Em Fênix tenho conhecidos. Em Campo Mourão tenho meus filhos e amigos.

— Só filhos e amigos?

— O que quer saber?

— De alguém em especial – apertei o volante com ira.

— Todos são especiais para mim

— Não se faça de desentendida – olhei para ela com a testa franzida.

—Ah! Quer saber do meu namorado? – indagou. — Se é de Fênix ou de Campo Mourão? Em que isso lhe interessa?

— Pergunto por perguntar. Para puxar papo – dei um sorriso sem graça. Mas tudo o que eu queria ouvir ela não dizia, isto é, que mentira, que não tinha ninguém na vida dela, que esperava por um grande amor e que eu havia chegado para que o desejo dela fosse realizado.

— Ele é de Maringá – explicou por fim.

Mas que droga! Olhei sério para ela desaprovando o que acabara de falar. Minha respiração se modificou e apertei o volante novamente, descontando minha fúria. As respostas dela me deixavam cada vez mais enfurecido e sem perspectiva.

Então foi a vez dela perguntar se eu tinha namorada. Contei as desventuras do último relacionamento e que após daquela terrível experiência vivia sozinho.

Em seguida, comentamos sobre como víamos o amor. Como era possível ela me deixar tão vulnerável ao falar de amor? Ah, sim, eu sabia a resposta: o sujeito desse amor não era eu.

Quando ela disse que era bom ter alguém para amar. Um raio atingiu meu coração. Ela estava feliz e amava outro homem.

Afirmei que estava percebendo que era bom ter alguém para amar, e ela rapidamente me perguntou se eu tinha alguém. Ah, sua boba, é você, como não vê isso? Por que não facilita tudo para mim e diz que não tem ninguém e me deixa amá-la?

Para ver se ela se tocava, confessei que só comecei a perceber como era bom amar alguém desde o dia anterior, que antes não tinha encontrado a pessoa certa. Entendeu, Liz? Essa pessoa é você.

Ah, claro que ela entendia, era uma mulher inteligente. Estava se fazendo de rogada. Então é assim, é para se fazer de difícil, não é? Para fazer com ela o que fazia comigo, comentei que às vezes as pessoas que se encontram e se amam vivem em mudos tão distantes que é impossível uni-los.

Entendeu agora? Eu moro em Curitiba, sou doutor em Física, estudo filosofias orientais, tenho minha busca pessoal e não posso amar você, que mora em Campo Mourão e é criadora de gado, por isso não me importo que você tenha esse sujeito. Estou sofrendo, você também pode sofrer.

Pronto, estávamos quites.

No mesmo instante me lembrei do que versei para a Renate: *O amor é bondade... é leveza... é compaixão. É olhar nos olhos do ser amado e sentir suas necessidades e desejos. É troca. É jamais levar ao sofrimento e às lágrimas. É o caminhar junto para o crescimento de ambos. É buscar ter um coração leve, feliz e tranquilo para que possamos dar o melhor de nós. É observar com carinho e conseguir ver a alma do ser amado. É deixar o fluxo na natureza agir para que haja o encontro de almas. Enfim, o amor é o caminho para a autossublimação.*

Arrependi-me profundamente. Meus anos de aprendizagem não tinham valido de nada.

Eu era realmente um grosso.

Além do que a distância não era nada para mim.

Acho que acabei com qualquer possibilidade de envolvimento agora. Percebi que ela se entristeceu com a enorme falácia criada por mim.

Ela era mesmo uma pessoa especial, embora magoada, com o seu jeitinho particular de falar foi devolvendo minhas perguntas e me deixando completamente perdido com as palavras.

Mas, enfim, o que eu necessitava saber era se ela o amava realmente, e pergunta vai, pergunta vem e, enfim, surgiu um vislumbre de felicidade quando ela declarou que gostava e não sabia se era amor.

Que droga! Na noite anterior tinha ficado sabendo que era viúva e ela não tinha comentado que tinha alguém, mas agora ela acabou de falar que teve vários casos e eu simplesmente fiquei irado só de imaginar ela com outros homens.

Inconformado, triste e com raiva, perguntei de várias formas se o caso atual era realmente sério, se o amava, e conversa vai, conversa vem, uma de suas falas deixou-me feliz e triste. Feliz por que não tinha certeza que o amava. Triste por que enfatizou que iriam se casar.

Ahrrr, essa ideia de casamento que não saía da boca dela. Você deveria estar falando em casar comigo, pois vibramos na mesma frequência. Não sente como é bom ficar comigo?

Fiquei aborrecidíssimo com a história de casamento e de unir mundos, que ela estava levando muito a sério. Eles não viviam no mesmo mundo?

Ela explicou que ele era médico e ela, como eu bem sabia, era fazendeira. Ele morava em Maringá e ela entre Campo Mourão e Fênix. Então eu a magoara realmente quando falei de unir mundos. Entristeci, pois amar é jamais magoar, e me senti pior quando ela docemente revelou que quando se ama os problemas são resolvidos.

Por que tive que falar de mundos diferentes? Senti-me péssimo. Ela devia me achar um insensível. Eu estava num estado de total desconforto, amando alguém que não podia ser amado. Magoando quem eu deveria agradar.

E mais uma vez as palavras cessaram.

— Vou apresentá-lo a você assim que ele chegar – do nada ela jogou uma bomba em mim.

— Não faço questão de conhecê-lo – ela só podia estar louca em insinuar tal possibilidade. No estado em que me encontrava era capaz de dar um soco na cara dele.

— Que mal-educado – chamou minha atenção sem olhar para mim.

— Ele pode não deixar que fiquemos na sua casa – argumentei, muito tenso.

— Quem manda na minha casa sou eu e não ele – ainda olhava para a estrada.

— Ele pode ter ciúmes – tirei os olhos da estrada e olhei para ela. — Eu teria.

— Ah, é ciumento? – olhou para mim e sorriu. — Não acredito. Coitada das suas exs. Deveriam sofrer em suas mãos.

— Eu teria ciúmes só de você.

— Não entendi. Teria ciúmes só de mim?

— Se fosse minha namorada e fôssemos nos casar no fim do ano, não deixaria outro homem ficar na sua casa – isso era tão óbvio para mim.

— Não confiaria no que eu sentiria por você? – cruzou as pernas e começou a balançar o pé. — Eu acho impossível quando se ama alguém ter um caso com um visitante.

— Eu confiaria em você e não nele.

— Entendo porque diz isso – torceu os lábios. — É, não posso confiar em você, meu visitante.

— Em mim pode, é claro – sorri torto.

— Posso é? Vi que posso – batia um dedo no outro. — Ele não gostará de saber que me beijou.

— Na verdade, o que aconteceu não foram beijos – tentei me defender.

— Não? O que foi que aconteceu conosco?

— Eu quis confortá-la no sótão e pedir desculpas agora há pouco – esclareci.

— Ah, sim, entendo. É sempre assim que consola e pede desculpas? – cerrou os olhos. — Meu namorado não vai gostar nadinha de saber do ocorrido. Ou, se preferir, ele não vai gostar da forma que conteve minhas lágrimas e de como pediu desculpas.

Fiquei sério e em silêncio. Eu mataria se alguém fizesse com ela o que eu tinha feito.

Com muita tranquilidade disse que seria melhor eu arrumar outro lugar para ficar, pois não dava para confiar em mim. Enlouqueci, fiquei sem chão, não seria possível ficar longe dela. Prometi que não mais chegaria perto dela. Claro que menti, pois isso era impossível.

E continuamos o debate girando em torno de temas como confiar ou não, em ter ciúmes ou não, de amar e não amar. Ela ia me deixar louco com tanta conversa. Era escorregadia, não se deixava pegar. Já tinha me feito entender que vibrava como ela, que sentia ciúmes, ciúme até dos meus amigos. O que mais precisaria fazer para que ela entendesse que estava perdido de amor?

Segundo o seu modo de pensar sobre amor e os quatro elementos, ela os despertou em mim: a terra, que me fez desejar ficar para sempre ao seu lado; o ar que a rodeava, eu precisava para respirar; a água, pois ela me deixava mais vivo; e o fogo, que me queimava de amor.

– Sabe João – ela iria confessar o seu amor por mim –, o que acha de falarmos sobre filosofias orientais, tal como o Taoísmo, o Hinduísmo e o Budismo? Não é isso que anda estudando?

Balancei a cabeça para arrumar o pensamento. Olhei para ela, para a estrada. Como ela conseguia mudar de assunto tão rápido? Balancei novamente a cabeça. Respirei fundo. Melhor falar de outro assunto do que não falar.

— O que você sabe sobre esses temas? – inacreditável a sutileza dela.

— Sei bem pouco. Apenas o que li por curiosidade e a maioria dos textos foi escrita por intérpretes. Nunca conversei com ninguém sobre tais conhecimentos, nenhum monge ou mestre. E você sabe muito bem que "o mapa não é o território".[127]

— Isso mesmo, "o mapa não é o território". Mas o que já leu? – eu estava muito sério.

— Hum... – ela começou a contar nos dedos. — 1. O Taoísmo é uma filosofia e também uma religião originária da China. Tao quer dizer "o caminho", mas um caminho que não pode ser definido nem medido, por que é o infinito. 2. Um dos principais conceitos é o yin, feminino, e o yang, masculino, que são forças opostas, como o claro e o escuro. 3. O texto mais importante é o Tao te Ching, O livro do Caminho e da Virtude, e atribuem sua escrita a Lao Tze, o Velho Mestre. 4. Tem o princípio prático da "não ação" e por ela tudo pode ser feito. 5. Usam a meditação e fim do conhecimento.

— Está no caminho – assenti com a cabeça. — Continue.

— Agora, o que sei sobre o Hinduísmo... – começou a contar nos dedos novamente. — 1. É uma religião da Índia, "A Eterna Lei". 2. Tem muitos deuses. 3. Os maiorais são Brahma, Shiva e Vishnu. 4. É a tradição religiosa mais antiga e por isso possuem os textos sagrados mais antigos, os Vedas. 5. Tem os Avatares, que são deuses encarnados que ajudam os homens. 6. O ioga tem origem no hinduísmo. 7. Também praticam a meditação. 8. Não posso me esquecer do carma e da reencarnação. Aí são tantas coisas que não lembro mais.

— Muito bem – sorri já mais calmo.

— É a vez do Budismo – outra vez se colocou a contar. — 1. É uma filosofia ou também pode ser vista como religião. 2. Surgiu no Nepal, com Sidarta Gautama, um príncipe que buscou o caminho da iluminação, o Buda. 3. Fala do caminho da libertação, do carma e de reencarnação. 4. Samsara é a existência em que impera o sofrimento e a frustração e todos devemos passar por isso para chegarmos à iluminação. 5. Um princípio regente é a prática do "Caminho do Meio", o equilíbrio. 6. Buscam chegar

---

[127] Alfred Korzybski.

ao Nirvana, porque daí não precisam mais reencarnar, por já terem atingido a paz absoluta. 7. O Zen é uma escola do budismo. 9. Os sutras são os livros sagrados – ergueu os braços. — Uau! É isso aí.

— É um básico – fiz uma careta. – Bem básico – ela tinha muito, mais muito o que aprender. Muitos conceitos não estavam definidos corretamente.

— É, preciso ler muito, muito, mas muito mais – sorriu. — Quem sabe você pode me ensinar?

— Veremos – respondi, de cara fechada. Não era disso que gostaria de falar. – E de física quântica, o que sabe?

— Ah... – fez ar de entendida. — 1. Sei da dupla fenda – olhou para mim e fez uma careta. — Um fóton de luz pode ser onda ou partícula, depende do observador. Vi vídeos na internet.

— Isso é bom – ergueu as sobrancelhas. — E o que achou?

— Como não entendo nada, achei muito básico, fácil – ergueu os ombros.

— Esse fato deixou os físicos da época sem palavras.

— É que já li com as palavras que encontraram para explicar – sorri. — Ah, João, quando não sabemos das coisas não nos admiramos com o que vemos, pois não faz nenhum sentido.

— Bem, sabe-se que todo o conhecimento já existe, só que nós não estamos prontos para vê-lo. É fato. E o que sabe mais da física?

— Ah, sim... 2. Que há muito espaço no interior dos átomos, um verdadeiro microcosmos.

— Nossa! Estou impressionado com tanto conhecimento! – sorri. Ela me alegrava com seu jeitinho de desviar da conversa.

Ela era mesmo a pessoa certa para mim. Até falar do que eu gostava ela sabia. Pouco, mas sabia. Meu coração estava apertado de dor por ela ser compromissada. Isso não podia estar acontecendo. Eu era mesmo um desafortunado, um predestinado a viver sozinho. Por que não podia amá-la como preciso? Sentia-me subjugado por esse amor repentino, mas definitivo.

Senti-me impotente por ela estar envolvida seriamente com outro homem. Respirei fundo.

"Lute por este amor". "Lute por este amor". "Lute por este amor". Ouvia a voz do Rudá.

Então refleti comigo mesmo: eu já era um homem maduro e não havia motivo para eu negar tal sentimento. Além do que, não tinha mais tanto tempo de vida para ficar deixando para depois o que realmente importava para mim. Não podia deixar passar o momento para que ela soubesse claramente o que eu sentia. Encorajado pelo amor intenso e pela urgência de aproveitar o melhor que a vida tinha a oferecer, declarei-me formalmente, anunciei que queria namorá-la e me casar com ela. Afirmei letra por letra, vírgula por vírgula, ponto por ponto, que ela era tudo que importava para mim desde que a tinha conhecido. Pronto! Estava feito!

Ela não falou nada.

Será que não fui totalmente claro?

Ou ela estava se fazendo de desentendida?

Mas que droga! Por que ela não pedia para eu parar o carro e se jogava nos meus braços? Será que amava tanto o outro sujeito? Será que não sentia por mim o mesmo que eu por ela? Estaria eu enganado sobre a minha teoria?

Isso não podia estar acontecendo comigo. Expor-me assim tão abertamente e ser negligenciado. Respirei fundo. Este, então, é o malfadado amor. Conecta-nos a outra pessoa e nos deixa indefesos, à espera da ação do ser amado.

A viagem prosseguiu num silêncio ensurdecedor. Mas não importava, agora ela sabia exatamente o que significava para mim, das minhas mais puras intensões, do meu desejo de viver para sempre ao seu lado.

Quando passamos por uma cidadezinha com o nome do caminho dos índios puxei assunto, pois não aguentava mais aquele vácuo que havia entre nós e ela, para minha alegria, contou alguns pontos que desconhecia. Até me levou para ver uma cruz que teria sido colocada pelo Pai Sumé e que alguns atribuíam ser o próprio apóstolo Tomé, num ponto do Peabiru.

Falou, falou, falou, mas não o que eu desejava ouvir: — João eu também quero ficar com você.

Até quando ela negaria o seu amor por mim?

Chegamos a Campo Mourão sem tocar mais no assunto amor. A Sininho e o Trola dormiram todo o trajeto.

Meu coração parecia que ia explodir de alegria e de medo. Alegria por ele me querer e medo por querê-lo também. Por que eu era assim, sempre cheia de dualidades?

Eu precisava de tempo para digerir a avalanche de emoções vividas em 24 horas. O João era um homem muito intenso, determinado e que, pelo jeito, tinha plena convicção do que queria, pois acabara de se declarar sem constrangimentos. Para ele parecia que tudo era descomplicado: apaixonou-se e ponto. Também vivia sozinho numa chácara, não tinha trabalho e nem pessoas que dependessem dele, completamente diferente de mim.

Ai, Deus! O que eu faria com ele? Menti para me proteger de algo que queria, mas tinha medo. E deu certo, ele comportou-se como um cavalheiro depois que soube que eu era comprometida. Minha farsa no primeiro momento deu certo. Mas ele ficaria uns dias por perto e se descobrisse, como agiria?

Para ser sincera comigo, arrependi-me profundamente de tal ato. Embora tivesse medo de amar, com ele talvez pudesse viver uma aventura. Será? Queria apenas uma aventura com ele? Não, claro que não. Sentia-me tão apaixonada que uma aventura apenas seria a minha perdição. Morreria sem a presença dele.

Ai, o que fazer?

Enquanto vivia uma tempestade de emoções, sem ter certeza de nada, resolvi mantê-lo por perto, e após deixar a Sininho e o Trola em casa, convidei-o para conhecer a minha loja.

Ele caminhou pelo espaço admirado, mas sem falar nada. Depois quis que ele visse a estufa. Sabia que adoraria o lugar. Traída pelo meu corpo que desejava o dele, peguei na sua mão e ele, sem perda de tempo, apertou-a e eu adorei. Como imaginei, ficou perplexo. Caminhei um pouco com ele, nossas mãos unidas transmitiam o nosso desejo de permanecermos juntos. Então meu celular tocou e precisei "desligar-me" dele. Que pena! Deixei-o sozinho e fui encontrar minha filha.

— Mãezinha – deu-me um beijinho –, a gincana vai começar hoje.

Franzi a testa preocupada, lembrando-me dos Anhangás.

— E eu não sei – sorri. — Como há tantos anos, não é?

— Mãe, o tema da gincana deste ano é algo que você gosta muito, uma paixão sua.

— Hum! Uma paixão! - exclamei. — Nossa, tenho tantas! – dei uma olhada para ver onde andava o João, "a minha mais nova paixão". Para disfarçar, levantei-me para pegar uma garrafinha de água.

— Ora, vamos mãezinha, tente adivinhar – instigou a garota enquanto abria a geladeira da loja e pegava um suco e se sentava no banco ao lado.

— Adivinhar o quê? – perguntou Pedro, entrando na loja e dirigindo-se ao refrigerador para pegar um refrigerante.

— Não é da sua conta – Ana faz uma careta para o irmão. — Você não deveria estar estudando uma hora dessas?

— Credo, o que você tem hoje? – indagou Pedro com um olhar de desdém. — Fiz prova e fui liberado.

— Mãe, olha o jeito dele! – enfarruscou-se a menina.

— Ele não fez nada filha...

— Você sempre defendendo ele! – ralhou Ana.

— Oh loco mãe, o que essa menina tem? Nem posso falar nada que ela fica assim – protegeu-se meu filho.

— Também, você vive provocando ela – afirmei.

— Mas ela é uma chata mesmo, uma seca...

— Pare já com isso, Pedro! – repreendi-o. — E você também não é dos mais gordos – disse, rindo, enquanto tomava um gole de água.

— Tudo bem, tudo bem – concordou o rapaz.

— E Ana, pare de implicar com seu irmão – ela fez uma careta.

— Tenta adivinhar mãe. Pedro, não diga o que é. Deixe-a adivinhar – piscou para ele.

— Eu nem sei do que estão falando. Mas isso mesmo mãe, adivinhe o que a Aninha quer. Damos três chances – puxou a irmã para se sentar em seu colo e cochichou no ouvido para saber o que era para a mãe adivinhar.

— Quem entende vocês? Estavam discutindo agorinha...

— Não adianta tentar escapar. Vai ter que adivinhar – interveio Ana. — Mãe, o que sempre lhe fascina? – deu uma piscadinha.

— Vocês dois? – tentei.

— Humm... – Ana fez uma cara de questionamento para Pedro. — É, mano, disso ela gosta...

— Mas errou – terminou ele, com um largo sorriso. — Tente de novo, mãe.

— Comer muito sem engordar – dei uma boa gargalhada, que foi acompanhada pelos dois. — Isso é meu maior fascínio.

— Errou novamente – afirmaram os dois no mesmo instante.

— Não é sobre filhos, nem gastronomia, o que mais pode ser? – dei uma olhada no João, que ainda passeava na loja. — Então só pode ser uma gincana sobre como ser uma bruxa eficiente – dei uma piscadinha.

— Que tipo, mãe! – desdenhou Aninha.

— Tá muito longe, dona bruxa – riu o rapaz.

— Credo, do que vai se tratar esse evento que acontecerá? Agora estou realmente curiosa – esfreguei as mãos, demonstrando ansiedade.

— Ah mãe, já foram suas três chances. Será sobre... — Pedro começou a falar.

— Não, Pedrinho! – Ana colocou a mão na boca do irmão, impedindo que falasse. — Ela terá que ativar seus "poderes superiores" – colocou aspas com as mãos nas últimas palavras –, para desvendar o enigma do evento da fazenda – os dois caíram na risada.

— Ativar meus "dons"... Então me deixem tentar... – sentei ereta, cruzei as pernas e emiti um "OM" bem vibrante. Uma, duas, três vezes... então falei: — Será sobre a cultura dos habitantes da nossa terra antes de chegarmos aqui.

— Uauuuu! – gritaram os dois.

— Não é que ela adivinhou! – Aninha arregalou os olhos incrédula. — Mãe, será mesmo sobre os índios brasileiros.

— Que ótimo! Vou parabenizar os organizadores.

— Quero muito saber mais sobre os indígenas – minha filha esfregou as mãos. — Tomara que seja um acampamento incrível. Será o último – fez um beicinho.

— Nada impede que tenham outros – dei de ombros.

— É verdade! – bateu palmas.

— Aconteceram alguns problemas na fazenda, não sei se poderemos ter gincana este ano – queria ver o jeito dela.

— Pelo amor de Deus! – implorou minha menina de mãos juntas. — Mãe, está tudo pronto. Iremos assistir à abertura da Copa na quinta-feira, lá na fazenda. Todos estão empolgados, usaremos verde e amarelo. Ah! Você sabia que teremos a companhia de alguns estudiosos também?

Eu olhei para o João, que percorria a seção de poções.

— Ah, disso eu sei. Tem um deles aqui na loja.

— Jura? Quem é? – Ana ficou surpresa.

— João, por favor! – chamei-o. Ele olhou na minha direção com os enormes olhos verdes. — Venha conhecer meus filhos.

— Que lugar incrível! – admirou-se João. — Tanto quanto sua casa da fazenda.

— Você esteve na casa da fazenda? – perguntou Pedro, com os olhos azuis arregalados.

— Sim, filho – falei rapidamente, antes que Pedro fosse indigesto. — Ele e uns amigos irão investigar por que caem tantos raios na região R – olhei seriamente, para que a conversa terminasse ali. Ele retribuiu o olhar, que dizia que não tinha gostado nada de tal visita.

Em seguida o apresentei formalmente aos meus filhos. A Aninha o adorou, o Pedro não abriu um sorriso sequer. Para quebrar o momento, lembrei-me de que iria me encontrar com a diretora da escola.

— Mãe, já organizei o "churras" para depois da abertura – avisou Ana muito animada.

— Nossa, você não perde tempo, filha – coloquei as mãos na cintura. — Hoje é só terça-feira.

— Você também irá – convidou o João. — Hoje à noite, lá em casa.

— Obrigada, será um prazer – olhou para mim, pedindo confirmação, eu sorri. — O que devo levar?

— O que vai beber. Carne já tem de sobra.

— Ótimo, então! Deixa comigo! – bateram as mãos, confirmando o compromisso.

A Ana e o Pedro saíram e ficamos a sós novamente.

Imediatamente, ele se lembrou do meu namorado e ficou receoso de encontrá-lo no churrasco na minha casa, o que resolvi com poucas palavras, pois tinha adorado saber que desfrutaria de sua presença mais tarde.

— Acho que seria bom termos o número do celular um do outro, caso precisemos nos falar – suspirou. — Ou caso o sujeito resolva aparecer na sua casa – fez um ar sério.

— Claro, boa ideia! – passei o meu número para ele e registrei o dele.

— Até mais então – deu um beijinho no meu rosto.

Assim que ele saiu, mandei uma mensagem no grupo das Quatro Luas. Queria que elas conhecessem o João e me ajudassem a entender o que estava se passando comigo.

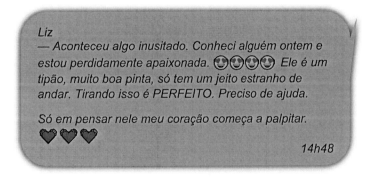

Em menos de cinco segundos comecei a receber mensagens querendo saber todos os detalhes.

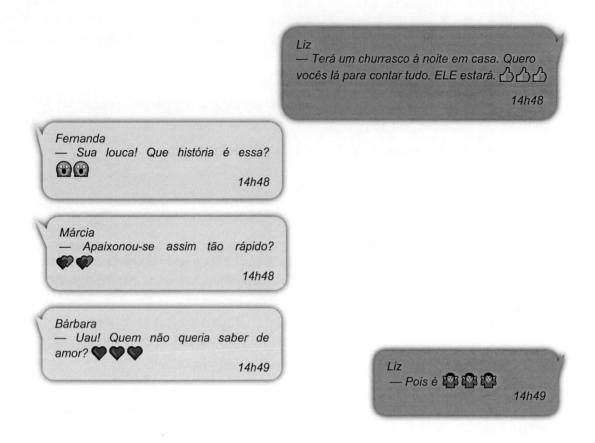

Entre elas, uma diferente:

> João
> — Confirmando o número.
> 14h52

Parei de ler as outras mensagens e fiquei sorrindo com o que ele tinha escrito: "Confirmando o número". Ele sentiu saudades, tenho certeza, assim como eu já sentia a dele. Mais do que depressa respondi, deixando de lado as mensagens das amigas.

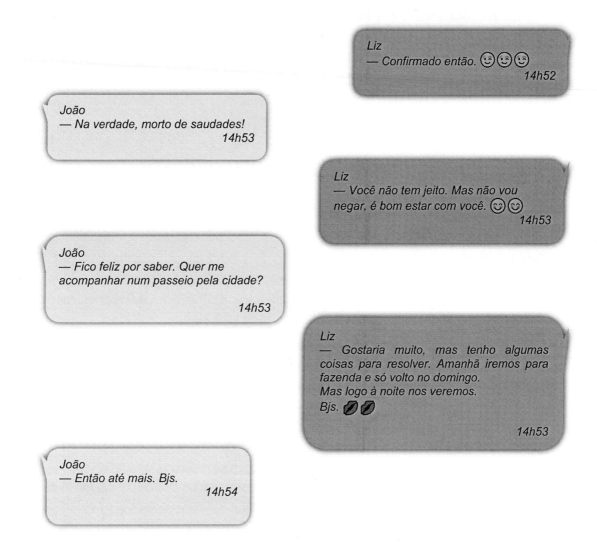

Ainda recebendo mensagens das amigas e com o coração exultante pelos recados do João, fui falar com a diretora da escola.

Os últimos quilômetros foram quase insuportáveis, cada um remoendo os seus pensamentos. Eu não entendia como uma mulher que me ouviu expondo meus sentimentos tão abertamente não ficasse exultante e pulasse no meu pescoço e me enchesse de beijos. Tantas e tantas fizeram comigo o que fiz com ela e eu virei as costas. Agora acho que recebia o troco da vida.

Quase parei o carro e a chacoalhei para que acordasse e entendesse que eu a amava, que minha vida só teria sentido se pudesse viver com a ressonância que vinha dela, que a química do meu corpo não funcionaria com mais ninguém, que eu havia ouvido o canto do *Mborahu*, que ela era minha prometida pelo deus Kama, que tudo fluiu para que nossos caminhos se cruzassem. Ora, por que ela não entendia isso? Mas respirei fundo uma, duas, três vezes, e me mantive firme em tolerar o silêncio dela. Era preciso entender que ela tinha outro. Se esse fato ocorresse há uns anos eu insistiria com um pouco mais de ação para que uma resposta viesse.

Mas agora, com minha busca espiritual, sabia que precisava deixar tudo fluir a seu tempo naturalmente, pois eu já tinha feito a minha parte.

E o vácuo continuou.

— Quero que conheça a minha loja – avisou assim que parei em frente à casa dela. — Vou deixar o Trola e a Sininho e já volto.

— Será um prazer – sorri satisfeito por ter deixado que experimentasse o silêncio e refletisse sobre nós.

Ao entrar na loja fiquei impressionado assim que pus o pé na porta. "Vibracionei" ainda mais.

— Venha – ela pegou na minha mão e eu exultei. — Quero que veja agora a minha plantação.

— Tem mais fora isso tudo? – encaixei minha mão na dela e a segui. Caminhamos assim até os fundos da loja, ela abriu uma porta e saímos para uma área externa rodeada por estufas.

— Olha só – falou baixinho –, não deixo ninguém entrar aqui, pois podem contaminar minhas crianças – sorriu. — Mas como vibramos na mesma frequência está liberado.

— Então é um lugar proibido? – fiquei eufórico, ela sabia que éramos um.

— Sim, totalmente. Aqui cultivo ervas medicinais, aromáticas, temperos e ainda mágicas – o celular dela toca. — Minha filha me chama lá na frente. Fique à vontade – piscou e saiu.

Entrei na estufa e uma fragrância refrescante envolveu-me. Sorvi lentamente o ar e fui dominado por uma paz tranquilizadora. Havia inúmeros vasinhos com plantas de um verde vibrante e a energia emanada das pequenas mudas parecia penetrar no corpo e na alma. Existia vida, na sua mais pura forma e força.

Depois de inundar-me daquela vibração voltei para a loja e só então me lembrei de que precisava olhar meu celular. Os Guardiões já deviam ter saído de Curitiba. Liguei o aparelho e enquanto as mensagens chegavam caminhei pelo ambiente. Maravilhei-me com a beleza do local. Era a cara dela. Tinha uma energia intensa, era toda colorida, cheia de seres mágicos.

Fiquei totalmente inebriado pelo aroma que a loja tinha. Olhei os tipos de embalagens, de cores, de formatos. Quanta criatividade! Nem sei quanto tempo passei em contemplação. Só alguém com um espírito elevado poderia ter criado um espaço tão envolvente.

Sentei e fui ler as inúmeras mensagens que tinham chegado. Umas avisando que estavam saindo, outras perguntando se precisava levar alguma coisa, tinha ainda as que queria saber se o local para ficarem estava certo. Mas a grande maioria era para saber se o que contara na véspera sobre a previsão da Jamile era verdade.

Eta povo curioso!

Enquanto via os recados a todo o momento eu olhava para a Liz. Ela estava envolvida numa boa conversa com dois jovens. A moça só podia ser sua filha mesmo, pois o cabelo era igual. O rapaz era bem alto e tinha olhos claros. Seria namorado da Aninha? Ou colega de escola? Seria filho também? Ela não tinha falado de filho, mas logo descobriria. Às vezes, parecia que os jovens discutiam entre eles, no momento seguinte riam juntos. A conversa parecia animada.

Assim que terminei com o celular voltei a vasculhar os produtos. Nesse interim ela me chamou para apresentar os jovens. Então minha questão foi elucidada, tinha mais um filho. Quantos mais teria?

Apresentou-me como pesquisador que iria investigar os raios que caíam na região R. Não mencionou que eu era nem ao menos um amigo. Entristeci-me. Tinha me declarado e ela ainda não considerava nem como um amigo. Estranhei-me. Como poderia chatear-me por tal fato? Nunca me importei em ter amigos. Oh, Cosmos! O que fazer com esse sentimento irracional e avassalador que tomava conta de mim?

Devo ter demonstrado a tristeza causada pela sua indiferença, pois sua filha amavelmente convidou-me para num churrasco que haveria à noite na casa deles. Aceitei rapidamente, pois isso significava passar mais algumas horas com a Liz e isso era ótimo.

— Liberado para o "churras" de hoje à noite? – precisava confirmar com a dona da casa.

Ela assentiu com a cabeça.

— Está certo! – sorri. — Bem, agora o que vai fazer?

— Preciso falar com a diretora da escola.

— Você quer a camionete? – perguntei.

— Não, pode ficar. Uso o outro carro

— Tudo bem. Sua loja é mesmo incrível, nunca tinha visto nada igual. Muita criatividade, estou eletrizado – abri um grande sorriso. — Pela loja e por você.

Perceptivelmente, ela ficou sem jeito.

— Obrigada – revelou um sorriso inibido nos lábios.

— Bem, você acha mesmo conveniente eu ir à sua casa hoje à noite? – fiquei muito sério.

— É convidado da minha filha.

— Seu namorado estará lá? – preocupei-me.

— Não, ele está em Maringá – falou tranquilamente.

— Acho que é melhor eu não ir. Ele pode ficar sabendo e não gostar – balancei a cabeça como se tentasse afastar o pensamento. — Eu já vou ficar na sua casa da fazenda por alguns dias.

— O que tem se ele ficar sabendo? É meu amigo, ele não se incomodará – ela ficou agitada. — E não tem por que ele se importar. Nós nos conhecemos ontem e não há nada entre nós, não é mesmo? Você é um amigo – expressou bem lentamente a palavra amigo.

— Eu não diria isso – ergui a sobrancelha e esbocei um sorriso. Será que ela havia se esquecido de que minutos antes eu a tinha pedido em casamento?

— Não diria? – cerrou os olhos. — Então ele pode ficar preocupado. Acho melhor você não ir.

— Vamos fazer o seguinte, qualquer problema resolvo com ele depois – sorri. — Como já lhe informei, sou bom de briga.

— Não haverá briga, ele não virá – deu um beijinho no meu rosto e me acompanhou até a porta da loja, demonstrando que deveria ir embora. — Até mais tarde, lá em casa.

Depois de tudo acertado comecei a ficar nervoso, pois passaria várias horas longe dela e sabia que talvez nesse tempo ela pudesse encontrar-se com o namorado. Precisava pensar em algo, pelo menos para manter contato.

É claro! Pedi o número do seu celular e dei o meu. Pronto, agora ficaríamos conectados. Mais calmo, peguei o carro emprestado e com tristeza me despedi. Ficar algumas horas longe dela era quase inaceitável.

Saí sem rumo, esperaria os Guardiões chegarem. A cidade era agradável, muito bem cuidada, canteiros floridos alegravam as vias. Percebi que não havia sinaleiro e que os motoristas paravam para os pedestres. A igreja do centro da cidade tinha aparência de um castelo medieval, lindíssima. A cidade era quadriculada, com ruas e avenidas, fato que indicava que foi planejada na sua criação.

Estou perdido. Perdidamente vibracionado. O que vou fazer? Como isso é possível? Como deixei acontecer? Tive a escolha de não entrar no mercado, mas brinquei com o destino e agora estou refém de algo que não tenho como lutar contra. Pensar em não poder tê-la para sempre comigo, de saber que ela tem outro homem que a beija, que a toca, que desfruta da presença dela, que faz amor com ela, torturava-me. Fiquei louco. Louco de ciúme, louco de amor. Como pode alguém em tão pouco tempo provocar tantas sensações ao mesmo tempo?

Até pensei em negar tal sentimento. Mas não quis, não quero, não consigo, não tenho forças para evitá-lo. O que devo fazer? Por que isso aconteceu comigo?

Senti necessidade de saber como ela estava. Estacionei o carro e mandei uma mensagem, que foi respondida rapidamente. Conversamos brevemente e fiquei exultante por ter ela do outro lado da tela.

Feliz, dirigi pela cidade sem rumo. Apenas pensamentos sobre o turbilhão de sentimentos que vivi nas últimas horas e que dominavam minha mente. Onde será que a Liz está? O que ela está fazendo? Sorri para mim mesmo, não conseguia evitar, ela já estava fazendo parte de mim.

Acho que terei que entrar na porrada com um tal médico.

Cheguei à escola e fui falar com a diretora, Marta Soares, pedagoga e doutora em Educação que comandava sua escola há mais de 25 anos. Ela devia ter uns 50 e poucos anos, de estatura pequena e sempre magra. Seus cabelos eram loiros, com um corte um pouco acima dos ombros, perfeitamente bem arrumados. Vestia-se elegantemente, sempre com um terninho sobre os ombros. Era elétrica, com voltagem de 220kw/h, andava pelos corredores tomando conta de tudo. Sua escola de Educação Infantil, Ensino Fundamental e Médio era uma referência na região.

Enquanto aguardava, a diretora saiu uma mãe de sua sala.

— Aí está ela! - apontou-me. — Não quero que meu filho vá à fazenda dessa bruxa.

— O que está havendo aqui? - perguntei calmamente, pois desde criança presenciava minha avó ser hostilizada por ser considerada uma bruxa e comigo já tinha acontecido muitas vezes. Quando será que isso iria parar?

— Sua bruxa! - continuava com o dedo em riste. — Só porque é rica, com certeza com dinheiro ganho com bruxaria negra, acho que pode levar meu filho para seu covil? - ela parecia estar fora do controle. Eu permaneci parada, observando a ira inconsistente da mulher.

— Desculpe, Liz – tentou amenizar a Martinha.

— Não tem o que desculpar. Meu filho não vai e ponto! - bateu o pé a mulher.

— Acalme-se, por favor – falei com tranquilidade. — Do que mesmo você está falando?

— Que você é uma B-R-U-X-A – articulou lentamente a última palavra.

— Por que diz isso? - olhei firme para ela.

— Sua loja vende todos os tipos de feitiços, amuletos... – ficou sem palavras por um instante – e é repleta de bichinhos demoníacos espalhados nela.

— Já esteve lá? – perguntei, com um sorriso nos lábios.

— Passo na frente – ficou sem jeito.

— Por que não entrou? – indaguei.

— Fazer o que lá? – arregalou os olhos. — Só tem magias e coisas do mal, é um antro de pecado.

— Em primeiro lugar, você está falando que os seres encantados do Velho Mundo e os do Novo Mundo que estão presentes na loja são seres demoníacos? – questionei-a.

Ela ficou sem responder.

— São todos protetores da natureza – afirmei. — Outro ponto a ressaltar é que lá é um lugar onde a magia da natureza está à nossa disposição. A natureza é mágica, é troca de energia que ocorre naturalmente entre partes. Por exemplo, as plantas têm suas propriedades, princípios ativos que são passadas para nós quando bebemos chás...

— Não adianta tentar me convencer, sua bruxa! – falava exaltada e, na verdade, era ela quem parecia um ser do mal.

— Ser bruxa não tem nada de mal. Isso foi uma ideia inculcada num período histórico por filósofos religiosos. Nós, "bruxas", não lidamos com seres abomináveis, nem com maldades. O nosso maior princípio é que tudo que fazemos para o outro, recebemos em triplo.

— Mexem com o que não é deste mundo! – arregalou os olhos.

— Com o que não é deste mundo? Como seria possível? Embora eu acredite em extraterrestres, ainda não tive contato com eles – tive vontade de rir, mas mantive a serenidade. — Mexo com coisas deste mundo, como chás, sementes, temperos, fragrâncias, cores, pedras, sal, velas... A magia é a harmonia entre tudo. Tudo que tem poder neste mundo – esperei um pouco para que assimilasse o que havia dito. — Você, minha amiga...

— Não sou amiga de bruxa! – seus olhos agora estavam cerrados.

Ela me insultava, mas não arredava o pé. Senti que queria muito saber mais sobre o tema.

— Tudo bem, quem sabe poderemos ser amigas algum dia – ela desconjurou, eu sorri. — Não há nada mais natural do que a minha atividade. Só trabalho com a natureza, com a sua energia, com a transformação que pode fazer em nós, com sua proteção, com o desenvolvimento da sensibilidade – abri a bolsa e peguei um saquinho de tule com folhas dentro e estendi a ela. — Tome, estas folhas de hortelã irão acalmá-la.

A mulher relutou, olhou para a diretora, depois para mim, eu sorri. Ela estendeu a mão e pegou o saquinho.

— Meu nome é Margarete. Vim de Cianorte. Meu filho estuda com sua filha – parecia menos alterada.

— Muito prazer, sou a Liz – estendi a mão em cumprimento e ela, mais calma, apertou-a.

— Isso que você acabou de me dizer é verdade?

— A mais pura verdade.

— Vou pensar se deixo ou não meu filho ir.

— Vá com ele – interveio a diretora. — Sempre alguns pais nos acompanham.

— Vou pensar – repetiu e afastou-se, olhando as folhas de hortelã.

— Olá, Martinha, como está? – acompanhei-a para dentro da sala.

— Desculpe-me por esse episódio – falou sem jeito.

— Imagina, sou acostumada com isso. Já aprendi a lidar com situações como essa e tiro de letra – sorri. — Bem, tudo pronto para o acampamento? A Aninha já anunciou que teremos novidades – dei um abraço na diretora.

— Sim, teremos algumas novidades. Sente-se – mostrou-me o sofá e sentou-se ao meu lado. — Uma senhora, chamada Renate, ligou. Ela já sabia da gincana dos alunos, parece que um amigo dela entrou em contato com você. Eles, na verdade, irão estudar os raios que caem numa região da sua fazenda. Bem, ela perguntou se o grupo deles poderia organizar algumas atividades da gincana. Ela é professora de Arqueologia na Universidade Federal de Minas Gerais, o esposo é historiador, professor também, e tem outros integrantes, todos com excelente formação. Então eu achei que seria ótimo.

— Sim, conheci o amigo dela. E acho que será bem interessante – eles prepararam isso para afastar os Anhangás, pensei. — Bem, quantos alunos irão?

— Este ano serão 50 alunos, 10 pais e cinco pessoas de cada escola – anunciou a diretora. — Já está tudo pronto e embalado. Hoje à noite, às 19h em ponto, faremos a separação dos grupos, e no máximo às 21h estará tudo terminado. Partimos amanhã às 7h, tudo bem para você?

— Claro, Martinha! Combinado então. Até às 19h. Será no ginásio do colégio como sempre?

— Isso mesmo. Estou organizando uma apresentação do pessoal. Já que nunca temos pessoas importantes aqui, vamos deixar uma boa impressão.

— Então vou indo. Já pedi ao Rudá para deixar tudo pronto para amanhã. Agora vou organizar um churrasquinho que as crianças querem fazer hoje à noite depois do evento. Nos vemos mais tarde. Qualquer problema me avise.

— Obrigada, Liz. Você sempre nos dando a oportunidade de proporcionar momentos especiais aos alunos.

Saí da escola e fui direto ao mercado para comprar mais alguns itens para a noite. Eu estava ansiosa, na verdade, temerosa: o João estaria presente. O fato era que sentia medo da forma que ele mexia comigo. E pior que isso, ele havia me pedido em casamento "se" eu fosse descompromissada.

E eu era.

Só que havia mentido para ele e não sabia o que fazer, embora mesmo que não tivesse mentido, não podia aceitar uma proposta de casamento de um homem que conheci há um dia.

Mas estava perdidamente apaixonada por ele. Nas poucas horas que ficamos longe já morria de saudades. Parecia que não podia haver mais o meu mundo sem a presença dele.

Ah, imagina eu me envolver totalmente com ele e depois de alguns dias ele ir embora, já que ele tinha uma vida em Curitiba. Nós vivíamos em mundos diferentes.

O que eu devia fazer?

O melhor seria não ficar perto dele. Eu devia evitá-lo ao máximo. Mas à noite eu teria que recebê-lo. Tal fato me deixava feliz e em pânico. Acho que vou pedir para o Dionísio, da Boreal, fazer de conta que é meu namorado. Será que ela me empresta ele por uma noite?

Peguei o celular e liguei para ela.

— *Fala, Cuca – disse ela, atendendo o celular.*
— *Márcia, como vai? Preciso de um favor.*
— *Diga.*
— *Você me emprestaria o Dionísio esta noite para ser meu namorado?*
— *O quê? Está louca?*
— *É uma questão de vida e morte.*
— *E o tal homem lindo que você encontrou e está morrendo de amores?*
— *É por causa dele mesmo.*
— *Não estou entendendo. Ama e quer apresentar um namorado? Que relacionamento é esse?*
— *Estou com medo do que estou sentindo.*
— *Para com isso, Cuca. Aproveite. Até a noite.*

Desligou na minha cara. Balancei a cabeça desanimada. Bom, pelo menos o João não ultrapassaria os limites, pois pensava que eu tinha um namorado.

Uma ponta de arrependimento caiu sobre mim por oferecer a casa da fazenda para eles ficarem. Isso nos deixaria próximos demais. O que eu faria? Como conseguiria manter minha integridade mental com ele por perto?

Com o pensamento em como evitar o João comprei muita coisa, enchi um carrinho grande. Pensava nele e colocava algo no carrinho, pensava novamente e lá ia outra mercadoria para eu pagar no caixa. Quando saí do mercado já anoitecia.

Cheguei a casa e fui descarregar tudo. Pedi ajuda aos meus filhos, que organizavam o espaço. Alguns amigos do Pedro já tinham chegado.

— Mãe, o tio Saci tá virado no guede. A Gabi contou que ele não quer mais participar do acampamento – avisou Ana.

— Por quê? – estranhei.

— Porque a Copa do Mundo vai começar – balançou a cabeça, incrédula

— Deixa ele comigo, filha. Agora vamos nos preparar para a abertura da gincana.

Enquanto tomei banho pensei em pedir para o Alfredo se passar por meu namorado, mas essa opção logo foi descartada. Ele jamais se prestaria a essa farsa, além do que, a Rubi poderia ficar triste comigo caso tivéssemos em algum momento provar que éramos mesmo namorados. Deixa tudo como está.

Enrolada na toalha, parei em frente às minhas roupas. O que vestir? Os Guardiões estariam lá e queria dar boa impressão.

— Ora Liz, a melhor escolha é ser você mesma – coloquei uma saia longa tipo indiana, uma regata amarela e uma jaqueta jeans; uma bota de cano curto, anéis nos dedos e saí com os cabelos molhados.

Junto comigo foram algumas questões: e se ele descobrir que o enganei, como agirá? Ele, junto com os amigos, teria o mesmo comportamento que sozinho, isto é, ainda se mostraria apaixonado? E se no churrasco insistisse com a ideia de casamento? Por que a Aninha o convidou?

Entrei no carro e fui para a abertura da gincana.

NEM CINCO MINUTOS PASSARAM e meu celular tocou. Era o Antônio.

— *Olá, João, "oncetá"?*[128] – *questionou Toni, com o seu "mineirês".*

— *Rodando por Campo Mourão. Vocês já chegaram?*

— *Exato. Estamos todos na frenda*[129] *igreja matriz, sabe "onquié"?*[130] – *falou o mineiro.*

— *Claro, já chego aí.*

— *"Aguardamentão"*[131] – *finalizou o historiador.*

Não estava longe e em poucos minutos pude ver os carros estacionados e eles em pé, na calçada, numa animada conversa. Passei por eles e buzinei.

— Acharei um local para estacionar e já volto! – gritei de dentro do carro.

Eles acenaram com a mão.

Por sorte, ainda na mesma quadra um carro deixava uma vaga. Esperei que saísse e estacionei. Fui ao encontro deles com enorme satisfação. Seria reconfortante estar entre amigos num momento tão novo para mim.

— Olá, pessoal! Que bom vê-los. Como foram de viagem?

— "Quedê-lhe"[132] meu abraço, pai – enroscou-se no meu pescoço o meu piá.

— "Colé, meu bródi"[133] – cumprimentou-me Chica.

— Diga aê, negão![134] – emendou Zé.

— Aê chegado! – beijou-me Jamile.

— Beleza, "mermão"! – saudou Marcelo, batendo na minha mão, apertando-a e finalizando com um abraço.

— Tarde, meu lorde! – abraçou-me Renate.

— Cê tá bom?[135] – apertou minha mão Toni.

— Tranquilo e sereno, peão? – Carol me beijou.

---

[128] Oncetá – aonde você está (jeito de falar mineiro).
[129] Frenda – frente da (jeito de falar mineiro).
[130] Onquié – onde que é (jeito de falar mineiro).
[131] Aguaramentão – aguardamos então (jeito de falar mineiro).
[132] Quedê-lhe – onde está (gíria paranaense).
[133] Colé, meu bródi – como vai, amigo (gíria baiana).
[134] Diga aê, disgraça – como vai, amigo (gíria baiana).
[135] Cê tá bom – você está bem (jeito de falar mineiro).

— Mas bah, vivente, teu olho tá mais verde que guspida de mate novo – abraçou-me o gaucho. — É de amor?

Cumprimentei calorosamente cada um deles.

— Caralho, quanto entusiasmo! Isso tudo por causa dela? Quero saber a porra toda – entusiasmou-se Jamile.

— Ô bicho! Também tô loco para saber da birosca[136] toda. E não vem de caô[137] – intimou-me Marcelo

— Ah, sim, da terra onde os raios caem? – comentei, rindo. — Fica a uns 80 km daqui. Amanhã cedo partimos para lá.

— Bah! Não te faça de desentendido, peão. Para de bobice. Queremos saber da prenda, da prometida – falou Silvio.

— Tô avexado para conhecê-la – apressou-se em dizer Zé.

— Ai, o que faço com vocês. Não tornem para mim tudo mais difícil do que já está – balancei a cabeça, demonstrando que a coisa era complicada.

— Barbaridade, não creio! Tu nem bem te apaixonaste e já tens problemas? – Carol juntou as mãos em forma de oração.

— Caracas, eu nunca erro em minhas previsões. Cacete! – enfatizou Jamile.

— Tu está ou não está envolvido com uma prenda? – questionou Silvio.

— Não quero e não posso me envolver... – fiz uma pausa e todos me olharam desconfiados – mais do que já estou – sorri.

— Gente do céu! Nem tô acreditando no que ouço! – animou-se Ernesto. — Isso é loco de bom!

— Essa é de voar erva da cuia. O João de rédeas no chão![138] Tri legal! – expressou-se Carol.

Logo fui rodeado de amigos, batendo na minha cabeça e me abraçando.

— Deu pra ti a vida de solitário – socou o meu braço Silvio. — Bah tchê, aconteceu física e quimicamente?

— Sim – fiz sinal de positivo.

— Tu ficaste preso a essas reações? – continuou indagando o gaúcho.

— Fiquei – sorri

— E foi de vereda?[139] – Silvio parecia inconformado com a novidade.

— Sim, de vereda – balancei a cabeça afirmativamente.

— Então foi tiro dado e bugio deitado! – riu Carol.

— O que isso quer dizer? – perguntou Ernesto.

— Foi de primeira, deu certo – explicou a médica.

— Tri legal! – exclamou Silvio. — Sinta-se faceiro. A vida ficará mais feliz, tchê.

---

[136] Birosca – pode significar qualquer coisa (gíria carioca).
[137] Caô – enrolação (gíria carioca).
[138] De rédeas no chão – apaixonado (gíria gaúcha).
[139] De vereda – imediatamente (gíria gaúcha).

— E aê, meu rei, tô azoretada,[140] e aquela engrisilha[141] de escolha e destino? – comentou a baiana.

— Depois que a vi o destino virou escolha – suspirei.

— Maktub! – a carioca deu um soco na própria mão.

— Chega de garganteio, pô! Pare de cozinhar o galo[142] e desembucha. Arrie o balaio[143] – pediu Francisca.

— Caracas, fala aí "mermão" – intimou Marcelo.

— Logo que cheguei a Fênix cruzei com ela e senti uma vibração diferente.

— Cruzou como pai? De apé?[144] — quis saber Ernesto.

— Na avenida principal, eu na minha camionete e ela na dela – expliquei.

— Ela é barona? – indagou Zé.

— Barona? – arregalou os olhos meu filho.

— Arre égua, Ernesto – resmungou Zé. — Barona, mulher do barão, madame, rica.

— Barbaridade! Misericórdia! – exclamou a gaúcha. — Que jeito de falar!

— E o seu? – replicou o baiano. — Tiro dado e bugio deitado? Até o Ernesto sabe tudo até pediu explicação disso.

Todos rimos, a diversidade brasileira é mesmo uma lindeza.

— Cruzei com ela – voltei a falar – e lembrei-me da carioca dizendo que o encontro era destino. Resolvi segui-la para mostrar para você – apontei para a Jamile – que tudo era escolha. Maior bobagem que fiz.

— Uai! Bobagem por que, sô? – indignou-se Renate.

— O destino virou escolha – suspirei. — E porque vibramos na mesma frequência e fiquei preso a ela – balancei a cabeça, ainda não acreditando no que acontecia comigo.

— Isso nem tá ornando[145] com você pai – fez cócegas em mim. — É "pacabá"[146] ver você assim. Tô de cara![147] Mas tô muito feliz por você.

— Tu te sentes atraído pela prenda? – questionou Carol. — Tá arrastando a asa[148] por ela?

— Atraído... – abri os braços. — Estou magnetizado nela. Arrastando as duas asas no chão – fiz uma careta.

— Isso foi puro destino cara, porra! – envaideceu-se Jamile pela sua previsão. — Cruzar com o amor da sua vida numa cidadezinha de poucos habitantes é foda. Onde está a escolha? – fez um ar de soberba.

— Tive a escolha de segui-la ou não no mercado que ela entrou – expliquei.

— Mas resolveu segui-la, não é não? – fez um ar de rogada.

— Sim.

---

[140] Azuretada – invocada (gíria baiana).
[141] Engrisilha – coisa enrolada, confusão (gíria baiana).
[142] Cozinhar o galo – fazer corpo mole, enrolar (gíria baiana).
[143] Arrie o balaio – conte tudo – (gíria baiana).
[144] De apé – andando a pé (gíria paranaense).
[145] Ornando – combinando (gíria paranaense).
[146] Pacaba – para acabar (gíria paranaense).
[147] To de cara – estou inconformado (gíria paranaense).
[148] Arrastando a asa – gostar, enamorar (gíria gaúcha).

— Maktub! Caracas.

— Bem, escolha ou destino, o que importa é que me perdi de amores por ela. Física e quimicamente, com flechada do Kama, do cupido, com o canto do *Mborahu* e tudo mais que houver.

— Ai, meu nego, massa real![149] Há muito tempo está sozinho – disse a baiana. — E cada dia mais dentro d'água.[150]

— Discordo. Estou mais humanizado depois que iniciei a minha busca pessoal – olhei sério para ela, num gesto de defesa.

— "Coé", João, você tenta, né, tenta o lance de melhorar – caçoou de mim o carioca.

— Ele está cada dia melhor, Marcelo – defendeu-me Ernesto.

— É isso aí, filho! – fiquei ao lado dele. — Ajuda o pai.

— Conta mais, tchê! – pediu Silvio.

— Sei lá, vivemos em mundos completamente diferentes.

— "Cadiquê"[151] diz isso? – perguntou Renate.

— Complica um pouco – disse, tristemente.

— Para tudo se dá um "jeitim"[152] – emendou o historiador.

— Na moral, estamos mais interessados nela do que na porra dos raios – mudou de assunto Jamile. — Onde ela está? Quero conhecê-la.

— Deve estar conversando com a diretora da escola neste momento.

— Não folga, quero conhecer a prenda – informou Carol.

— Talvez hoje à noite. Terá uma festa e fui convidado pela filha dela.

— Ela tem uma guria? É casada então? – arregalou os olhos a médica gaúcha.

— Ferrô! – Marcelo fez uma careta

— Ela tem um casal de filhos, é viúva. Mas já tem um sujeito preenchendo a vaga.

— Isso complica um "pouquin[153]" – lamentou Renate.

— Bah, tu estas no mato sem cachorro – avisou Silvio.

— Isso pode dar um arerê[154] – torceu o nariz Chica.

— Capaiz, Chica. Claro que não – falei.

— Sei não..., bulir[155] com a mulher de outro é bodum[156] – retrucou a baiana.

— Arre égua, com uma canganha[157] fica mais emocionante! – Zé bateu nas minhas costas. — Cuidado, vai que é um valentão com muitos cangaceiros – zombou o baiano.

---

[149] Massa real – legal (gíria baiana).
[150] Dentro d'água – na pior (gíria baiana).
[151] Cadiquê – por causa do quê (jeito de falar mineiro).
[152] Jeitim – jeitinho (jeito de falar mineiro).
[153] Pouquin – pouquinho (jeito de falar mineiro).
[154] Arerê – confusão (gíria baiana).
[155] Bulir – mexer (gíria baiana).
[156] Bodum – fedor (gíria baiana).
[157] Canganha – confusão (gíria baiana).

— Caraca da porra! Tá difícil mesmo entender vocês, cacete! – resmungou Jamile.

— Também entrego as fichas[158] – apoiou a Carol. — Bah! Tá complicado.

— Calma, pessoal – pediu Toni. — O trem é o seguinte: "quanão"[159] nos entendermos pedimos esclarecimentos, uai.

— É "mezz", nada de bololô.[160] Vamos nos entender como sempre, sô – pediu Renate.

Todos concordaram.

— Gente, olha só, embora eu tenha sentido algo por ela algo que nunca senti por ninguém... – comecei a falar.

— Tipo uma vibração? – quis saber Jamile.

— Sim, vibramos exatamente na mesma frequência, só que ela tem uma vida incrível aqui e um médico como namorado. Embora acredite que seja quase impossível, pretendo deixar tudo como está.

— Urra, por que acha impossível, "mermão"? – indagou Marcelo.

— Eu a amo e sei que ela me ama, embora ainda não admita. Então até ela se resolver pretendo que meu contato com ela seja apenas profissional. Pessoal, ela tem um namorado e vai se casar com ele. Posso contar com vocês para que tudo continue assim?

— Carracas, João, mas ainda não casou – externou Jamile. — Nem preciso da borra do café pra dizer que ficarão juntos.

— Esse fato me entristece, Jamile. Não posso chegar de longe e mudar toda a vida dela – falei, abaixando a cabeça. — Embora seja o que mais desejo.

— João, "préstenção",[161] você não precisará de nós "pranada".[162] Tudo acontecerá naturalmente. Mas "poconta"[163] com nossa discrição – pontuou Antônio.

— Obrigado, amigo – respirei fundo. — Colocando vocês a par dos eventos, hoje à noite teremos a abertura da gincana na escola. Vamos dormir aqui e amanhã bem cedo partiremos para a fazenda.

— Olha criatura, deixe de nove horas.[164] Não seja abestalhado.[165] Já deixou passar uma mulher que vibrava como você – alertou Chica. — A vida lhe deu outra chance. Não seja mofino[166] e agarre-a.

Fitei a baiana seriamente. Não tinha pensado nisso, ela estava certa.

— Égua, pare de me curiar,[167] meu nego – piscou ela. — Vamos ajudar você em tudo que precisar. Sabe que somos amigos irmãos.

— É que não tinha pensado no que disse – respirei fundo. — Vou agir diferente dessa vez – sorri para ela. — Obrigado pelo toque, Chica.

---

[158] Entrego as fichas – concordo (gíria gaúcha).
[159] Quanão, quando não (jeito mineiro de falar).
[160] Bololô – confução (gíria mineira).
[161] Préstenção – preste atenção (jeito de falar mineiro).
[162] Pranada – para nada (jeito de falar mineiro).
[163] Pocontar – pode contar (jeito de falar mineiro).
[164] Nove horas – complicado (gíria baiana).
[165] Abestalhado – bobo (gíria baiana).
[166] Mofino – pessoa frouxa (gíria baiana).
[167] Curiar – olhar com curiosidade (gíria baiana).

— O lance é o seguinte, aê, vamos procurar um hotel e depois organizar como o João vai conquistar a Liz – gracejou o Carioca.

— Mandou bem paixão! – Jamile beijou o marido. — Conhece algum hotel, João? – perguntou a vidente.

— Bom, sabe-se que "quanduma"[168] cidade era fundada havia uma igreja, uma praça, a rodoviária e um hotel. "Dessforma"[169] é só caminharmos ao redor "destpraça"[170] que encontraremos – instruiu o historiador.

— "Émezz",[171] "cetá"[172] certo, meu bem. "olhum"[173] ali "nesquina"[174] – apontou Renate.

— Pai, o que houve com a camionete? Desbotou? Era preta e está prata.

— Deixei na fazenda. Esta é dela.

— Caracas, já estão íntimos assim! – riu o carioca.

— Aff,[175] até no carro vocês são iguais? – admirou-se Francisca.

— Para vocês verem o grau de sintonia – suspirei.

— "Nossinhora",[176] aconteceu algo para virem juntos? – quis saber Toni.

— Sim, houve um problema com os Anhangás hoje de manhã e achei melhor ela não dirigir sozinha.

— O João agora é guardião da mulher amada, opa, vibracionada ... – gracejou Carol. — Que lindo.

— Vamos nos acomodar – sugeri, sem dar ouvidos a brincadeira da médica. Depois conto o que os Anhangás aprontaram.

Após nos organizarmos no hotel e solicitar informação de um bom lugar para adquirir alguns equipamentos que desejávamos, fomos às compras com apenas dois carros. No caminho, contei a eles o episódio inusitado da manhã.

Enquanto escolhíamos o que pudéssemos precisar, conversei com o Antônio.

— Estudou as peças? – indaguei curioso.

— Sim, são legitimamente incaicas e de ouro puríssimo – comunicou o mineiro, sem sotaque.

— Eu imaginava.

— Como foram parar nas mãos dela? Valem uma fortuna, tanto arqueológica quanto economicamente. A Rê está louca para conversar com ela sobre tais artefatos.

— Ela não sabe que as peguei – ergui as sobrancelhas. — Preciso colocar no local sem que ela veja.

— São só essas ou tem mais? – questionou o mineiro.

— Muitas. Você verá amanhã, na fazenda. O que representam as imagens?

---

[168] Quanduma – quando uma (jeito de falar mineiro).
[169] Dessforma – desta forma (jeito de falar mineiro).
[170] Destpraça – desta praça (jeito de falar mineiro).
[171] Émezz – é mesmo – (jeito de falar mineiro).
[172] Cetá – você está – (jeito de falar mineiro).
[173] Olhum – olhe um (jeito de falar mineiro).
[174] Nesquina – na esquina (jeito de falar mineiro).
[175] Aff – expressão de vários significados, no caso, puxa vida! – (gíria baiana).
[176] Nossinhora – nossa senhora (jeito de falar mineiro).

— Uma é do deus inca Viracocha, o criador. Teve dois filhos, o Sol, deus Inti, e a Lua, deusa Mama Quila, que é irmã e mulher de Inti. A outra é a deusa Pacha Mama, que representa a mãe Terra, protege os homens.

— Interessante, nunca me interessei por deuses andinos – ao ouvir seu relato imediatamente lembrei-me da história que Rudá havia me contado sobre o seu conhecimento indígena. Era bem semelhante. Em outro momento discutiria com o Toni o assunto. — E sobre o contato com a escola? Acho que será ótimo para afastarmos os Anhangás.

— Esse trem é com a Renate. Vida! – gritou Toni, chamando a mulher. — O João quer falar concê.[177]

— Fala, meu lorde – passou o braço na minha cintura.

— Quero saber como convenceu a diretora da escola a participarmos do acampamento.

— Apresentei a mais pura verdade, uai. Expliquei que viríamos investigar a "incidencde"[178] raios na região "onseria"[179] realizado o acampamento, que a "donda"[180] fazenda nos cedeu a "casdela"[181] e que falou sobre o acampamento – gesticulava o tempo todo e com o jeito mineiro de se expressar. — Então expus que eu era arqueóloga, meu marido historiador e contei um "cadím"[182] de "cadum"[183] dos Guardiões. Ela ficou empolgada. Mas "quanfalei"[184] que trabalharíamos sobre os povos indígenas do Brasil, ela pirou.

— E como faremos isso?

— "Prestenção"[185], deixa comigo, uai – piscou. — Tenho "tudim"[186] organizado. Iremos nos divertir muito.

— Ótimo! – tranquilizei-me com intervenção da arqueóloga.

— Só falta você se organizar – interveio Renate.

— Eu? – ergui as sobrancelhas. — Vou seguir suas normas.

— "Querdizer"[187] em relação à "donda" fazenda, uai, a sua Liz – sorriu. — Que amor de pessoa, abrir a casa "parestranhos".[188]

— Poderão conhecê-la hoje à noite, na abertura do evento – fiquei feliz em lembrar que a veria em breve. — A diretora com toda certeza fará nossa apresentação para todos.

— O lance é que não vejo a hora de conhecer essa pessoa incrível que conquistou o coração duro do meu amigo aqui, não é "mermão"? – cutucou-me Jamile.

— Era coração duro – balancei a cabeça. — Agora é coração vibracionado.

— Porra, mas você está mesmo perdido de paixão, credo, desculpa, vibração, não é mesmo? – falou a carioca, com seus "esses" com som de "X".

---

[177] Concê – com você (jeito de falar mineiro).
[178] Incidencde – incidência de – (jeito de falar mineiro).
[179] Onseria – onde seria (jeito de falar mineiro).
[180] Donda – dona da (jeito de falar mineiro).
[181] Casdela – casa dela (jeito de falar mineiro).
[182] Cadim – um pouco (jeito de falar mineiro).
[183] Cadum – cada um (jeito de falar mineiro).
[184] Quanfalei – quando falei (jeito de falar mineiro).
[185] Prestenção – preste atenção (jeito de falar mineiro).
[186] Tudim – tudinho (jeito de falar mineiro).
[187] Querdizer – quero dizer (jeito de falar mineiro).
[188] Parestranhos – para estranhos (jeito de falar mineiro).

Ficamos um tempo na loja comprando alguns equipamentos novos que sempre usávamos nesses tipos de expedições. Todos nós estávamos bem animados com as compras. Às vezes, lembrava-se do que tinha vivido nas últimas horas, sentia saudades da Liz e uma ansiedade tomava conta de mim só de lembrar do churrasco a que iria mais tarde.

Compras feitas, resolvemos ir até a escola para conhecer a diretora. A Renate tomou a frente, apresentou o grupo, e as duas começaram a conversar sobre as atividades do acampamento. Os Guardiões, a todo o momento, intervinham com ideias para o evento. Eu permanecia calado, olhando pela janela. Meu pensamento estava na Liz, no que tinha vivido com ela, no que sentia por ela e no "tal médico". Acho que meu rosto representava tão perfeitamente o que pensava que a diretora notou.

— Seu amigo é sempre assim tão sério? – perguntou a diretora a Renate.

— Está com um "cadím" de problemas pessoais – respondeu a mineira.

— Espero que não seja nada grave e que tudo acabe bem – sorriu.

— Obrigado – respondi gentilmente. — Também espero.

Depois de tudo combinado, despedimo-nos e fomos passear pela cidade até a hora do evento.

A ABERTURA OFICIAL DA GINCANA TEVE INÍCIO ÀS 19H EM PONTO, numa grande confraternização entre os dois colégios particulares e os dois estaduais que ofertavam o Ensino Médio na cidade. O primeiro momento da gincana foi no ginásio de esportes, quando os alunos apresentaram um teatro envolvendo os entes lendários e mitológicos brasileiro.[189] Não posso negar que fiquei pasma com a criatividade dos organizadores. A energia que pairava sobre o local era extasiante.

Após o teatro teve o momento solene que sempre acontece em eventos escolares. Uma mesa de honra foi organizada rapidamente e com uma voz imponente o locutor chamou os quatro diretores para compô-la. Em seguida, chamou os convidados para se juntarem a eles.

— Hoje temos na nossa cidade um grupo de pessoas muito especiais. Eles são responsáveis por realizar pesquisas de fenômenos enigmáticos no nosso país. Trabalham no Instituto Nacional de Ciência e Tecnologia de Novos Fenômenos. Peço para ocupar o seu lugar na mesa de honra o professor Doutor em História, Antônio Dias Marques.

Aplausos.

Estava conversando com minha filha, mas assim que o professor entrou voltei-me para vê-lo e encerrei a conversa. E um por um foram apresentados, e nada do João. Mas assim que o último Guardião chegou, senti uma sensação inesperada, uma alegria inexplicável, como dançar na chuva. Ele olhava fixamente para mim e sorriu.

Por estar próxima ao palco, pude perceber que o grupo, o tempo todo, focava em mim. Eu estava totalmente desconfortável. Bem, esse era o grupo de pessoas que estariam morando na minha casa pelos próximos dias. Eles tinham mesmo de querer saber quem eu era.

O locutor passou a palavra aos diretores, que rapidamente deram seu recado. Em seguida, a palavra foi dada aos convidados, que estavam responsáveis pelas atividades da gincana. Apenas

---

[189] Entes abordados no teatro: Tupã, Iara, Curupira, Boitatá, Saci-Pererê, Mula sem Cabeça, Cuca, Negrinho do Pastoreio, Pé de Garrafa, Papa Figo.

dois falaram na abertura do evento. Um era um rapaz que parecia ter vinte e poucos anos, era bem jovem. Era o geólogo. A outra aparentava ter mais de cinquenta, era a arqueóloga.

Na sequência da apresentação dos convidados foram chamados os alunos que participariam do acampamento para que pegassem um pedaço de papel para que os grupos fossem separados. Atividade cumprida, voltaram a se sentar e liberados para que abrissem os papeizinhos. Em cada um havia uma frase, que precisava ser completada com outra para formar um recado.

Meu Deus, que tumulto! Pensem numa missão impossível. Cinquenta adolescentes tentando encontrar pedaços sequenciais de frases.

Depois de mais ou menos uns cinco minutos de confusão, os organizadores deram uma dica.

— Atenção, todos vocês. As frases estão interligadas por um assunto, um tema específico.

— Nossa, agora será facinho, facinho! – gritou alguém com ironia.

Mas a confusão não diminuía. Mais uns cinco minutos e novo aviso foi proclamado:

— Pessoal, os temas são: 1. conhecimento folclórico brasileiro; 2. conhecimento popular; 3. conhecimento religioso; 4. conhecimento filosófico; 5. conhecimento científico.

A Ana, a Gabi e a Tina confabulavam sobre os papéis, então pensaram em algo e foram até os organizadores e a Tina pediu para usar o microfone, o que foi concedido imediatamente.

— Olá, pessoal! Tivemos uma ideia que pode nos ajudar a acabar com toda essa confusão. Tenho aqui uma frase que depois da dica, posso saber que é sobre conhecimento filosófico, pois diz assim: "Apressa-te a viver bem e pensa que cada dia é, por si só, uma vida" (Sêneca). Quem tem pensamento filosófico vá naquele canto – apontou ela e passou o microfone para a Gabi.

— Eu não sei o que tenho aqui! – gritou alguém.

— Espere um minuto, deixe ler o meu: "Água mole em pedra dura tanto bate até que fura". Conhecimento popular, vamos ficar à direita – passou a vez para a Ana.

— "Fizeste-nos, Senhor, para ti, e o nosso coração anda inquieto enquanto não descansar em ti" (Santo Agostinho). Quem tem frases de conhecimento religioso, aproximem-se de mim – entregou o microfone para um rapaz.

— "A mente que se abre a uma nova ideia jamais voltará ao seu tamanho original" (Albert Einstein). Se é Einstein é ciência. Cientistas, por favor, venham aqui na frente – externou um menino.

Em seguida, outro rapaz subiu e começou a ler o que estava em seu papel.

— "Para conhecer um povo, conheça seu folclore também. Pode descobrir muito sobre aquela nação" (autor desconhecido). Folcloristas, por gentiliza, aproximem-se! – gritou a menina.

— Parabéns a todos – voltou a falar o locutor. — Percebe-se a esperteza de vocês, mas formaram apenas cinco grupos de 10 alunos e precisamos que sejam dez grupos de cinco integrantes. Então quero que prestem atenção nas frases. Elas foram escritas em papéis de duas cores. Podem agora, dentro de cada grupão, dividirem-se em grupos menores. Essas cores representarão vocês.

Essa atividade foi mais fácil e logo os 10 grupos estavam formados. Estavam bem misturados. Em cada grupo tinha alunos de todas as escolas e de todas as séries. A primeira etapa estava cumprida. A Ana, a Gabi e a Tina ficaram em grupos separados.

Depois dos grupos formados, receberam as camisetas e os apetrechos que deveriam levar ao acampamento. O grupo da Aninha ficou com a cor preta.

Deixamos o carro no hotel e saímos para caminhar pela cidade até a hora do evento.

— Tá louco, João, não deu para evitar, não é cacete? – Jamile chamou minha atenção.

— Do que está falando? – irritei-me com ela.

— Caraca, a paixão está tão evidente em você como o sol que nos ilumina – externou ela.

— Deixe-me em paz, Jamile – apressei o passo. — Marcelo, de um jeito na sua mulher – pedi ajuda.

— Aí, maluco, não precisa ficar irado. Você vai gostar do que vai viver. E pare de ficar com esse olhar preocupado e distante. Eu já vi tudo, será incrível! – declarou a carioca. — Embora cheio de confusões.

— Jamile, por favor – balancei a cabeça.

— Barbaridade, Jamile, deixe o pobre coitado em paz. Tu não estas vendo que ele tá com as rédeas no chão?[190] – interferiu a médica. — A prenda vai se casar com outro.

— Obrigada, Carol – sorri.

— Isso mesmo, descontraia. João, amar é bom, mas dói – comentou Silvio, abraçando a esposa, que o beliscou. — Ai, prenda! – reclamou. — Tu estás vendo como dói.

— Ela estará hoje na abertura do evento? – quis saber Ernesto. — Quero conhecer minha futura madrasta.

Eu lancei um olhar admirado para meu filho.

— Eu virei a alegria de vocês, não é?

— Está sendo uma delícia isso, pai – colocou o braço no meu ombro. — E aí? Será que ela estará lá?

— Acredito que sim. O acampamento será na fazenda dela.

— Conta um "cadím comelaé"?[191] – pediu Renate.

— Para começar é linda, tem um sorriso encantador, o cabelo é sempre bagunçado, gesticula sempre que fala. Sei lá, tudo nela é maravilhoso, desde as unhas dos pés até a ponta do nariz. Posso enumerar até amanhã as coisas que me fascinam nela.

— Manero![192] Mas e os defeitos? – perguntou Jamile.

— Defeitos? Ela não tem. E se tiver amarei também – sorri. — Sinto-me entorpecido de tanto amor. Isso é loucura! Desde que a vi ela é tudo que importa para mim.

— Viemos aqui estudar os raios, não se esqueça – lembrou o gaúcho.

Olhei para ele, demonstrando dúvida.

— Raios? É mesmo? Os raios... – ergui as sobrancelhas – Acho que vou deixá-los para vocês.

— Que lindo! O João apaixonado. Olhem como ele descarranca quando fala dela! – gritou Jamile.

— Descarranca? Essa palavra existe? – questionei.

— Cacete, se não existia, acabei de inventar – rebolou alegremente a carioca.

— Como eu não posso com vocês, então vou me unir a vocês – ergui os braços. — Vamos à loja dela para que a conheçam.

---

[190] Rédeas no chão – apaixonado (gíria gaúcha).
[191] Comelaé – como ela é (jeito de falar mineiro).
[192] Maneiro – muito legal (gíria carioca).

Chegamos à Porção da Terra mais ou menos às 16h30, mas ela não estava. Os Guardiões ficaram deslumbrados com a energia que o espaço transmitia; tudo muito lindo, cheio de detalhes, cores e aromas em todos os lugares.

— Ela "devser"[193] "mesmuma"[194] mulher encantadora, João. Vocês têm realmente a "mesmenergia".[195] Você, físico quântico, ela, bruxa, ambos trabalham com o invisível – disse Renate. — Será uma união "dimaidaconta", sô. A ciência e a magia. A razão e a emoção. Que lindo!

— Bruxa? Por que diz isso? – intriguei-me.

— "Prestenção",[196] ao chegar aqui senti a forte "presensdela",[197] uma energia vibrante. Sabe da minha habilidade e que preciso tocar em algo para saber "sobrele",[198] mas este "cantim"[199] é tão carregado da "energidela"[200] que me saltam aos sentidos – Renate abriu um largo sorriso. — Este "espacim"[201] é "duma" pessoa espetacular. Conhecimento da natureza e poções mágicas, meu rapaz, uma bruxinha o espera – parou de falar, respirou uma, duas, três vezes, o sorriso sumiu dos lábios. — Sinto "quiá"[202] um "cadím"[203] de trem "sobrela"[204] que nem ela sabe.

— Se, como diz, ela é uma bruxinha, acho que ela jogou um feitiço em mim – disse rindo – para me deixar assim, um tolo vibracionado.

— Vibracionado é bem estranho, "mermão" – abraçou-me Marcelo. — Pode usar tesão? Diga assim: estou com o maior tesão por ela.

— Então tá. Estou com o maior tesão por ela – ergui as sobrancelhas. – Melhorou? – o carioca fez sinal de positivo. — Vamos comer algo para o tempo passar logo. Quero vê-la o quanto antes – esfreguei as mãos, demonstrando minha ansiedade. — E quem sabe precise dar umas porradas num ser inconveniente.

— Se liga,[205] João. Inconveniente é você, porra! – comentou Jamile. — É você que quer roubá-la dele. Tinham uma vidinha tranquila antes do João Russell chegar.

Todos sorrimos.

A Carol, a Jamile e a Francisca aproveitaram a ocasião e compraram algumas poções mágicas, alguns livros sobre o poder das plantas e, por curiosidade, sobre bruxaria.

Lanchamos ali mesmo. Conversavam empolgados sobre a pesquisa que se iniciaria no dia seguinte e sobre a minha vida, é claro. Eu estava preocupado com o rumo que meus sentimentos estavam seguindo. Não conseguia parar de pensar nela.

— Bah tchê! Fale alguma coisa, João – solicitou Carol.

---

[193] Devser – deve ser (jeito de falar mineiro).
[194] Mesmuma – mesmo uma (jeito de falar mineiro).
[195] Mesmenergia – mesma energia (jeito de falar mineiro).
[196] Prestenção – preste atenção (jeito de falar mineiro).
[197] Presensdela – presença dela (jeito de falar mineiro).
[198] Sobrele – sobre ele (jeito de falar mineiro).
[199] Cantim – cantinho (jeito de falar mineiro).
[200] Energidela – energia dela (jeito de falar mineiro).
[201] Espacim – espacinho (jeito de falar mineiro).
[202] Quiá – que há (jeito de falar mineiro).
[203] Cadím – pouquinho (jeito de falar mineiro).
[204] Sobrela – sobre ela (jeito de falar mineiro).
[205] Se liga – preste atenção (gíria carioca).

— Deixa ele, tá na lama[206] – zombou Zé.

— Ele só falará se for da Liz – brincou Silvio.

Eu só olhei seriamente para eles.

— Aff, que semblante mais fechado! – zombou Francisca.

— O amor traz alegria, João. Desfaça essa carranca – pediu José.

— Pois é, principalmente quando pode ser vivido – torci os lábios. — Vamos para o hotel. Já está quase na hora do evento.

Cada um foi para o seu quarto. Antes, combinamos de nos reunirmos às 18h40 no saguão do hotel. Enquanto tomávamos banho e nos arrumávamos, eu e o Ernesto fomos conversando.

— Pai, você está amando mesmo?

— Estou, filho – deitei-me na cama.

— O que sente? – sentou-se ao meu lado.

— Sinto no meu corpo a química e a física se manifestarem. Há uma explosão de neurotransmissores e hormônios em mim só de me lembrar dela. Senti a vibração dela, é igualzinha à minha. Temos uma ressonância incrível. Sinto no meu corpo a emoção de estar perto dela. Meu coração acelera apenas por ouvir sua voz. Estar no mesmo lugar em que ela está me faz bem, me faz respirar melhor.

— O que é diferente das outras mulheres?

— Absolutamente tudo – suspirei. — Com as outras não era nem de perto assim.

— Acha que ela sente o mesmo por você?

— Embora ela ainda não admita, tenho certeza, porque quando estamos perto há ressonância, meu corpo recebe a vibração dela, que é igual à minha, e volta para ela amplificado, fato que intensifica a vibração corpórea. Por isso é tão bom estar no mesmo espaço que ela. Os bons sentimentos que tenho são amplificados perto dela, porque o corpo dela ressoa o que eu sinto e, com certeza, o meu ressoa o que ela sente.

— Você já a beijou? – cerrou os olhos. — Transaram?

— Ainda não – sorri do jeito dele. — Bem, apenas toquei os meus lábios nos dela – balancei a cabeça, lembrando-me dos momentos vividos.

— E?

— Foi um pandemônio químico, indiscutivelmente a melhor e maior sensação que já tive. Meu corpo reagiu na hora. Fiquei excitadíssimo – andava de um lado ao outro agitado. — Queria fazer amor com ela naquele momento.

— Você está feliz?

— Feliz? Muito mais do que isso. Sinto-me repleto de energia, uma energia vital que me deixa exaltado e desesperado para estar o tempo todo ao lado dela – sentei-me na cama. — Ah, filho, estou com medo.

— Capaiz[207]! Medo do quê?

---

[206] Na lama – na pior (gíria baiana).
[207] Capaiz – capaz (gíria paranaense).

— Da intensidade do que estou sentindo – levantei-me e andei pelo quarto. — É uma enxurrada de sensações que mexem com todo o meu corpo. Esses sentimentos são novos para mim. Eu fico sem saber como agir perto dela – sentei-me na cama. — Não sei o que vai acontecer na minha vida – deitei-me novamente. — Há um João antes de conhecer a Liz e outro depois de conhecê-la.

— Tá perdido, pai.

— O medo não para aí, filho – sentei-me novamente. — Ela declarou que tem namorado e que eles pretendem se casar. Não saberei mais viver sem a presença dela.

— É só namorado, pai – tentou me acalmar.

— Mas vão se casar e não posso interferir.

Nesse momento, o celular tocou.

— João, são 18h40. Já estamos no saguão, esperando vocês – falou Carol, cuidando do horário para que não chegássemos atrasados no evento.

— Estamos descendo – avisei.

Depois de todos elegantemente vestidos, dirigimo-nos ao colégio onde seríamos apresentados aos alunos de quatro instituições.

Enquanto a abertura do evento era feita, nós estávamos numa sala reservada. Eu então olhei pela porta e encontrei a mulher que estava pondo um novo sentido à minha vida. Eu a mostrei a eles e tive aprovação geral.

— Pai, ela é linda mesmo! Vocês dois devem ficar lindos juntos.

— Caraca, olha só o estilo dela! Parece uma riponga, saiona, regata justa, bijus, jaqueta jeans, cabelo solto... Aprovei, "mermão" – comentou Jamile. Demorô, mas mandou bem.

— Ela tem um jeito próprio de ser – passei a mão nos cabelos. — Vocês precisam conhecer a fazenda dela. É incrível! Pela loja já podem ter uma ideia.

Eu percebi que todos que entravam encaravam a Liz. Notei também que ela ficou sem jeito por se sentir tão observada. Mas não tinha o que eu pudesse fazer naquele momento.

Após o encerramento, voltamos ao hotel e me despedi do grupo. Tinha um compromisso delicioso me esperando.

— Deixe-me ir junto, pai? – pediu o Ernesto.

— Vai junto porra nenhuma! – gritou Jamile. — Caracas, maluco, ele tá na caça. Vai sozinho.

— Ele pode ir se quiser – intervi. — Vamos, filho?

— Melhor não, pai. A Jamile está certa. Terei tempo de conhecê-la depois. Aproveite! – abraçou-me. — Vou torcer para o tal sujeito não estar por lá.

— Você é quem sabe. Por mim pode ir. E se tiver alguém inconveniente, eu partirei para porrada e você poderá me ajudar – sorri.

— Vá tranquilo, pai. Só não volte muito tarde.

— Filho, não se esqueça que vou com você amanhã.

— Pretende dormir na casa dela? – quis saber Ernesto.

— Na casa dela ou no hospital – comentei, rindo. — Vai que o sujeito é mais forte que eu.

Todos riram.

— Vamos procurar um restaurante e nos vemos amanhã – o Toni finalizou a conversa. — Agora vá e divirta-se.

Após a separação dos grupos voltamos para casa. A noite tinha uma temperatura agradável, a lua estava crescente. A Fernanda já tomava cerveja. Os amigos do Pedrinho divertiam-se no videogame. Os adolescentes amigos da Ana que tinham participado do evento foram chegando e cada um foi direto para a sua diversão favorita. Uns foram jogar sinuca, teve os que escolheram pingue-pongue e outros o pebolim. Como jovem não tem frio, uns resolveram brincar de vôlei na piscina. Os mais friorentos sentaram-se para jogar truco.

Logo a Rubi chegou com a Boreal e o Dionísio, que decidira passar uns dias em Campo Mourão. A Avatar que tinha se apossado do barzinho e serviu cerveja a todos.

— Meninas, preciso falar com vocês. Dionísio ou Eduardo... Na verdade, você, para nós, é Dionísio... Me empresta a Márcia um pouquinho?

— Claro, mas não demore. Já perdemos tempo demais – avisou ele, sorrindo.

— Pode deixar – puxei-as para as cadeiras suspensas.

— Conta tudo! Estamos às avessas de curiosidade – falou Bárbara.

— Gente, sei que não terei muito tempo para contar tudo, mas conheci uma pessoa.

— Isso já contou – A Fer fez um gesto de desdém.

— Estou sem saber como agir como ele – abaixei a cabeça e a segurei com as mãos.

— Eu é que sei – torceu os lábios a advogada. — Ela ligou para mim pedindo para o meu Dionísio ser o namorado dela hoje à noite.

— Como assim? – quis saber a Fer.

— Calma, vou explicar.

— Como o conheceu? – esfregou as mãos animada a Márcia.

— Ele é lindo? – indagou Bárbara.

— Eu o conheci no mercado de Fênix. Ele é de Curitiba, veio pesquisar os raios que caem na fazenda. E é lindo sim. Acho que estou totalmente apaixonada por ele. Ontem à noite quase pulei nos braços dele. E o que dizer do que vivi hoje? – suspirei.

— Que loucura! Não era você que não queria se apaixonar? – desdenhou a advogada.

— Era eu mesma, Boreal. E ainda não quero, mas aconteceu.

— E aí, Cuca? As pernas tremeram? – perguntou Avatar.

— Tremeram. O coração disparou, eu fiquei sem ar, vermelha e sem fala, borboletas voaram no estômago, tudo que a paixão impõe – respondi.

— Ele vem hoje aqui, não é? – investigou Rubi.

— Acredito que sim. Foi convidado.

— Uau! Estou ansiosa – aplaudiu alegre a pediatra. — O Alfredo vai ser só meu.

— Ele sempre foi só seu – às vezes me irritava de ela falar assim.

— Diga isso a ele – fez um biquinho.

— Rubi, ele a ama – falei pela enésima vez a ela.

— Por que ele não se abre então?

— Bárbara, não aguento mais esse seu lengalenga – irritou-se Fernanda. — Acho que é você que não quer envolvimento e fica pondo a culpa na Liz.

— Rubi, acho que por medo – interveio Márcia. — Depois que a Bia o deixou, ele tem medo de se envolver novamente – chegou bem perto da Bárbara. — Por isso ele rodeia a Liz. Sabe que com ela não corre risco, porque não há amor e, sim, uma grande amizade.

— Vocês podem estar certas – considerou a médica, pensativa.

— Arrrr! – rosnou Avatar. — Acho que vou me intrometer nesse "chove não molha" de vocês qualquer hora – fuzilou a médica com o olhar. — Agora pare de ensebar,[208] Liz, e conta tudo – reclamou Fernanda.

— Tá, para vocês terem ideia da intensidade do que sentimos, ele me pediu em namoro e pior... em casamento.

— Jura! Como assim? – a Avatar arregalou os olhos.

— Quantos anos ele tem? – foi a vez da Boreal.

— Acho que deve ter uns cinquenta e poucos.

— Ele é dinherudo?[209] – Bárbara quis saber.

— Sei lá, acho que é – dei de ombros.

— Ele orna[210] com você? – bombardeou a advogada.

— Acho que orna. Eu o acho lindo. É alto e tem olhos verdes como folhas novas.

— Uau! – gritaram as três ao mesmo tempo.

— Gente do céu! Sua jacu![211] E por que não aceita e vive feliz? – indagou Fernanda, sempre prática.

— Estou com medo do que tenho sentido – respirei fundo. — Nunca lidei com algo tão intenso. Mas não posso negar, sinto-me mais leve que o ar quando estou com ele.

— Bobagem – fez uma careta Bárbara. — Você já tem idade para saber lidar com isso.

— Eu disse a ele que tenho um namorado e que pretendo me casar até o fim do ano – balancei a cabeça, suspirando. — E não desmintam. Ele é médico e mora em Maringá.

— Deu nome a esse fantasma? – arregalou os olhos Avatar.

— Não.

— Mas Cuca, por que fez isso? – indignou-se Márcia.

— Não sei, acho que por medo.

— Medo do quê? – foi a vez da Rubi perguntar.

---

[208] Ensebar – perder tempo (gíria paranaense).
[209] Dinherudo – pessoa tica (gíria paranaense).
[210] Ornar – combinar (gíria paranaense).
[211] Jacu – caipira (gíria paranaense).

— Sei lá! Eu mal o conheço e o que sinto é avassalador, me amedronta.

— Estou louca para vê-lo! – animou-se Fer. — Vai que ele se liga em mim.

Olhei brava para ela.

— Brincadeirinha, miga – passou a mão nos meus cabelos.

— Não o conheço. Ele pode ser casado, ser um assassino, uma pessoa do mal.

— É mesmo complicado... – emendou Rubi. — Uma pessoa totalmente estranha que mexe assim com a gente, deve mesmo ter cuidado.

— Pois é – falei tristemente.

— Mas ele contou algo sobre ele? – indagou Boreal.

— Bem pouco, tipo que nunca se casou, que tem um filho adotivo, que foi professor de Física na UFPR[212].

— Já buscou o nome dele na Net? – Fer pegou o celular.

— Não tive tempo.

— Capaiz! Farei isso agora! – emendou Avatar. — Como é o nome dele?

— Loco de bão![213] – concordou Márcia. — Faça isso!

— Ai, socorro... – balancei a cabeça. — João Russell.

— Tá aqui, Liz. – Fernanda bateu na tela do celular. — É esse? – concordei com a cabeça. — Uau! Ele é lindo! – mostrou para as amigas.

— Se deu bem, Cuca! – felicitou-me Boreal.

– João Russell... – a Avatar começou a ler. – Doutor em Física, pela universidade tal, tal, foi professor tal, tal, e blá, blá, blá. Atualmente, dedica-se a estudar filosofias orientais e tal, tal e blá, blá, blá. Um dos solteirões cobiçados da capital e blá, blá, blá.

— Pelo jeito falou a verdade – comentou Rubi.

— Ai, ai, ai... – suspirei. — Acho que vou me casar – afundei-me na cadeira.

— Deve mesmo. Não tem mais idade para fazer cu doce[214] – incentivou a nutricionista.

— Credo, Fer – ergui as sobrancelhas.

— Ela tá certa – afirmou Bárbara.

— Também concordo – emendou Márcia.

— Bem, depois falamos mais. O Dionísio já está olhando de cara feia – encerrei o assunto.

Voltamos a nos sentar nas mesas perto do barzinho. A Fernanda assumiu novamente o posto de garçonete, a todo o momento nos servindo uma cerveja bem gelada, tirando do freezer que marcava menos cinco graus.

Um pouco depois chegou o Alfredo com a Gabi. Ele se juntou a nós e ela foi ao encontro das amigas. Conversamos um pouco, o agrônomo acendeu a churrasqueira e enquanto o braseiro se formava desafiou-me numa partida de pebolim. Eu não era boa nesse jogo. Na verdade, era péssima.

---

[212] UFPR- Universidade Federal do Paraná.
[213] Loco de bão – louco de bom (gíria paranaense).
[214] Cu doce – charme, frescura (gíria paranaense).

Sabia que ele era um campeão e que certamente iria me vencer. E, lógico, isso o deixaria feliz. A Bárbara ficou ao lado dele nos observando. Nós três estávamos nos divertindo, conversando sobre a vida, os problemas com o trabalho e ele falava da falta que sentia de ter uma mulher e olhava para a Bárbara. Ele havia separado da mulher havia uns 13 anos. Ela tinha ido embora e deixado a filha para ele criar. Era um excelente pai. Como o esperado, eu estava perdendo para ele de lavada, quando ouvi a Aninha gritando:

— Mãe, acho que o João chegou, pois tem alguém tocando a campainha e ninguém faz isso, já vai entrando. Deixe que vou abrir! – largou as cartas do baralho.

As batidas do meu coração começaram a atropelar-se.

Ele chegou segurando em uma das mãos uma sacola com bebidas e na outra um vaso de pimenta. Usava a roupa que tinha ido ao evento. Incrivelmente lindo no terno grafite, camisa branca e gravata listrada com tons de verde. O cabelo cacheado demonstrava que havia sido penteado, mas sem muito resultado. O meu coração já atrapalhado disparou, a respiração parou, depois acelerou, as pernas tremeram; acho que fiquei vermelha e minhas mãos começaram a suar. Não queria que percebessem o que estava se passando comigo. Continuei jogando, mas não conseguia mais ver a bolinha.

Olhei de canto de olho e ri comigo mesma ao vê-lo com um vaso de pimenta. Percebi que ele ficou parado olhando a área de lazer da minha casa. Quem chegava pela primeira vez ficava mesmo enfeitiçado. Depois de admirar o meu mundo, percebi que me procurava. Eu acenei e sorri para ele de onde estava, ele sorriu e meu coração bateu numa frequência alucinada, parecia que queria saltar do peito, mas não podia demonstrar. Será que era possível alguém perceber?

Ele se sentou, colocou o vaso do lado e continuou a observar o local.

— Que que tá se abrindo?[215] – perguntou Pererê.

— Deusolivre![216] – resmunguei. — Não posso rir mais?

— Quem é esse tongo?[217] – quis saber o agrônomo.

— É pacabá[218] sua implicância! – fiz uma careta. — Um novo amigo. Ele veio investigar os raios que caem lá na fazenda – respondi, olhando para os jogadores do pebolim.

— Amigo? Deu para notar. Sua respiração mudou quando ele chegou. Está apaixonada, Liz? – investigou.

— Que respiração, Pererê? Tá louco? Você sabe que não quero saber de paixão – briguei.

— Ele é lindo – sussurrou Bárbara. — Que tamanho de homem!

— Ei, pare você também – resmungou ele, enciumado. — Ele é amigo da Liz, não seu.

—Você tá virado no guede[219] hoje, Alfredo. Qual o problema de achá-lo bonito? – interrogou ela, feliz com o ciúme demonstrado.

— Problema nenhum – falou. — Mas você sempre diz que eu sou o homem mais lindo que conhece. Agora chega um estranho e você fica aí, toda empolgada.

---

[215] Que que tá se abrindo? – pergunta-se quando alguém está rindo a toa (gíria paranaense).
[216] Deusolivre – Deus me livre (gíria paranaense).
[217] Tongo – bobo (gíria paranaense).
[218] Pacabá – para acabar (gíria paranaense).
[219] Virado no guede – pode dizer muitas coisas, como estranho, chato, atrapalhado (gíria paranaense).

Eu pisquei para ela. Era claro que o Alfredo gostava dela e não tinha coragem de assumir tal sentimento. Aproveitando da distração dele, eu marquei um gol.

— Preste atenção, Alfredo. Vamos terminar a partida.

Vi que a Fernanda e a Márcia fizeram as honras da casa, puxaram assunto e serviram bebida a ele. A partida parecia que iria demorar uma eternidade. Estava claro que o Alfredo procrastinava o fim do jogo só para não irmos encontrar o João. Demoramos tanto que o próprio visitante veio ao nosso encontro. Caminhava lentamente, olhos fixos em mim, um sorriso nos lábios. Quase morri.

— Oi, Liz. Sua casa é um sonho – virou-se para ver novamente. — E suas amigas são ótimas.

— Obrigada. E a vibração delas? – perguntei, sem olhar para ele, fingindo que prestava atenção no jogo.

— Vibram numa faixa próxima – olhei para ele e ele sorriu. Retribui e o meu adversário fez um gol.

— Esta é a Bárbara – mostrei-a com um gesto de cabeça. — Meu amigo João – eles trocaram cumprimentos. Ela piscou para mim, demonstrando aprovação.

— Alfredo, João – os dois se saudaram, sem nem mesmo abrir um sorriso um para o outro. O rosto do João se fechou.

— Como está o jogo? – inquiriu o físico, muito carrancudo.

— Como sempre, estou ganhando – respondeu Pererê.

— E eu perdendo – sorri um pouco mais tranquila.

— Quer um oponente à altura? – João desafiou Alfredo.

Eu senti certa hostilidade no tom da sua voz.

— Claro! Sou um campeão neste jogo.

Dei meu lugar ao João. Ele tirou o terno e a gravata, pediu para eu dobrar as mangas da sua camisa, depois deu as peças de roupa para eu segurar e a partida começou.

— Fique ao meu lado, Liz – pediu João. — Para dar sorte – piscou.

O olhar fulminante que recebeu do agrônomo foi retribuído por uma testa ainda mais franzida do que de costume. Estavam prontos para uma batalha.

— Eu ficarei do lado do Alfredo então – anunciou Rubi, tentando amenizar a tensão.

Nunca tinha visto duas pessoas jogarem com tanta determinação. Cada um queria a vitória e os dois eram bons. Com a sequência das jogadas, a ferocidade dos movimentos foi aumentando a tal ponto que um público começou a se formar ao redor dos dois. E as torcidas foram estabelecidas, um grupo gritando o nome do Alfredo, outra do João. E eles se envolveram profundamente na disputa. Usavam tanta força que a bolinha começou a espirrar da mesa, fato que me deixou atenta. Num desses momentos, encerrei a brincadeira.

— Esse jogo tá virado no guede – peguei a bolinha do chão e determinei o fim da partida. Ouvi uivos e pedidos para que continuasse, mas não deixei. — Venham rapazes, vamos beber algo. Chega de jogo.

O pessoal afastou-se e voltaram às suas brincadeiras.

— Eu estava ganhando – comentou o agrônomo.

— Era por pouco tempo e só de um gol de diferença – retrucou João.

— Chega disso. Vocês estavam parecendo duas crianças. Quase quebraram meu brinquedo. Era só para se divertir e não disputar uma fazenda.

— Desculpe, Liz, passamos mesmo do limite – o João tomou um gole de cerveja.

— É... Acabamos nos empolgando – concordou Alfredo, sentando-se ao lado da Bárbara e olhando fixamente para o João, como que falando algo para ele.

— Outro dia continuamos – emendou João e retribuindo o olhar.

— De jeito nenhum. Sem jogos entre vocês – fiz um gesto com as mãos demonstrando que não haveria mais nada entre eles.

— Liz, trouxe esta plantinha para você – ele entregou o vaso para mim.

— Obrigado, é lindo.

— É pacabá! Nunca vi dar pimenta – escarniou Alfredo. - Geralmente se dá flores

— Vi hoje à tarde que é bom para evitar mau-olhado – explicou João.

— Só se for o seu – retrucou meu amigo.

— Alfredo – olhei séria para ele.

— Estou brincando – sorriu. — Nunca tinha encontrado um adversário à altura, e a pimentinha até que combina com você, Cuca – declarou Alfredo.

— Cuca? – estranhou João.

— Ou Bruxa, se preferir – emendou a médica. — Cuquinha ou bruxinha para os íntimos – piscou para o João.

— Cuca, tipo a do Monteiro Lobato? – perguntou com um sorriso lindo. — Você vira jacaré?

— Só às vezes – respondeu a nutricionista.

— Joga água nela que você vai ver – brincou Rubi. — Em vez de sereia ela vira jacaré

— Podia pelo menos virar uma Iara – ergueu as sobrancelhas João.

— Parem com isso que conto o apelido de vocês também – sorri.

— Agora quero saber – pediu João.

— Esta é a Fernanda, a Avatar, olha o tamanho dela – a Fer ficou em pé e deu uma rodadinha. Era quase do tamanho do João. – A Bárbara é a Rubi, pois tem o cabelo sempre vermelho – ela ajeitou as madeixas com a mão e sorriu. – O Alfredo é o Saci, foi uma criança arteira. Pererê também vale – ele deu de ombros. – A Márcia, a Boreal, devido a esses maravilhosos olhos verdes e o Eduardo é o Dionísio, depois conto o motivo, porque a história é longa – apontei para cada um.

— Alcunhas perfeitas – afirmou João. — Inclusive o seu.

Todos riram.

— Fique uma semana conosco e logo terá um – advertiu-o a nutricionista.

E a harmonia se fez. O Pererê foi assar a carne. Tinha espetinho tropical, nome dado pelos adolescentes, feito com maminha, bacon, cebola, tomate, pimentão, alguns tinham banana, outros abacaxi ou manga. Claro que a picanha não podia faltar, como também pão de alho, batata doce assada em papel alumínio, salada de repolho com alho e gengibre, de tomate com cebola, arroz e farofa. Cada um comia o que quisesse e quanto quisesse.

— Liz, a camionete está lá fora. Quer que eu a recolha e a carregue?

— Ah, sim, boa ideia. Vou chamar as meninas. Pessoal, só um minuto. Vamos agora para uma missão quase impossível – brinquei. — Aninha, vamos carregar o carro.

— Estou sentindo falta dos meus amiguinhos ferozes. Onde eles estão? – buscou saber enquanto nos dirigíamos à garagem.

— Sentiu falta deles é?

— Sim. E sua também.

Fiquei sem jeito.

— A Sininho e o Trola já estão velhinhos e não gostam quando tem muita gente. Eles preferem ficar na caminha. Quer vê-los?

— Claro.

— Eles estão na "Toca da Cuca" – sorri. — Ainda quer vê-los?

— Ela estará lá? – arregalou os enormes olhos verdes.

— Com toda certeza – pisquei.

— Antes, preciso saber: ela é perigosa? – tremeu as mãos demostrando medo.

— Capaiz! – fiz uma cara de espanto. — É bem gente boa.

— Hum! Será? – balançou a cabeça negativamente. — Ela pode me enfeitiçar. Ou talvez já tenha feito isso.

Sorrimos.

Antes de entrarmos ele parou e admirou a aparência da "Toca da Cuca".

— Você é incrível. Olha só isso! É realmente uma toca.

— Quer mesmo seguir em frente? – olhei séria para ele. — Há coisas perigosas aí dentro.

— É claro que sim. Nunca tive a oportunidade de entrar num lugar tão inusitado como a toca de uma bruxa. Estou curiosíssimo. Além do que, sou bem forte. Qualquer problema enfrento essa bruxinha.

Ele ficou literalmente encantado com tudo. Caminhou observando cada detalhe, que fazia jus ao ambiente.

Em alguns objetos tocou, em outros foi proibido, como nas pedras. Então teci brevemente uma explicação sobre o poder delas e perguntei se queria sentir um pouco da energia que emanavam.

Claro que concordou.

Pedi para que ele se sentasse, o que fez rapidamente. Peguei uma ametista e coloquei na cabeça dele. Tenho absoluta certeza de que não foi a energia da pedra, mas o toque das minhas mãos em seus cabelos que fizeram sua respiração se alterar e, junto com ela, a minha. Tentei manter-me calma para que ele não percebesse o que causava em mim. Mas não consegui.

Afastei-me dele, encerrando a secção de energização.

Que sufoco!

Precisava sair dali, mas ele viu um quadro que estava pintando e começou a admirá-lo. Expliquei que a pintura era uma forma de magia e ele me fitava atentamente. O silêncio encheu o ambiente, um sorriso surgiu nos nossos lábios. Ele caminhou em minha direção. Entrei em pânico. Se ele tentasse me beijar novamente não resistiria. Precisava fazer algo.

— Tem até uma passagem secreta aqui – não acredito que contei para ele. O medo deixa a gente mesmo perdida. Mas a estratégia deu certo, ele parou.

— Passagem secreta?! – admirou-se. — Será que posso ver? Embora seja secreta – ergueu as sobrancelhas.

— Só se adivinhar o mecanismo de acesso – ele não conseguiria encontrar nunca e havia me livrado da sua aproximação.

— Leva aonde essa passagem? – encarou-me com um sorriso maldoso. — Para cima, para baixo ou para dentro? – enquanto falava ia mexendo nas coisas que tinha nas prateleiras.

— Para um terraço em cima da toca – sentei, cruzei as pernas e o observei.

— Então há uma porta e uma escada – ele vasculhava tudo.

— Hum hum! – comecei a me divertir em vê-lo tão absorto na busca da passagem secreta.

— O que você faz nesse lugar?

— Não posso contar, é segredo – sorri. — Só falo se você encontrar.

— Mas é impossível. Você tem muita bugiganga aqui – gesticulou as mãos, mostrando que estava perdido no meio de tanta coisa.

— Agora você me ofendeu profundamente – fechei a cara, ele riu. — Bugigangas? Não acredito que desdenhou minhas preciosidades.

— Desculpa, Cuca. Não são bugigangas, são peças magnetizadas por você, carregadas de força positiva e capazes de energizar quem entra aqui. E vibram em perfeita harmonia – piscou. — Melhorou?

— Um pouco – torci os lábios.

— Mostra para mim. É impossível descobrir.

— Tudo bem – levantei-me e fui até a estante de livros. Puxei um e a estante começou a deslizar. — Eis minha passagem secreta – apresentei-a com um gesto de mão. — Pode subir.

— Nunca iria acertar – começou a entrar pela porta aberta. — Embora o livro seja algo bem óbvio.

— Por isso ninguém acerta – fiz uma careta. — Espere! – segurei-o pelo braço.

— O que foi?

— Vou lhe mostrar um lugar sagrado. Precisa estar limpo para pisar lá.

— Estou limpo. Tomei banho agorinha – ergueu as sobrancelhas indignado.

— Não é esse tipo de limpeza – achei graça do que ele falou. — É uma limpeza energética.

— Ah, entendi – sorriu. — Você pode me limpar? Tem essa habilidade?

— Hum hum.

Fui até a prateleira, peguei sal grosso, coloquei três punhadinhos num almofariz, depois coloquei três dedais de água de rosas brancas que tinha sido energizada por três meses durante a lua crescente, misturei bem. Ele me observava atentamente, sem dizer nenhuma palavra.

— Pronto, venha aqui – ele se aproximou. Com um pequeno tucho de alecrim seco, aspergi a mistura nele, primeira na cabeça, braços, mãos, costas, pernas, pés. O que sobrou joguei em mim. – Agora podemos subir.

— Já estou limpo?

— Limpíssimo, mas senti que estava carregado assim que comecei o ritual. Você está cheio de olho gordo e mau-olhado – ele arregalou os olhos.

— Jura? – caiu na risada.

— Não acredita em mim? – cerrei os olhos e cruzei os braços.

— Se você diz, como posso duvidar? – piscou. — A bruxinha aqui é você. Podemos agora?

Subimos dois lances de escada e chegamos ao terraço. Ele era cercado por paredes que se abriam num ângulo de 45 graus dando amplitude ao local. As paredes eram altas para que não se pudesse ver o que acontecia lá.

— Mas não tem nada aqui – admirou-se.

— O que queria que tivesse?

— Sei lá, um altar de sacrifícios, sapos, aranhas, lagartixas, caldeirão, vassoura... – olhou sério para mim. — Coisas de bruxa.

Inevitavelmente, cai na risada. O imaginário sobre bruxaria dominava todo mundo.

— Acha que faço sacrifícios aqui? – coloquei as mãos na cintura. — Ou talvez sopas malignas?

— É? – respondeu, na dúvida — não faz isso?

— Ai, não acredito! – balancei a cabeça, demonstrando minha indignação. — E olha, tem coisas aqui. Tem ganchos de rede, três bancos grande, o céu, as estrelas e a Lua.

— O que você faz aqui então? – arregalou os olhos, demonstrando que não compreendia o porquê daquele lugar. — Não tem nenhum telescópio.

— Tenho uma bugiganga dessas lá embaixo – sorri. — Este lugar é solo sagrado. Faço rituais aqui.

— Rituais? – mostrou-se surpreso. — Que tipo de ritual? – esboçou um sorriso incrédulo.

— Não interessa. Você não acredita mesmo – caminhei para a saída.

Ele então se explicou de um jeito tão amável que deixei passar. Ai, o amor enfraquece a gente.

Olhei bem para ele, por que mesmo tinha mostrado meu lugar tão íntimo? Por que tinha me exposto dessa maneira? Que magia ele impunha sobre mim para que eu me revelasse assim?

Sentamos e conversamos um pouco sobre rituais e quando dei por mim estava na frente dele, sozinhos, e não seríamos incomodados. Comecei a ficar nervosa. Minha respiração ficou audível e a dele imitou a minha.

Ele, com a maior calma do mundo, quis saber se já tinha feito o ritual do acasalamento e entrei novamente em pânico. Mas não podia negar que a ideia foi genial. Poderia fazer tal ritual naquele momento.

Meu Deus, ele tinha o dom de me deixar sem palavras. Num rompante de pânico, para não realizar o ritual sugerido, levantei-me e briguei com ele por profanar meu lugar sagrado.

— Vamos descer. O objetivo de entrar na toca foi para ver os meus pequenos.

— Nada de ritual de acasalamento, não é mesmo? – ergueu as sobrancelhas e sorriu, ainda sentado.

Apenas retribui o sorriso. Descemos.

— Parece que seus bichinhos não estão aqui na sua toca, Cuca – brincou.

— Acho que estão no meu quarto então – passei por uma porta, um pequeno corredor e vi os dois deitados juntinhos, no cafofo deles, ao lado da minha cama. — Olhe os meus pequenos ali – respirei aliviada por achar uma distração. Ele balançou a cabeça, como para sair de um transe.

Quanto ele chamou a Sininho, ela saltou da caminha e veio correndo ao seu encontro. O Trola, um pouco mais preguiçoso, olhou-o, espreguiçou-se e logo começou a se torcer todo e a fazer "sirizinho". O João se abaixou e afagou os dois.

— Sentiu saudades? – perguntou ele à Sininho. — Eu senti. E você garotão, como vai?

Ouvimos a Aninha nos chamar da garagem.

— Mãeeee, estamos aqui. Cadê vocês? – gritou ela.

— Estão nos chamando. Venha por aqui – passamos pelo meu quarto, que era ligado ao local onde estávamos.

— A toca da Cuca dá acesso ao quarto da Cuca? – ele parou e observando o meu quarto.

— Exatamente – puxei-o pela mão. Ele a segurou firme e não a soltou.

Passamos pela sala ainda de mãos dadas. Eu não sabia o que fazer. Minha mão queimava na mesma intensidade que meu coração.

— Sua casa tem bosque encantado, toca da Cuca, passagens secretas, labirintos... O que mais encontrarei aqui? – senti-o apertando minha mão, respirei fundo. — É linda, como tudo o que você põe a mão.

— Obrigada – sorri. — Vamos logo ajudar as garotas para voltarmos às cervejas. Ao abrir a porta da garagem soltei a minha mão da dele. Ele olhou para mim e sorriu.

As meninas não paravam de trazer coisas e mais coisas. Ele subiu na carroceria, as meninas alcançavam os apetrechos do acampamento e ele arrumava para caber tudo. A carga ficou bem grande e amarrada com a lona protetora. Eu estava nervosa com a conversa entre eles. Temia que alguma das meninas comentasse que eu não tinha ninguém em minha vida. Mas tudo correu bem, meu segredo continuou seguro.

Assim que terminamos, voltamos à turma. Eles estavam sentados nos bancos ao redor da churrasqueira. A Fernanda, a Bárbara e o Alfredo estavam atrás do balcão e ele ainda assava carne. O assunto girou na pesquisa que realizariam na região R.

Nesse momento, a campainha toca e alguém vai abrir a porta. Para minha surpresa e do João, o Lorenzo aparece todo sorridente. Como todos que chegavam a casa, ficou admirado com o local.

— Que casa magnífica! – aproximou-se. — Perfeita, igual à dona.

O João fechou a cara. Eu fiquei paralisada de medo. Como ele sabia onde eu morava e como se atrevera a aparecer sem ser convidado.

— O que faz aqui? – inquiriu João.

— Vim participar da festa – falou, abrindo os braços.

— Mas um amigo, Liz? – reclamou Pererê. — Esta segunda-feira rendeu para você.

Olhei para ele e dei de ombros

— Não é bem-vindo aqui – avisou João.

— Já virou proprietário da casa? Acha que é dono dela? Boa noite pessoal. Sou o Lorenzo – começou a cumprimentar cada um dos meus amigos. Quando chegou para me cumprimentar e estendeu à mão, o João segurou seu braço.

— Boa noite, Lorenzo – respondi sem dar a mão a ele.

Percebi que o João ficou muito bravo, cerrou os punhos e olhou sério para o invasor. Puxou o banco dele bem perto de mim e se colocou entre mim e o líder dos Anhangás, que chegou perto dele e cochichou algo no seu ouvido.

— O que deseja, Lorenzo? – perguntei.

— Você – jogou um beijo. — Desejo você ardentemente.

— Uhuuu – fizeram em coro as amigas.

— Que é isso, Liz? – indignou-se Alfredo.

— Fica na sua, cara – Lorenzo segurou o agrônomo pelo braço.

— Está louco, sujeito? Me solte! – ralhou meu amigo, que era bem maior que o invasor.

— Mãe, quem é esse? – Ana aproximou-se ao ver um início de confusão.

— Lorenzo, muito prazer – deu um beijo na mão da Ana.

— O prazer é todo meu. Sinta-se à vontade – e partiu para a turma dela.

— Sua filha é um encanto. Parece com você – falou.

— Mãe, tudo bem aqui? – perguntou Pedro, que também percebeu que havia algo errado.

— Sim, filho, tudo bem.

— Sou o Lorenzo, seu futuro pai – estendeu a mão, para cumprimentar meu filho.

— Você está doido, cara? – o Pedro não o cumprimentou. — Que tipo! Mãe, se precisar me chame – voltou para o game.

— Filhos adoráveis os seus. E quem são essas mulheres lindas? – virou-se para minhas amigas.

— Eu sou a Fernanda – jogou um beijinho para ele. — Esta é a Bárbara, que é apaixonada pelo Saci, e esta é a Márcia, apaixonada pelo Dionísio.

— Prazer em conhecê-las. Eu sou o Lorenzo, apaixonado pela Liz.

— Ah, que pena... – Fernanda fez um biquinho. — Eu é que estou precisando de uma paixão. A Liz já tem a dela – apontou para o João.

Eu fiquei totalmente sem jeito.

— É, quem sabe eu posso me apaixonar por você – foi a vez do Lorenzo enviar um beijo para a Fer. — Sua vibração é bem próxima à minha.

— Vibração próxima, que coisa estranha pra se dizer a uma mulher – deu de ombros. — Mas se essa tal vibração abre uma possibilidade entre nós, tudo bem. Sente-se aqui do meu lado – bateu em um banco vazio. Depois, olhou para mim e mostrou o sapato de salto 12 que havia tirado do pé. Sorri.

Ele deu a volta e sentou-se num banco ao lado dela, com os olhos fixos em mim. Eu sabia que o que ele queria era provocar o João.

— Lorenzo, já fez sua aparição, o que acha de se retirar? – propôs João.

— De jeito algum. Quero uma festa em família – levantou-se e aproximou-se do João, e cochichou outra vez.

Eu tive medo que os dois brigassem. Sabia que o Lorenzo não era do bem, embora, segundo o João, os dois vibravam quase na mesma frequência. Estranho, o João tinha falado que eu sentiria algo por ele, mas tudo que sentia era medo. Talvez a frequência dele houvesse mudado, temporariamente, mas mudado.

— Fique tranquilo, irmão, é uma visita social. Nada de confusão – ergueu os braços em sinal de paz.

A Fernanda e ele ficaram cheios de chamegos. Parecia que tinham se entendido muito bem. Aproveitando a calmaria, o João se prontificou para assar a carne.

— Não, não, o assador oficial aqui sou eu. Pode deixar! – Pererê se levantou e foi pegar mais carvão.

— Tudo bem, outro dia eu asso – concordou João.

— Que outro dia? Você pensa em ficar tempo por aqui? – resmungou o agrônomo.

— Ainda não sei ao certo o tempo que ficaremos. Tudo depende das investigações – respondeu João calmamente.

— Ah, sim, vocês são um grupo. Onde os outros estão? – quis saber agrônomo.

— Sim, são um grupo, os Guardiões da Terra – adiantou-se em responder Lorenzo, com tom de escárnio.

— Hoje no hotel. Amanhã cedo vamos à fazenda – explicou o físico.

— Eu também vou – falou Lorenzo, erguendo o braço novamente.

Enquanto o Saci assava a carne, a conversa corria solta, as cervejas sumiam rapidamente dos copos, ríamos muito, tudo corria muito bem. Apesar disso, o João parecia não relaxar, respondia apenas o que lhe perguntavam e sempre com o cenho franzido. O Alfredo bebia demasiadamente e começou com a antiga ladainha de que tinha obrigação de me proteger. Já não bastavam meus padrinhos?

— Cuquinha, você sabe que devo cuidar de você com minha vida, não é? – encheu meu copo de cerveja. — Prometi ao Pedro.

— Cuquinha? – admirou-se Lorenzo. — Cuquinha de banana ou Cuquinha que vira jacaré? – a Fernanda esclareceu no seu ouvido, ele riu.

— Pererê, jura que vai começar com essa ladainha? – torci os lábios incrédula. – Rubi, dê um jeito nele.

— Pererê de Saci Pererê? – riu Lorenzo. A Fer o beliscou.

— Por que tá querendo arrumar outro protetor? – olhou para o João. — Cuido de você desde a morte do Pedro.

— Sei disso, Pererê, e você continuará para sempre sendo meu protetor e melhor amigo – fiz sinal para a Rubi pedindo ajuda.

— Você afirmou que estaria sempre ao meu lado – falou num tom muito alto, deu um murro na mesa e derrubou um copo no chão.

— E estou, de você e da sua filha – levantei para catar os cacos e olhei para a Bárbara, em súplica.

Enquanto juntava os cacos foi a vez do João e do Lorenzo se estranharem e começarem uma discussão, que encerrei antes que acabasse na porrada.

Com o grito do Alfredo, a Gabriela correu ao seu lado e o chamou para ir embora.

— Pai, já está ficando tarde. Amanhã o dia será longo. Vamos embora?

— Pode ir, vou ficar – ele abraçou a filha.

— Como vou sozinha, pai? Venha comigo – pediu a filha.

— Deixe que eu vou com ele, Gabi – prontificou-se Bárbara. — Pode ficar.

— Está bem, filhinha, vou com a Bárbara – abraçou-a. — Você assume agora, João? – bateu no ombro dele. — Até mais, Cuca. Desculpa aí, pessoal. Boa noite.

— Tudo bem, Pererê. Nos vemos depois – dei um beijo nele. — Oh, lembre-se que enquanto vivermos, cuidaremos um do outro. Até mais, Rubi – pisquei pra ela.

— Também vamos embora – o Lorenzo pegou na mão da Avatar. — Aproveite o seu tempo com ela, João. Ele vai acabar logo.

— Já vai tarde – desdenhou João.

— Obrigada pelo delicioso churrasco – agradeceu gentilmente o líder dos Anhangás.

O Lorenzo saía de mãos dadas com a Fernanda e de uma forma tão rápida que não deu para perceber, surgiu na minha frente e beijou minha boca. Eu senti uma descarga de adrenalina. O João o empurrou e ele caiu, derrubando cadeiras ao seu redor. O Dionísio ficou em prontidão, as mulheres saíram de perto. O Lorenzo levantou-se rapidamente e partiu para cima do João, que se esquivou.

— Por favor, parem – pedi.

Ao ouvirem minha voz eles pararam imediatamente.

— Você já a beijou, João? – perguntou Lorenzo. — Acredito que não. Você é muito lento. É incrivelmente tolo – gargalhou. — Boa noite a todos. Venha, Fer – segurou na mão dela e foram embora. Ela segurava as sandálias nas mãos e mesmo assim era mais alta.

— Esse homem foi meu melhor amigo e hoje vive para me irritar – balançou a cabeça tristemente. — Ele é um troglodita.

— Fique calmo, ele já foi.

— Desculpe, Liz. Desculpe, pessoal – dirigiu-se à Márcia e ao Dionísio. — Desculpe por desonrar sua casa com uma briga – falou ao meu ouvido.

— Tudo bem, não se preocupe. Já passou. Vamos falar de outras coisas.

— Noite agitada, não é, João? – puxou papo a Márcia.

— E como! – virou o copo de cerveja.

Parecendo muito constrangido, João sentou-se com meus amigos e logo a Márcia puxou um assunto sobre física. Ele pareceu gostar, pois o assunto era de domínio dele. Começou com um koan zen bem conhecido para envolver todos nas questões relacionadas a ondas e transdutores. Em seguida, de uma forma divertida, contou-nos que o mundo não tinha cor, nem cheiro, nem sabor. A turma ficou fascinada com a descoberta. A conversa rolou solta até que a interrompi, pondo fim às explicações do físico. Na verdade, senti ciúmes em dividi-lo com tantos amigos. Estava acostumada com ele só para mim, então entendi porque ele admitiu que sentiria ciúme dos amigos. Nada como sentir a dor do outro!

— Vamos comer mais um pouquinho de churrasco. Chega de física – anunciei.

O João assava a carne e servia a todos. As horas voaram. A Márcia e o Dionísio foram embora e quando percebemos estávamos sozinhos ao redor da churrasqueira. Apenas alguns jovens distraíam-se em suas atividades, uns viam filme na televisão, deitados nos pufes. As meninas estavam nas redes, com certeza fazendo planos para o fim de semana na fazenda. Só a música nos acompanhava.

— Quando cheguei pensei que o Alfredo fosse seu namorado. Logo fechei os punhos pronto para a briga – desabafou rindo.

Eu apenas sorri.

— Ele é nervosinho sempre? – investigou João.

— Sempre que encontra um adversário para o pebolim.

— Ele é doido por você, Liz. O seu namorado não acha ruim isso? – ergueu as sobrancelhas.

— Ele não é doido por mim. Somos amigos. E meu namorado não acha ruim. Conhece o Pererê, meu amigo de uma vida.

— Namorado de quem? – perguntou a Aninha, chegando para pegar um refrigerante. – Mãe, você tá namorando o João? Que legal! Ele é o cara certo pra você e é bem lindão – piscou para ele. — Combina com você – piscou para mim.

Nesse momento eu tive uma síncope. Ela havia desmentido que eu tinha um namorado e não houve tempo de contê-la.

— João, como você conseguiu conquistá-la em tão pouco tempo? – lascou-lhe um beijo na face. — Ela é dura na queda. Tô feliz por vocês. Coragem, João – ergueu a mão com o punho fechado.

— Não estou namorando o João – tentei me salvar. — De onde tirou isso? Esqueceu-se... – fiquei tão nervosa que não veio nome nenhum na minha cabeça.

— Oras, ouvi você dizendo perfeitamente "meu namorado" e todo mundo sabe que você não namora ninguém há um bom tempo – despejou ela antes que eu pudesse terminar a frase. — Já tava na hora, mãe – afastou-se, com o refrigerante na mão.

Eu queria morrer nesse momento.

Ele olhou bem sério para mim, com o seu grande vinco entre as sobrancelhas, e ficou assim por um momento, respirando lentamente. Eu tentei esboçar um sorriso, mas foi impossível. Ele então segurou o meu banco com as mãos e puxou-me para perto dele. Colocou as minhas pernas entre as dele e as prendeu. Eu suspirei fundo e fechei os olhos.

— Por que mentiu para mim, Liz? – sua voz era intensa.

Fiquei sem saber o que dizer. Ele me fuzilava com olhos de tigre. Tudo que eu queria naquele momento era que um buraco se abrisse e eu sumisse nele. Como iria falar que estava apaixonado por ele e tinha medo do que sentia?

— Na viagem abri meu coração a você, afirmei que se não estivesse comprometida eu queria namorar, casar, viver pra sempre ao seu lado, disse que você é tudo pra mim e você permaneceu quieta, guardando essa mentira insana? – seus olhos brilhavam. — Por que fez isso comigo?

Não conseguia pensar. Além disso, nada que eu ousasse falar justificaria minha atitude, nem para ele, nem para mim. Senti-me enjaulada pela mentira que havia criado, que no primeiro momento me salvou e agora me condenava. Mas precisava dizer algo, qualquer coisa, pois ele merecia uma resposta.

— Você é homem – sussurrei. Devia ter ficado quieta.

— Sou. E daí? Não gosta? – ergueu as sobrancelhas.

— Não é isso.

— O que é então? – perguntou muito sério. — Por que mentiu? – balançou a cabeça num gesto de que não entendia minha atitude.

— Inventei para que você não passasse dos limites.

— Ah! – exclamou lentamente. — Para eu não passar dos limites – chegou perto de mim. — Não devia ter feito isso. Eu sofri com a ideia de você ter alguém.

— Sofreu? E por que sofreu?

— Porque quero ter você só para mim – falou, depois de suspirar.

— Não se acha um tanto possessivo? Nem nos conhecemos e você me quer só para você? – esbocei um sorriso. Estava feliz com sua declaração e apavorada com o que ela provocava em mim.

— Você mentiu para mim. Por que fez isso? – chegou bem perto, seu olhar estava triste.

— Você está me intimidando. Pare! – apavorei-me com sua aproximação, comecei a entrar em pânico. Eu ia beijá-lo e aceitar a proposta.

— Intimidando? Tudo bem – afastou-se um pouco.

— Os homens são todos iguais – tentei me levantar, mas fui impedida.

— Não fale por mim – encarava-me.

— Homens veem uma mulher sozinha e já querem tomar posse.

— Não estou entendendo – afastou-se e passou a mão nos cabelos.

— João, fiquei viúva com 32 anos – ergui as sobrancelhas. — Faz 17 anos que ouço a mesma coisa. Quero namorar, quero casar, amo você e blá, blá, blá – fazia careta em cada palavra. — Tive que aprender a me defender.

— Mas eu... – ele arregalou os olhos ainda mais.

— Uma mulher precisa ser cuidadosa – interrompi-o. — Sou uma mãe de família, preciso me preservar. Não posso ficar dando corda a estranhos, ainda mais os que em apenas um dia dizem que querem se casar.

— Apresentei-me a você – replicou, com um olhar triste. — Contei muitas coisas sobre mim.

— Palavras, João, palavras. Soltas ao vento – gesticulei, como se as palavras voassem. — Você me conheceu ontem e hoje diz que me ama? – torci os lábios. — Há alguma lógica nisso?

— É que você... É que com você... – agora era ele que parecia não saber o que dizer.

— Eu o quê? Comigo o quê?

— Você é... – abaixou a cabeça demonstrando que não havia argumentos para tão irascível sentimento. — Você é diferente.

— Diferente? – sorri. — Sou a Cuca, viro jacaré, não é? – ele ergueu a cabeça e sorriu do meu comentário. — Desculpe, João, eu não acredito na sua espécie.

Ele abaixou a cabeça e a colocou entre as mãos.

— Não sei o que dizer – falou, com a cabeça baixa. — Sei que vibramos na mesma frequência e...

— Não diga nada. Vá embora.

— Liz, não... – olhou-me assustado.

Sem dar ouvidos ao meu pedido, ele continuou insistindo em saber por que eu mentira. Argumentei até onde consegui.

— Liz, você não tem namorado? Não é? – prosseguiu ele depois de mil perguntas.

— Não, não tenho – balancei a cabeça confirmando o que dizia.

— Ótimo! – ficou de pé. — Não tinha namorado, mas agora tem – segurou as minhas mãos. — Eu quero ser seu namorando. Namora comigo?

Fiquei sem saber o que dizer, tudo começou a girar ao meu redor.

— Conheci você ontem – tentava achar uma razão lógica para não aceitar tal pedido, embora tudo o que mais desejasse desde que o conhecera era ficar para sempre com ele.

— Sei, nos conhecemos ontem – soltou minha mão e abriu os braços. — Mas preciso de você. Quer ser minha namorada?

— Para! – ele me olhava profundamente.

— Você quer ser minha namorada? – falava lentamente, frisando cada palavra.

— Não quero ser sua namorada e não quero que chegue mais perto de mim – será mesmo que essa era minha vontade? Claro que não!

— Impossível –ele, segurando nos meus braços. — Eu preciso de você hoje e para sempre.

— Você está me intimidando novamente. Me solte – ele largou meus braços e colocou novamente a cabeça entre as mãos. — Por que precisa de mim? – fiquei enternecida com seu jeitinho.

— Para respirar – ergueu a cabeça e me olhou fixamente. — Consegue entender isso? Não consigo mais respirar se estou longe de você.

Eu não soube o que dizer por que também não encontrava o ar quando não estava perto dele. Apenas nos olhamos.

Ele me chamou para dançar, o que neguei, é claro. Ficaria perto demais dele e isso não era bom.

Mas não teve como evitar e assim que começamos a acompanhar a música o meu corpo entorpeceu, meu coração bateu descompassadamente, gotas de suor brotaram nas mãos, nas costas, minhas pernas amoleceram. Acho que isso me ajudou a ser levada por ele. Como não tinha escolha – e eu não queria ter escolha mesmo –, resolvi aproveitar o momento. A turma curtiu o nosso show e começaram a assobiar.

A música romântica deixou-me ainda mais vulnerável ao que sentia. Eu fechei os olhos, encostei-me nele e me deixei conduzir. Não sabia o que falar. Claro que queria namorá-lo, mas não podia. Ele iria embora em poucos dias e eu morreria de tristeza. A música acabou e eu não queria me afastar dele.

Eu tentava sair dos seus braços, mas ele me segurava cada vez mais forte. Ele pediu um beijo e eu fiquei sem fôlego. Beijá-lo era tudo que desejava desde o momento que o vira, mas se isso acontecesse eu estaria perdida para sempre nos encantos dele. O que era um beijo senão a troca de almas? A promessa de um tempo de amor? E tempo era o que não tínhamos.

Ficamos nesse impasse até que alguém incentivou um beijo roubado. Afastei-me dele, mas ele continuou segurando a minha mão para tentar identificar quem estava dando uma grande força. Mas foi em vão.

Estava perdida em pensamentos. Sempre fui uma mulher de muitas palavras, mas às vezes, com ele, não sabia o que dizer. Havia tanto tempo tinha decidido não me envolver, evitava qualquer forma de aproximação se sentisse que poderia me apaixonar. Eu era dona do meu tempo, das minhas decisões, dos meus negócios, da minha vida, da minha cama e um relacionamento, um namoro, como ele disse, não fazia parte dos planos. E agora assim, do nada, o amor chegou arrebatador e me ligou a um homem que mal conhecia, deixando-me confusa e totalmente apaixonada. Eu precisava me afastar dele.

— Olha, acho que já está ficando tarde. Você deveria mesmo ir embora.

— Só vou embora depois que você me responder. Aceita ser minha namorada?

— João, por favor, para com isso. Amanhã precisamos acordar cedo. Vamos dormir, tudo bem?

— Esse convite é um sim? Tudo bem, onde fica mesmo o seu quarto?

— Você não tem jeito – ri. — Você é maluco.

— Maluco por você. Seja minha namorada.

— Sua namorada por dois, três dias, uma semana? – a razão enviava ordens. — Até você e seu grupo realizarem sua pesquisa e irem embora? João, tenho filhos, sou conhecida aqui, não posso ficar tendo casos com estranhos que aparecem.

— Quero casar com você. Tá bom assim?

— Vou acompanhá-lo até a porta – segurei na mão dele e o puxei para ir embora. — Você não sabe o que está dizendo – meu coração gritava para que o ouvisse.

— Liz, sou um homem maduro, sei o que estou sentindo. Não é euforia de momento.

— Quero que você vá embora – arrepiei-me com o que ele revelou. — Não vamos namorar. E por favor, não chegue perto de mim. Vou acompanhá-lo até a porta.

Caminhamos lado a lado, de mãos dadas, em silêncio. Eu não queria deixá-lo ir, mas também não podia permitir que ficasse. Acabaria cedendo. Abri a porta para ele, ele saiu, parou e segurou na minha mão.

— Você vai me conhecer e ver que estou falando a verdade. Boa noite, até amanhã – disse tristemente, dando um beijo demorado na minha testa.

— Boa noite – quase pedi para ele ficar, mas não podia baixar a guarda, pois o amava com todas as minhas forças e não saberia viver sem ele se partisse.

Quando foi sair, parou e voltou antes mesmo de eu fechar a porta.

— Liz, escute, tem dois Anhangás rondando sua casa – empurrou-me e fechou a porta atrás de si. — Se eu sair o Lorenzo vai entrar.

— Do que está falando?

— Você está com o ABOC?

— Sim, prendi na gola da jaqueta. E você, está com o seu?

— Ótimo. Claro, na gola da camisa – mostrou-me.

— Por que perguntou?

— Olha, há dois deles lá fora. O Marcos, que lê pensamentos, como já mencionei, e tem o Osvaldo, que tem visão de raio X. Ele pode ver o que está acontecendo aqui dentro. Então se você não quer ter a companhia do Lorenzo, vai fazer o que eu disser.

— Não estou entendendo. Como assim, lê pensamentos e tem visão de raio X? Esses caras são o Super-Homem?

— Eles, como o meu grupo, têm algumas habilidades especiais. Lembra que te falei ontem?

— Que tipo de habilidades? – perguntei.

— Tipo ler pensamentos e ver através das coisas – parecia irritado.

— Não entendo o que tá falando – balancei a cabeça. — Tudo isso é muito estranho – olhei séria para ele. — É artimanha sua, não é?

— Você confia em mim? – segurou meu olhar.

Fiz uma careta.

— Tá bom, não confia né? – fez uma carinha de triste. — Mas mesmo assim vai fazer o que vou dizer. Não quero o Lorenzo aqui com você.

— Tudo bem, diga, o que vamos fazer? – não tinha outra alternativa e fiquei feliz por ele ter voltado.

— Vou dormir aqui hoje. Eles precisam dizer ao Lorenzo que estou aqui.

— Tá certo, venha – caminhei na frente dele.

— Oba! – exaltou-se.

— Explique melhor esse negócio – sentei-me no sofá e ele ao meu lado. — Você quer que eu acredite que há lá fora alguém que vê através da parede? – ele assentiu com a cabeça. — Pode ver que estamos sentados aqui na sala?

— Sim.

— Não acredito nisso – cruzei os braços.

— Isso não impede que ele nos veja – ergueu as sobrancelhas.

— E há perigo nisso?

— Mas é claro. Se vir que você está sozinha avisarão o Lorenzo e ele virá e a levará.

— Entendo – levantei e comecei a andar pela sala. Mas acredito que terei que abrir a porta antes. Ou ele também tem algum poder mágico.

— Eles podem agir de forma inesperada – falou, por fim.

Ele me encarou e ficou sem palavras.

— Tudo bem, você pode dormir hoje aqui. Já dormiu ontem e vai passar alguns dias na fazenda – dei de ombros. — Ficará no quarto de visitas.

— Ah, que pena... – balançou a cabeça desgostoso. — Queria que fosse no quarto da Cuca.

— Não seja bobo, João. Meus filhos estão aqui – um olhar maroto surgiu, eu o queria muito. Ele me seguiu até o quarto, mas a Ana havia pegado os colchões para as amigas dormirem no quarto dela.

— Aqui não vai dar... – balancei a cabeça.

— Pode ser no seu quarto então! – ergueu as sobrancelhas.

— Engraçadinho – foi impossível não sorrir para ele. — Você dormirá no sofá. É bem confortável.

— Fazer o quê? – torceu os lábios. — Vou ligar para o Ernesto avisando que passarei a noite aqui.

— Vou buscar lençol e travesseiro para você.

Enquanto pegava roupas de cama tentei entender o que me segurava de namorá-lo, de beijá-lo, de fazer amor com ele. Medo. Era sempre a sensação que eu tinha. Não, não era só isso. Havia um contexto familiar, social... E o conhecia há apenas um dia.

Quando voltei na sala ele tinha tirado a camisa e o sapato e aconchegado no sofá. Não consegui trocar um passo, porque eles me levariam para o João. Ele levantou-se e veio ao meu encontro com um doce sorriso. Eu estava perdida, sem ação, vendo aquele homem lindo, sem camisa, aproximando-se. Esqueci como respirava.

— Obrigado – ele pegou as coisas da minha mão. Acordei.

— Trouxe uma toalha e um shorts caso queira tomar um banho – murmurei ainda parada e ele arrumando o sofá.

— Pronto. Já posso dormir – sorriu, e eu ainda parada.

— Tenha uma boa noite – balbuciei e foi impossível não sorrir também. Ele me fazia bem. Fui saindo da sala.

— Obrigada – sentou-se no sofá. — Liz... – eu parei, olhei para ele. — Seja minha namorada – abriu os braços e eu quase desmaiei.

Não respondi, fui para o meu quarto, sentei na cama e fiquei pensando nele. Quase voltei para seus braços. Mas eu não podia, sabia que sofreria muito quando ele partisse. Resolvi tomar um banho para ver se me acalmava. Mas fiquei ainda mais excitada, imaginando ele ali comigo. Enquanto estava no chuveiro, ouvi vozes, coisas caindo. Desliguei o chuveiro e não ouvi mais nada. Estranho. Muito estranho. Coloquei um pijama, deitei e não conseguia pegar no sono. Rolei de um lado para outro na cama.

— Vou buscá-lo para passar a noite comigo – decidida, levantei-me e fui até a porta. Com a mão na maçaneta, prestes a abrir, respirei fundo uma, duas, três vezes. Soltei-a e voltei a deitar.

A proposta feita pelo João não saía da minha cabeça. Por que eu não podia namorá-lo? E casar? Ele tinha mesmo me pedido em casamento? Ai, isso era insano. Mas pelo menos eu podia aproveitar da sua presença enquanto estivesse por perto?

NÃO!

Sentia medo de sofrer, sofrer por amor.

De onde eu tirava esse pensamento?

Rolava na cama tentando dormir e tirá-lo da cabeça.

Toc, toc, toc. Batem na porta.

Meu coração quase pulou pela minha boca.

Era ele!

Se fossem os filhos, logo chamariam: "Mãeee".

Era ele!

— Meu Deus! – sussurrei para mim mesma e permaneci quietinha.

Os toques insistiram.

O que devia fazer? Abrir a porta e puxá-lo para minha cama? Tocá-lo de casa? O meu coração, a mil por hora, ordenava que eu fosse até ele.

Com muito medo da minha reação ao vê-lo sem camisa olhando para mim, abri a porta vagarosamente. E ali estava ele, com olhos verdes reluzindo à luz do meu abajur. Vestia agora a camisa aberta e apresentava um sorriso encantador. Ai, forças mágicas, contenham minhas atitudes e não me deixem fazer algo de que me arrependa.

Com dificuldade, troquei algumas palavras com ele e sem ter controle sobre meus atos, acariciei seus cabelos, sua face.

Eu precisava tocá-lo.

Acho que também sem controle, ele pegou minha mão e a beijou tão carinhosamente que fechei os olhos para perpetuar o momento.

Buscando equilíbrio no fundo da minha alma, com uma vontade enorme de chorar, respirando com dificuldade e quase sem voz, perguntei o que ele queria. Ele falou coisas que não faziam sentido. Para mim seria tão fácil resolver o impasse que se apresentava, mas ele foi complicando, complicando, complicando, e eu fiquei sem saber o que fazer. Por fim, ele disse que chamou o filho para ajudá-lo.

Enquanto ele foi receber o filho, agasalhei-me. E uma nuvem preta pairou sobre minha cabeça. Será que eu poderia confiar no João? Ele tinha acabado de me enrolar numa história que parecia uma "teoria da conspiração". Algo tão estranho como pessoas que leem e manipulam pensamentos, outras veem através das coisas, Anhangás perigosos, aparelhos que embaralham ondas cerebrais. E agora chama o filho, que não conheço. E se eles forem tão perigosos como os Anhangás? Se fossem eles os perigosos da história?

Ai, quantas ideias bobas. Tinha conhecido o grupo na escola, eram professores e profissionais liberais; a Fernanda tinha pesquisado sobre o João. Tudo estava certo. Era o João que me deixava atrapalhada.

Cheguei à sala, os dois conversavam, e ao me verem se levantaram.

— Liz, este é o Ernesto, meu filho.

— Muito prazer – dei um beijinho nele. — Que filho lindo, João.

— Obrigada. Você é muito gentil – agradeceu o jovem.

— E sabe de uma coisa, apesar das circunstâncias, vocês se parecem.

— Isso me alegra muito! – bateu no ombro do pai. — Amo este cara.

— Você está com fome? Tivemos um churrasco aqui, por que não veio?

— Eu agradeço, mas jantei num restaurante italiano, muito bom por sinal. E não vim porque o pai não convidou – olhou para o João.

— Filho... – repreendeu-o.

— Convidou sim, mas achei melhor deixar que vocês se conhecessem melhor – disse Ernesto.

Ah, então havia uma conspiração, não só do Rudá e da Naia, como do filho e amigos.

João o puxou para fora dizendo que beberiam cerveja. Acompanhei-os.

Conversamos um pouco e deixando-os à vontade fui dormir. Já eram quase uma da manhã e a quarta-feira prometia.

Assim que deitei, o dilema entre ficar ou não com o João voltou a me atormentar. Sabia que estava caída de amores por ele, que todos à nossa volta estavam empenhados em nos unir. Mas eu tinha uma vida no interior, ele outra, na capital. Mundos tão diferentes... Como poderíamos conciliá-los? Além disso, eu sentia um medo enorme de sofrer quando ele fosse embora. O melhor seria evitar estar perto dele o máximo possível. Sabia que seria difícil, mas era o que eu iria fazer.

Ah! A razão tem emoções que o próprio coração desconhece.[220] Modifiquei a célebre frase de Pascal.

Decisão tomada, virei para o lado e me aconcheguei nos travesseiros. Fechei os olhos e relaxei.

Um milésimo de segundo depois minha respiração se alterou quando me lembrei do calor dos lábios dele. Arregalei os olhos. Era muito, muito, muito bom sentir a presença dele. Ele era alegre, divertido, agitado, envolvente. Ai, Céus! Estar ao lado dele era leve como o ar, sua presença protetora era firme como a terra, sua proximidade me queimava como o fogo. Tocá-lo estava se tornando vital como a água.

Não dá pra evitar, "o coração tem razões que a própria razão desconhece".

Rolei na cama entre o sim e o não até dormir.

Passei numa conveniência, comprei duas caixinhas de cerveja, e no caminho para o caixa vi um vaso ornamental com pimentas vermelhas. Não resisti e comprei um para a Liz. Achei a cara dela.

Estacionei o carro em frente a casa. Estava ansioso, a sensação pulsava entre alegria e temor. Alegria por tê-la perto novamente, temor por imaginar outro homem ao seu lado. Imaginei-a abraçada e beijando outro, uma fúria tomou conta de mim, senti meu corpo ferver. Balancei a cabeça para afastar o pensamento. Respirei fundo e desci do carro. Teria que enfrentar tal situação com calma e bons modos.

O portão da frente estava aberto. Caminhei até a porta. Meus passos eram lentos, mas meu coração batia acelerado. Toquei a campainha.

— Oi, João, que bom que veio! – deu-me um beijinho a filha da Liz. — Fecha a porta, estou com pressa. É minha vez no truco.

Fiz o que ela pediu e a segui lentamente, observando a casa da cidade. Era bem diferente da casa da fazenda, mas tão bonita quanto. Quando cheguei à área de lazer, perdi o fôlego. Tive a nítida impressão de estar num local onírico. Numa escala de 0 a 10 de beleza, sem sombra de dúvida chegava ao máximo.

---

[220] O coração tem razões que a própria razão desconhece – Blaise Pascal.

Depois de sair do estado de contemplação a procurei entre as tantas pessoas que por ali se divertiam. Senti-me um tolo, com um vaso de pimenta numa das mãos e cervejas na outra, parado, no meio de estranhos, sem saber o que fazer. Quando a vi meu coração entrou num descompasso frenético. Ela jogava pebolim com um homem, possivelmente "o futuro marido".

Tudo que temia, acontecia diante dos meus olhos. Vê-la se divertindo com outro homem me corroeu de uma forma tão intensa que coloquei a mão no coração para atentar aliviar a dor. Mas que droga é esse tal de amor que traz tamanha agonia? Eu senti um ciúme vivo, quase incontrolável, que percorreu todas as minhas veias. O que eu devia fazer? Em segundos, elenquei algumas alternativas: dar meia volta e ir embora? Não, isso não, eu queria ficara perto dela; ir lá e quebrar a cara do sujeito? Podia até fazer o cálculo matemático da força que deveria usar para acabar com aquele ser. Também não, ela ficaria nervosa e tudo que eu queria era agradá-la; fazer-me de desinteressado e flertar com outra mulher? Mas como? Se só quem me interessava era ela?

Mas antes que eu tomasse qualquer atitude, ela acenou e sorriu para mim e a nuvem negra que pairava sobre minha cabeça desapareceu.

Respirei fundo e resolvi ficar. Rudá disse que deveria lutar por esse amor.

Sentei-me desconsolado, aguardando que ela viesse ao meu encontro. Tola esperança. Ela divertia-se com o namorado. Não conhecia ninguém e comecei a ficar constrangido, sentindo-me um idiota.

Decidi ir embora, levantei-me.

— Olá! – uma mulher linda e alta me cumprimentou. — Você deve ser o João. A Aninha falou que viria gente nova aqui hoje – abriu um lindo sorriso. — Sou a Fernanda.

— Como vai, Fernanda – apertei-lhe a mão. — Sim, sou o João que a Ana falou – entristeci e irritei-me com esse detalhe. Foi a Ana e não a Liz quem tinha comentado de mim.

— Venha aqui tomar um trago – dirigiu-se para a geladeira. — Esta aqui é a Márcia e seu deus Dionísio.

— Muito prazer. Sou o João, que a Ana falou – estendi a mão aos dois corroído de tristeza.

— Quer um queima goela[221] antes? – perguntou a loirona.

— Por favor – ela me deu um copinho com uma cachaça que virei de uma vez. — Uau! Deliciosa! – a bebida desceu queimando mesmo.

— Agora a cerveja, que está trincando.

Tomei um grande gole para tentar empurrar garganta abaixo a amargura de vê-la com outro. Sorvi mais da bebida e criei coragem de ir até ela. Teria que enfrentar a situação e quanto antes, melhor.

— Vou falar com a Liz – levantei-me e, antes de andar, parei. Voltei-me para as amigas, queria perguntar se aquele sujeito era o namorado dela, mas decidi calar-me. Eu precisava aceitar o fato de ela ser comprometida. Mas eu tinha vontade mesmo era de quebrar a cara dele.

Enquanto caminhava, observava-a. Cada gesto seu era delicado, seus cabelos encaracolados lindos, o seu jeito de se vestir me seduzia. Ah, Liz, você já tomou posse de todo o meu ser.

Cumprimentei-a com um gesto de cabeça. Não me atrevi a apertar sua mão ou dar-lhe um beijo, pois se houvesse alguma reclamação do tal sujeito, fiquei com receio de pular no pescoço do seu oponente de jogo. Ela apresentou-me a amiga, e minha angústia piorou quando foi a vez do Alfredo, "o possível namorado", e eu precisei cumprimentá-lo.

---

[221] Goela – garganta (gíria paranaense).

Inexplicavelmente, um desejo intenso de mostrar minha superioridade fez com que o intimasse para uma partida. Precisava enfrentá-lo de alguma forma. Como não podia brigar ali, a alternativa foi jogar com ele. Desafiei-o e ele aceitou prontamente, e a batalha teve início. Convoquei-a para ficar ao meu lado e me surpreendi quando a sua amiga disse que ficaria do lado do Alfredo. Talvez ele não fosse seu pretendente.

Começamos a disputa, que ficou cada vez mais acirrada. Logo percebi que não estávamos apenas guerreando pela bola, mas nos combatendo pela Liz. A violência das jogadas aumentava a cada movimento. Os jovens nos rodearam e torcidas foram formadas. Eu tinha a minha e o meu adversário, a dele. Mas a guerra foi interrompida pela origem do conflito. Ela pegou a bolinha, que tinha voado da mesa de pebolim, e determinou o fim da batalha.

Eu fiquei constrangido por ter me envolvido num duelo com aquele sujeito. Mas ele era o possível namorado da mulher que tinha a mesma vibração que a minha e o odiava por isso. Desculpei-me pelo mau comportamento e marquei outra disputa com o Alfredo, mas essa foi totalmente desestimulada por ela.

Reunimo-nos com as outras amigas e descobri que a minha Liz tinha alguns apelidos interessantes, assim como toda a turma, que logo se propuseram a achar um para mim também. O agrônomo sentou-se perto da Rubi, o que me deixou novamente intrigado. Se ele fosse namorado da Liz ficaria ao seu lado. Sorri. Provavelmente, ele era um amigo apenas.

O Alfredo começou a assar a carne, todos se divertiam e eu me sentia feliz ao extremo. Ficar ao lado da Liz sem me preocupar em ter que brigar com o médico era muito bom. Eu teria tempo de fazer com que ela percebesse que fomos feitos um para o outro.

Entre uma cerveja e outra, lembrei-me de colocar as coisas no carro. Enquanto as meninas foram levando as tralhas para a garagem, pedi para ver a Sininho e o Trola, e descobri que eles estavam na "Toca da Cuca".

Isso tinha a cara dela!

Fiquei curioso para ver o que tinha lá dentro, já que a aparência por fora era de uma típica toca de bruxa

Abri a porta, entrei e caminhei, observando cada pormenor.

— De onde vem tanta criatividade? – toquei em cada detalhe do lugar. — Ervas secas, potes com vários tipos de ingredientes... - fitei-a com o canto dos olhos. — Você tem aqui sebo de grilo, pó de minhoca, perna de sapo, bunda de rato? Asa de morcego? Piolho de cobra?

— Tenho sim – balançou a cabeça afirmativamente. – E muito mais.

— Vixi! – fiz uma cara de assustado. Velas de muitas cores, anjos, fadas, gnomos, duendes, sal grosso...- continuei andando. — Uma abóbora, um caldeirão... Não acredito! Uma bola de cristal! – sorri, admirado. — Olha só, aranhas com suas teias. Tudo incrível.

Ela apenas me observava.

— Pedras... – fui pegá-las.

— Não toque – disse, antes que eu encostasse nelas.

— Por quê? – assustei-me com o tom de voz dela.

— Essas pedras estão energizadas, estão repletas de poder.

— O que elas podem fazer?

—As pedras, como outros objetos da natureza, são instrumentos de magia. E quando estão repletas de energia nos ajudam a mudar o que precisamos. A mudança é a essência da magia, sabia?

— A mudança é a essência da física, sabia?

— Trabalhamos com a mesma essência – sorriu. — A mudança.

— Para você ver o grau da sintonia – ergui as sobrancelhas. — Você realmente é uma bruxa – cruzei os braços. — Atraiu-me para sua toca e me deixou ainda mais fascinado por você

— É o que dizem – sorriu, pegou uma pedra na mão. — As pedras emprestam seus poderes para produzir curas, dar energia, proteção. Quer experimentar o poder desta? – tinha um cristal violeta nas mãos.

— Claro, o que faço?

— Sente-se aqui – puxou um banco e eu me sentei, obediente. — Vou colocá-la no topo da cabeça, no sétimo chacra, o da coroa. É o chacra da busca do significado da existência, da espiritualidade.

O toque dos seus dedos no meu cabelo alterou minha respiração e meu coração descompassou. Não queria que ela percebesse o que causava em mim por medo que interrompesse. Tentando me tranquilizar fechei os olhos e respirei fundo, absorvendo o momento. Que poder essa mulher tinha sobre mim, que um simples toque me deixava tão vulnerável? Ai, estava muito bom tê-la assim, tão perto.

– Chega, pronto – tirou a pedra da minha cabeça. — Vamos embora.

— Mas ainda não senti nada – olhei-a, incrédulo. — O que aconteceu?

— Vamos embora, João – caminhou para a porta.

— Tudo bem – levantei-me a contragosto. Precisava encontrar algo para permanecer ali, meus olhos corriam o local. — Quem está pintando este quadro? – referi-me a uma tela de uma paisagem ainda inacabada. – Além de bruxa é artista?

— A pintura também é uma forma de magia, sabia?

— Ah é? – balancei a cabeça, demonstrando que não tinha entendido. — Pode explicar melhor.

— O pintor é um mago, no meu caso, uma maga – sorriu, eu retribui. — Então a maga pega sua varinha mágica – pegou um pincel – e com pequenos movimentos ou pinceladas coloridas vai construindo, a partir do nada ou de um fundo branco, se preferir, um mundo. Tudo nele é criado com o poder da varinha mágica – com o pincel fazia gestos de pintar sobre a tela. — As cores, as formas, as perspectivas, as luzes, as sombras... Quando a maga termina sua obra, ela encanta a todos que a admiram – virou-se para mim, que a observava fascinado.

— É perfeito o que disse – eu a amava mais a cada segundo que passava. Queria beijá-la, abraçá-la, protegê-la, mordê-la, viver para sempre ao seu lado.

Sorrimos em total sintonia. E não me importando com o tal namorado, iria beijá-la naquele exato momento. Caminhei decidido ao seu encontro. Percebi que ela sentia o mesmo que eu. Na verdade, não havia como evitar, estávamos vibracionados.

Mas antes que eu matasse minha sede em seus lábios, ela afastou-se e informou que havia uma passagem secreta na sala e sugeriu que eu adivinhasse onde era.

Ah, ela queria ficar escondida e sozinha comigo, para, além de nos beijarmos, pudéssemos fazer amor. Eu precisava encontrar esse caminho ao prazer. Comecei a olhar para as mil coisas que tinham naquele lugar. Percebendo que meu esforço seria inútil, pedi que mostrasse a abertura do tal caminho. Ela então mostrou o local mais óbvio, o movimento de um livro.

Com a porta aberta, curioso fui subir, mas ela me segurou, pois era um lugar sagrado e eu estava impuro e, claro, pedi para que me limpasse.

Alguns ingredientes mágicos deixaram-me apto a entrar no local sagrado. Achei graça do que fez e ela não gostou, mas me redimi dizendo que acreditava em tudo o que fazia.

Subi os degraus empolgadíssimo, porque iria fazer amor com ela. A cada passo imaginei um local com um colchão enorme com muitas almofadas, como o que eu tinha na minha casa, mas ao chegar ao topo me decepcionei, não havia nada. Ela me explicou que era um local sagrado em que realizava rituais.

Na minha cabeça veio o melhor dos rituais, o de acasalamento.

Perguntei o que fazia lá, como fazia, por que fazia, ela negou-se a falar, dizendo que eu não acreditava.

— Olha, Cuquinha, eu acredito sim. Lembra-se que acabamos de dizer que tanto a física quanto a magia trabalham com a mudança? – ergui as sobrancelhas. — Sou físico e também trabalho com o invisível. A diferença é que preciso provar em laboratório todas as coisas

— Hum... – olhou-me com os olhos cerrados.

— Tem mais, agora estudo as filosofias orientais e elas também apresentam um mundo místico. Estou aprendendo a sentir e crer, além de ver e comprovar – suspirei. — Sou novo nisso. Desculpe-me. Conte-me seus rituais.

— Vamos fazer o seguinte – sentou-se num banco e eu ao seu lado. — Assim que nos conhecermos melhor eu falo dos rituais que faço aqui, pode ser? – deu um tapinha no meu ombro.

— Ah, diga só um então – pedi, com o coração acelerado. Ela queria me conhecer melhor!

— Um bem básico, mas não menos importante, é o ritual de purificação de cristais.

— Como aquelas pedras que não pude pegar? – virei-me para ela e coloquei cada perna num lado do banco. Ela me imitou.

— Exato.

Ficamos nos olhando por um tempo em total silêncio.

— Já fez algum ritual de acasalamento aqui? – falei, por fim.

Ela não me respondeu.

— Já? – insisti.

— Não.

— Quer fazer? – passei a mão em seu rosto, ela fechou os olhos.

Permaneceu em silêncio e com a respiração intensa.

— Você só pode estar brincando – levantou-se de supetão, assustando-me. — Está profanando este lugar – ralhou.

— Claro que não! indignei-me. — Não há nada mais lindo e puro que o ritual de acasalamento quando duas pessoas estão envolvidas pela energia do amor.

Ela parou de respirar.

— Você irá profanar este lugar se fizer o ritual com o tal sujeitinho com quem pretende se casar, pois não o ama – fui direto e categórico.

Mas não teve jeito, não consegui convencê-la e o ritual ficaria para outro dia, ou noite, ou tarde, ou madrugada ou a hora que ela quisesse.

Descemos para procurar os animaizinhos, que não estavam na toca da Cuca. Foi quando ela abriu outra porta. Os vi deitados num ninho que parecia muito aconchegante. Eu chamei a fêmea, que correu ao meu encontro. Por que a dona não fazia o mesmo? Logo os dois bichinhos me rodearam e os enchi de afagos.

Ouvimos a Ana gritar. Tínhamos saído para colocar a bagagem no carro e havíamos nos desviado muito da meta, não havia mais tempo a perder.

A Liz seguiu o caminho que os cães tinham feito eu a acompanhei, e então vi que era o seu quarto. Parei. Mas ela segurou a minha mão e me puxou. Meu corpo reagiu ao toque.

Impressionante.

Sem precedentes.

Caminhamos assim até a porta da garagem, ela parou e soltou minha mão. Sem ter o que fazer, respirei fundo e sorri.

— João, tem muita coisa para colocar no carro – avisou Aninha assim que entrei na garagem.

— Uau! – exclamei ao ver o tanto de coisas espalhadas pelo chão. — O que é isso tudo que vão levar? Tem tudo na sua casa da fazenda.

— Ih, você nem imagina quanta coisa pode se precisar numa gincana – gargalhou. — Aqui tem desde dedal até bichos grandes de pelúcia.

— Deixa comigo então. Sou bom em arrumar cargas – recolhi o carro na garagem e pulei na carroceria. — Passe o que é mais pesado e não quebra.

As meninas foram alcançando uma coisa de cada vez e a carga foi se formando. Conversamos o tempo todo, elas eram alegres e divertidas. Em minutos, terminamos.

— Foi rápido, bem mais rápido do que quando o Pedrinho me ajuda – abraçou-me a Ana. — Obrigada, João, você é muito legal – piscou para a mãe, que sorriu.

Voltamos para o churrasco e senti-me mais à vontade, principalmente ao perceber que o Alfredo estava conversando animadamente com a Bárbara. Enquanto a noite rolava tranquilamente, ouvimos a campainha tocar e ninguém deu importância, pois estávamos envolvidos num momento agradável.

Mas em segundos pude sentir uma vibração conhecida: a do Lorenzo. Surpreendi-me com sua audácia. Como teve coragem de aparecer sem ser convidado depois de ter encomendado um acidente na estrada? Fiquei irado em alta dosagem.

Adiantando-me à dona da casa, interpelei-o. Não podia permitir que ficassem próximos. Não queria ele perto da Liz, por motivos claros, pois ele vibrava quase na mesma frequência que ela e, consequentemente, sentiriam atração também. Além disso, ele era perigoso, tinha invadido as terras delas e eu sabia que era sinônimo de encrencas.

Ele, com aquele olhar zombador, misturado com superioridade e acrescido de maldade, aproximou-se da Liz, e antes que a tocasse, eu fiquei entre eles. O Lorenzo sabia muito bem que não era bem-vindo, que eu não deixaria que ele tivesse qualquer tipo de relação com a Liz, mas ele era um Anhangá e como tal sabia muito bem armar intrigas.

Sentei-me entre ele e a Liz e a reunião de agradável passou a detestável com a presença do líder dos Anhangás

— Não quer que ela me toque? – sussurrou no meu ouvido. — Não precisa. Eu sei o que sinto – voltando para o Alfredo, que estava perto do freezer: — Ei, você, me dê uma gelada.

— Lorenzo, tome sua cerveja e vá embora, por gentileza – pedi. — Temos jovens aqui, não convém arrumar confusão na frente deles.

— Não vim fazer confusão com ninguém, caro amigo – olhou-me com escárnio. — Só senti saudades da Liz e queria desfrutar da presença dela.

Trocávamos olhares furiosos.

Ele logo armou confusão com o agrônomo e o ar ficou tenso. Os filhos da Liz vieram conferir o tumulto formado. Senti-me impotente por não poder agir.

Mas que droga!

A Fernanda tentou amenizar os ânimos apresentando os amigos apaixonados ao Lorenzo. Ele então declarou que estava apaixonado pela Liz e foi o que bastou para eu bufar. Mas a Avatar informou que ela já tinha uma paixão e apontou para mim. Tal revelação me deixou mais relaxado. Então ela tinha comentado com as amigas sobre mim, algo como estar "apaixonada"?

Ele e a Fernanda sentaram-se juntos e conversaram animadamente. Eu fiquei o tempo todo receoso, atento, inquieto, nunca dava para relaxar perto do Lorenzo. E não demorou muito até que ele conseguisse me irritar ainda mais.

— Ela será minha – sussurrou novamente no meu ouvido. — Não adianta não deixar que eu a toque. Eu já senti a vibração e me lembrei do que o Kabir profetizou – voltou a conversar com a nutricionista.

Imediatamente, cerrei os punhos, fechei os olhos, respirei fundo e busquei calma no mais íntimo do meu ser. A presença dele me incomodava, sabia que de um momento para outro ele aprontaria algo.

Ofereci-me para continuar assando o churrasco, mas o Alfredo não arredava o pé da sua função. Houve uma trégua e conversamos sem maiores incidentes, mas não durou muito e foi o "Saci", e não o Lorenzo, quem começou uma confusão.

Fiquei alerta para defender a Liz se precisasse. O debate ficou tenso com ele relembrando o passado. Foi o que bastou para contagiar Lorenzo e eu.

— Ih, a coisa está ficando feia aqui – zombou Lorenzo. — Esse cara é um porre, mas será a pessoa certa.

— Pessoa certa para o quê? – perguntei, intrigado.

— Para acabar com você, meu caro amigo – falou Lorenzo, olhando fixamente nos meus olhos, como se só nós estivéssemos ali. — Como você acabou comigo.

— A escolha foi sua – dei de ombros.

— Eu não tinha escolha – rebateu o Anhangá, levantando-se.

— Sempre temos escolhas – levantei-me também.

— Por favor, parem vocês dois – pediu Liz. — Já não chega o Alfredo.

Embora uma pequena confusão estivesse armada, uma onda de energia tomou conta de mim. Até esse momento eu não tinha certeza se o Alfredo era ou não seu namorado, mas agora estava resolvida tão cruel dúvida. Ele era apenas seu amigo. Mas se ele não era o namorado, quem era? Havia outro? O "Saci", o outro, o Lorenzo e eu. Isso não era possível. Por que tanta dificuldade? Já tinha demorado tanto para encontrá-la, não precisava de tantos adversários.

Depois da discussão, o amigo da Liz resolveu ir embora e a Rubi foi com ele. Para minha alegria, Lorenzo também se decidiu partir. Senti-me aliviado.

Comecei a pensar que a agonia iria passar. Falsa ilusão. Antes que o Anhangá se escafedesse, ele deu o seu showzinho. Enquanto saía de mãos dadas com a loira, "saltou" para frente da Liz e a beijou na boca. Não tive como evitar.

Um furor louco tomou meu corpo e o afastei dela com tanta força que ele caiu. Como não era de aceitar uma derrota, levantou-se e tentou me socar, mas fui mais rápido, desviando-me. A confusão estava formada, cadeiras caíram, todos que estavam perto se levantaram assustados. Eu ia acabar com ele ali mesmo e livrar o acampamento da enfadonha presença dele, mas ouvi a voz da Liz pedindo para que parássemos.

Ele parou na minha frente, arrumou-se e antes de ir embora ainda conseguiu me irritar, desdenhando de mim em alta voz que eu não a tinha beijado. Só então partiu com a Avatar.

Estava envergonhado por ter brigado na casa dela na primeira visita. Eu era mesmo um ser incontrolável. Bem que meu grupo dizia. Não sabia o que fazer, se ia embora, se ficava, se saltava. Eu fiquei completamente desolado pela cena. Um homem adulto brigando diante da família que mal conhecia. Pedi muitas desculpas, que foram logo aceitas.

— Você poderia falar um pouco sobre a física. Acho tão interessante – comentou a advogada para aliviar a tensão.

— O que quer saber?

— Tudo – sorriu.

— Nossa, vou ficar morando aqui – disse, feliz com tal possibilidade. — Deixe-me ver, começarei com uma pequena lição: um mestre oferece um melão a um discípulo e pergunta: "Que te parece o melão? Tem bom gosto?". "Sim, sim! Muito bom gosto!", respondeu o discípulo. O mestre, então, faz outra pergunta: "O que tem bom gosto: o melão ou a língua?".

Todos ficaram olhando para mim.

— E ai pessoal, o que o discípulo respondeu?

— O melão, é claro – falou Márcia.

— Acho que a língua – respondeu um jovem que tinha ouvido nossa conversa.

— Ei, vocês! – chamei os jovens. — Ajudem aqui – logo fiquei rodeado.

— Onde está o sabor do refrigerante que estão bebendo?

— No refrigerante, oras – deduziu uma garota.

— No sabor artificial que eles colocam – replicou um rapaz.

— Na minha boca? – interveio o jovem que ouvira a primeira história.

— Obrigado por participarem – levantei-me e me dirigi ao grupo que jogava baralho. Onde está a cor vermelha desse baralho?

— No baralho? – indagou um.

— Na tinta que utilizaram? – tentou outro.

— Obrigado por responderem, mas não está correto. Vamos tentar de outra forma.

— Você tá louco? O que vemos e sentimos não existe?

— Mais ou menos. O mundo físico não tem cor, sabor, nem cheiro. Tudo o que vemos e sentimos são apenas ondas, umas eletroquímicas, como os alimentos, outras eletromagnéticas como as cores. Nossos órgãos dos sentidos são transdutores...

— O que é transdutor? – perguntou Dionísio.

— É um aparelho que transforma uma forma de energia em outra. Vejam a televisão. Ela é um aparelho transdutor, o rádio também. Eles transformam ondas eletrofísicas em imagens e sons. Os nossos órgãos dos sentidos fazem a mesma coisa. Transformam a energia física em energia neural, para que o nosso cérebro consiga se comunicar com o mundo externo.

— Ainda não entendi – falou o rapaz com o baralho na mão. — Quer dizer que o vermelho não existe?

— O que existe, no caso das cores, são ondas eletromagnéticas que são captadas pelos nossos olhos e transduzidas em impulsos eletroneurais. O vermelho tem certo comprimento de ondas ~ 625-750nm e vibra nunca frequência ~ 480-405THz, que aprendemos que devemos chamar de vermelho. Quanto maior a frequência, menor o comprimento de onda, por isso vemos várias cores.

— Não acredito nisso – discordou o jovem.

— Você faltou na aula de física, meu rapaz? Você não sabe que tem pessoas que só enxergam branco e preto? E os daltônicos, que trocam as cores? Se as cores estivessem nos objetos, não existiriam pessoas assim.

— Verdade, tenho um primo daltônico – afirmou uma moça.

— O mundo que percebemos não é igual ao mundo físico. O mundo que percebemos não existe no mundo físico. É criado por nós. A percepção é um ato de criação. Vejamos o caso do refrigerante. Quando o bebemos nosso paladar, que é um dos nossos órgãos dos sentidos, recebe ondas eletroquímicas e as transduz em ondas neurais, que faz com que sintamos o gosto. O olfato, que é órgão responsável por sentirmos cheiro, faz a mesma transdução e completa o sabor do que ingerimos. Os botões gustativos e as células olfativas são transdutores que transformam as ondas eletroquímicas em ondas neurais para serem percebidas pelo nosso cérebro e, assim, conseguimos as informações sensoriais do nariz e da língua.

— Que legal! – falou Pedro.

— Nunca imaginei que fosse assim – admirou-se uma moça.

— Então o gosto do melão estava na língua – deduziu um rapaz.

— Exato. Nós somos verdadeiros transdutores. Transduzimos ondas vibratórias em sons e imagens. Ondas químicas em gosto e cheiro, fótons em visão. Tudo graça aos nossos poderosos órgãos dos sentidos associado ao espetacular cérebro. O mundo físico é bem sem graça, é totalmente silencioso, inodoro, incolor, insípido. Não tem graça, é pura vibração e frequência.

— Quer dizer que tudo está no nosso cérebro, pois é ele que faz a modificação de uma onda para outra? – perguntou Dionísio.

— Quase isso. São nossos órgãos dos sentidos que fazem a transdução, isto é, transformam uma energia em outra e...

— E o cérebro reconhece as ondas neurais – completou Dionísio. — Que legal.

— João, posso dizer que esta mesa são ondas eletrofísicas? – questionou Aninha.

— Sim.

— E que eu, pelos meus olhos, capto tais ondas e as transduzo em ondas neurais?

— Isso mesmo.

— E se eu não estiver aqui para captar tais ondas, a mesa vai deixar de existir? – continuou perguntando a filha da Liz.

— Boa questão, muito inteligente. Se ninguém recebe as ondas... – comecei a explicar.

— Não existe mesa física – raciocinou a Gabi.

— Mas ela fica empoeirada, mesmo sem estarmos aqui – relatou a Ana.

— Ela existe em potencialidade e fica o tempo todo emitindo ondas que colapsam com as ondas da poeira.

— E só se torna sólida quando olhamos – completou Tina. — Isso é incrível!

— Somos cocriadores da realidade – finalizei.

— Ai, que poder! – comentou Gabi.

A Liz nos chamou para voltar ao churrasco, pois a tensão já tinha se dissipado, mas deu tempo para matar um pouco da saudade da sala de aula.

Assumi o posto do Alfredo e assei mais uns pedaços de carne. A Márcia e o Dionísio foram embora e fiquei sozinho com a Liz, e o tempo voou na velocidade da luz.

Conversamos tranquilamente, sentia-me feliz porque o médico não tinha aparecido e pude desfrutar da Liz só para mim.

Mas algo de extraordinário aconteceu. A Aninha foi pegar um refrigerante e ouviu parte de uma conversa nossa. Admirada ela perguntou para a mãe se estávamos namorando e se mostrou feliz com a situação, pois afirmou que a mãe estava havia um bom tempo sem namorar ninguém.

Foi um momento de grande felicidade. Ela não tinha namorado e estava livre, além da filha gostar do fato de eu ser um possível pretendente. No segundo seguinte, a espada da dúvida pairou sobre a minha cabeça. Por que ela havia mentido? Será que não nutria por mim o mesmo que eu? Ela precisava esclarecer isso antes que enlouquecesse de amor. Embora a amasse, senti-me irritado com sua atitude. Puxei o seu banco bem em frente ao meu e prendi suas pernas com as minhas, sem dar chance para ela de se afastar. Ela não fugiria da minha inquisição. A irritação sumiu quando ela suspirou e fechou os olhos, sabia que estava encrencada.

— Então você mentiu para mim quando disse que tinha namorado – balancei a cabeça. — Que feio! – reprovei sua atitude, mas me sentia plenamente feliz.

— Que diferença faz se eu tenho ou não um namorado? – foi tudo o que ela conseguiu balbuciar.

— Faz toda a diferença do mundo! – ainda estava enfurecido e a encarava.

E uma longa conversa teve início, ela tentando apresentar razões para tal procedimento e eu, inconformado, não as aceitava. Não sairia da casa dela sem ser seu namorado.

A discussão foi tensa. Ela havia mentido para se proteger, mas de mim? Justo de mim, que estava perdidamente vibracionado por ela? Não, precisávamos chegar a um consenso, desde que ele fosse ficarmos juntos. Agora que sabia que era sozinha, nada, mas nada me afastaria dela.

— Vá embora, João – levantou-se.

— Por favor, me escute – segurei-a e a fiz sentar novamente. — Você não me conhece.

— Não mesmo. Impossível conhecer alguém em 24 horas.

— Tudo que mais desejo é que me conheça – passei a mão em seus cabelos.

— Vá embora, por favor – ela reagiu ao meu toque.

— Não. Não antes de resolver esse mal-entendido – respirei fundo.

— Não há mal-entendido – afirmou.

— Há sim, você mentiu.

— De novo essa história? – levantou-se. — Menti, mas a mentira já foi revelada. Pronto, acabou.

— Não entendo por que fez isso – levantei-me também.

— Quero que vá embora – seus olhos se encheram de lágrimas. — Chega de bater nessa tecla.

— Você mentiu para mim – falei calmamente. – Por quê?

— Estou acostumada com homens como você – abriu uma cerveja. Ah, isso implica em procrastinar minha saída.

— Homens como eu? – tomei a bebida que ela me deu. — Mas acabou de dizer que não me conhece.

— Homens são todos iguais – caminhava ao meu lado com o copo na mão. — Conhecem uma mulher sozinha e já querem passar umas horas agradáveis com ela – bebeu um grande gole. — Falar que tenho namorado é uma forma de me manter protegida – sorriu maliciosa. — Deu certo com você.

— Comigo não deu certo coisa nenhuma. Embora soubesse que tinha namorado vim aqui. Enfrentaria o sujeito na porrada por você. Estou aqui porque sei o que sinto por você – bati no meu coração.

— Tenho outras artimanhas também – desviou o assunto. Ela era boa nisso.

— Ah, tem? – ergui as sobrancelhas, admirado. — Pode me contar? Para já ficar sabendo e não cair novamente numa de suas ciladas? – sorri.

— Às vezes finjo que sou surda, faço gestos dizendo que não ouço. Morro de rir da cara que fazem. Também, quando vejo que tem um sujeito me olhando e depois ele vem se aproximando, coloco uma aliança falsa. Na maioria das vezes eles recuam.

— Você é inacreditável.

— Aprendi a ser. Sou sozinha, preciso me defender.

— Não de mim. Vamos dançar – puxei-a, envolvendo-a em meus braços sem que tivesse tempo de recusar.

— Sou péssima nisso – empurrou-me.

— Perfeito. Eu sou ótimo! – puxei-a novamente. — Solte-se e confie em mim. Eu levo você.

Segurei-a fortemente. Minha mão direita envolvia suas costas com firmeza, a mão esquerda segurava a dela com suavidade.

— Olhe nos meus olhos e sinta a música. Deixe que eu a conduzo.

Dançamos e foi um momento de inúmeras descobertas sensoriais. Pude sentir o seu corpo no meu, o seu perfume, e fiquei inebriado em imaginar o gosto do seu beijo.

— Aceita ser minha namorada? – perguntei enquanto dançávamos.

— Eu o conheci ontem, como posso namorá-lo?

— Namoro serve para as pessoas se conhecerem.

Ela encostou a cabeça no meu peito e ficou em silêncio. A música acabou.

— Viu, não foi tão difícil – disse assim que paramos.

— Foi sim. Estou sem fôlego – suspirou.

— De dançar ou de estar nos meus braços? – brinquei.

— Mas que convencido!

— É que eu também estou sem fôlego, mas por estar com você nos meus braços – declarei-me. — Preciso beijá-la. Posso?

— Então me beije – sorriu

Eu fiquei olhando para ela por um momento, tentando entender o que ela tinha dito. Era para eu beijá-la? E foi o que decidi fazer.

— Você está louco, não é? – ralhou. — Não vai me beijar. Acabei de dizer que não quero aproximação.

— Nunca falei tão sério – fui chegando cada vez mais perto.

— Pare com isso! – tentou se soltar dos meus braços. — Olhe as crianças.

Ela só podia estar brincando comigo. Segurei-a firme, olhei fixamente em seus olhos e sorri, erguendo as sobrancelhas.

— Me solte, João.

— Como farei para roubar um beijo?

Foi a vez de ela erguer as sobrancelhas.

— João, o que é isso? Solte-me – ficou muito séria. — João, já é tarde. Vá embora.

— Você quer ser a minha namorada?

— João...

— Diga sim. Responda que sim e vou embora.

Eu sentia-me um tanto desorientado. Eu tinha levado uma vida de festas e resolvido ser solteiro para sempre. Envolver-me com alguém estava fora da mais longínqua fagulha de imaginação e agora eu estava ali, pedindo uma mulher em namoro e tentando roubar um beijo. O que acontecia comigo? Delírio? Loucura? Não, tinha caído na tão renegada por mim, cilada do amor.

Enquanto conversávamos, continuamos dançando lentamente. Parecia que estávamos sozinhos, esquecemo-nos dos jovens, que estavam nos assistindo. E, de repente, ouvimos um deles dizer: *"Beija logo e para com isso. Está parecendo um cara que está vivendo o primeiro amor"*. Olhamos para ver quem tinha dito tal afirmação, mas todos já estavam envolvidos em suas atividades e não pudemos identificar o "encorajador". Enquanto isso, segurava a mão dela, querendo que ela nunca mais a soltasse.

Ela pediu novamente para eu ir embora. Mas que droga! Quando ela iria parar com isso? Será que não entendia o que eu dizia? Insisti novamente para que namorássemos, mas ela permanecia inflexível. Primeiro o motivo era por não nos conhecermos, agora porque eu iria embora. Para resolver a questão a pedi em casamento novamente, mas ela nem deu crédito.

O que eu estava fazendo de errado? Tantas mulheres quiseram ouvir de mim tal convite, e ela, a única que importava para mim, desdenhava-me. Tudo que dizia era que queria que eu fosse embora e não mais chegasse perto dela. Isso era impraticável.

Talvez precisasse dar mais tempo a ela. Se ela queria me conhecer, então assim seria. Já tinha esperado tanto, não me importaria de aguardar mais um pouco.

Ela abriu a porta e nada poderia me deixar mais triste do que deixá-la. Precisava beijá-la, mas sabia que ela não concordaria, então beijei sua testa, transmitindo todo meu amor pelo meus lábios.

Caminhei para o portão com o coração nas mãos e respirando fundo. Seria uma grande batalha conquistar o amor daquela mulher.

Mas com apenas alguns passos percebi a presença de dois enviados do Lorenzo e, para minha surpresa, fiquei feliz com a presença deles, pois eu teria que ficar com ela para protegê-la de tal ameaça. Dei meia-volta e fui ao seu encontro. Isso era destino ou escolha? Destino era os Anhangás estarem ali, escolha era eu voltar para protegê-la? Eu teria outra escolha? Deixá-la-ia a mercê de tais sujeitos? Não, claro que não. Tudo era obra do destino, eu não tinha escolha.

Expliquei a situação e a convenci de que eu teria que dormir na casa dela, caso contrário quem dormiria seria o Lorenzo.

Não consegui decifrar se ela ficou feliz ou receosa com minha presença aquela noite em sua casa. Mas eu estava radiante. Levou-me ao quarto de visitas, mas ele estava desprovido de colchões.

Uau, então dormiria com ela. Olha só o "destino" dando uma forcinha novamente. Mas ela teve escolha e ofereceu o sofá para eu passar a noite. Não era bem o que eu imaginava, mas já estava bom. Ela estaria a poucos metros de mim e isso me deixava feliz.

Enquanto ela foi providenciar lençóis e travesseiro, liguei para o meu filho.

— Ernesto, tudo bem?

— Sim, pai. E aí?

— Tudo tranquilo. Só estou avisando que dormirei aqui.

— Uau! Parabéns, pai.

— Não é nada do que você está pensando. Tem Anhangás rondando a casa. Se eu sair o Lorenzo entra. Aliás, ele deu o ar da graça esta noite.

— Precisa de ajuda?

— Não, por enquanto não. Qualquer coisa ligo. Boa noite.

— Boa noite, pai.

Desliguei o celular, tirei a camisa, o sapato e me deitei no sofá. Ele era ótimo mesmo, dormiria bem, mas queria mesmo era dormir na cama com a Cuca. Sorri dos meus pensamentos. Então a vi chegar com os braços repletos de coisas. Ela parou no começo da sala e ficou me olhando. Levantei-me e fui ao seu encontro para pegar meu "kit sono". Arrumei tudo direitinho sobre o sofá e ela continuou parada me olhando. Antes que ela fosse dormir a pedi novamente em namoro, mas como das outras vezes, ela me deixou falando sozinho.

Deitei-me, estiquei-me, respirei fundo, fechei os olhos e a vi, e o filme do dia passou diante de mim: as lágrimas, o toque dos seus lábios, ela contando dos monstros lendários, o quase acidente, o medo da reação que teria, novamente o sabor delicado de sua boca, sentir a tristeza de quando soube que tinha namorado e da alegria em saber que era livre.

Levantei-me ofegante. Vou até ela. Queimava de desejo. Comecei a caminhar pela sala.

— Olá, velho amigo – ouvi a voz do Lorenzo. Virei-me.

— O que faz aqui? – isso não podia estar acontecendo.

— O que você ainda faz aqui – andou ao meu encontro com aquele olhar de cafajeste que tinha virado.

— Por favor, Lorenzo, já é tarde, vá embora. Amanhã conversamos – a presença dele sugou minhas energias.

— Então encontrou aquela que vibra como o Kabir explicava? – segurou meu queixo. — Mas vou roubá-la de você.

Foi o que bastou para começarmos a brigar. Empurrei-o e ele caiu sobre a mesa de centro, fazendo um enorme barulho. Não podíamos destruir a casa da Liz com nossas diferenças. Segurei nele e saltei para a varanda da minha chácara.

— Calma, João, só passei para desejar boa noite – eu o segurava pela gola da camisa.

— Lorenzo, por favor, deixe-me em paz.

— Nunca! – gritou enfurecido. — Mas vou me comportar diante da Liz para não a ver sofrer.

— Que assim seja. Para mim está ótimo.

— Ela será minha – ele caminhava de um lado ao outro.

— Se ela o desejar – abri os braços. — Amo-a tanto que não me oporei.

— Então não precisa dormir na casa dela – parou e fitou-me raivoso.

— É você que irá me impedir? – eu era bem maior do que ele, mas ele era tão forte quanto eu. Dei um passo em sua direção.

— Você sempre descompensado – olhava-me com desprezo. — Adoro vê-lo assim, furioso – fitou-me com desdém.

— Está feliz então? Preciso voltar – ele era um buraco negro em forma de pessoa, levava toda minha vitalidade. Senti-me fraco.

– Sabe o quanto posso perturbar a vida dela, não é? – chegou bem perto de mim. — Os filhos dela estão sem proteção. É só pedir para o Leandro colocar umas coisinhas naquelas cabecinhas e pronto! – estalou os dedos.

— Lorenzo, se acontecer alguma coisa com ela ou os filhos a pesquisa não acontecerá e seus patrocinadores não gostarão de saber que a culpa é sua – tentei desestimulá-lo de agir.

— Fique tranquilo. Não sou tolo de decepcionar os meus investidores por sua causa – caminhou lentamente perto de mim. — Mas estou à espreita, caro amigo – e sumiu.

Caminhei um pouco pela varanda, tentando me acalmar, e só então voltei dentro do lavabo. Não podia correr o risco de alguém me ver aparecer do nada. Saí e caminhei pela sala, tudo em silêncio.

Extremamente cansado, deitei-me no sofá e fechei os olhos, mas no segundo depois estava em pé.

Ele a levaria enquanto eu dormisse. Não podia deixá-la sozinha no quarto. Mas como a convenceria do perigo que corria?

Inferno!

Sentei-me e ponderei algumas possibilidades.

Ficar acordado a noite toda de vigia. Impossível, estava muito cansado.

Contar a ela a minha habilidade e saltar para longe. Ela poderia ficar com medo e me expulsar.

Convidá-la para passar a noite em meus braços. Adorei essa alternativa, mas ela negaria.

Sentia-me exausto e tinha bebido em demasia, não conseguia pensar em algo eficiente. Sem alternativa, liguei para o Ernesto pedindo ajuda.

— Pai? Aconteceu algo? – perguntou meu filho assustado ao atender o celular.

—Você está com o ABOC?

— Não.

— Coloque e ligue para mim.

— Espere, tá aqui do lado. Pronto. O que houve?

— Preciso que venha aqui agora. Estou sem saber o que fazer.

— Mas é uma e pouco da manhã.

— Não ligaria se não fosse importante, filho.

— Tudo bem. Onde está?

— Na rua do hotel, na quadra abaixo da loja, uma casa com grade verde. Estarei esperando na frente.

— Estou indo. Até já, pai.

Eu andava de um lado a outro, extremamente nervoso, nada tirava da minha cabeça que o Lorenzo iria levar a Liz. Estava agoniado. Deveria avisar a ela que chamei o Ernesto ou não?

Sim, porque ficaria perto dela, diminuindo o risco.

Fui até o quarto dela e bati na porta.

Silêncio.

Insisti.

Silêncio.

Desnorteei. O Lorenzo já a levara.

Bati com mais força e quase sem fôlego fui abrir a porta. O tempo parecia estar em câmera lenta, meus gestos estavam lentos, mas meu coração nunca esteve tão acelerado. Senti-me culpado por tê-la deixado à mercê dos Anhangás e não sei o que faria com o Lorenzo se a tivesse tirado de mim.

Mas a porta foi abrindo lentamente.

Voltei a respirar.

— O que foi, João? – ela estava de pijama e com os cabelos bagunçados. Quase a peguei no colo e a levei para a cama desarrumada atrás dela.

— Ufa! Que bom que está aqui – sorri aliviado ao vê-la.

— Onde acha que eu poderia estar? ⬜ cruzou os braços.

— Senti saudades – ergui as sobrancelhas, precisava pensar como falaria do Ernesto.

Então, para minha surpresa, ela acariciou meu rosto lentamente, depois os meus cabelos. Petrifiquei, e fui remetido a uma tormenta de emoções. Todo o meu corpo reagiu ao seu toque.

— Eu também – declarou docemente.

Um fogaréu dentro de mim deixou-me tonto, eu perdi a fala. Apenas peguei a mão dela e beijei-a. Não sei como consegui me controlar.

Sorrimos.

Acho que poderia mandar o meu filho embora. Tive a certeza que passaria a noite na cama dela. Doce ilusão.

— Aconteceu algo? – perguntou ela, puxando a mão.

— Infelizmente, sim. Surgiu mais um Anhangá e chamei reforço. Liguei para o meu filho, ele está vindo.

— Não entendo qual o seu medo? O que têm esses caras rondarem minha casa? Estou protegida aqui dentro. Não posso ficar refém deles. Eles não vieram apenas para pesquisar os raios? – despejou perguntas que não tinha como responder. – Vou chamar a polícia – foi pegar o celular.

— Espere, o que dirá a eles?

— Que tem uns caras me perseguindo – deu de ombros. — Sei lá. O que não posso é ficar com medo. Eles já invadiram minha fazenda, mataram meu gado, atentaram contra a nossa vida. Tenho argumentos.

— Você está com o ABOC?

— Não.

— Isso não pode acontecer! – fiquei bravo com ela. – Por que tirou? Ele é uma proteção, como já expliquei.

— Tirei no banho e me esqueci de colocar – desculpou-se. Foi procurá-lo e eu permaneci na porta observando, mas morto de vontade de entrar e fechá-la. — Pronto – sorriu e eu me derreti.

— Agora pode se esquecer de ligar. O Marcos está lá fora e já sabe o que você pretende.

— O que o Marcos vai fazer com o que disse?

— Já deve ter avisado o Leandro, que vai manipular a mente do policial e ele não dará atenção à sua reclamação.

— Isso é uma teoria da conspiração. Só pode ser brincadeira. – Balançava a cabeça incrédula.

— Infelizmente não é – a campainha tocou. — O Ernesto chegou.

— Vá recebê-lo. Vou colocar um moletom.

Que mulher decidida, cheia de ação e coragem. Só tem medo de mim e não toma nenhuma atitude em relação ao meu pedido de vida um comum.

— Olá, Ernesto – abri a porta.

— Pai, só você para me tirar da cama – deu-me um abraço. — E ela? – ergueu as sobrancelhas duas vezes.

— Já vem. Sente-se – comecei a contar o incidente com o Lorenzo e logo ela chegou, levantamos e os apresentei.

— Quer beber algo? Uma cerveja, vinho, café? – a Liz ofereceu

— Ele quer cerveja – respondi por ele e o puxei para fora e, como eu, ele ficou pasmo com o que viu.

— Linda sua casa, Liz, assim como você – sorriu.

— Obrigada – sorriu também.

Eu abri uma cerveja e servi três copos. Só eu bebi.

Os dois conversaram um pouco despreocupadamente. Eu me sentia tranquilo com ela por perto, pois assim o Lorenzo não a levaria.

— Adorei conhecê-lo, Ernesto. Conversar com você é uma delícia, mas preciso ir dormir. Amanhã o dia será bem longo.

— Não vá – pedi.

— Estou cansada, João – deu um beijo em mim e no Ernesto. — Até daqui a pouco.

— Ela é realmente muito melhor que a lagartixa – cochichou.

Rimos.

— Qual a pira, pai? – bebeu um gole da cerveja.

Eu andava de um lado para o outro agitado, assim que ela entrou na casa.

— O Lorenzo vai levá-la – expliquei o motivo da minha agitação.

— Como? Por que pensa isso?

Relatei tudo que havia ocorrido desde que conheci a Liz e como o Lorenzo se portara, as ameaças feitas e o meu enorme medo de perdê-la.

— Pai, pai, embora sua teoria tenha fundamento, não há possibilidade de que ele a leve agora.

— Por que afirma assim tão categoricamente que isso não ocorrerá.

— Ele não pode se expor. Precisa conseguir uma autorização, é pago, e bem pago, pela agência dele – relatou tantos pontos que negavam meu medo que me convenceu.

— Obrigado, filho. Agora acho que conseguirei dormir.

— Mas olha, pai, sua teoria não está totalmente errada. Ele não a levará agora, mas depois do início da pesquisa pode ficar atento porque a possibilidade é real.

— Terei mais uns dias para ganhar a confiança dela.

— Mais tranquilo? Posso ir?

— Obrigado por me acalmar – abracei-o.

Assim que ele foi embora, deitei-me no sofá e apaguei.

CAPÍTULO 4

QUARTA FEIRA
11/06/2014

— Seis e meia da manhã — acordou-me minha filha com um beijo. — O João está dormindo na sala. Ele passou a noite toda lá ou só foi agora cedo?

— Aninha... – repreendi-a ainda de olhos fechados.

— Oras, mãe, o que tem? Ele é um homem e tanto – bagunçou meu cabelo. — Já levantamos mãe, não demora.

O sono me dominava. Tinha demorado para adormecer, pensando, pensando, pensando. Esfreguei os olhos, espreguicei-me. Lembrei-me do que havia acontecido na noite anterior. Sentei-me na cama. Esse seria um longo dia. Suspirei fundo. E o que fazer com o João? Cair nos braços dele ou mantê-lo longe? O que mesmo tinha decidido antes de dormir?

NADA!

Levantei (pensando), fui até o banheiro (pensando), lavei o rosto (pensando), escovei os dentes (pensando). Olhei para meu cabelo, que amanhecia todo amassado/arrepiado (parei de pensar), molhei as mãos e passei nele. Depois o arrumaria melhor. Voltei para o quarto, sentei na cama, olhei ao meu redor, caminhei pelo quarto, fui até a Toca da Cuca, voltei, olhei as fotos no painel. Tinha uma vida organizada, muitas pessoas dependiam de mim, não podia permitir que um sentimento por um estranho a desestabilizasse.

Respirei fundo, pediria para ele manter-se longe de mim.

Mas o que fazer com o amor plantado no meu coração?

Sofreria.

O tempo se encarregaria de abrandar a dor.

Peguei uma toalha de rosto, uma pasta e uma escova de dente nova e fui levar para o meu lindo protetor.

Cheguei à sala e logo de manhã meu coração disparou. Ele dormia deitado de lado, com o short que tinha dado e sem camisa, com a cabeça apoiada no travesseiro e uma almofada entre as pernas. A Nhunhuca dormia encostada na sua barriga e o Trola nos seus pés.

— Meu Deus, o que fazer com esse homem? - sussurrei. — Será muito difícil manter-me longe dele. – Suspirei triste. Estava perdida porque embora fosse necessário, sentia que seria impossível ficar afastada. Balancei a cabeça. Mas eu tentaria.

— João, João – chamei de longe, ele não acordou.

Cheguei perto e o toquei.

— João – o que queria no fundo era acordá-lo com um beijinho.

Num reflexo, ele segurou e virou o meu braço tão fortemente que caí. Assustei-me com a agressão.

— Ai meu braço! – gritei de dor.

— Liz? – olhou-me não entendendo o que acontecia. — Desculpa, me desculpe – sentou-se rapidamente. — Perdoe-me. Pensei que fosse o Lorenzo. Eu machuquei você?

— Você só me assustou – tranquilizei-o. — Esse cara não o deixa em paz nem quando dorme?

— Para você ver – sorriu torto, como de costume. — Que horas são?

— Seis e meia. As meninas já acordaram. Estão ansiosas para irem para o acampamento – falei enquanto pegava as coisas que tinham caído no chão. — Trouxe para você.

— Obrigado – abriu um sorriso lindo. Os olhos dele estavam mais verdes que nunca.

— Espero você na cozinha. Tomaremos café antes de sairmos.

— Tudo bem, já vou.

Caminhei até a cozinha, a Sonia, minha ajudante, dormira em casa, já tinha passado o café e posto a mesa. As meninas, ainda de pijama, comiam e falavam ao mesmo tempo. A animação era contagiante. Eu estava nervosa. Fiquei em dúvida da decisão tomada. Por que aquele homem mexia tanto comigo? O que mesmo tinha decidido há pouco?

Ah! Lembrei. Não haveria mais aproximação.

Suspirei imersa na escuridão.

O mundo não era justo. Por que havia colocado no meu caminho uma pessoa tão encantadora, gentil, protetora, animada, linda e tudo o mais e eu precisava ficar longe? Eu precisava mesmo ficar longe? Ah, sim, tinha decidido.

Tirei alguns copos do armário, coloquei-os na pia e comecei a lavá-los. Em poucos minutos ele apareceu para o café da manhã. Agora vestido e eu ainda de pijama, cumprimentou a todas. Eu abri um leve sorriso, porque era impossível resistir a ele.

Logo ele foi advertido pela Ana de que havia algo errado comigo. A minha filha ingrata o avisou que quando eu ficava nervosa, fazia algo com as mãos, no caso, lavava copos.

Sem jeito, sequei as mãos e juntei-me a eles no café da manhã. Ele e as meninas conversavam sobre a expectativa do acampamento, das possíveis paqueras que surgiriam, de qual equipe ganharia. Terminada a refeição as garotas foram acabar de se arrumar e eu fiquei sozinha com o João. Como era bom acordar com ele por perto. O dia até pareceu mais bonito.

— Animada para o fim de semana que vem aí? – tentou puxar conversa.

— Sim e você? – tomei um gole de café.

— Muito – sorriu. — Olha, gostaria de pedir desculpas por ontem. Acho que bebi mais do que devia e acabei falando demais. Não que tudo que externei não seja verdade. É a mais pura verdade. Mas sei que fui um pouco insistente – mordeu um pedaço de bolo. Parecia bem tranquilo com tudo que havia acontecido na noite anterior. — Isso aqui está uma delícia.

— Você está ficando bom em pedir desculpas para mim, não é?

— E espero que você em me desculpar – tomou um gole de café. — Posso me considerar perdoado?

— Com uma condição – fechei os olhos e me imaginei dizendo que aceitava viver para sempre com ele. Senti-me plenamente feliz e deliciei-me. Mas não era isso que tinha decidido. Abri os olhos para enfrentar a realidade.

— Diga que já está aceita – ergue a mão confirmando.

— João, é o seguinte... – as palavras haviam sumido da minha boca, não conseguia falar. Respirei fundo. — Não quero que você chegue perto de mim novamente – derramei a frase sobre a mesa.

Ele arregalou os olhos, assustado com meu pedido inesperado.

— O que está falando? – ficou em pé e parou na minha frente, com os enormes olhos verdes me fitando.

— João, por favor... – levantei-me também, sem conseguir encarar seus olhos.

— Isso é ridículo – foi até a porta da varanda. Respirou fundo, uma, duas, três vezes. Passou a mão pelo cabelo, virou-se para mim, mordeu os dentes, sua expressão era séria, muito séria. — Você não sabe o que está dizendo – parou na minha frente novamente.

— Acho que sei sim... – tentei me justificar, mas não consegui.

— Você não pode fazer isso comigo... conosco.

— Por que diz isso? Temos vidas estabelecidas...

— Por quê? – interrompeu-me. — Vou explicar o por quê – encostou-se todo em mim, empurrou-me até a pia, aproximou o seu rosto do meu e respirou lenta e profundamente ao redor dele. Eu comecei a ficar tensa com sua atitude. Afastou-se.

— Entendeu agora? – fitava-me seriamente.

Eu não conseguia me mexer, falar, muito menos respirar, então se aproximou novamente e roçou seus lábios nos meus, e assim percorreu toda minha face. Pude sentir todo o seu desejo e pensei que eu entraria em convulsão. Não sei de onde tirei forças para não o envolver com meus braços e beijá-lo ardentemente.

— João, não faça isso... – sussurrei. Coloquei a mão no peito dele e o distanciei um pouco.

— Liz, não me peça para ficar longe de você – abaixou o olhar inconformado, ainda me prendendo na pia.

— É o melhor que temos a fazer – encostei minha cabeça em seu ombro.

Segundos depois ele deu um passo atrás, olhou-me muito bravo, mordeu os dentes, falou algo que não consegui entender e irritado foi embora, deixando-me completamente desnorteada. Eu sentei no chão e fiquei olhando para o nada. Inevitavelmente, a enorme tristeza que não cabia dentro de mim começou a rolar na minha face. O que eu tinha feito? Por que não tinha um caso com ele? Poderia sofrer depois, mas viveria bons momentos ao seu lado. Por que eu tinha que pensar demais e agir de menos? Eu me odiava.

Mas estava feito. Eu ainda iria me agradecer por essa atitude, tentei me consolar.

Enquanto tentava conter as lágrimas, ainda sentada no chão da cozinha, a Ana entrou e viu o meu estado de lamúria.

— O que aconteceu, mãezinha? – sentou-se ao meu lado.

— Nada não – limpei as lágrimas.

— Onde está o João? Terminou com ele? Por que fez isso, mãe?

— Não terminei...

— Ele terminou? – insistiu ela. — Puxa, parecia ser muito gente boa.

— Nem eu, nem ele filha. Não havia nada para terminar.

— Mas você falou ontem "meu namorado". Eu ouvi perfeitamente.

— Você se equivocou, só isso.

— Mas ele quer namorar você. Por que não fica com ele?

— Não sei – estava com a cabeça entre as mãos e continuava a chorar. — Tenho medo de sofrer quando ele for embora.

— Mãezinha, você já está sofrendo – colocou o braço ao meu redor. – Por que não fica com ele e aproveita.

— Liz, dá para ver que ele está perdido por você – entrou na conversa a Tina. — E ele pode não ir embora.

— Não é tão simples assim – balancei a cabeça descontente. — Não posso ficar me envolvendo com estranhos. Sou mãe e...

— Com o Téo, que conhece há tempo e tentou ficar com você no sábado, não quer se envolver – tagarelou Gabi. — E agora também não pode com estranhos? Com quem pode então?

— Vocês são crianças, não me entendem. Já sou velha, tenho 50 anos.

As três caíram na risada.

— Liz, você é linda – tentou me animar a Valentina, filha da Bárbara.

— Se todas as velhas fossem como você... – comentou a Gabriela, filha do Alfredo.

— O mundo seria perfeito – completou Ana. — Mãe, pare de chorar e pense comigo. Já já, eu e o Pedro seguiremos nossos caminhos e você ficará sozinha nesta casa enorme. Agora pare de chorar, vá se trocar e lá na fazenda você vê o que faz. Apoiarei sua decisão – deu-me um beijinho na testa. — Levanta, mãe – estendeu-me a mão.

A Aninha só piorou as coisas dizendo que ela e o Pedro iriam embora. Nunca, nunca, nunca tinha parado para pensar em tal possibilidade. Como eu viveria com essa certeza daquele momento em diante? Tudo para ajudar na minha tristeza.

Com um vazio enorme no meu peito, uma dor que parecia fazer o meu coração sangrar e lágrimas rolando mansamente, fui trocar de roupa. O dia seria longo e triste sem o João por perto e com a iminente partida dos meus filhos. Vesti um short jeans e uma bata branca, nos pés um tênis preto. Fiz um rabo de cavalo no cabelo. Um brinco e anéis coloridos fecharam o visual. Na mente, a fala da Ana e a saudades do João.

Peguei o celular, que estava no criado-mudo. Havia 23 mensagens das Quatro Luas. Não as abri. Com certeza queriam saber sobre como havia sido a minha noite. Coloquei-o na bolsa e as mensagens voltaram a chegar.

Eram quase oito e meia da manhã quando saímos rumo à fazenda, com minha filha, duas amigas, o Trola Siri e a Nhunhuca Sininho a bordo.

O dia estava lindo, um céu de brigadeiro intensificava-se quando tocava o verde das plantações. A linda geografia da região, com pequenos morros, contrastava com planícies de plantação de trigo que com o vento formavam ondas verdejantes que logo ficariam douradas. Observando a paisagem decidi ser prática. Deixaria o abandono dos filhos para pensar depois. Tinha um problema acontecendo para resolver e ele tinha nome e endereço: João e a fazenda.

Liguei o som, a mesma música que ouvi no dia anterior ao lado dele encheu o carro de palavras de paixão, e meu coração ficou ainda mais triste no embalo daquela canção. Não imaginei que o João fosse ter uma reação tão intensa. Ele ficou muito nervoso com o meu pedido. Desejei voltar atrás, queria retroceder o relógio para não ter feito tal pedido, pois tal decisão entristecia-me profundamente. Um vazio enorme preenchia meu coração e sabia que eu ficaria deprimida sem a presença dele.

No caminho, as meninas não paravam de falar, cada uma imaginando como seria os dias na fazenda. A Aninha dizia que só queria saber de ganhar a gincana. A Gabriela afirmava que pegaria o Lucas. A Valentina estava em dúvida entre ficar com o Júlio ou com o Henrique.

Uma mistura de expectativa e preocupação acompanhava-me no caminho. Expectativa de estar novamente próxima de alguém que não deveria, mas queria muito. A preocupação era com o que os tais Anhangás poderiam fazer e com a segurança dos jovens.

Impossível não pensar em cada um dos momentos que havia vivido com o João. Lembrei-me de quando o vi dentro da camionete, de quando nossos olhos se cruzaram no mercado e que me apaixonei por ele naquele exato momento. Recordei as conversas na noite de segunda, os sorrisos, os pedidos de perdão, o toque dos seus lábios nos meus, aí suspirei. Por que eu não me permitia viver um romance com ele? Chorei novamente.

Às vezes, uma pequena dor evita um grande sofrimento. Era isso que tinha que pôr na minha cabeça.

— Mãe, você está chorando de novo? – a Aninha virou-se para mim.

— É só um cisco, filhinha – disfarcei, não querendo revelar meus pensamentos.

— Não sei por que brigou com o João – parecia indignada. — Agora fica aí, jururu,[222] se desmanchando em lágrimas.

— Ana, me deixe.

— Para mãe. Está chorando por quê? – inquiriu a menina. — É claro que está pensando naquele que deveria ser seu namorado.

— É, Liz, pensa que não vimos vocês dois ontem? – entrou na conversa a Gabi. — Grudados o tempo todo.

— Ele acordou no sofá, mas dormiu com você esta noite, mãe?

— Aninha, o que é isso, filha? Ele não é meu namorado. Não posso ter um amigo que você já vem falando assim? – repreendi-a. — E preste atenção, ele não é meu namorado e não dormi com ele esta noite.

— Amigo, mãe? Para! O que difere um amigo de um namorado são os olhares. E como vocês se olharam ontem quando vocês ficaram dançando e quase se beijaram.

— Humm! O amor... – falou Tina

---

[222] Jururu – triste (gíria paranaense).

— Você o ama, mãe? – a Ana virou-se para mim. — Não adianta mentir.

Fiquei nervosa com a pergunta da Ana. O que deveria dizer? A verdade? Mentir?

— Filha, não sei o que dizer – respirei fundo tentando achar palavras. — Sinto por ele algo intenso, tão forte, que sinto medo.

— Você amava o pai assim? – quis saber a Ana.

— Com seu pai foi diferente. Foi um amor que brotou naturalmente. E além de meu amor, ele foi meu companheiro de aventuras. Crescemos juntos, éramos grandes amigos. Na verdade, éramos eu, seu pai, Ana, e o seu pai, Gabi.

— Mãe, o que é isso, você, desde criança, rodeada de homens? Passa um pouquinho desse doce para mim! – passou a mão no meu braço.

— Eu também quero! - falaram as meninas ao mesmo tempo, repetindo o mesmo gesto da Aninha.

Foi hilária a cena.

— Ai meninas, você me matam de rir assim. Antes era tudo diferente. Nós fomos comparsas de muitas peripécias. Ríamos juntos, aprontávamos muitas artes. Cada um morava na sua fazenda, estudávamos em Fênix, que era um vilarejo naquela época. Conhecíamos todos os moradores. Éramos o trio mais temido da região. Onde estávamos havia baderna.

— O Trio Arrepio – falaram juntas, a Ana, a Gabi e a Tina.

— Vai dizer que não havia um olhar diferente entre vocês e que os dois nunca brigaram por você – disse a filha do agrônomo.

— Espere um pouco, Gabi. Deixe-me contar. Quando crescemos um pouco, mais ou menos quando tínhamos 12, 13 anos, surgiu entre eles uma rivalidade. Eu gostava dos dois com a mesma intensidade, sempre como amigos, mas eles começaram a se tornar pequenos adversários – ri das lembranças que vinham à tona.

— Mãe safadinha – cutucou-me a Ana.

— Brigas entre os dois ficaram frequentes, cada um queria me agradar mais do que o outro. Muitas vezes me colocaram em xeque para que decidisse com quem eu iria brincar. Eu nunca soube o que dizer, fugia correndo. Eles eram meus amigos, não conseguia escolher um ao outro. Bem, cada vez mais eles brigavam. Eu estava perdendo meus amigos.

— Ué mãe, por que não escolhia o pai? – quis saber Ana.

— O seu pai era mais inteligente, arquitetava mais as artes, e o Alfredo era mais impulsivo, fazia as artes, então havia mais emoção. Um e outro eram ótimos. Bom mesmo era quando os três entravam na farra. E assim os anos passaram e a adolescência chegou. As artes foram perdendo a graça e sabem como é, comecei a gostar mais de ouvir música, ler, conversar, caminhar entre as flores. Passei a preferir ficar com o Pedro, estudando, do que com o Pererê, me aventurando. A partir de então tudo ficou mais difícil entre eles e uma vez a confusão que criaram foi tão grande que acabaram se ferindo gravemente.

— Que pena, Liz – lastimou Gabriele. — Você poderia ter escolhido meu pai.

— Para com isso! - ralhou Ana. — Daí nem eu nem você teríamos nascido – ambas riram.

— Vocês vão me deixar terminar?

— Sim – responderam em coro.

— Pois bem, os pais do Alfredo o mandaram para Curitiba. Ele tinha 16 anos. O Pedro foi proibido de me ver. Foi uma época muito triste, uma era das trevas – enfatizei. — Perdi totalmente o contato com o ele, que nunca me escreveu uma linha sequer. Já o Pedro voltou a me procurar pouco tempo depois e começamos a namorar escondido. Quando minha avó e os pais dele ficaram sabendo, foi um furdunço. Tentaram proibir nosso amor, mas foi inútil, o sentimento que fluía entre nós era lindo e intenso. Contrariando os pais dele e minha avó, resolvemos nos casar. Tínhamos 19 anos e por sermos ainda bem jovens decidimos não ter filhos logo, e depois de um ano de casamento viajamos, conhecendo o mundo de mochilão. Embora mais maduros, continuamos a ser maluquinhos. Ficamos dois anos nessa aventura.

— Não tenho amigos assim como você e eles – lamentou-se Tina.

— Nem eu – reclamou Gabi.

— Muito menos eu – cruzou o braço, fechando a cara, a minha filha.

— Cada um tem sua história – comentei. — A de vocês será diferente e linda também – afirmei.

Nesse momento meu celular vibrou anunciando uma mensagem.

— Filha, veja o que é. Talvez estejam precisando de algo.

— Beleza – pegou o celular e leu a mensagem com uma voz diferente. *"Oi, Liz, tudo bem com vocês? A estrada está limpa? Estão demorando. Fiquei preocupado".* Hum... É do João – ela fez um coração com as mãos. — Ele está apaixonado por você, mãe.

— Nos conhecemos há dois dias – dei de ombros.

— E você por ele – falou Ana, dançando no banco do passageiro. — Quer que eu diga: João, eu amo você!

— Ana, pare com isso – repreendi-a. — Responda apenas que estamos quase chegando.

— Tá bom, mas que tá apaixonada, tá – começou a digitar. — E aquele lindão que apareceu por lá? Quem era, mãe?

— Ele é um pesquisador também, mas segundo o João, ele busca o conhecimento em troca de dinheiro.

— Ele beijou você, que eu vi – revelou Tina.

— E o João pulou em cima dele. Está podendo, hein, mãe! Até agora, com cinquenta anos, tem dois lindos brigando por você.

— O que acham de mudar de assunto – sugeri, constrangida.

Seguindo minha sugestão logo começaram um papo animado e a viagem seguiu na maior agitação dentro do carro. Ao chegarmos ao local em que passaríamos o fim de semana, deparei-me com três carros incrivelmente lindos na frente da minha casa, já com a marca da terra vermelha típica da região.

Eu e a Liz CONVERSÁVAMOS SENTADOS NA REDE DA VARANDA. Indescritíveis as sensações experimentadas ao ficar perto dela, sentir nossos corpos se tocarem. Havia muita paz. Alguns jovens brincavam na piscina. O Trola e a Dindim descansavam num tapete ao lado. Explicava a ela o que sentia, que sabia que a amava, pois vibrávamos na exata frequência. Ela sorria tranquilamente, eu segurava na mão dela. Então, mudou de posição, deitou-se sobre mim e me beijou ardentemente. A reação do meu corpo foi imediata. Foi quando o Lorenzo me chamou, bateu no meu ombro e afirmou que iria tirá-la de mim. Eu peguei no braço dele com força, jamais ele a levaria para longe.

Escutei o grito da Liz.

Acordei.

Eu a segurava pelo braço.

Devido à angústia sentida no sonho, transferi para o estado desperto a reação de defesa e quando percebi o erro, já era tarde. Sentei-me rapidamente no sofá, assustado e temeroso de ter machucado a mulher que amava. Ela estava ajoelhada no chão, de pijama ainda. Shorts e regatinha de malha estampada com pequenas flores lilás, a alça de um sutiã branco revelava-se discretamente, chinelos nos pés. Cabelos soltos, desarrumados. Eu me esqueci de como respirar, paralisei diante daquela mulher que era linda na sua simplicidade.

Como sempre, pedi desculpas. Eu era mesmo um bronco. Ela gentilmente me deu produtos para higiene pessoal e saiu um tanto séria. Fiquei preocupado. O tempo todo ela apresentava um lindo sorriso, mas nessa manhã agia diferente.

Fui ao banheiro, olhei-me no espelho, assustei-me com o que vi. A barba precisava urgentemente ser aparada, o cabelo numa verdadeira desordem.

— Acho que entendo agora o motivo que tirou o sorriso dos seus lábios. Numa escala de 0 a 10, minha aparência estava 1 – nessa hora, sorri para mim no espelho.

Arrumei o cabelo como deu, escovei os dentes, lavei o rosto, coloquei minha roupa, enfim, compus-me e senti-me mais confiante.

Ao chegar à cozinha vi a Liz lavando copos. Por que será que fazia isso tão cedo?

— Bom dia! Animadas, meninas? – saudei-as.

— E como! – respondeu Ana. — Dormiu bem? – piscou para mim.

— Muito bem. O sofá é ótimo – coloquei a mão nas costas, fiz uma cara de dor e pisquei também. Todas riram. — Bom dia, Liz. Desculpa novamente por agora pouco – dei um beijo na testa dela.

— Não foi nada – falou séria. — Sente-se.

Ela realmente estava diferente. Será que eu a havia machucado? Será que não tinha gostado de ter chamado o Ernesto? Ou estaria magoada pela minha atitude na noite anterior? Fiquei apreensivo com sua atitude.

As garotas desfrutavam um delicioso café da manhã, juntei-me a elas. Havia muito movimento, conversa, sorriso, a vida acontecia naquele espaço. Adorei compartilhar tal momento, pois sempre fui muito sozinho. Meu desjejum na infância era compartilhado no máximo com algum empregado e, na maturidade, com o Ernesto.

— João, tadinho de você... – a Aninha balançou a cabeça. — Não sei o que você fez, mas a coisa não está boa para o seu lado.

— Por que diz isso, Ana? – indaguei, com os olhos arregalados.

— Olha só, ela está lavando os copos, que estão limpos. Quando faz algo com as mãos é que a cabeça está quente.

Lembrei-me de quando começou a picar abóbora na fazenda. Sorri com a doce recordação. Depois me arrepiei, sabia o que tinha feito na noite anterior e temi a reação dela.

— Filha... – a voz da Liz tinha um tom de reprovação.

— Mãe, conheço você como a palma da minha mão – mostrou o que dizia. — Você tá nervosa e deve ser com o João, por que eu não fiz nada – ergueu os braços.

Ela virou-se para a filha e fitou-a. Numa mão segurava a bucha cheia de espuma e na outra um copo todo ensaboado. Depois, desviou os olhos para mim, eu ergui os braços imitando a Ana e sorri. Ela secou as mãos assim que foi denunciada e sentou-se à mesa, que estava repleta de guloseimas.

— Manhã agitada – apesar da mudança de atitude da Liz, sentia-me bem feliz. — É bom ver tanta alegria assim.

— Olha, vamos deixar vocês resolverem isso – levantaram-se Ana e suas amigas. — Mãe, seja boazinha com ele – recomendou.

— Seja boazinha comigo – repeti, enquanto comia. A Liz permanecia em silêncio, fato que me deixou muito, mas muito preocupado. O que se passava naquela cabecinha?

As garotas saíram e ficamos sozinhos. Então me julguei perdido. Ela iria ralhar pelo meu mau comportamento, ou talvez ela fosse concordar em namorar comigo e sentia-se nervosa em aceitar. Fiquei contente com a última possibilidade.

Assim que ficamos sozinhos, sem perda de tempo desculpei-me pela noite anterior. Admiti que tinha me excedido, com certeza devido à bebida, embora tudo que havia falado era a mais pura verdade.

Ela concordou em perdoar-me, mas que havia uma condição. Senti um alívio intenso, tudo estava certo então, não havia o que temer e, sem pestanejar, eu aceitei antes mesmo de saber qual era.

Sem dar chance para desfrutar um pouco da doce ilusão de tê-la como amante, ela metralhou-me com a única frase que eu jamais queria ouvir:

— Não quero que você chegue perto de mim novamente.

O espaço se condensou. O tempo parou.

Eu não acreditava no que acabara de ouvir. Não podia ser verdade. A manhã de agradável e colorida passou a aborrecível e sem cor. Meu mundo desabou. Eu não poderia mais chegar perto dela? Era isso mesmo que ela tinha dito?

Aflito com tal pedido, levantei-me. Fitei-a. Ficar longe dela? Isso era quase impossível visto que ela era o ar que eu precisava para viver. Como poderia não chegar perto se desde que a vi era dela que vinha a minha alegria.

Sem saber o que fazer, o que dizer, caminhei até a varanda. Eu era mesmo um idiota. Fiquei furioso comigo, por ter caído naquela armadilha do destino ou, pior, ter caminhado ao encontro dele. Precisava pensar em algo para que entendesse que tal pedido era insano, extremamente desnecessário, impossível de ser atendido.

Numa reação de desespero, num misto de raiva e amor, encurralei-a na bancada da pia e fui respirando lentamente todo o seu rosto. O seu perfume me inebriou, excitei-me com o contato de nossas peles.

— Não posso ficar longe de você, sabe por quê? Sabe por quê? Porque preciso do mesmo ar que você respira – olhava-a com desejo e impulsionado pelo instinto toquei levemente os meus lábios no dela, depois em todo o seu rosto. Ela permaneceu imóvel, com a respiração ofegante.

Convicto de que ela me beijaria desejosa, desesperei-me quando ela colocou a mão no meu peito, empurrando-me para longe dela. Pedi para não fazer um pedido tão sem sentido, mas ela insistiu em tal condição e colocou a cabeça no meu ombro.

Eu irritei-me com sua atitude. Queria-me longe e se encostava em mim? O que ela pensava que eu era? Um tolo, que aceitaria pacificamente o que pedia? Que conseguiria pegar todo o sentimento que tinha e jogar para alhures?

— Por que faz isso comigo? — respirei profundamente. — Mas fique tranquila, farei o que deseja – caminhei para a saída, parei, virei-me. — Saiba que o que me pede me faz sofrer, fere o meu coração, magoa o meu ser – respirei fundo. — Mas tentarei, tentarei – saí desnorteado e irado, sem terminar o café.

Fiquei extremamente nervoso. Eu sabia que era uma grande ilusão o que ela pedia. Nunca mais a deixaria. Eu tinha certeza do meu sentimento, já havia vivido inúmeros relacionamentos, mas em nenhum a sintonia era tão perfeita. Ela não podia fazer isso comigo. Não podia. Uma tristeza profunda engoliu-me, a dor do meu coração refletia em todo o corpo. Perdi a noção de mim.

Como isso era possível? Precisava pensar em algo para fazê-la entender que nosso sentimento era verdadeiro e definitivo, pois vibrávamos na exata frequência.

Caminhei até o hotel a passos largos, impulsionado pela fúria e pela dor. Estava muito irado, comigo, com ela, com o fluxo alucinante de energia que sentia. Eu sabia que o amor era complicado, ouvia sempre a reclamação das vítimas de tal sentimento e sempre me vangloriei de nunca ter caído em tal armadilha. Antes de conhecê-la, quando um relacionamento acabava, eu ficava tranquilo. Mas agora, o único sentimento que tinha era de tristeza profunda. Um vazio enorme preenchia meu coração. Era como se houvesse um vácuo no peito. E ele doía, ah, doía muito. Como eu sempre dizia, o amor deixava o homem indefeso. E essa era uma sensação que eu não estava gostando de ter.

Cheguei ao hotel e fui direto para o quarto.

— Bom dia, pai. Tudo correu bem depois que saí? – Ernesto perguntou alegremente.

— Preciso ficar em silêncio. Não quero conversar – fui direto ao banheiro para lavar o rosto.

— Nossa, pai. O que houve? – entrou no banheiro também. — O Lorenzo voltou?

— Por favor, Ernesto, deixe-me quieto – deitei-me na cama e coloquei os braços sobre os olhos.

— Tudo bem. Vou tomar café. Você não vem, não é?

— Não.

Ele saiu e eu fiquei sozinho, acompanhado apenas de um grande vazio e tristes pensamentos. Por que fui entrar naquele mercado? Que droga! Dei um soco na parede. Por que quis desafiar a visão da Jamile? E agora, como farei para enfrentar tal dor? Eu precisava pensar em algo para não ficar refém desse sentimento. Eu devia ficar longe da Liz, isso era um fato, pois na sua presença eu era prisioneiro de mim mesmo.

Pouco tempo depois o Ernesto voltou, dizendo que todos já se achavam prontos para partir.

— Está melhor? – sentou-se na cama ao lado.

— Não vou melhorar nunca mais – olhei para ele e balancei a cabeça insatisfeito.

— Oh loco pai, que é isso? O que houve? Você parecia tão feliz ontem.

— Mulheres, filho, mulheres – sentei-me.

— Fazem a alegria dos homens! – beijou a pontas dos dedos e lançou no ar.

— Às vezes são responsáveis pelas maiores tristezas.

— O que aconteceu, pai?

— Fiquei sabendo que ela não tem namorado. Ela mentiu – comecei a andar pelo quarto.

— Que ótima notícia! – abriu os braços, demonstrando satisfação. — Isso é bom, pai! Agora está fácil.

— Ontem me declarei para ela antes de saber que era livre – balancei a cabeça, tentando afastar as lembranças. — Disse que queria ser o seu namorado, que casaria com ela. Eu tenho certeza do que sinto, filho – bati no peito. — Sei que vibro como ela e sei que não posso mais viver sem ela.

— E o que fez assim que ficou sabendo que ela é desimpedida?

— Falei tudo novamente – sentei-me na cama.

— Sim, ótimo. Então por que está assim, tão nervoso? O Lorenzo voltou a incomodá-lo?

— Não – coloquei a cabeça entre as mãos, desnorteado.

— Ela não quer se casar com você? Brigaram? O que ela alega? Conta logo, pai.

— Dormi no sofá, feliz por estar sob o mesmo teto que ela – voltei a andar pelo quarto. — Acordei feliz, café da manhã agitado, com muita conversa e boa comida, e depois o golpe. Ela pediu para eu não chegar mais perto dela. E por isso estou assim, totalmente arrasado porque sei que não vou conseguir. Preciso dela, filho.

— Puxa, pai, nem sei o que dizer – respirou fundo. — Complicado.

— Nem me diga. Preciso pensar no que vou fazer, como vou agir. Ah, filho, isso nunca aconteceu, nunca pedi uma mulher em namoro. E em casamento? Nem pensar. Tive sempre as mulheres que quis e a única que realmente importa para mim me pede para ficar longe.

— Mas você a pediu em casamento mesmo?

— Uhum.

— Pai... – gargalhou. — A coisa é séria mesmo. Você pediu assim, com todas as letras, que queria se casar com ela?

— Pare de rir agora! Estou sofrendo – fechei a cara.

— Calma, às vezes você está fazendo uma tempestade num copo de água – ainda ria muito. — Ela pode reconsiderar.

— Estou sem saber o que pensar. Sei, ou melhor, sinto que ela nutre por mim o mesmo que eu por ela. Mas não quer aceitar.

— Eu a compreendo – afirmou Ernesto, categórico.

— Compreende? – ergui as sobrancelhas. Talvez pudesse haver uma luz no fim do túnel. — Então poderia me explicar? Estou tão irritado que não consigo pensar. Não sei para que espaço foi a minha racionalidade.

— Senta aí, acalme-se e siga o meu raciocínio – obedeci. — Imagine você lá na chácara, levando a sua vida de sempre. Numa certa tarde aparece uma mulher para fazer uma pesquisa – cerrei os olhos como se isso me fizesse ouvi-lo melhor. — Ela, assim que o vê, diz que está apaixonada, que você é tudo para ela, que não pode mais viver sem a sua vibração. Tenta beijá-lo o tempo todo e pede você em namoro e em casamento. O que vai pensar dela?

— Que é uma verdadeira maluca – não tinha como ser diferente.

— Entende agora a reação dela?

— Totalmente! – balancei a cabeça desaprovando minha atitude. — Você está correto, meu filho. Agi como um tolo, não soube lidar com a tempestade de sentimentos.

— Quer mudar o resultado? Mude a ação – ergueu as sobrancelhas. — Você sempre me ensinou assim.

— Fui tão insistente ontem que ela disse que eu a intimidei – passei a mão no cabelo. — Como pude ser tão imprudente?

— Não se culpe, pai. É uma experiência nova para você – sentou-se ao meu lado. — Agora é só você dar tempo a ela. Será que consegue?

— Vou tentar, filho, vou tentar – sorri para ele e o abracei. — Você a conheceu, entende por que agi assim? Fico desnorteado perto dela – rimos.

O celular tocou, todos já estavam prontos, apenas nos esperando. Com uma angústia insuportável por entender que minhas atitudes demonstrando o que o mais íntimo do meu ser desejava havia afastado a mulher que faria minha vida muito mais feliz, levantei e troquei de roupa, coloquei uma bermuda caqui, uma camiseta verde e um coturno no pé. Não havia o que fazer. Era necessário enfrentar o grupo e o dia sem a Liz.

— Bom dia, pessoal. Como passaram a noite? – questionei ao vê-los. Era reconfortante saber que estava com amigos.

— Aí, "mermão", nós dormimos calmamente. E você? Muita folia? – questionou Marcelo.

— Sem folia. Calma demais, apesar do ciúme do Alfredo, da presença do Lorenzo, dos Anhangás rondando a casa... – balancei a cabeça. — E para finalizar a visita do Lorenzo depois do fim da festa para me irritar.

— Houve um bololô?[223] Alguma confusão mais séria? – quis saber Toni.

— Não, nada sério – tranquilizei-o.

— Bah tchê? Só isso? – admirou-se Silvio.

— O que mais poderia ter acontecido? – falei sem entusiasmo.

— Caracas, quer mesmo que eu diga, "mermão"? – indagou Marcelo.

— Não, Marcelo, melhor não – respondi com a cara fechada.

— Nosso amigo levou um chepo[224] e está azuretado[225] – comentou Zé.

— Ih, pensei que ia pegar boi,[226] mas está apoquentado[227] já cedo – estranhou Chica.

— Porra, meu! Esperávamos uma noite de amor e você nada? Caracas, como você consegue, cara? – indignou-se Jamile.

---

[223] Bololô – briga, confusão (gíria mineira).
[224] Levou um chepo – levou um fora (gíria baiana).
[225] Azuretado – estar com raiva (gíria baiana).
[226] Pegar boi – se dar bem (gíria baiana).
[227] Apoquentado – irritado (gíria baiana).

— "Vamlogo"[228] para a fazenda. Temos muitas perguntas a responder – interveio Toni, sempre me salvando.

— E algumas atividades recreativas para fazer – revelou Renate.

— O que planejou, Renate? – questionou Carolina.

— Uai, sô[229]! Surpresa para todos. Vocês se divertirão como as crianças – afirmou. — Espero encontrar alguém com habilidades especiais aqui – esfregou as mãos ansiosa. — Há muitas pessoas como nós, só que não sabem e não desenvolvem seus poderes.

Eu ouvia calado. Estava apreensivo, só pensava em consertar tudo com a Liz. Refletia no que acontecia comigo e nas atitudes impensadas que havia tomado com ela. Depois da conversa com o Ernesto percebi que era preciso mudar a forma de me portar frente à Liz. Assim, decidi que se ela me queria longe, eu a evitaria o máximo possível. Pelo menos tentaria.

— "Vamparti",[230] pessoal? João, você nos guia, já que conhece a fazenda. João? João? Está ouvindo? – perguntou Renate.

— Desculpe, o que disse?

— Ai... O amor – gemeu Jamile.

— "Vampra"[231] a fazenda? – retomou Renate.

— Claro, claro.

O pessoal se dividiu nos carros e eu fui com o Ernesto. Pensar em não ficar mais perto dela fazia o meu peito doer. Eu queria fugir de mim para evitar tal sensação. Desejava vê-la, sentir o seu cheiro, tocar nela, saborear o seu sorriso, degustar seu beijo. Enfim, sentir física e quimicamente a alegria de estar perto. Como conseguiria ficar distante? O que faria da minha vida? Mas pelo menos uma coisa seria boa: eu a teria ao alcance do meu olhar.

Eram quase oito horas da manhã quando saímos rumo à fazenda.

— Pai, desfaça essa prega da testa. Você mudará sua atitude e ela com certeza mudará de ideia. Além disso, a Liz terá mais tempo de conhecer você. Estaremos lá para dar uma força – sorriu. — Falarei que você é o melhor pai do mundo, deixa comigo.

— Fui muito insistente ontem. Ela deve me achar um verdadeiro maluco e vai me evitar o tempo todo.

— Mas pai, se, como você diz, ela vibra na mesma frequência que você, deve estar triste também e não conseguirá ficar longe. Você verá, eu garanto.

— Estou perdido num redemoinho de sentimentos com ela e acho que não quero sair – acabei rindo de mim mesmo.

O Ernesto pisou fundo e em menos de uma hora chegamos à fazenda.

---

[228] Vamlogo — vamos logo (jeito de falar mineiro).
[229] Uai, sô – (jeito de falar mineiro).
[230] Vamparti – vamos partir (jeito de falar mineiro).
[231] Vampra – vamos para (jeito de falar mineiro).

Os carros estacionados em frente à minha casa deveriam ser dos amigos do João. Observei que eles não estavam por perto e que o ônibus com os jovens já havia chegado, juntamente com os pais que participariam do acampamento. Antes de me reunir a eles ajudei as meninas a descarregar a camionete.

Ao entrar em casa vi um grande vaso de rosas vermelhas sobre a mesa. Devia ter umas cinco dúzias delas. Apoiado no vaso, um cartão.

— O João não tem jeito mesmo. Vai insistir até eu ceder – falei baixinho.

"Desculpe-me pela aparição inesperada na sua casa ontem.

Estava tudo maravilhoso.

Lorenzo.

Obs.: adorei o beijo. Quero repeti-lo".

Decepcionei-me. Queria muito que fossem do João. Bem, talvez ele não fosse "tudo aquilo" que eu pensava. Ai, mas bem que poderia ter sido ele que, para me agradar, tivesse enviado tão lindo buquê. E esse Lorenzo? O que pensar dele? Um Anhangá que manda flores? Será que ele era tão mal como o João contou? Por falar no João, onde será que estava? Precisava vê-lo para apaziguar minha tristeza.

Com o peito apertado fui ajudar na organização, pois a bagunça era geral. A manhã estava linda, o céu totalmente azul, um ventinho frio era aquecido pelo astro rei. O rio Corumbataí, que ficava logo à frente, cintilava sob os raios do sol. O verde da mata dividia o azul do céu com o azul do rio.

Ao me aproximar do local do acampamento minha primeira ação foi procurar o João com o olhar, mas não o encontrei. Entristeci, mas talvez fosse melhor assim.

Envolvi-me com o pessoal, conversando com um e outro, e por um momento acabei me esquecendo dos Guardiões da Terra. Só quando tudo se encontrava mais ou menos organizado é que me lembrei dos meus convidados. Comecei a procurá-los. Eles estavam separados, cada um em um lugar, envolvidos com trabalho, adolescentes e pais. Fui localizando cada um deles, mas ainda não via o João. Outra vez a tristeza apoderou-se do meu coração.

Será que ele tinha ido embora? Paralisei. O que eu tinha feito? A aflição encobriu-me com seu véu. Tudo perdeu a graça e a cor. Seria difícil ficar sem a presença dele por perto. Eu pedira para ficar longe, não ir embora. Respirei fundo e foquei o olhar em toda a volta e nada do João.

Fiquei sem saber o que fazer, pois ele tinha saído de casa muito bravo e provavelmente nunca mais falaria comigo. O que eu tinha feito?

Mas espere, Liz, ele mandou um recado. Ele deve estar por aí. Sorri.

Pouco tempo depois o avistei. Caminhava com o Rudá. Vinham da mata ciliar, da região onde havia o arvorismo. No mesmo instante a alegria arrancou o véu da aflição e meu coração bateu mais forte. Meu Deus, como ele era lindo... Tinha trocado de roupa, os cabelos encaracolados estavam revoltos com o vento. Ele olhou para mim, sorri no mesmo instante e ele fez o mesmo. Em seguida, foi ajudar a descarregar caixas de alimento.

Que bom! Ele não tinha partido!

Agora, completamente feliz, continuei a ajudar a pôr o acampamento em ordem. O sol a pino deixava a manhã de inverno tropical quente e vibrante. Ou seria a presença dele que deixara o dia mais bonito?

Depois de tudo descarregado, barracas sendo montadas, adultos conversando animadamente, fiquei mais tranquila e me sentei um pouco, a Nhunhuca, que o tempo todo andou atrás de mim, pulou no meu colo.

Correndo os olhos pelo local percebi que o João vinha na minha direção e a tranquilidade dissipou-se.

Como agiria depois do que houve de manhã na cozinha?

Diria a ele que estava arrependida e ele deveria esquecer o que havia dito?

Como afirmou a Ana, eu já sofria sem provar seus beijos, não deveria então aproveitá-los?

Deus, não! A dor seria muito maior. Manteria minha palavra, precisava arrumar forças.

Ele sentou-se ao meu lado. O meu corpo reagiu. Era uma sensação estranha e extremamente gostosa, era como se tudo se resumisse nessa proximidade. Muito sem jeito e talvez um pouco magoado com o incidente da manhã ele questionou sobre a viagem.

Conversamos um pouco e o assunto acabou. Ficamos em silêncio. Eu não conseguia pensar em nada para dizer. Envolvia-me um redemoinho de sensações que apertavam meu coração, mexiam com o meu corpo, deixaram-me sem palavras.

— Cansada? – perguntou sem olhar para mim.

— Um pouco e você? – respondi, afagando a Sininho, que não latiu à presença dele.

— Estou super cansado. Faz um tempão que não faço tanta coisa ao mesmo tempo. E carregar caixa então?! Acho que nunca fiz isso – deu um largo e lindo sorriso. — Fique tranquila, não me esqueci do seu pedido indecente de hoje de manhã – respirou fundo — Mas preciso apresentá-la aos meus amigos – chamou a Sininho, que pulou no colo dele.

— Tudo bem – ele falou "pedido indecente" e tinha razão, mas era o melhor para mim. — Eu os vi e percebi que se envolveram animadamente com o pessoal. É legal essa relação com a garotada – fiquei triste por ele afirmar que manteria distância. Sei que pedira isso, mas no fundo queria mesmo era ficar colada nele. — Estranho, a Sininho não vai com ninguém quando está comigo – mas ele estava agora perto, então não conseguiria manter o pedido indecente. Fiquei feliz e temerosa. Eu era mesmo a dúvida em pessoa.

— Ela gosta de mim, oras. Lembra-se? A mesma vibração – mexeu os dedos imitando ondas. — Venha – levantou-se e estendeu a mão.

Não tinha jeito... "Ainda bem ou não?". Não me livraria da presença e do toque dele. O que faço? Seguro ou não na mão dele? Olhei para ele e ele sorriu só com um lado dos lábios. Ai, não vai dar pra resistir. Eu segurei a mão dele e não queria mais largar, mas não deixei transparecer minha intenção.

— Obrigada – quase não consegui levantar.

— A noite de ontem foi muito agradável – João ainda segurava minha mão.

— Quase perfeita – concordei, lembrando-me dos "quase beijos".

— Pena que o Lorenzo apareceu por lá – balançou a cabeça desgostoso.

— Vamos esquecer esse fato.

— É melhor mesmo. A garotada é muito legal. Até a partida de pebolim com o Alfredo foi divertida. E foi interessante falar dos transdutores com a piazada – então soltou a minha mão.

— Fico feliz por ter gostado – mas no fundo entristeci, pois ele não comentou nada do que havia acontecido conosco, um sentimento de perda incorporou-se em mim. Será que ele não me queria mais? Será que bastou um simples pedido para que ele perdesse o interesse? Mas por que não continuou segurando minha mão?

— Desculpa novamente pelo meu comportamento – balançou a cabeça – de ontem à noite e de hoje de manhã.

Eu me arrepiei. Ai, ele se lembrava de tudo, mas como ele podia falar assim de forma tão tranquila de algo que foi tão intenso? Talvez tivesse se arrependido do que fez. Ainda bem que não me entreguei a tal sentimento. Homens são todos iguais mesmo.

— Fique tranquilo, já passou – apressei o passo, não queria ouvi-lo dizer que tudo foi um engano.

— Mas saiba que não estou nada contente com o que pediu hoje de manhã – ele me acompanhou. — É algo totalmente sem sentido.

Meu coração alegrou-se ao ouvi-lo, mas continuei andando sem demonstrar a euforia.

— Mas como prometi, vou tentar – sorriu torto.

— Fico feliz em saber – respondi, sem olhar para ele.

— Só não sei até quando – deu um tapinha na minha cabeça.

— Ai! – passei a mão na cabeça. — Doeu.

Sorrimos.

— Sinto-me fraco hoje – ele diminuiu o ritmo dos passos.

— Por quê? – preocupei-me. — Não tomou café da manhã, deve ser por isso.

– Acho que preciso de um beijinho para me fortalecer.

Parei de caminhar. Fiquei na frente dele, olhei-o muito séria. Ele tinha que parar com isso senão não conseguiria manter minha decisão, mas seus lindos e brilhantes olhos verdes me seduziram. A razão mandava seguir com meu intuito de adverti-lo, mas o coração encantado me impulsionou e dei beijinho na ponta do nariz dele.

Ele arregalou os enormes olhos verdes, respirou fundo, depois os cerrou. Eu fiquei bem confusa com sua reação. Parecia que não tinha gostado, mas ele acabara de pedir um beijo!

— Preciso fazer um pedido – abriu os olhos, seu semblante era muito sério.

— Faça que já está aceito – imitei-o.

— Poderia repetir seu gesto só um pouquinho mais abaixo? – apontou seus lábios.

— Você é um bobo – agora eu estava com a cara fechada. — Por isso preciso ficar longe – voltei a andar.

— Liz é muito bom ficar perto de você – confessou enquanto nos aproximávamos dos Guardiões. – Por que fez um pedido tão impraticável?

Não respondi porque naquele momento experimentava um arrependimento sem fim.

Caminhamos até seus amigos em silêncio. Eu me sentia feliz por tê-lo ao meu lado e saber que meus temores de que ele tinha se equivocado com os sentimentos por mim tinham se dissipado.

— Pessoal, esta é a Liz, a dona da fazenda, e está é a Nhunhuca Sininho, a dona da dona – todos sorriram da sua apresentação.

— É um prazer conhecê-los. Quero muito que se sintam à vontade, minha casa agora é de vocês. E espero que encontrem o motivo de caírem tantos raios por aqui. No que eu puder ajudar, estou à disposição.

— Obrigada, Liz. Esperamos mesmo descobrir o que acontece na região – externou Antônio.

— Eu é que quero agradecer por dar uma força com o pessoalzinho aqui.

— Ah, isso será bom demais da conta, sô! – afirmou alegremente Renate. — Adoro crianças.

— Vamos conhecer a casa – partimos em direção à sede da fazenda.

Eu me senti bem perto deles, tinham uma energia boa. Todos faziam muitas perguntas, eu respondia como podia. O João, o Antônio e a Renate ficaram para trás.

— Caracas, que casa linda da porra! – elogiou Marcelo.

— Barbaridade! Parece que a piscina entra na casa! – espantou-se Silvio.

— E entra! – a médica seguiu para a cozinha.

— É de arder os olhos de lindo isto aqui! – declarou Chica, admirando o ambiente.

Ofereci algo para comerem e beberem. Todos quiseram água. Alguns ainda se serviram de frutas. E o que todos faziam era admirar e elogiar minha casa.

— Caracas, que flores lindas! Aí, João, mandou bem! Gostei da iniciativa – falou Jamile depois de ter percorrido a cozinha, a sala e a varanda, que dava para o rio Corumbataí.

Eu olhei para ele e percebi que ficou sem jeito.

— São do Lorenzo, para desculpar-se por ter aparecido em casa sem convite – expliquei.

— Porra... Aí, João, foi mal – remendou a carioca. — Mas que são lindas, são.

— Jogue fora. Devem estar envenenadas – recomendou João.

Olhei para ele e dei um sorriso.

— Como podemos organizar vocês aqui? – mudei de assunto. — São todos casais?

— Sim – confirmou Carol.

— O João é o mais solitário do grupo – continuou Zé. — Mas tem seu filho Ernesto para compartilhar de sua solidão.

— Ele não acredita em amor. É um ranzinza e vive sozinho. Por isso tem a cara sempre carrancuda – relatou Jamile, dando uma olhada de rabo de olho para o João.

— Vamos parando por aqui – determinou João. — E eu não sou carrancudo, pensador talvez – mordeu uma maçã.

— Tá bem, tá bem, vou ficar quietinha, embora isso seja bem difícil para mim – declarou a carioca.

— Eu agradeço e fico bem feliz com isso – enfatizou João.

— Mas ele vai se apaixonar – olhou para mim – ou já se apaixonou, ops, vibracionou – revelou Jamile, olhando para mim. — Eu vi e a borra do café confirmou. Não tem como fugir.

O João a encarou firmemente. Uma tensão surgiu entre eles.

— Você não prometeu que ficaria quietinha?

— Disse que isso seria difícil para mim – defendeu-se a carioca.

— Bem, tenho três quartos disponíveis. Pensei em mulheres em um quarto e homens no outro. Vocês se importam em separar os casais? – perguntei, tentando acabar com o clima.

— Perfeito! Um "quartin"[232] das meninas e um dos meninos – concordou Renate.

E assim ficou combinado. As meninas usariam o quarto da Aninha e os meninos ficariam no quarto de visitas. O João e o Ernesto no quarto do Pedro e eu no meu.

Ofereci também o escritório para usarem como sala de reuniões. Tudo arranjado e nos conhecendo um pouco mais, voltamos para o acampamento. Depois de tudo acertado fui levar a Sininho na casa da Naiá. Ela já era velhinha, não gostava de tanta gente e eu ficaria tranquila com seu bem-estar.

Já eram quase 11 da manhã, o almoço começava a ser feito. Sempre no primeiro dia era feito uma galinhada e salada verde.

— Vou aproveitar para conversar com eles, antes do almoço, como será a gincana – avisou Renate.

Ela foi falar com a diretora Marta, que rapidamente lhe deu um microfone, e a arqueóloga começou a passar as primeiras informações do que aconteceria nos próximos dias. Eu fiquei por perto para ouvi-la. O João manteve-se afastado e sentou-se sozinho.

— Olá, moçada! Quero que "prestenção" aqui um "minutim"[233] – a arqueóloga os chamou. — Nestes dias que passaremos "juntin",[234] meus caros jovens, "vamnos"[235] divertir bastante e versaremos sobre alguns povos indígenas brasileiros, seus costumes, seus mitos e suas lendas – explanava animada a arqueóloga.

— Eu sei algo sobre nossos indígenas – uma moça ficou em pé.

— Ótimo, o que é? – perguntou atenciosa Renate.

— Tupã é o deus deles – falou rapidamente e se sentou.

— Obrigado por participar minha querida, mas há um probleminha aí. Na realidade, Tupã não é um deus, é o som do trovão. Como nossos primeiros habitantes não sabiam a origem de tão forte ruído, eles o temiam. A expressão *"tu"* é uma forma de admiração/espanto, e *"pan"* quer dizer "o que é isso" – a Renate colocou aspas no que disse. — Foram os jesuítas que fizeram a aproximação da palavra *"tupan"* – fez um gesto de medo, olhando para o céu – para Deus. Os jesuítas, homens de fé, precisavam ensinar a existência de um único Deus e se apropriaram de Tupã.

— Mas sempre pensei que fosse o maior deus indígena – alguém questionou.

— Pois é, nestes dias esclareceremos alguns equívocos que nos foram transmitidos historicamente. Por isso é tão importante estudar muito e pesquisar sempre em buscas de novos saberes para não sermos "enrolados" por quem detém o conhecimento e o usa para benefício próprio. A história que nos é apresentada oficialmente é a história dos vencedores. Precisamos pesquisar como os vencidos contam o que realmente aconteceu para tirarmos nossa própria conclusão e não nos deixar levar pelas falácias dos poderosos – respirou fundo. — Então providenciei um breve resumo

---

[232] Quartin – quartinho (jeito de falar mineiro).
[233] Minutim – minutinho (jeito de falar mineiro).
[234] Juntin – juntinho (jeito de falar mineiro).
[235] Vamnos – vamos nos (jeito de falar mineiro).

das nações indígenas da nossa terra, com seus mitos e lendas. Vou distribuir a vocês. Martinha, por gentileza, me ajude.

Enquanto as apostilas eram passadas aos jovens, ela continuou sua explicação.

— Vocês sabem que no Brasil havia milhões de indígenas quando os europeus chegaram? Além de caçar, pescar, eles plantavam, fiavam, faziam utensílios de pedra, barro, conheciam o poder das plantas, tinham suas festas, seus medos, suas buscas, viviam em paz com sua cultura. Eram alegres, cantavam e dançavam.

— Não precisavam ir para escola – alguém falou e todos riram.

—Uai, não mesmo. Aprendiam sua cultura e suas obrigações com os mais velhos – comentou Renate. — Vocês, com certeza, lembram-se que o Brasil não era dividido em estados como é hoje e este pedaço de terra em que estamos pertencia aos espanhóis, divisão feita com o Tratado de Tordesilhas em 1494. Esta região chamava-se província do Guairá. Quem se lembra de ter estudado esse documento?

Silêncio novamente.

— Faltamos na aula – ouviu-se a voz de uma moça.

Assobios e gargalhadas encheram o local

— Só vocês... – riu também a arqueóloga. — Vou falar com o professor de história para repor essa aula – novos assobios e gritaria dos adolescentes. — Agora vamos para as atividades que realizaremos – voltou a falar Renate assim que silenciaram. — Amanhã, nossa primeira missão será conhecer o parque estadual de Vila Rica do Espírito Santo, onde há ruínas da cidade espanhola com o mesmo nome – relatou aos jovens todos as informações sobre o local. — Na província do Guairá havia treze reduções jesuíticas e elas não eram de fácil organização. Em primeiro lugar, os próprios espanhóis eram contra, pois temiam que os inacianos tomassem todos os índios que trabalhavam para eles no sistema de encomendas. Quem sabe o que é uma redução jesuítica?

— Era o local ondes os padres catequisavam os índios. Eles aprendiam a cantar, a rezar e trabalhavam também. Os jesuítas eram super organizados e ganhavam muito dinheiro, que era enviado para Roma – um rapaz explicou — nessa aula eu fui.

Risos.

— Parabéns! Continuando, essas missões jesuíticas, como todas as outras no Brasil, tinham a intenção de evangelizar os nossos índios. A companhia de Jesus foi criada pelo padre Inácio de Loyola em 1534, na contrarreforma, com objetivo de pregar o ensinamento de Jesus Cristo a todos que não o conheciam e para aqueles que tinham se desviado do caminho. Estamos numa região em que houve muita agitação no passado. E tudo acabou destruído, a cidade espanhola e as reduções jesuíticas, pelos bandeirantes, que queriam tomar esta região dos espanhóis para os portugueses.

Hoje, no Brasil, apesar do extermínio de centenas de milhares de indígenas, parte triste da nossa História, ainda há mais de 200 povos, que são acompanhados pela FUNAI.[236] Na apostila que receberam está apresentado um pouco sobre apenas 25 nações indígenas do Brasil, escolhidas por terem maior número de integrantes. São eles: Apurinã, Atikum, Baniwa, Baré, Guajajara, Guarani,

---

[236] Funai – Fundação Nacional do Índio.

Huni Kuin, Kaingang, Kokoma, Kulina, Macuxi, Mebêngôkre Kayapó, Munduruku, Mura, Pankararu, Pataxó, Potiguara, Saterê Mawé, Tapeba, Terena, Ticuna, Wapichana, Xakriabá, Xavantes, Yanomami.[237]

Vocês terão até depois do almoço para escolherem uma nação para estudarem. Cada grupo ficará com uma e a partir desse estudo faremos nossas atividades.

Agora vamos almoçar e às 14 horas voltaremos para finalizar as atividades do dia. Na sequência estarão livres para fazerem o reconhecimento do local.

A gritaria foi geral. Cada um saiu para um lado e os grupos começaram a se reunir para iniciarem a leitura enquanto a comilança não estava pronta.

CHEGAMOS À FAZENDA ANTES DE TODOS. Enquanto esperávamos levei o grupo para conhecer os padrinhos da Liz. Sabia que o Rudá era meu cúmplice e queria que ele conhecesse meus amigos para confiar ainda mais em mim.

— Pessoal, estes são Rudá e Naiá, padrinhos da Liz. Vivem aqui e a ajudam a cuidar da fazenda.

— Muito prazer em conhecê-los. Se são amigos do João, são nossos também – Rudá cumprimentou a todos. Sintam-se em casa. Estou aqui para o que precisarem.

— E se quiserem comer algo da terra é só falar. Estou à disposição – apressou-se em dizer Naiá, muito amável.

Logo ouvimos o ônibus da escola chegando. Os Guardiões foram ao encontro do pessoal eu fiquei com Rudá.

— Como está nossa Liz? – perguntou ele, com um sorriso enorme.

— Está bem – bati nas costas dele. — Eu é que não estou.

— O que aconteceu? Brigaram? – olhou sério para mim.

– Entrem, vou fazer um café e você nos conta tudo – convidou Naiá. — Sente-se que vou pôr a água para esquentar.

Enquanto o cafezinho era feito e o aroma inconfundível preenchia a cozinha, contei tudo que tinha acontecido. Que ela tinha mentido sobre o tal namorado, que eu a pedi em namoro e em casamento e que tinha sido rejeitado e ela me pedido para ficar longe dela.

— Não sei o que devo fazer – abri os braços, demonstrando que estava perdido.

— Você deve tê-la assustado – alertou-me Naiá.

— Como assim? – lembrei-me do que o Ernesto tinha comentado de manhã.

— A Liz é uma mulher forte, decidida, dona de seus atos – começou a contar a madrinha dela. — Contudo desde a morte do marido não sabe mais lidar com o amor. Ela se casou com o Pedro, eles eram grandes amigos desde a infância e na adolescência aflorou-se o amor. Nessa época havia o Alfredo também, o outro amigo dela. Não sei o conheceu? – balancei a cabeça afirmativamente. — Então, eles três eram o terror, o Trio Arrepio.

— Trio Arrepio? – sorri. — Quanta arte devem ter aprontado! – comentei.

— Você nem imagina o quanto – riu Rudá. — Livrei os três de muitas surras. Eram mesmo de arrepiar.

---
[237] Mais dados no fim do livro.

— Outro dia quero saber dessa história – não conseguia imaginar a Liz uma menina arteira. — Mas continue Naiá – e ela contou alguns episódios da época.

— Depois da morte trágica da avó e do marido ela nunca mais teve um relacionamento sério – continuou a indígena. — Nunca trouxe um homem aqui e o apresentou como namorado. E isso já faz 17 anos. Sei que ela tem um caso ou outro, mas é muito discreta, preserva os filhos e sua própria dignidade.

— Ela é muito conhecida por aqui – interveio Rudá. — Não fica bem ela trocar de namorado a todo o momento.

— Entendo – agora eu a amava mais ainda. — Ela comentou isso comigo ontem.

— Você deve ter sido muito afoito em algum momento e a deixou amedrontada – serviu-me o café. — Expôs o seu sentimento sem dar chance de conhecer você. Ela com certeza está na defensiva.

— Está mesmo, até pediu para eu não chegar mais perto dela – levantei-me nervoso. — Mas isso eu não vou conseguir... – fechei os olhos. — Preciso dela pra respirar – balancei a cabeça incrédulo comigo mesmo. — Não sei como foi acontecer algo tão devastador. Assim que a vi entendi que não conseguiria mais viver sem ela.

— Acalme-se e sente aí – pediu Rudá, com um sorriso nos lábios. — João, você tem certeza que nunca nos vimos? – olhou fixamente para mim. — Porque eu tenho plena convicção de que o conheço.

— Com toda certeza do mundo eu me lembraria de vocês se os conhecesse – tentei puxar a memória, mas não havia o menor resquício de recordação. — Sinto-me tão à vontade perto de vocês que queria muito ter vivido mais tempo esse bem estar.

— Eu confio em você – declarou o indígena, sempre alegre. — Caso contrário não o receberia aqui, muito menos teria pedido para você ficar na casa da Liz na segunda-feira – de repente, fechou o semblante. — Você nem pense em magoar nossa menina. Sou capaz de matar por ela.

— Jamais enquanto eu viver a magoarei – tranquilizei-o. — Magoá-la seria como magoar a mim mesmo.

— Confio a minha Liz a você também – relatou Naiá. — Ela é tudo de mais precioso que tenho. Não tive filhos e a mãe dela, antes da dona Veridiana, pediu para que eu velasse por ela. Cuide da minha menina – sorriu docemente – que cuidaremos de você.

— Deixe-a comigo que ela vai ser muito feliz – abracei-a. — Só preciso que ela me aceite.

— Tenha calma, deixe-a conhecê-lo melhor – Naiá levantou-se e pegou um bolo. — Sirva-se! Precisa estar forte para o embate com a Cuca.

— É verdade! Ontem fiquei sabendo do apelido dela. Até que combina – sorri. — E sabe de uma coisa? – abri os braços. — Essa Cuca já me enfeitiçou.

— Ela é um perigo mesmo – emendou Rudá. — Com o seu jeitinho carinhoso consegue tudo o que deseja.

— Eu é que sei disso! – sorri, lembrando-me de quanto ela era encantadora. Levantei-me. — Obrigada por tudo. Tentarei seguir o seu conselho, Naiá – dei um beijinho nela e um abraço no Rudá. — Vou ajudar o pessoal a organizar o acampamento.

— Se precisarem de algo é só chamar – ofereceu-se o indígena. — Ah! Amanhã cedo chegam 10 homens para conversar com vocês.

— Obrigado, Rudá. Vou avisar o Antônio. Até mais!

Quando voltei à companhia dos Guardiões, os pais que participariam chegaram também. Apenas a anfitriã do evento não chegava. O que estava me deixando ansioso. Temi que o Lorenzo tivesse aprontado alguma e a cada minuto que ela demorava deixava-me nervoso. Resolvi mandar uma mensagem e peguei o celular.

— Não, melhor não – guardei o aparelho no bolso. — É para ficar longe, então assim será.

Mas a imagem do Lorenzo a beijando na frente de todos aflorou da minha cabeça. Parecia que eu podia ouvi-lo sussurrando que a teria antes de mim e tal fato corroía meu coração. Para pôr fim no dilema entre ligar ou não, lembrei-me do carro vindo em nossa direção no dia anterior e um frio percorreu minha espinha. Com tal pensamento, enviei uma mensagem. Segundos depois recebi uma resposta avisando que logo chegaria. Enfim, tranquilizei-me.

Mais sossegado, juntei-me aos Guardiões para ajudar a descarregar os apetrechos do acampamento. Eram caixas e mais caixas de tudo que se possa imaginar. Bagagens e mais bagagens. Mas estava divertido.

Antes de eu começar o trabalho, Rudá veio ao meu encontro.

— João, deu um problema no cabo de uma árvore onde a piazada faz arvorismo – parecia preocupado. — Este ano ampliamos a trilha, o desafio está mais emocionante. Você me ajuda com esse entrave?

— Claro, vamos lá! – acompanhei-o.

Com o auxílio de alguns pais conseguimos resolver a dificuldade de fixação de cabos e mosquetões.

Quando voltava com Rudá para ajudar com as caixas que não tinham fim, vi a Liz conversando com a diretora e tranquilizei-me por ela haver chegado bem. Ela olhou para mim e sorriu. O dia se configurou de outra forma, eu sorri também. Como era bom vê-la. Agora tudo se completava. Mas me lembrei do pedido dela, do conselho do Ernesto e da Naiá, e fui ajudar o Silvio, que estava empenhado em esvaziar a carroceria de uma camionete.

— Segura firme aí, João – Silvio passou-me uma caixa de bananas.

— Pode deixar comigo, rapaz – segui a Liz com o olhar.

— Peão, cuidado! – gritou Silvio, e percebeu que olhava para a Liz. — Ah, entendi agora... O foco está em outro lugar, não é? Uau, que pernas lindas!

— Pode ir parando – fechei a cara. — Estou com toda atenção aqui – fiquei agitado quando a vi. — Vamos logo acabar com isso.

— Barbaridade, tchê! Tá com pressa agora? – riu meu ajudante. — Só porque ela chegou.

De longe fiquei cuidando de tudo que fazia. Até que a vi sentar, essa era a deixa de me aproximar. Meu coração batia fortemente. Como era boa a sensação de estar cada vez mais perto. Notei que se distraía com os adolescentes fazendo algazarra, mas logo percebeu minha aproximação. Quando cheguei perto surgiu uma tensão na minha mente: como ela reagiria à minha presença? Temi que me mandasse para longe. Ao sentar-me ao seu lado, nenhuma palavra saía da minha boca e percebi que ela também não conseguiu falar nada prontamente. Tinha absoluta certeza de que sentia o mesmo que eu: felicidade extrema ao estar ao meu lado assim como eu sentia ao estar do lado dela. Não posso negar que foi extremamente difícil não a abraçar e beijá-la, mas me controlei.

— Como foi a viagem? – perguntei, por fim, mas receoso de sua atitude.

— Tranquila – meu coração bateu mais forte quando respondeu docemente. — E a sua?

— Tranquila também – eu não olhava para ela. — Nada de Anhangás na contramão?

— Graças a Deus! – colocou as mãos em posição de oração.

— Mas se aparecessem eu os enfrentaria – bati no bíceps, ela sorriu e fiquei mais relaxado. — Sou duro na queda.

— Eu é que sei – afagava a Sininho.

Meio sem jeito e ainda preocupado com sua possível atitude de me refutar, calei-me por um tempo, mas logo um assunto surgiu e conversamos amigavelmente. Não que eu quisesse que fosse assim, mas era isso ou nada.

Chamei-a para conhecer meus amigos. Num movimento inconsequente, estendi a mão para ela, que ficou me olhando. Receei que tivesse estragado tudo com tal gesto, quase recuei, mas já era tarde. Teria que enfrentar a reação dela. Como era mesmo? Eu sentia medo da recusa de uma mulher? Só podia estar doente. Respirei fundo enquanto ela me olhava apreensiva, esbocei um sorriso. Ela enfim segurou na minha mão e o meu corpo vibrou. Era uma sensação deliciosa. Como a nossa frequência vibratória era a mesma, eu sabia que ela experimentava a mesma emoção que eu. Esse era um conhecimento que ela não tinha.

Segurei a mão dela e quase a envolvi com meus braços, como na tarde anterior, mas me contive. Minha mão parecia ter se fundido na dela e só com muito esforço consegui largá-la.

Conversamos enquanto caminhávamos. Era muito bom ficar ao lado dela, mesmo sabendo que me era negada tal ação. E não tinha como negar, eu parar de insistir num relacionamento deixou-a mais tranquila. Eu me surpreendi com a forma como brincava com as insinuações que fazia sobre nós. Tudo corria muito bem até que disse que estava fraco e pedi um beijo.

Arrependi-me profundamente. Eu tinha acabado com nosso passeio amigável. Ela ficou na minha frente muito séria, meu ar faltou. Iria agora pedir para que eu parasse com tal conversa, que eu não tinha jeito, que realmente deveríamos ficar afastados. Que droga! Como eu era inconsequente e ela teimosa. Se fosse algum tempo atrás eu a pegaria a força e pronto. Mas precisava ter calma, seguir o conselho do Ernesto e da Naiá. Sem ter muito que fazer, fiquei paralisado e outro sentimento apoderou-se de mim: seria possível ela não nutrir por mim o que eu sentia por ela? Eu estaria enganado sobre minha teoria vibracional? Não, era impossível. Lembrei-me do Kabir. Ele dizia *"que eu sentiria quando cruzasse com uma mulher que me traria a paz necessária para abrandar meus dilemas e deixar meus dias perfeitos"*. E eu sentia a presença dela. Ela era essa mulher, tinha absoluta certeza, embora até o momento só tivesse agigantado meus dilemas, e uma enorme tristeza abateu-me por ela ser tão resistente. Não deveria ser assim.

Para minha surpresa ela deu um beijinho no meu nariz. Fiquei muito admirado com o fato de ela ter me beijado sem eu insistir. Isso era um bom sinal! Um ótimo sinal! Mas no mesmo momento fiquei preocupado com o que ela diria e antes que proferisse alguma palavra eu, tomei a iniciativa e consegui evitar um conflito entre nós. Melhor do que isso, consegui fazê-la sorrir.

Momentos de silêncio nos envolveu, até encontrarmos os Guardiões da Terra. Nesse intervalo, alguns pensamentos rodearam minha mente. Ela queria ser apenas minha amiga? Não sentia por mim o mesmo que nutria por ela? Minha teoria não se confirmaria? Eu seria uma vítima do amor unilateral? Mas de um fato eu tinha certeza: eu não podia mais viver sem ela. Não sabia como conseguiria fazê-la entender tal fato, mas era o que eu desejava ardentemente.

Ela foi muito gentil com todos e levou o grupo para organizarem como passaríamos as noites seguintes. Quando entrei vi, na mesa da cozinha, um enorme vaso com rosas vermelhas. Meu coração queimou e imediatamente sabia quem enviara: Lorenzo. Senti um ciúme incontrolável e suspirei fundo para não jogar tudo fora. Tudo piorou quando a Jamile, a tagarela, elogiou-me pelo presente e a Liz confirmou a minha suspeita.

Eu entendi nesse momento que o embate com meu antigo amigo seria mais acirrado do que eu supunha e sugeri que ela se livrasse das flores. Claro que ela não me deu ouvidos, o que me deixou ainda mais irritado com a situação. Como não poderia deixar de acontecer, a Jamile tagarelou em demasia e falou que havia previsto que eu iria me apaixonar. Acabei me irritando com ela também.

Depois de tudo acertado e todos se conhecendo, voltamos para o acampamento. A Renate daria as primeiras orientações aos jovens.

Permaneci longe da Liz. Não que quisesse, pois o que desejava era grudar nela, mas já que ela insistia, assim seria.

— Não sei até quando conseguirei manter essa farsa – falei para mim mesmo.

OUVIA A RENATE, MAS MINHA ATENÇÃO GIRAVA em torno de deixar tudo arranjado para os próximos dias. Junto com a diretora da escola e alguns pais, tentava deixar o lugar mais organizado. Embora envolvida nessa atividade e os ouvidos ligados no que a arqueóloga dizia, vigiava João, que estava sentado afastado de todos. Embora todo o meu ser quisesse que ele estivesse por perto, era melhor manter uma distância entre nós.

Será?

Não.

Também precisava do ar que ele respirava. A lembrança dele respirando todo o meu rosto aflorou na minha mente. Exaltei.

Respirei fundo. Foquei na minha obrigação de anfitriã. Envolvi-me com as inúmeras atividades. Vi que o Pererê se sentou ao lado do João, conversaram tranquilamente e depois de algum tempo foi embora.

O que será que tanto falaram? Conhecia o Pererê. Com certeza queria conhecer melhor o João para "minha segurança". O João permaneceu sentado, pernas cruzadas, braços abertos no encosto do banco, olhava para o nada.

Voltei a ouvir a Renate e acabei me envolvendo nos conhecimentos transmitidos, mas logo fui chamada para ajudar na resolução de pequenos problemas da organização do acampamento, que foram solucionados facilmente.

Olhei para o local onde o João se encontrava e vi o Alfredo caminhando novamente em sua direção, mas o seu andar parecia diferente. Ele carregava algo na mão e quando chegou à frente do João, atirou nele o conteúdo do recipiente. O João saltou e o segurou pela camisa. Só não brigaram devido à intervenção dos Guardiões, que seguraram os dois. Mas ficou claro pelos gestos grosseiros que tinham trocado ofensas.

João gesticulava nervoso. O Marcelo e o Zé estavam na retaguarda. Sem pensar, deixei o que fazia e fui verificar qual era o motivo da confusão.

Quando me aproximei vi que o João estava sem camisa, com a calça toda molhada e sua fisionomia era assustadora.

— Olá – comuniquei à minha chegada. — Vi de longe que houve um entrevero por aqui.

— Ai, minha nega, que bom que você chegou. Fica com ele? Vamos ajudar a Renate – pediu Zé.

— Não preciso de ninguém cuidando da minha pessoa – retrucou João, com a cara muito carrancuda. — Além disso, ela quer ficar longe de mim – desabafou.

— Fico sim Zé, pode ir – fiz sinal de positivo para ele sem dar ouvido as ranhetices do João. — O que aconteceu? – perguntei assim que o baiano se afastou.

— Aquele louco do seu amigo jogou uma jarra de água em mim. E estava muito fria por sinal – mostrou a camisa toda molhada que segurava. — Assim, do nada – estava indignado.

— O que está acontecendo com ele? – pensei em voz alta.

— Eu sei, está com ciúmes – retrucou João, enfurecido.

— Não é não. Ele nunca faria isso.

— Então só resta uma alternativa, ele é maluco. Poucos minutos antes tivemos uma conversa muito boa e ele parecia outra pessoa.

— Sinto por tudo, João – disse com um sorriso amarelo.

— Tudo bem, posso viver com isso – torceu a camisa. — Mas não posso viver com a história de um ser que dá "uns tratos" em você, o Téo – olhou-me com olhos de tigre.

Eu comecei a rir. Só podia ser obra do Alfredo tal revelação. Ele resmungou um pouco sobre o assunto, mas depois de uma pequena discussão tudo voltou ao normal.

— O que acha de trocar de roupa e voltarmos lá – sugeri. — O almoço já deve estar quase pronto.

— Só se ganhar um beijo – ergueu as sobrancelhas.

— Você acabou de me beijar – lembrei-o.

— Ah, aquilo não foi um beijo – abriu os braços e sorriu. — Foi só um toque. Para ser beijo precisa de um estalo.

— Um estalo? – achei graça.

— Sim, aquele barulhinho que os lábios fazem quando há beijo – beijou o ar, fazendo barulho.

— Eu ouvi um estalinho.

— Não pode ser estalinho. Tem que ser bem alto – repetiu o som.

— Não comece, seu bobo – cerrei os olhos.

— Olhe o meu estado! – virou as mãos para si, apresentando-se. — Todo molhado, nervoso, e ainda fui chamado de bobo – balançou a cabeça. — Preciso de algo para melhorar o ânimo.

Pensei em dar um beijo ardente nele, mas não podia. Organizei rapidamente em pensamento algumas possíveis alternativas: talvez levantar e dar as mãos para ajudá-lo, mas ele poderia me envolver com os braços e tentar me beijar; outra opção era deixá-lo e voltar para o acampamento; ainda poderia... Ai, eu queria ter uma única escolha: beijá-lo. Mas tinha pedido para que ficasse longe e deveria cumprir o que tinha determinado.

— Vá por roupa seca. Espero você aqui – desconversei e suspirei fundo para tentar me conter.

— Você está sendo malvada comigo, muito malvada – levantou-se e foi se trocar, mas antes deu um beijo na minha cabeça.

Fiquei esperando, mas não deveria. Se bem me lembrava, pedi para nos mantermos afastados e agora o esperava? Sabia, ou melhor, sentia que não conseguiria permanecer longe. Tomara que ele não me questionasse sobre isso. Ele voltou rapidamente e fomos nos unir ao grupo.

— João, está vendo como não podemos ficar juntos? – falei antes que ele começasse com mais uma investida.

— Não estávamos juntos, mas bem longe. Hoje só troquei umas palavras com você para apresentá-la aos meus amigos. Estou tentando cumprir o trato – parou na minha frente. — Puxa Liz, vamos parar com isso.

— Precisamos evitar confusões. Ontem já tivemos um problema em casa, agora outro.

— Não posso deixar de estar perto de você porque o Alfredo não quer – abriu os braços, irritado. — Ou porque o Lorenzo pode aparecer. Isso é um absurdo. Eles não mandam em nós.

— Realmente não mandam, mas podem causar tumulto. E já basta sabermos que os Anhangás estão por perto.

— Você não quer realmente isso, não é? – perguntou, olhando firmemente nos meus olhos. — Eu não quero. Nunca me senti tão bem perto de alguém. Estar com você me deixa em paz, o ar fica mais leve, as cores mais vivas...

— João... – desviei o olhar e respirei fundo.

— Mas se for sua vontade – bufou –, tentarei ficar longe de você. Mas como já afirmei, não prometo que conseguirei – rangeu os dentes. — Na verdade, quero passar o resto da minha vida grudado em você.

— Você é sempre tão sincero assim? – comecei a caminhar.

— Só com você. Então, o que decide? – indagou, na esperança de que eu mudasse de opinião.

— Decidimos hoje de manhã – balancei a cabeça muito triste e apressei os passos.

No fundo, minha decisão era porque estava ficando cada vez mais difícil ficar perto dele. Eu me sentia atraída tão fortemente por ele que tudo que desejava era tocá-lo de alguma forma. Eu acabaria me envolvendo da forma que não deveria. Por que esse homem apareceu na minha vida?

— Eu não decidi nada, você me impôs – começou a caminhar para me alcançar. — Vou tentar, já afirmei que vou tentar – falou baixinho. — Mas já vou avisar, não conseguirei.

Caminhamos o resto do trajeto em silêncio, mas havia uma tensão entre nós. Assim que chegamos ao refeitório ele se reuniu aos Guardiões da Terra e eu fui me sentar com o grupo organizador em completa tristeza. Mas era preciso evitar mais tumultos. O Alfredo veio ao meu encontro.

— Você está triste? – parou na minha frente. — Aquele sujeito fez algo para você?

— Para, Saci! Quanta implicância! – afastei-me para ele se sentar ao meu lado. — Por que fez aquilo? Que atitude impensada.

— Do que está falando? – arregalou os olhos.

— Arrr, para! – fiquei irritada com o seu jeito dissimulado.

— Liz, agora fale – olhou-me fixamente.

— Por que jogou água no João?

— O quê? – parecia surpreso.

— Ai, Pererê, estou admirada com sua atitude de adolescente.

— Quem inventou isso? – ele parecia perplexo.

— Eu vi – fitei-o.

— Viu o quê? – arregalou os olhos.

— Ah, Saci, me deixe em paz, E o João também. Por favor – virei-me para conversar com a diretora da escola.

— Liz – o agrônomo segurou forte no meu braço e me puxou –, acho que deveria pensar bem antes de se envolver com ele.

— Você está me machucando – assustei-me com sua grosseria.

— Ele é um desconhecido. Você não sabe quem ele é. Ele a conheceu há dois dias e acha que é seu dono – seus olhos estavam estranhos. — Vou protegê-la dele. Pense bem, daqui a alguns dias ele vai embora e você ficará magoada.

— Alfredo já pedi, deixe-me em paz — levantei-me, desculpei-me com a Martinha e afastei-me dele, profundamente triste em precisar ficar longe do João e, pior ainda, por saber que o meu amigo, de certa forma, estava certo.

Fui para a casa dos meus padrinhos em busca de proteção.

FIQUEI UM TEMPO SENTADO SOZINHO, dando corda à minha farsa de manter-me longe da Liz.

Ouvi a Renate conversar com os jovens, falando dos primeiros habitantes do Brasil, do Parque Estadual, da cidade espanhola e blá blá blá. Enquanto isso, disfarçadamente seguia os movimentos da Cuca, que não parava, cuidando de todos os detalhes do acampamento.

Pouco tempo depois, o Alfredo sentou-se ao meu lado.

— Como vai, João? – estendeu-me a mão.

— Bem e você? – retribui o gesto.

— Queria pedir desculpas por ontem – ele olhava para frente. — É que tenho um grande afeto pela Liz e não gostaria de vê-la sofrer.

— E por que acha que eu a faria sofrer? – quis saber a opinião dele e ao mesmo tempo conhecer mais sobre ela.

— A Liz é uma pessoa muito especial, é minha amiga de infância. Além de linda, está sempre alegre, não há tristeza perto dela. É gentil, ajuda todos que a procuram. É boa mãe e uma excelente profissional. Depois que o marido morreu nunca soube que teve outro relacionamento sério. Talvez alguns casos momentâneos. Ela tem uma vida estabilizada e tranquila aqui. Receio que você possa acabar com tudo isso – revelou Alfredo.

— Eu jamais faria qualquer mal a ela – então tudo que eu pensava sobre aquela doce pessoa era verdade.

— Receio que já fez.

— Por que diz isso? O que acha que eu fiz? – perguntei intrigado.

— Ontem pude ver que você está apaixonado por ela e percebi que é recíproco. Mas você vai embora daqui a alguns dias e isso a deixará desolada – observou o defensor da Liz.

— Se, como você diz, estamos apaixonados, isso é motivo de alegria e não preocupação.

— Você nega que está apaixonado?

— Estou perdidamente apaixonado por ela – preferi usar o termo "apaixonado", para evitar explicações.

— Então tá – torceu os lábios. — E como fará? Você virá morar aqui? Acha que ela vai embora?

— Depois que nos entendermos melhor pensaremos nesse detalhe. Mas obrigada pela sua preocupação. Agora me diga, o que você sente por ela?

— Eu a adoro desde sempre – respondeu com tom amoroso. — Não sei se já ouviu algo sobre o "Trio Arrepio"?

— Já tive o prazer – sorri.

— Então, para encurtar a conversa, ela preferiu o Visconde.

— Visconde? – estranhei.

— Eu era o Saci, a Liz a Cuca... Isso ficou sabendo ontem, não é? – sorriu das alcunhas. – E o Pedro, marido dela, era o Visconde. Ele era extremamente inteligente. Enfim, ela preferiu o intelectual ao arteiro – balançou a cabeça.

— Entendo.

— Ela nunca me olhou com amor, da forma que olhava o Pedro antes e para você agora. Para terminar, fomos sempre bons amigos – levantou-se, e eu também. — A amizade da Liz é muito importante para mim e espero que nunca a impeça.

— Não se preocupe com isso. Jamais teria uma atitude dessa.

— Então estamos entendidos – estendeu a mão. — Desculpe minha cena de ciúmes e tente me entender. Sou um cara bom e só quero a felicidade dela – finalizou o agrônomo.

— Obrigado pela sinceridade – apertamos as mãos. — Fique em paz. Tudo que mais quero é fazê-la feliz.

— Ah, para que não restem dúvidas, sou apaixonado pela Rubi – sorriu.

— Eu percebi. Desejo tudo de bom para vocês.

— Mas para que você fique preocupado, tem um tal de Teodoro que dá uns tratos nela às vezes.

— Como é? – arregalei os olhos e me senti invadido pelo ciúme.

— Pergunte a ela pelo Téo – sorriu satisfeito por me deixar enciumado.

— Farei isso – falei, de cara fechada. — Alfredo, gostaria de pedir uma coisa.

— Diga – mostrou-se solícito.

— Tem um aparelho que seria útil você usar. É para a segurança da Liz.

Nesse momento, ele arregalou os olhos, ficou estático e sem dizer nada, deixou-me falando sozinho.

Estranhando sua última atitude, sentei novamente e fiquei pensando em tudo o que ele tinha falado. Téo, quem é Téo? Teria que perguntar. Então ele dava "uns tratos" nela? Fiquei irritado com o que imaginei e balancei a cabeça para que o pensamento sumisse.

Entendi a preocupação do Alfredo na dificuldade em manter um relacionamento de duas pessoas com vidas estabilizadas, morando em cidades distantes. Realmente, era algo complicado. Mas não para mim. Eu poderia estar em qualquer lugar em um piscar de olhos. Assim não teria problema, estaria em Curitiba e em Campo Mourão quando quisesse.

Saí dos meus pensamentos com a gritaria dos adolescentes. Procurei a Liz e a encontrei entre os organizadores. Foquei o olhar para entender o que fazia. Talvez pudesse ajudá-la e, assim, me manter próximo; e acabei me divertindo em vê-la de um lado ao outro.

De repente, fui atingido por uma enorme porção de água gelada. Assustei-me. Sem entender o que se passava, levantei de supetão e vi o "Saci", rindo da situação, segurando uma jarra na mão.

Assim que fiquei em pé e entendi o que se passava pulei em cima dele.

— Você está louco? – segurei-o pelo colarinho. — Por que fez isso?

Antes que pudesse arrebentá-lo, o Marcelo e o José me seguraram.

— Calma aí, maluco! Olha as crianças, porra! – pediu o carioca.

Eu o soltei antes que chamasse atenção de todos.

— Fique longe dela – rangeu Alfredo.

— Não vou ficar longe de ninguém – cheguei bem perto dele, mas ainda segurado pelo Marcelo. — Some da minha frente e não me incomode mais. Vou acabar perdendo a cabeça com você.

— Não sabe do que sou capaz – avisou meu adversário, salivando.

— Acha que tenho medo de você, paspalho? – falei, enfurecido.

— Vou acabar com você – rosnava o agrônomo, que era segurado pelo José. — Você não a terá.

— Então venha – livrei meu braço das mãos do carioca. — Solte-o Zé, vou resolver isso de uma vez por todas.

— Vou acabar com você! – gritou Alfredo, com olhos arregalados. — Tive um grande revés, agora é sua vez.

— Do que está falando, seu otário? – encarava-o.

— Vamos pôr fim nesse arerê? – pediu o baiano, que era super forte.

— Caracas, pessoal, parem com isso, cacete! – pôs fim no embate Marcelo. — João, vamos sair daqui – puxou-me pelo braço.

Eu estava todo molhado e soltava faíscas de raiva. Aquele sujeito só podia estar demente. Alguns minutos ele parecia outra pessoa. José o levou para longe.

— Aquele cara é um doido. Me atirou uma jarra de água do nada! – abria os braços enquanto falava para espalhar minha ira. — Devia ter quebrado a cara dele.

— Aff! João, meu amigo, você está muito apoquentado. Acalme-se! – o Zé tentava abrandar minha ira assim que retornou.

— Não sou homem de levar desaforo para casa! – bufava.

— Não é desaforo, é água – brincou Marcelo.

— Não vou suportar isso – comecei a caminhar. — Vou lá agora resolver isso.

— De forma alguma, relaxe mô fiu.[238] – segurou-me o Zé, que era muito mais forte do que eu. — Se plante,[239] você vai para casa trocar de roupa e esquecer o ocorrido.

— Não dá para tentar enfrentar você, não é? – encarei-o seriamente, pois ele era extremamente forte.

— Se bote aê, vá[240] – sorriu e mostrou os músculos. — Pense na Liz. Ela não gostaria de ver uma briga entre nós dois e você em frangalhos. Chega de bestagem.

— Mas que raiva! – caminhei a passos largos na frente deles, irritadíssimo. A minha vontade era voltar e acabar com aquele "Saci Pererê". No caminho tirei a camisa. Eu fervia de raiva. Aquele cara estava se aproveitando da situação para despertar minha fúria e estava conseguindo.

Cheguei a casa, sentei na varanda e ainda desejava arrebentar com as fuças do Alfredo.

— E aí, "mermão", mais calmo? – perguntou Marcelo, em pé, na minha frente.

— Fazer o quê? Vou ter que engolir esse sujeito estes dias. Mas temo o que posso fazer se ele continuar assim.

— Ele comentou que você o fez passar por um revés. O que ele quis dizer? – indagou o nordestino.

— Sei lá! Só o vi um pouco ontem à noite – respirei fundo, tentando me acalmar. — Não consigo pensar em algo relevante para deixá-lo assim.

A Liz chegou e tudo passou. Ela tinha um jeito especial de me fazer feliz.

O Marcelo e o Zé pediram para que ficasse comigo e voltaram para ajudar a Renate. Fiquei sozinho com ela. E em pouco tempo a paz voltou. Esqueci por completo do incidente com o "Saci". Passei do estado de irritação completa para um estado de tranquilidade total.

Mas então me lembrei do tal Téo e perguntei sobre ele. Ela começou a rir.

— Posso saber qual é a graça? – indaguei, com o semblante muito sério.

— Você fica bonitinho quando fica bravo – passou o dedo na ponta do meu nariz.

— Ah, é? Bonitinho? – cerrei os olhos. — E quando não estou bravo sou o quê? Lindo ou feio?

— Às vezes bobo, como agora.

— Bobo? Por querer saber quem é esse degenerado que "dá uns tratos" em você? – andava ao redor dela. — Vamos lá, quem é esse sujeito.

— Um amigo – falou, rindo.

— Um amigo? – abri os braços. — Um amigo? – parei na frente dela e encarei-a muito sério. — Amigos não dão "tratos".

— Para com isso, João – pediu. — Não tenho que dar satisfação da minha vida para você – tentou colocar fim na discussão.

— Não tinha, mas agora tem – cheguei bem perto do rosto dela –, porque a nossa vibração é a mesma e não sei mais viver sem você – aproveitei a aproximação e dei um beijinho nela.

— Você me deixa tonta... – fechou os olhos e colocou a mão na cabeça.

— Você me faz bem – beijei a cabeça dela.

---

[238] Mais dados no fim do livro.
[239] Se plante – fique na sua (gíria baiana).
[240] Se bote ae, vá – chamar para briga (gíria baiana).

Ela sugeriu que eu fosse por uma roupa seca, e me fazendo de vítima pedi um beijo. Sabia que negaria, mas assim eu aproveitava mais da presença dela.

– Vou trocar de roupa – pisquei, e com passos largos a deixei.

Enquanto caminhava pensei na atitude do Alfredo. Um momento tão amigável e na sequência um inconsequente. Não era natural mudanças de atitude de uma "pessoa confiável", como a Liz dizia. Ele só podia estar sob a influência do Leandro, o manipulador de mentes, a comando do Lorenzo. Se ele não colocasse o ABOC seria complicado viver amigavelmente. Outro pensamento que me corroeu foi o tal de Téo. A simples imaginação de ver a Liz beijando outro homem me deixava enfurecido de uma forma desconhecida por mim.

Cheguei ao quarto, peguei a primeira camiseta da mala e voltei rapidamente, agora com o pensamento direcionado em como convencer a Liz a deixar de bobeira e aceitar a minha pessoa juntinho dela.

Ela me esperava andando de um lado ao outro. Parecia inquieta.

No caminho, ela pediu com muita doçura para ficarmos longe para evitar mais confusões. Eu argumentei, tentei convencê-la que era uma total arbitrariedade mantermos distância, mas foi inútil. Ela permanecia determinada a me evitar. Novamente, eu me senti sem chão.

Eu, então, como tratado, fiquei longe dela.

— Sente-se aqui, João. Venha almoçar. Está uma delícia – chamou Antônio.

Só belisquei. Sentia-me impotente com tudo que acontecia comigo.

— Por que esse semblante tão triste? – perguntou a Dinha assim que entrei na cozinha e a Sininho pulou no meu colo.

— Só pode ser um motivo – interveio Rudá.

— João – articularam os dois ao mesmo tempo.

Sentei e não abri a boca. Não queria falar, mas logo me encheram de perguntas.

— Onde está o João? – a Dinha encheu a cuia de chimarrão.

— O que aconteceu? – indagou o padrinho, sentado no caixão de lenha.

— Brigou novamente? – Naiá colocou as mãos na cintura.

— Por que não é mais maleável? – Rudá cruzou os braços.

— Ele a magoou? – a madrinha deu a cuia ao marido.

— Parem vocês dois! – olhei espantada para eles. — Por favor. Que coisa! Tudo agora é João, João, João.

— Então nos conte o que aconteceu – Rudá mudou de lugar e sentou-se ao meu lado.

— Nada, não aconteceu nada – suspirei.

— Ko'ërã gua Yvoty! – falou o padrinho, com os olhos cerrados.

— Ai, vocês! – cruzei os braços sobre a mesa e coloquei a cabeça sobre eles. — Só pedi para ele ficar longe. Ele me assusta.

— Sabia que o João era responsável por esses olhos tristes... – Naiá sentou-se também. — Mas por que ele a assusta?

— Ele diz que quer namorar, casar, viver para sempre ao meu lado, assim, na lata. Nos conhecemos há dois dias – encostei-me na cadeira. — Acho que ele é louco.

— Está apaixonado, Yvoty – declarou Rudá. — É homem maduro, sabe o que deseja, não precisa esperar nada e nem você.

— Você está do meu lado ou do dele? — olhei séria para ele.

— No lado da sua felicidade – sorriu.

— Olha, logo a pesquisa acaba e eles partirão. Como ficarei? – cruzei os braços. — Morta de amor?

— Não acredito que pensa nisso! – arregalou os olhos meu padrinho.

— Vocês resolverão isso – Naiá colocou uma jarra de suco de laranja na mesa.

— Ah, sim, acho que ele vem morar comigo aqui – dei um sorriso de vitória. — Ou acham que se eu me casar, como ele fala o tempo todo, vou morar em Curitiba?

— Está colocando a carroça na frente dos bois – alertou Dinha.

— Yvoty, minha menina, isso é irrelevante. Morarão aqui e lá. O que importa é que sejam felizes. Está se preocupando com bobagens – comentou Rudá, enchendo a cuia de chimarrão e a dando para a esposa.

— Para mim não é bobagem – coloquei suco no copo.

— Está apaixonada pela primeira vez depois de tanto tempo! – Naiá levantou-se e me abraçou. —Sabia que este dia iria chegar. Estou feliz.

— Não posso com vocês – sorri. — Mas tem outra coisa, o Alfredo fez cena ontem em casa e agora há pouco aqui. Tenho medo da atitude dele.

— Como assim? – quis saber Rudá. — O que o Saci andou aprontando?

Enquanto tomava o suco e eles chimarrão, expliquei os fatos ocorridos e eles me acalmaram e colocaram a culpa no carinho e proteção que ele tinha e que logo passaria.

— Agora vamos lá e seja menos intransigente com o João. Ele é um bom homem – externou Rudá.

— Se precisar de algo conte conosco – Naiá abriu um largo sorriso, mostrando os lindos dentes brancos. O que acha de eu fazer um café da tarde para os Guardiões da Terra?

— Estou enganada ou vocês querem se ver livre de mim? – abracei-os com carinho. Sabia que me amavam incondicionalmente.

— Vamos almoçar e ver se precisam de algo – levantou-se Rudá. — Adoro toda essa agitação.

Coloquei a Sininho no ninho e seguimos para o acampamento. Ao chegar não vejo os Guardiões da Terra. Com certeza estavam reunidos. Comemos a galinhada e depois aproveitei o tempo para conversar com o pessoal.

Distraía-me com os pais vendo os jovens discutindo entre os grupos para definirem qual nação indígena escolheriam, quando ouvi Renate me chamar.

— Liz, querida, agora farei o sorteio das camisetas e em seguida liberarei a criançada – esfregou as mãos a Renate.

Enquanto organizaram a separação dos Guardiões nos grupos formados pelos adolescentes, vi ao longe o físico. Nossos olhos conversaram como num passe de mágica, senti-o junto a mim e foi impossível não sorrir, e quando ele retribuiu, vi borboletas.

— E aí, pessoal? Comeram bem? – perguntou Renate, retomando as atividades desenvolvidas por ela.

— Uma verdadeira delícia – relatou alguém.

— Cada grupo já escolheu a nação que representará? – investigou ela. — Estou escutando um zum zum zum entre vocês.

— Não! – o coro foi bem alto.

— Como assim? – estranhou a arqueóloga.

— Têm grupos que querem a mesma nação – uma moça avisou. — Está a maior confusão.

— Então farei o seguinte. Escreverei num papel o nome das 10 maiores nações indígenas e cada Guardião que vier pegar a camisa, pegará também o povo indígenas que estudarão – estabeleceu Renate. — Tudo bem para vocês?

— Ótimo! Assim acabamos logo com isso e podemos nos divertir – comentou um rapaz.

— Vocês concordam? – insistiu Renate.

— Sim! – gritaram.

A Renate pediu papel e caneta e rapidamente resolveu o impasse que havia entre a garotada.

— Então agora vamos definir os grupos – esfregou as mãos, animada. — Toni, meu bem, traga a caixa das camisetas, por favor. Guardiões, coloquem a mão na caixa e peguem uma camiseta. Tem 10 cores aí dentro, as mesmas que o pessoal ganhou ontem. Só que não vale olhar! – deu um sorrisinho maroto. — Também peguem da minha mão um papelzinho com o nome da nação indígena para o seu grupo – expressou-se sem escorregar no "mineirês".

— Tomara que ele não pegue a preta nem a amarela! – gritou Alfredo. Na hora ri mentalmente. Ele queria evitar o João no grupo dele e no meu.

Meu coração disparou depois que o Pererê interveio. Tudo o que eu mais desejava era ter o João ao meu lado. Respirei fundo. Que a magia se faça!

Queria ou não queria? Tinha que me decidir. Ah, queria sim.

A Jamile foi a primeira. Pegou um papel e meteu a mão na caixa, e ergueu uma camiseta lilás. Um grupo se manifestou.

— Uhu! – gritou e acenou para a turma. — Ficamos com os Xavantes.

O Marcelo a seguiu e pegou uma camiseta cinza, outra gritaria.

— Aí, galera! Nosso povo é o Yanomami! – o carioca caminhou ao encontro do seu grupo. — Vamos ganhar essa porra!

Em seguida, o casal baiano se apressou para pegar a camiseta.

— Oba! Azul! – a Chica ergueu a camiseta e gritou, instigando o grupo. — Agora quero ver meu povo indígena – fuçou a mão da Renate. — Os Mucuxis, que maravilha! Veja aí, meu nego, quem você vai estudar – deu um beijo no marido.

— O grupo ganhador será o amarelo – levantou a camiseta. — E vamos conhecer mais dos Guajajaras! – colocou os dedos na boca e assobiou bem forte.

— Dessa eu escapei! – gritou Alfredo.

Meu coração batia muito forte. Até o momento a camiseta preta ainda estava na caixa.

— João, meu lorde – chamou a arqueóloga. — Agora é a sua vez.

Ele caminhou lentamente até ela, primeiro pegou o nome da nação indígena.

— Vamos estudar os Guarani! – sorriu. — Aprendi um pouco deles nos últimos dias. Gostei! – enfiou a mão na caixa e ergueu sem olhar.

— Uhuu! – gritou o grupo preto, o meu. Ele olhou pra mim e sorriu.

Uma camiseta preta! Seria inevitável ficar longe dele.

Ufa, que alegria!

Ufa, que agonia!

Ai, o que fazer?

Que dilema!

— Não acredito! Pura armação! – gritou Saci, para todos ouvirem.

A turma olhou para ele e deram uma grande vaia para sua objeção. Nem prestei atenção ao resto do sorteio. Depois fiquei sabendo que o Ernesto havia pegado a camiseta marrom e seu grupo estudaria os Potiguaras; a Carol ficaria com os Pataxós, de camiseta laranja; o Silvio usaria vermelho e tinha como objeto de estudo os Ticunas; o Antônio trabalharia com os Kaingangs, de camiseta verde; e, por último, a Renate, de camiseta rosa, ficou com o povo Terena.

— Pessoal, tudo organizado. Amanhã bem cedo teremos nosso primeiro desafio. Só relembrando, a missão será ir ao Parque Estadual de Vila Rica do Espírito Santo e coletar o maior número de informações sobre ele. Anotem, tirem fotos, façam perguntas aos funcionários, vale tudo pelo conhecimento. O grupo que tiver mais informações sobre a história da cidade espanhola ganhará os primeiros pontos. Tudo certo?

— TUDO!!! – responderam num forte coro.

— Então se divirtam o resto da tarde.

— Uhuuuu!!

Depois do grito coletivo os jovens se dispersaram para aproveitar as atividades recreativas do acampamento.

— GUARDIÕES, PRECISAMOS NOS REUNIR – comunicou Toni logo após terminarem a refeição — devemos mapear como será nossa ação aqui.

— Vamos agora. Temos tempo antes de sortear os grupos que iremos acompanhar – emendou Renate.

— Tudo bem com você, pai? – preocupou-se Ernesto. — Só tocou na comida.

— Porra, esse desânimo só pode ser consequência do amor ou, talvez, do desamor – brincou Jamile. — Tira o apetite. Salve a borra!

— Não comece, Jamile – pedi.

— Se eu fosse você comeria bastante. As coisas vão piorar a cada dia – profetizou a carioca.

— Criatura, o que vê? – perguntou Chica antes de mim.

— Confusões, muitas confusões – virou-se e me encarou. — Todas com você, meu amigo. Sinto informar.

— Painho, nos salve! – rogou a baiana.

— Estarei pronto para o embate – levantei muito sério, com as mãos prontas para a luta após a previsão da carioca. — Adoro uma briga – soquei o ar.

— Aí, "mermão". Estamos aqui para combater com você – emendou Marcelo, repetindo o meu gesto.

— Que venham de ruma[241] – prontificou-se Zé, mostrando os músculos. — Defenderemos você, amigo – bateu nas minhas costas. — Vamos comer com farinha.[242]

— Somos, além dos Guardiões da Terra, Guardiões dos amigos – levantou-se Silvio, estufando o peito.

— Deixem comigo as armas da guerra – prontificou-se meu filho.

— Barbaridade tchê. Como homens só pensam em briga – resmungou Carol.

— Verdade – Chica se manifestou. — Em vez de dizerem que apaziguarão os conflitos, põem mais lenha na fogueira.

— Vamos logo! – caminhei em direção à sede da propriedade, sem dar ouvido a mais conversa. Estava de mau humor.

Fomos direto ao escritório. O Toni apresentou um plano de ação para os dois primeiros dias de pesquisa e dividiu atividades para cada um. Expôs algumas hipóteses para a grande quantidade de descargas atmosféricas e pediu contribuições que foram dadas por todos.

Eu permaneci calado. Ouvia tudo, mas não contribui com nada. Pensava por que o Alfredo tinha mudado de personalidade tão rápido. Com certeza, o Leandro seguia orientações do Lorenzo.

— João? – chamou Carol. — Só queria saber se tu estava aqui.

— Está pensando no grande amor – interveio Jamile.

— Desculpe, pessoal, não estava aqui mesmo. Analisei o comportamento absurdo do amigo da Liz e cheguei a uma conclusão – falei convicto.

— Ciúmes? – arriscou Silvio.

— Não. Conversei com ele uns minutos antes e ele me pareceu uma pessoa confiável e a Liz o conhece muito bem e diz que ele jamais agiria de forma tão irracional.

— Diga então – pediu Renate.

— O Leandro está na mente dele, claro que a comando do Anhangá chefe – balancei a cabeça, desanimado. — Estes dias serão difíceis. O Lorenzo vai me importunar o quanto der.

— Caracas! Por isso vejo tanta confusão – externou Jamile.

— Vocês estão com o ABOC? – quis saber.

Todos assentiram.

— Não suportaria perder meu esquadrão de segurança – sorri. – Peço desculpas por não contribuir como devo.

— Tranquilize-se, rapaz – falou Toni. — Você tem um lindo álibi.

— Acho que podemos ir – levantou-se Renate. — Tenho um grupo de jovens para instruir e divertir.

---

[241] De ruma – de montão (gíria baiana).
[242] Comer com farinha – fazer algo fácil (gíria baiana).

Voltamos ao refeitório, Renate e Toni foram relatar à Liz como seria o procedimento da pesquisa nos primeiros dias. Enquanto conversavam com ela, sentamos numa mesa à espera do sorteio das camisetas.

— Por que estão separados, pai? – estranhou Ernesto.

— Verdade, João – concordou Carol. — Não devia estar grudado na sua onda?

— Ela não quer envolvimento – suspirei.

— Agora tô azoretada?[243] – torceu os lábios Chica. — Vocês não estão vibracionados?

— Sim.

— Ximbou-se![244] E qual é o problema? Aff! O que ela argumenta? – perguntou Zé.

— A nega tá com medo – comentou Francisca. — Mal o conhece. E convenhamos, um homem desse tamanho, com essa carranca, dizendo que está vibracionado por você assusta qualquer uma – gargalhou.

— Poderia parar de vasculhar a vida dela? – pedi, arregalando os olhos. — Coisa feia.

— Desculpa, meu rei – sorriu sem graça. — É a curiosidade. Mas se não quiser não foco mais.

— Agradeceria essa gentileza, Chica.

— O que pretende fazer para desbloquear a resistência dela? – foi a vez do Silvio questionar.

— Ainda não sei.

— O Lorenzo sabe – falou Marcelo. — Mandou-lhe flores.

No mesmo instante senti corroer meu estômago. Era ele quem agia por meio do Alfredo, deixando-me cada vez mais distante da Liz.

— Tô encrencado – balancei a cabeça. — Por que fui entrar naquele mercado?

Todos riram.

— Acredito que logo tudo se resolverá – voltei a falar. — Estamos vibracionados, ligados por ondas eletromagnéticas. A energia que nos une dará um jeito em nós – levantei-me. — E não esqueçam, sou o João Russell e sou duro na queda! – mostrei o bíceps.

Aplausos e assobios dos Guardiões da Terra fizeram com que todos prestassem atenção em nós. Sentei-me rapidamente, mas antes meus olhos cruzaram com os da minha "onda", trocamos um sorriso. Por que está me fazendo ficar longe de você? Sua bobinha, não adianta resistir, fomos feitos para vivermos juntos.

— A Renate está nos chamando – avisou Carol, tirando-me do meu devaneio. Hora do sorteio.

— Quero só ver se a "energia" vai unir vocês – brincou Chica.

— Tenho absoluta certeza disso – afirmei. — Sei como funciona – lembrei-me da física e da filosofia oriental.

— Se você pegar a camiseta preta ficarão juntos – observou a Jamile.

Olhei para ela de olhos cerrados.

— Não vi nada! – ergueu os braços. — Juro – beijou os dedos cruzados.

— Vou torcer para você, pai – abraçou-me Ernesto. — Quero muito ter uma mãe adorável como a Liz.

Abraçado com meu filho fomos para o sorteio das camisetas.

---

[243] Azuretada – invocada (gíria baiana).
[244] Ximbou – se deu mal (gíria baiana).

Cada um foi tirando uma camiseta de uma caixa segurada pelo Toni, que não deixava ninguém ver o que tinha dentro, e pegando da mão da Renate uma nação indígena.

Lilás, cinza, azul, amarelo e, na minha vez, preta. Dei um sorrisinho maroto e apresentei o prêmio aos Guardiões.

— Força do universo – beijei a peça de roupa. Não daria para evitar ficar perto dela. Mas permaneci à distância, conforme o combinado.

Os pais e os responsáveis da escola foram ajudar a preparar o jantar. Eu juntei-me aos pesquisadores.

— O que acham de irmos até a região R? – sugeriu João.

— Ótima ideia! Faremos um reconhecimento do local – animou-se Zé.

— Você vem, Liz? – perguntou João, com um sorriso torto.

— Gostaria muito, mas hoje é o primeiro dia do acampamento e sempre tem muitas coisas para pôr em ordem – sorri. — Rudá os acompanhará.

O meu padrinho os convidou para irem a cavalo. Uns acharam a ideia ótima, outros preferiram ir de carro. Todos pareciam animados com a perspectiva da pesquisa. Eles partiram e eu fui com a Naiá ajudar o pessoal do acampamento, mas tudo estava providenciado, assim a Marta dispensou nossa ajuda. Sem ter o que fazer, voltamos para casa, conversando sobre o acampamento.

— Adoro os dias que todas essas crianças estão aqui – revelou Naiá.

— É uma grande confusão, mas também gosto muito.

— Elas adoram o arvorismo e as boias no rio. Entre tudo que podem fazer, esses dois são os preferidos.

— Jovens gostam mesmo de aventura. Tomara que não chova – olhei para as nuvens se amontoando no céu.

— E que diferença isso faz para eles? – ergueu os ombros minha madrinha.

Sorrimos.

— Este ano está diferente de todos – comentou Dinha. — Tudo mais organizado e com mais participantes.

— Talvez seja o último. A Aninha vai para a faculdade e tudo muda daí.

— Ai, que peninha... – lastimou.

— Também acho.

Chegamos em casa e sentamos na varanda.

— Hoje, logo depois do almoço, senti saudades da dona Veridiana.

— A vovó adoraria ver tanta gente aqui.

— Concordo com você – sorriu. — Agora escute, a saudade me fez pegar a caixa de fotos para revê-la, e enquanto as olhava recordações vieram à mente e uma delas foi sobre isto aqui – estendeu um envelope para mim.

— O que é isso, Dinha? – peguei o papel já amarelado.

— Ela me entregou esta carta e pediu para que eu desse a você quando pessoas viessem investigar os raios.

— Que estranho... – olhava o envelope intrigada. — Como assim? Ela usou essas palavras? Quando viessem investigar os raios?

— Sim.

— Como ela podia saber?

— Isso é coisa da dona Veridiana – torceu os lábios.

— Ela revelou algo mais?

— Disse que só quando essas pessoas chegassem você estaria pronta para saber sobre o seu passado

— Que passado? Eu sei do meu passado, da morte da minha mãe e do meu pai, que minha avó me ensinou...

— *Yvoty*, pare de supor coisas e leia essa carta. Vou para casa organizar um café da tarde para os Guardiões da Terra.

Eu olhei para minha madrinha sem saber o que dizer. Levantei-me, fui para o meu quarto e fechei a porta. Peguei o óculos, sentei-me no chão encostada à parede e abri lentamente o envelope. A Sininho deitou-se no tapete ao lado da cama. O que poderia estar escrito ali? O que não sabia do meu passado? O que a vó teria a me dizer tantos anos depois? Como ela sabia que pessoas viriam investigar os raios? Comecei a ler.

Minha querida neta, minha eternidade.

Chegou a hora de retomar sua vida, seu destino.

Espero que me perdoe se errei com você, se dificultei a sua vida, se fiz você perder tempo.

Tempo.

Tempo.

Tempo.

Ele é a chave de tudo.

Todas as pessoas para conseguirem atingir seus objetivos, seu destino, seu propósito, sua evolução, tanto espiritual quanto carnal, precisam ter três conceitos perfeitamente resolvidos. Principalmente nós, que temos como princípio a magia. Infelizmente, você violou um desses conceitos, por isso tive de agir tão severamente.

O primeiro ponto para podermos utilizar nossos poderes é termos a necessidade de algo. Mas essa necessidade não pode ser fútil, como conseguir vencer um desafio, comprar um vestido, um anel ou qualquer objeto que o dinheiro possa suprir. É uma necessidade elementar, como encher com alegria um coração sem esperança, recuperar a saúde abalada, readquirir o ânimo que se foi, enfim, a grande magia só pode ser utilizada quando a necessidade for verdadeira.

Outro fator importante é a emoção. A emoção é a liga, a energia, a força que nos impulsiona, que nos faz vibrar por algo. Ela faz a necessidade tornar-se verdadeira. A emoção deve envolver todo o ser, toda a matéria e toda a alma.

E, por último, o conhecimento. Conhecer a natureza em todos os seus mistérios, em todo seu poder, em toda sua essência é o que possibilita a realização de todo ato mágico. Devemos entender a energia dos minerais, o poder das plantas, a orientação dos astros, as visualizações transcendentes, a evocação energética pessoal, pois todos são determinantes para que o encantamento se faça.

Esses três pontos precisam estar intrinsicamente ligados e fundamentados na verdade.

Você tinha a emoção e o conhecimento, mas usou-os para uma necessidade errônea e por isso tive que fazer algo que me magoou profundamente.

Minha doce e amada neta. Razão da minha vida.

Fruto de um amor proibido entre dois jovens vítimas de suas sinas.

Peço que me desculpe por ter encoberto partes importantes da sua vida, mas eu só queria protegê-la.

Na minha simplicidade, achei que não revelando alguns fatos e fazendo com que esquecesse outros, eu estaria resguardando você do mal.

Há muito que contar.

Mas no momento quero que se lembre da sua iniciação na Grande Arte.

Ao acabar de ler esse bilhete, imagens começaram a aflorar na minha mente. Eram desconexas, não conseguia entender o que significavam. Levantei-me assustada com o que acontecia com minha memória. Caminhei pelo quarto sem entender o que acontecia. A Sininho, quietinha no seu ninho, olhava assustada para mim. Senti uma grande emoção tomar conta de mim. Deitei-me na cama, fechei os olhos e deixei-me levar.

O sol estava se pondo e eu me banhava nua numa pequena cascata. Minha avó jogava pétalas de rosa branca sobre mim. Assim que saí, ela ungiu-me com um óleo perfumado, deu-me uma túnica branca e caminhamos vagarosamente pela margem, proferindo antigos cânticos. Sentia-me livre e vibrante.

Quando chegamos à frente de uma mata, ela colocou uma venda nos meus olhos e amarrou minhas mãos nas costas, invocou a proteção dos elementos da floresta e nos embrenhamos entre as árvores.

Eu me sentia presa e amedrontada.

Não conseguia ver nada, era guiada pelo som dos cânticos da vó Veridiana. Andamos por um tempo e repentinamente ela desapareceu. Fiquei apavorada. Com os olhos vendados e as mãos amarradas, estava totalmente vulnerável aos perigos da mata. Chamei-a uma, duas, três vezes. Gritei por socorro. Meu corpo estava rígido de pavor. Comecei a andar, queria sair dali, mas não conseguia ver nada, tudo era escuridão. Tropecei e caí, meus joelhos doeram, senti o sangue escorrer do meu braço direito, meu rosto ardeu. Estava prostrada, machucada, com medo, muito medo. Por que minha vó me deixou numa mata escura? Chegavam aos meus ouvidos sons apavorantes, uivos, grunhidos, assobios, gritos, rosnados. O meu ar sumiu, levado pelo pânico. Tinha sido abandonada indefesa no meio do desconhecido. Chamei novamente por ela e tudo que tinha como resposta era o grande rugido da floresta.

Embora apavorada, lembrei-me dos seus ensinamentos e uma certeza apresentou-se: minha avó jamais me deixaria em perigo. Buscando coragem e lucidez, aspirei profundamente, uma, duas, três vezes. Sentei-me no chão e resolvi ouvir novamente o barulho da floresta e lentamente fui reconhecendo os sons e, consequentemente, acalmando-me. Os terríveis e amedrontadores ruídos transformarem-se em burburinhos harmoniosos, que dava à mata noturna uma característica singular.

Senti-me em paz.

> Nesse momento, ela desamarrou minhas mãos e tirou-me a venda, e me vi numa clareira rodeada por várias mulheres iluminadas pela Lua cheia.
>
> Em minutos uma fogueira foi acesa, uma farta mesa organizada. Eu olhava tudo com certa ansiedade. Então esse era um Coven, de que tanto ouvira falar. Uma música surgiu e deu ritmo à reunião. Não conhecia ninguém, mas me sentia animada. Sabia dos poderes que havia adquirido com minha avó e partir dessa noite poderia ampliá-los.
>
> O som ficava cada vez mais envolvente e com ele o tom das conversas. Algumas mulheres começaram a dançar ao redor da fogueira. A música tomava conta dos meus movimentos e das batidas do meu coração. A reunião tornou-se uma festa animada, a bebida deixava todos mais alegres. Eu bebia e dançava. O meu estado de consciência começou a alterar-se. Via luzes, ouvia vozes, entes da floresta se apresentavam para mim. Eu dançava ao redor da fogueira cada vez mais alegre e solta. O calor do fogo, o vinho e a dança pareciam incendiar meu corpo. Eu me sentia feliz! Eu fazia parte daquele bosque. Eu era parte da natureza, eu era a própria natureza. Tirei minha roupa, precisava estar plena com o momento que estava vivendo. Eu festejava a vida. Logo o ritmo da música foi diminuindo eu me deitei nua no chão, totalmente inebriada. Precisava envolver-me com a mãe terra, rolei no chão. Minha avó levantou-me e vestiu-me a túnica preta. Agora eu era uma bruxa.

Abri os olhos assustada. Mal conseguia me mexer. O ar me faltava, estava suada e me sentia tonta. O que era tudo que tinha acabado de ver/sentir? Como havia apagado da minha memória algo tão significativo? Então todo meu interesse por magia tinha uma origem. Andei pelo quarto desnorteada, tentando entender se era realmente verdade o que tinha lembrado. Não sabia o que fazer, o que pensar, como agir. Sem ação, deitei-me no tapete e novas recordações chegaram.

> Vi-me bem pequena, com uns seis anos mais ou menos, caminhando na mata de mãos dadas com a vó, procurando algo apropriado para usar de incensário.[245] Às vezes eu corria solta na natureza, entregue à energia vital ali existente, ora pegava uma pedra, ora um galho, e mostrava para a vó, pedindo orientação. Eu e ela entoávamos palavras mágicas. Já em casa me vi colocando sal grosso dentro de um grande nó de pinho[246] que havia escolhido, minha avó depositando sobre ele brasas bem acesas e eu jogando ervas sobre as brasas. Uma fumaça aromática encheu o ambiente.

Respirei fundo, pude sentir o aroma da lembrança. Rolei no tapete.

> Ouvi um sino[247] ritmado ao entardecer. Larguei o que fazia e corri para o Quarto Mágico. Minha avó me esperava. Lá, ela o tocou várias vezes, envolvendo-nos numa vibração protetora e um aprendizado se iniciou. Em outro momento, a vó Veridiana sentou-se numa cadeira de balanço, pegou-me no colo e me deu uma caixinha. Uma lágrima rolou na sua face. Abri-a e lá havia um sino. Ele pertencera à minha mãe.

Abri os olhos e chorei também. As lágrimas eram de saudades. Sentei-me no tapete, respirei fundo, meu peito doía. Aconcheguei-me nas almofadas e comecei a ouvir a voz da minha avó...

> Caminhávamos na mata, ela cantava e eu repetia. Eu não devia ter mais do que sete anos. Ensinava-me a perceber todas as cores, todas as sombras, todos os aromas, todos os sons. Minha sensibilidade aflorava,

---

[245] Incensário – recipiente utilizado para queimar ervas.

[246] Nó de pinho – parte do galho do Pinheiro-do-Paraná (Araucaria angustifolia) que fica dentro do tronco. É encontrado no solo depois da decomposição da árvore. O nó de pinho é muito resistente e duro, de difícil decomposição.

[247] Sino – é um símbolo feminino; seu toque afasta conjuros, tempestades, espíritos do mal, atrai energias do bem; indica o início e o fim de um ritual.

meus sentidos se desenvolviam, a troca de sintonia entre mim e a natureza se fazia. Tudo parecia uma brincadeira de criança, porque o tempo todo eu sorria.

Com palavras ritmadas, hora falada, outra cantada, vi-me envolta de pequenos animais, deidades da floresta. Brincava com todos.

Respirei fundo porque o ar me faltava. As lembranças eram lindas, fortes e significativas. Por que tive que esquecer? Agora queria mais, mais lembranças...

Eu estava no Quarto Mágico, era noite, velas com suas chamas tremulantes, aroma de incenso de absinto,[248] sândalo[249] e mirra.[250] Devia ter uns 14 anos, cartas de Tarô[251] sobre uma mesa. Imagens começaram a surgir das cartas, moviam-se e falavam comigo. Eu parecia estar em transe.

Levantei-me do tapete assustada. Lia as cartas do Tarô, mas aprendi a jogá-lo há pouco tempo, com leitura e mais leituras sobre o significado de cada figura. Mas nunca, nunca ele se revelou para mim como naquela imagem. Caminhei pelo quarto a esmo, tropecei em alguma coisa e caí, mas não dei importância, precisava saber mais sobre mim. Ali mesmo, entreguei-me às lembranças.

Estava na cozinha da casa antiga, e com movimento das mãos e palavras mágicas, atiçava o fogo. Outro movimento de mão e novas palavras, a água borbulhava na jarra.

Numa clareira da mata, eu mexia com a mão e proferia palavras mágicas, assim as folhas que desejava mexiam e pó era espalhado para todos os lados. Eu dançava e festejava o poder desenvolvido. Devia ter uns 12 anos.

Rolei no chão entregue ao momento. O que isso significava? Que eu podia mexer com os elementos da natureza? Isso só podia ser loucura. Claro, era isso, eu perdi a lucidez. Respirei profundamente e pude ouvir minha avó explicar o que acontecia.

Saiba, pequena Liz, o mundo é energia e informação. Os gestos e as palavras produzem energia e informação, vibrações que movimentam os elementos da natureza, e cada um deles tem uma vibração específica. Precisa aprender todos.

Abri os olhos assustada. Minha avó havia falado em vibração? Vibração das coisas? Tudo vibra? Não era possível que ela soubesse isso tanto tempo atrás. Ou era? Fui até o sofá e joguei-me nele, fechei os olhos.

A vó Veridiana fazia sons com o próprio corpo, batia as mãos na perna, nos braços, uma mão na outra, e eu repetia. Batia o pé no chão em vários compassos, e começou a dançar no Quarto Mágico. Velas acesas em vários lugares e fumaça de incenso deixavam tudo envolto numa névoa mística. Ela cantava e dançava e eu a imitava. Dançávamos em círculo e a cada volta aumentávamos a velocidade dos passos e a altura da voz. Num momento senti que meus pés não tocavam mais o chão, parecia que flutuava em total entrega.

---

[248] Absinto – estimula a clarividência.
[249] Sândalo – auxilia na expansão da intuição
[250] Mirra – amplia o poder de intuição.
[251] Tarô – baralho com 78 cartas, contendo cartas com imagens simbólicas que trazem mensagens do passado e do presente.

A imagem mudou, eu e a vó estávamos perto de uma queda d'água. O dia amanhecia e nós duas dançávamos e cantávamos totalmente em sintonia com o som da natureza ao nosso redor. "Dance como a água, como o vento, como o fogo, como o ar", dizia minha avó.

Em seguida, estávamos no alto de uma montanha. Podia ver o vale se estendendo ao longe, pois a Lua cheia banhava-nos com sua luz de prata. Também cantávamos e dançávamos, agora com outras mulheres. Estávamos nuas.

Sentei cantarolando algumas palavras. Senti vontade de tirar minha roupa e foi o que fiz. A emoção era tão forte que entrei nas lembranças totalmente. O que acontecia comigo depois de ler aquela carta? Na verdade, nesse momento não queria mais respostas, pois não havia mais volta. Eu desejava recordar de corpo e alma. Encostei-me novamente.

Caminhava sozinha na mata em busca de minha varinha mágica.[252] Tinha 11 anos. Olhava uma árvore, outra, pegava num galho, depois outro, até que escolhi o que me chamou atenção, um galho de erva-mate.[253] Antes de retirá-lo solicitei permissão para a árvore e pedi que deixasse toda sua energia. Contei para que usaria, depois puxei fios do meu cabelo e coloquei entras as folhas em agradecimento.

Podia sentir o pranto na minha face, abri os olhos. Inexplicavelmente, sentia-me leve e com um forte desejo de encontrar a mim mesma. Caminhei desnorteada, fui para o quarto de cima, vi a cadeira de balanço da minha avó, sentei-me e, fragilizada, entreguei-me novamente às lembranças.

Caminhávamos por uma ruela repleta de mercadorias de todas as cores e tamanhos. Havia um cheiro adocicado no ar. Muitas pessoas apressadas passavam com sacolas repletas de compras, mas nós duas caminhávamos lentamente, observando os detalhes. Parei na frente de uma loja e entrei. Caminhei por entre as prateleiras e cheguei a um caldeirão[254] de ferro com um tripé. Minha avó o comprou. Então me vi mexendo nele com água borbulhante. Colocava ervas e pós dentro dele e misturava tudo, ora com uma colher de pau, ora com o atame[255] que ganhara da vó Veridiana no meu aniversário de 12 anos. Eu o guardava envolto em pano branco e numa caixa da mesma cor.

Levantei-me e andei pelo quarto, abrindo algumas gavetas e portas de armários para ver se achava alguns dos meus instrumentos, mas nada, eles haviam sumido, como a minha memória. Sentia-me tão triste por ter esquecido tanta coisa de mim... Desejei ardentemente lembrar onde estavam todas aquelas peças tão importantes para entender verdadeiramente quem eu era. A nostalgia das lembranças fez novamente lágrimas escorrerem. Voltei para meu quarto e deitei-me na cama.

---

[252] Vara mágica – é um instrumento muito utilizado em ritos mágicos e invocatórios. Pode-se usar para desenhar símbolos mágicos no chão, abrir e fechar o círculo mágico. Está ligado ao elemento fogo.

[253] Erva-mate (Ilex paraguariensis) – árvore comum no Paraná, suas folhas são usadas para fazer chá-mate e chimarrão.

[254] Caldeirão de ferro – o caldeirão é importantíssimo no preparo de feitiços e poções. Ele representa a transformação, a união dos quatro elementos. Nele se pode queimar incenso, flores, ervas; pode-se encher de água e usá-lo como espelho. É a essência da feminilidade e fertilidade, representa a quinta essência, o espírito e os quatro elementos.

[255] Atame – lâmina de fio duplo de cabo preto, nada se corta com ele. Serve para rituais como marcar o círculo mágico, mexer ervas, sal, carvão, tocar a água no cálice ou no caldeirão. É ligado ao elemento ar e sua aparência fálica é associada a deus da Tradição da Lua.

> *Vi minha avó e eu ao entardecer, colhendo algumas ervas com o boline.[256] Acabei ferindo-me. Sabiamente, ela colocou uma das ervas no pequeno corte e logo ele sumiu. Com o boline eu gravava símbolos em velas, cerâmica, madeira; com ele cortava corda e flores também, era minha faca de trabalho.*
>
> *No segundo depois, a imagem que apareceu foi eu e ela num velório de uma velha amiga dela. Não havia choro nem histeria, todos tinham uma concepção diferente da morte. Viam-na como uma passagem, uma transformação de energia. A filha da falecida deu-me um pano preto que enrolava algo. "Minha mãe pediu para eu dar isso a você, pequena". Curiosa, assim que cheguei a casa fui ver o que era e encontrei uma bola de cristal[257] dentro do pano. Minha avó avisou que antes de iniciar o aprendizado era preciso esvaziá-la de energias antigas. Esperamos a Lua minguante e fomos até o rio. Lavei-a na água corrente, depois a enterrei, e ficou assim até a Lua cheia. Desenterrei-a e a lavei novamente na água corrente do rio. Em seguida, banhei-a em água perfumada e por três luas cheias deixava-a receber seus raios. Todas as noites, quando a Lua saía, eu a colocava para banhar-se, e antes do Sol nascer eu a recolhia. Depois de limpa e energizada, comecei a aprender a utilizá-la. Eu devia ter uns 11 anos.*

Envolvi-me com a colcha macia, o seu toque no meu corpo nu foi reconfortante. Olhei para o teto, não conseguia entender onde estava guardada toda essa lembrança. Tudo era tão lindo e doce. Havia muita paz. Senti tantas saudades do passado, da minha infância esquecida, que senti meu peito doer. Respirei fundo e voltei no tempo.

> *Vi-me menina, com uns oito anos, perto de uma mina pegando argila para fazer meu pentáculo.[258] Antes de secar totalmente fiz desenhos mágicos com o boline. Depois de pronto, adorava consagrar frutas para dar aos seres mágicos da floresta.*

Abri os olhos e sorri com tal recordação, pois me lembrei de que me lambuzei toda com tal atividade. Puxa, fui uma criança muito feliz e tive experiências incomuns. Onde estariam todas essas peças mágicas da minha infância? Tinha outras compradas quando adulta, mais para decoração e curiosidade do que para usá-las em magia. Em toda minha vida adulta, em nenhum momento pude imaginar a criança que fui. Suspirei profundamente, rolei na cama, queria saber mais sobre mim.

> *Então me vi bem pequena, com uns cinco anos, saltitante de alegria por ter ganhado da vó uma pequena vassoura, para poder imitá-la.*
>
> *Depois, eu já com uns 13 anos, caminhava na mata em busca de um galho ideal para fazer minha vassoura[259] verdadeira. Sentia-me emocionada por já ter idade de possuir tão importante instrumento mágico.*

---

[256] Boline – faca curva muito afiada. Não é um instrumento mágico, apenas de trabalho.

[257] Bola de cristal – utilizada para ver fatos importantes, passados, presentes e futuros. É relacionada à deusa, da Tradição da Lua, pela sua forma esférica e o elemento água.

[258] Pentáculo – recipiente redondo, com um desenho de pentagrama usado para consagrar ou energizar pétalas de flores, ervas, amuletos, talismãs, pedras, frutas e tudo o que se queira. É um objeto repleto de energia, pois tudo que é consagrado nele deixa um pouco de sua energia. É ligado ao elemento terra e à energia feminina.

[259] Vassoura – instrumento muito importante, abre e fecha o círculo sagrado; purifica o espaço onde será realizado algum ritual; não se precisa tocar o solo com ela por se tratar de uma limpeza de energias negativas; pode-se colocar em portas e janelas para se proteger de feitiços. Representa a união do deus pelo cabo ter forma fálica e da deusa pela forma arredondada das cerdas. Ambos os deuses da Tradição da Lua Associada ao elemento água por ser purificadora.

> *Escolhi um galho de Ipê-Amarelo[260] para fazer o cabo, em uma das pontas coloquei galhos de sálvia, tomilho e hortelã, para dar volume coloquei erva-cidreira. No cabo pendurei um pentagrama[261] e fitas coloridas.*

Eu estava profundamente encantada com todas as imagens que se revelavam. Subi novamente para o andar de cima, peguei uma foto minha com minha avó, abracei-a, sentei-me numa cadeira e chorei. As lágrimas rolavam soltas. Então vi uma criança recolhendo-as com um cálice de prata. Saltei assustada. Era eu que estava ali recolhendo meu pranto?

Desci novamente, deitei-me na cama.

> *Era véspera do meu aniversário de 15 anos. Era noite, no céu a Lua nova, e eu estava sentada na varanda de casa com o Pedro e o Alfredo. Conversávamos sobre a festa que haveria no dia seguinte. Assim que eles foram embora, minha avó chegou com um presente. Sentou-se ao meu lado, um singelo sorriso nos lábios constratava com as lágrimas que desciam mansamente pela sua face. Ela estendeu-me o presente. "Esta é outra lembrança que tenho guardado da sua mãe para você", disse ela. Era um cálice[262] de prata.*
>
> *Em seguida, estávamos sentadas numa mesa. Havia velas de várias cores, e eu aprendia o significado de cada uma, sua importância no ritual, a cor que deveria ser utilizada. Também ouvia sobre a importância de entender o movimento das chamas; cada uma tinha uma resposta dos seres invocados. Havia desenhos e precisava aprender cada um deles, pois tinham poder simbólico. Eu anotava tudo num livro e sentia muito amor por ele.*

Respirei fundo, levantei-me, caminhei, respirei fundo novamente. O que significava tudo isso? O movimento das chamas das velas revela algo? Como assim? Desenhos simbólicos? O que eu sabia sobre eles? NADA. Livro? Que livro pelo qual eu tinha amor? Deitei-me na cama.

> *Eu estava sentada, choramingando, sob uma árvore perto de casa. Havia menstruado pela primeira vez, tinha quase 16 anos. Era no final da tarde de um dia de verão, minha avó sentou-se ao meu lado, abraçou-me carinhosamente, lágrimas corriam na sua face. Ela articulou as palavras com dificuldade: "Esta é a última lembrança que tenho guardado da sua mãe para você" e entregou-me um presente. Estava envolto num pano preto e amarrado com uma corda de sisal. Era o Livro das Sombras[263] que pertenceu a minha mãe.*

Abri os olhos, eu chorava também. O Livro das Sombras que pertenceu à minha mãe! Eu o amava muito. Foi a partir dessa data que pude saber um pouco mais sobre minha mãezinha ao ler suas anotações. Onde ele está? Esquecer-me dele é um pecado! Por que minha avó tirou de mim fatos tão importantes? O passado nos faz, eu fui, deixei de ser e agora recordo para voltar a ser? Ai, estou perdendo mesmo o juízo.

A Sininho, que ficou o tempo todo deitadinha no tapete, presenciando o meu sofrimento, olhava-me assustada. Eu a chamei e ela pulou no meu colo.

---

[260] Ipê-Amarelo (Tabebuia chrysotricha) – árvore comum na região do Paraná.

[261] Pentagrama – estrela mística de cinco pontas, símbolo próprio das bruxas. Ele representa os quatro elementos (fogo, ar, terra e ar) e o quinto elemento é o espírito, que tudo une. É um instrumento de proteção e pode também evocar a deusa e o deus da Tradição da Lua. É associado ao elemento terra.

[262] Cálice – está sempre presente em rituais. Nele se coloca água, vinho ou qualquer bebida que será utilizada. É associado à deusa da Tradição da Lua, à fertilidade e ao elemento água.

[263] Livro das Sombras – é um diário secreto em que se registra todo o aprendizado, tais como feitiços, rituais, receitas, poções, invocações, conjuros, experiências, e deve ser revisto sempre.

— Por quê? Por quê? Por que tive que me esquecer de grande parte da minha história? – falei para minha cachorrinha, olhando para ela. — Explica aí, meu amorzinho, quem eu sou? O que mais terei que descobrir sobre mim? – as lágrimas não paravam de rolar. Peguei a carta e reli *"Você tinha a emoção e o conhecimento, mas usou-os para uma necessidade errônea e por isso tive que fazer algo que me magoou profundamente"*. — O que fiz de tão mal para minha avó me fazer esquecer algo tão importante? Onde estavam meus instrumentos mágicos daquela época? Precisava encontrá-los, eles tinham grande poder. Olhei novamente a carta: *"Fruto de um amor proibido entre dois jovens vítimas de suas sinas"*. O que ela queria dizer sobre isso? Quem eram meus pais, que não conheci?

Fui até o banheiro e lavei o rosto. Estava confusa e nostálgica. Por que a Naiá me deu aquela carta justamente quando eu tinha tantas pessoas sob a minha responsabilidade e me sentia perdidamente apaixonada por um físico que havia surgido na minha vida do nada? Deitei-me na cama e fiquei acariciando minha amiguinha.

DEPOIS DE TUDO ORGANIZADO com a garotada resolvemos dar uma olhada no local onde os raios caíam. A Liz foi ajudar o pessoal da escola e fiquei triste de não a ter por perto. Rudá, todo animado em mostrar a região R a todos, gostou da ideia.

— Quem quer ir a cavalo – perguntou o indígena.

— Eu! – fui o primeiro a responder.

— Tem mais quatro animais encilhados. Quem se habilita? – indagou Rudá com as mãos na cintura.

A Jamile, o Marcelo, a Chica e o Silvio aceitaram o convite.

— Ai, nunca montei, Rudá, quero um bem bonzinho – pediu a carioca, encaixando-se no braço do velho índio.

— Tenho um ótimo para você – afirmou o padrinho da Liz.

— Também quero um bem manso – animou-se Chica, enroscando-se também.

— Fique tranquila. Tenho vários animais para crianças – sorriu Rudá.

— Aff, meu rei, não sou criança, mas não ligo de montar um destinado a elas – sorriu a baiana, sempre animada.

— Eu quero um bem veloz – avisou Silvio. — Sou gaúcho e adoro cavalgar.

— Para mim um mais ou menos – solicitou Marcelo.

— Vou atender a todos os pedidos – ergueu os braços Rudá. — Vamos até o celeiro que mostrarei seus companheiros de aventura.

— Quer ir no meu cavalo, filho? É o Conhaque – abracei-o.

— Obrigado, pai. Prefiro ir de moto.

— E nós, que sobramos, vamos de carro – ergueu o braço desconsolado o Zé. — Cuidado, benzinho – recomendou.

Foi uma diversão à parte ver a Jamile montar, toda cheia de frescuras, com medo de chegar perto do cavalo. Só teve êxito depois de algum tempo, com a ajuda do Marcelo, colocando-a sobre o animal. A Chica, vendo o escândalo da amiga, comportou-se melhor e rapidamente montou. Com um salto, o Silvio ficou sobre a sela, mostrando que era bom cavaleiro. Já o Marcelo, com suas longas pernas, subiu no lombo do animal sem dificuldade.

Todos prontos, seguimos rumo à região R. Ríamos muito com os cavaleiros de primeira viagem. A Jamile e a Chica gritavam o tempo todo, o Marcelo ora pendia para um lado, ora para outro. Foi uma descontração total. O Ernesto, que acompanhava de moto, chegou a se desequilibrar duas vezes de tanto rir. Os que estavam no carro também se divertiram muito.

A camionete seguiu até um trecho do caminho, mas devido ao pasto alto ficaram impossibilitados de prosseguissem e tiveram que continuar a pé. O Ernesto conseguiu seguir na moto e nós, que estávamos a cavalo, fomos andando lentamente, até uma faixa de uns dois metros de largura coberta por cascalhos.

— Ué, por que essas pedras estão aqui? – questionou Jamile

— Para ajudar a evitar que o fogo se alastre. Muitas vezes, os raios causam queimadas e esse espaço nos dá tempo para apagá-lo.

— Boa alternativa – aprovou Zé.

Passamos pelas pedras e entramos na temível região R. Observamos o relevo, a pouca vegetação, a proximidade entre dois rios, e depois cada um foi para um lado. O Zé abaixou-se e pegou uma porção de terra cheirou, experimentou. A Renate caminhou até aproximadamente o centro do espaço, sentou-se, colocou as mãos no solo, fechou os olhos e permaneceu assim por um tempo. Os outros caminharam a esmo e eu fui até a confluência dos rios, onde o leitoso Ivaí se avolumava com o desague do Corumbataí. Eu olhava a junção das águas e pensava no meu encontro com a Liz.

— Tudo tranquilo, pai? – chegou Ernesto e colocou o braço no meu ombro.

— Podia estar melhor – balancei a cabeça. — Olhe esses rios. São tão diferentes, cada um de uma região, com seu trajeto, vida, barreiras, mas aqui se unem e seguem juntos, fortalecidos.

— Assim poderia ser você e a Liz, não é? – perguntou ele.

— Exatamente. Poderíamos nos fortalecer juntos. Somos bons separados, mas seríamos infinitamente melhores unidos.

— Concordo, pai.

— Infelizmente, ela não vê assim – suspirei.

— Ainda, pai. Ainda – deu um tapa na minha cabeça. — Mas verá.

— Estranho, filho... Sinto um aperto aqui – coloquei a mão no peito.

— Você está passando bem? – preocupou-se meu filho.

— É uma angústia, uma nostalgia – respirei fundo. — Algo está acontecendo com a Liz.

Nesse momento sinto um impacto. Eu e Ernesto rolamos no barranco e caímos no rio. O Silvio estava conosco.

— Ficou louco? – perguntei para o Silvio assim que saímos da água. — Por que fez isso?

— Ordens da Jamile – ergueu os braços. — Você está bem, Ernesto? Porque o João está ótimo, resmungando como sempre.

— Tudo tranquilo. Só não consigo entender por que a Jamile pediria para nos jogar no rio.

— Vamos sair daqui e entenderemos o porquê dessa loucura – falei, já subindo.

Assim que escalamos o barranco vimos todo o grupo reunido exatamente no local onde estávamos.

— Que loucura foi essa? – perguntei um tanto enraivecido, todo molhado e cheio de barro. O grupo se afastou e no solo havia duas flechas cravadas. — O que isso significa? – arregalei os olhos. — Estamos sendo atacados por índios?

— Bom se fosse – comentou Toni. — O Lorenzo está por atrás disso.

— Desculpe, vocês três, mas eu o vi do outro lado do rio com um homem e pressenti que ele tentaria algo – explicou a vidente Jamile.

— Ele só pode estar louco em atentar contra a minha vida e a do Ernesto! - peguei as flechas na mão. — Vou lá agora mesmo – mas antes de eu saltar, o Toni segurou no meu braço com força.

- Talvez o Rudá tenha um barco para nos emprestar – fitou-me bem sério. — Ou vai querer atravessar o rio a nado?

— Tenho um barco sim – afirmou Rudá. — Mas acho melhor deixar aquele sujeito para lá.

Salvo pelo historiador de revelar ao padrinho da Liz que eu era um saltador, agradeci a ele com um tapinha nas cotas.

— Tudo bem – tirei a camisa e a torci. — Vamos deixar para lá. Ele só quer me irritar ... – suspirei —, e sempre consegue.

— O que acharam do local? - Rudá sutilmente mudou de assunto.

— É uma região perfeitamente comum – explanou José. — Não consigo perceber nada num primeiro olhar que possa atrair tantos raios.

— Talvez haja algo sim – pressentiu Renate.

— Percebeu alguma coisa, meu bem? – perguntou o historiador.

— Há algo no subsolo – comentou a arqueóloga.

— Eu vejo que teremos muito trabalho por aqui – emendou Jamile.

— Aparentemente, o solo é absolutamente normal – interveio o geólogo baiano. — Mas precisaremos verificar o subsolo.

— Não sinto nada – afirmei.

— Caracas! Todos já sabemos que você só tem sentimentos para a sua Liz – riu a carioca.

— Já vai começar – sorri para ela.

— Liga não, meu rei – abraçou a minha cintura a pequena Chica.

Repentinamente, nuvens começaram a se juntar, indicando que possivelmente choveria. Decidimos voltar para casa, teríamos vários dias para vascular a área.

BATERAM NA PORTA DO MEU QUARTO. Eu não queria falar com ninguém. Queria apenas ficar com minhas lembranças.

— Yvoty, minha menina. Você está bem? – perguntou Naiá.

— Eu não sei quem sou, Naiá. Estou perdida.

— Abra a porta – pediu.

— Não.

— Por favor, minha menina. Abra – insistiu.

Eu abri ainda enrolada na colcha e a abracei. Precisava de uma proteção, de algo que conhecesse, já que não mais me conhecia.

— Dinha, há três dias eu era uma mulher tranquila, minha vida era pacata, totalmente organizada, sabia quem eu era e tinha tudo sobre controle. Agora estou numa tempestade, envolta com pessoas do bem e do mal, acabei de me lembrar de partes importantíssima da minha infância, e estou perdidamente apaixonada.

— Acalme-se – abraçou-me docemente e se sentou. — Tudo se resolverá no seu tempo.

— Ah, você sabe quem foram meus pais? Você os conheceu? A avó escreveu que sou fruto de um amor proibido. O que pode me dizer sobre isso?

— É claro que conheci seus pais. Você tem os cabelos dela e é a cara dele – sorriu carinhosamente.

— E o que mais?

— Eles se amavam muito.

— E... – gesticulei, pedindo mais informações.

— O que quer saber? – pareceu nervosa. — Foi há tanto tempo, não me lembro — levantou-se e começou a andar pelo quarto. — Lembro-me que eles eram lindos e se amavam muito – olhou pela janela. — Não me recordo de mais nada. Acredite.

— E sabe que sou uma bruxa, Naiá? Sabe que minha avó me iniciou quando eu tinha 16 anos, me ensinou desde menina os segredos da Grande Arte – abri os braços – e me fez esquecer de tudo?

— Minha linda bruxa – deu risada. — É por isso que gosta tanto de coisas estranhas.

— Dinha, estou falando sério e você vem com brincadeiras – fechei a cara. — Por que minha avó me fez esquecer isso? – agora era eu quem andava pelo quarto. — O que há por trás desse esquecimento? O que mais não sei sobre mim?

— Ela devia ter um motivo.

— Que motivo poderia ter? Ensinou-me e me fez esquecer? – andava e gesticulava sem parar — Eu fui uma pessoa ruim? Prejudiquei alguém? Fiz algo que não podia? Você é a única pessoa no mundo que pode me ajudar.

— Sua avó era uma sábia – sentou-se na minha cama. — Se fez isso, um motivo forte havia e com certeza você vai descobrir.

— Ai, como você pode ficar assim tão calma? – sentei-me ao lado dela ainda enrolada na colcha. — Estou muito emocionada, agitada, perdida – suspirei. — Ainda tem a gincana, os pesquisadores e, para piorar, tem o João.

— Só para avisar, eles estão lá fora e querem saber de você.

— Mas já voltaram? – admirei-me.

— É que começou a ventar muito forte e a garoar, então precisaram deixar a visita para depois.

— Envolvi-me nas lembranças e não percebi a mudança do tempo.

— O João pediu para chamá-la.

— Pediu é? – deitei-me na cama feliz com o comunicado. — Não quero ver ninguém. Principalmente ele – sentei-me na cama de braços cruzados.

— Por quê? – colocou as mãos na cintura. — Não pode fugir de quem você é.

— Eu não sei quem sou, não dá nem para fugir – esbocei um sorriso.

— Isso, *Yvoty*, sorria. Você fica linda sorrindo. Vamos! – levantou-se.

— Não consigo. Não quero falar com ninguém. Estou muito emocionada, nostálgica, confusa.

— Coloque sua cabeça aqui um minuto – ela sentou-se novamente e bateu no colo, mostrando onde era para eu aconchegar minha cabeça. Obedeci.

Ficamos um tempo em silêncio. Eu a amava profundamente. Ela me conhecia muito bem. Acariciando meus cabelos, começou a cantarolar bem baixinho uma velha canção.

— Eu via a vó benzendo criança, adultos e até animais. Aprendi com ela muitos segredos que lembro perfeitamente – comecei a falar. — Sabia que a chamavam de bruxa e eu, algumas vezes, fui discriminada por ser neta dela. Mas esse negócio de iniciação, de Tradição da Lua, de Sabah e tal, tal, tal – imitei a Fernanda – eu não me lembrava. Você sabia que minha avó era uma bruxa? – sentei-me novamente. — Assim, bruxa de ensinar outras pessoas tal arte – comecei a andar. — Sei que gostava de chás e poções, mas isso todo mundo gosta e faz, mas ela e eu sermos bruxas de verdade é novo para mim.

— Não me lembrava até você falar.

— Você acredita nisso? Em bruxaria.

— Acho que sim ... – mexeu a cabeça de um lado e do outro, fez novamente, novamente e novamente. — Desde hoje cedo estou me lembrando de muitas coisas, de alguns rituais realizados pela dona Veridiana, de você brincando com seus poderes, dos sermões que levava por ser impetuosa.

— Eu era assim? Impetuosa?

— E como! Sua avó vivia tendo que remediar suas artes e eu e Rudá as escondendo. Nem posso me lembrar do Trio Arrepio!

— Arte toda criança faz, Dinha – cruzei os braços. — Madrinha lembrei-me de tantas coisas... – suspirei. — Não sei por que tive que esquecer – coloquei o rosto entre as mãos. — O que eu fiz de tão grave?

— Não me lembro de nada além de bagunça – passou a mão nos meus cabelos. — Assim como com você, sua avó tirou a minha memória e, com certeza, a do Rudá também. Mas acredito que em breve tudo voltará ao normal.

— É o que espero. Obrigada por me acalmar – dei um beijo na bochecha dela. — Amo você.

— Liz, você é tudo que eu e Rudá temos. É nossa filha. Ver você bem é o que mais queremos.

— Eu amo vocês – abracei-a carinhosamente. — Obrigada por sempre estar perto de mim.

— Agora que está melhor, vamos lá fora – mostrou um olhar malicioso. — O João a espera.

— Você não para de falar no João – chateei-me. — Eu quero fugir dele e você só o João isso, o João aquilo.

— É porque ele a ama. – argumentou, com um olhar penetrante.

— Mais uma preocupação no meio de tantas – lastimei.

— Por que não fica com ele e deixa que ele cuide de você.

— Não preciso de ninguém cuidando de mim – cruzei os braços. — Já tenho você e o padrinho.

— Liz, chega desse mi mi mi! Que cabeça mais dura – sorriu. — Só está procrastinando. Ficarão juntos.

— Ah é? – coloquei as mãos na cintura. — Como sabe? Você é uma bruxa também?

— Não que eu me lembre – pôs a mão nas têmporas com se tivesse pensando. — Não, eu não sou uma bruxa – balançou a cabeça, confirmando o que dizia. — O que sei é que os olhos de vocês brilham quando se encontram, e eu e o Rudá gostamos e confiamos totalmente nele. Agora chega de falar no João – articulei lentamente o nome dele. — Vamos até ele.

— Não vou convencê-la em me deixar aqui, não é?

— Não vai mesmo – levantou-se. — Agora vista-se.

— Não sei o que faço com você, madrinha! Vou lavar o rosto para tentar dissimular tantas lágrimas – dirigi-me ao banheiro.

— Espero você lá fora – ouvi a porta se fechando.

Olhei-me no espelho. Meus olhos estavam vermelhos e um pouco de água não disfarçaria que havia chorado, mas fazer o quê? E meu cabelo? Ai, o que fazer com ele? Molhei as mãos e tentei por um pouco de ordem, o que, é claro, era quase impossível. Mas se eu estava toda bagunçada por dentro, o que importava um cabelo desarrumado e olhos avermelhados? Coloquei novamente minha roupa, respirei fundo e fui ao encontro dos meus visitantes.

Na varanda, apenas o João me aguardava, sentado na cadeira de balanço. Assim que me viu, levantou-se.

Ao vê-lo meu coração, tão triste por lembranças reveladoras, alegrou-se. Tudo que eu queria naquele momento era ficar sozinha com ele, aconchegar-me em seus braços e me esquecer do mundo.

— Onde estão todos? – perguntei assim que se aproximou.

— Foram com a Naiá. Você está bem? – passou a mão nos meus cabeços.

— Mais ou menos – senti vontade de chorar com o seu gesto de carinho. Estava vulnerável devido às intensas e saudosas recordações.

— Você chorou? – perturbou-se ao ver meus olhos vermelhos.

— Sim – sorvi o ar profundamente, quase chorando novamente.

— O que posso fazer para ajudá-la? Não posso vê-la assim – estava nitidamente preocupado comigo.

— Poderia me abraçar? – sorri, sem jeito.

— Claro, venha aqui, minha Liz – envolveu-me nos seus grandes braços e eu me encaixei perfeitamente neles.

Como era bom poder tê-lo assim, junto a mim. Parece que tudo ficou mais leve, mais fácil, mais em paz.

— Você deve me achar uma maluca. Peço para que fique longe e depois quero um abraço – sorri. — Obrigada.

— Liz, você é tudo para mim. Só quero vê-la feliz – segurou no meu queixo. — Mas que é maluquinha, isso você é.

— Só você para me fazer sorrir num momento como este.

Conversamos mais um pouco e seguimos para a casa dos meus padrinhos. Era muito, muito, muito bom tê-lo ao meu lado.

Andamos calados, conflitos internos me consumiam. Precisava recuperar meu passado, recepcionar a todos que estavam naqueles dias sob minha responsabilidade e lidar com um amor avassalador. O João entendeu que precisava de silêncio e atento ao meu sentimento não questionou mais nada, apenas caminhou ao meu lado até chegarmos à casa da Naiá.

Todos se fartavam com as guloseimas, comeram e repetiram. Os elogios surgiam o tempo todo. Ninguém saiu da mesa e a conversa rolava animada. Eu mal os ouvia, pois o meu pensamento encontrava-se nas revelações que acabara de ter.

— O que acham de voltarmos à Região R? – Rudá levantou-se animado. — O chuvisco já foi embora.

— Ótima ideia, Rudá! – concordou Toni. — Temos um bom tempo antes que escureça e assim poderei organizar o trabalho de amanhã.

Todos agradeceram o delicioso café. Apenas o João, o Ernesto e o Toni partiram ao local das pesquisas. Os outros Guardiões foram para o acampamento, para interagir com o grupo. Eu fiquei com a Naiá e a Lili, novamente não os acompanhei. Queria evitar conversar com eles, ainda não me sentia bem.

Eu olhava para o João pela janela, que caminhava, conversando com o Antônio, rumo à região R.

— Ele é bonitão, não é Liz? – perguntou Lili.

— É sim, muito – respondi com um sorriso.

— Vocês estão apaixonados, não é? – indagou a ajudante da minha madrinha.

— Só porque acho ele bonito? – tentei rebater.

— Liz, não adianta negar para mim – começou a falar — conheço você há muito tempo. Seus olhos brilham quando olha para ele. Isso é sinal do amor. Você está apaixonada – balançou as mãos no ar, como se festejasse. — Já estava na hora, não é Naiá?

— Você está vendo coisas que não existe, Lilian – desconversei.

— Diga-me uma coisa, Liz – voltou a falar Lili. — Qual é o primeiro pensamento que tem no dia? – fez um beicinho. — E no que pensa antes de dormir?

Eu olhava para ela tentando entender onde ela queria chegar. Ela me fitava com um olhar maroto.

— Se for no lindo do João, que eu sei que é – cutucou minha barriga –, você está amando.

— Ai, como isso foi acontecer comigo? – admiti, Não adiantava mesmo tentar enganá-la. — Justo comigo, que passei a vida tentando evitar tal sentimento. Eu não posso cultivar essa paixão.

— É o seguinte, Liz, a razão tá pedindo para não amar e o seu coração para mergulhar nesse sentimento – opinou Lili. — Então pule de cabeça, porque não é a razão que bate no peito.

— Não podemos controlar nosso coração – interveio minha madrinha. — Eu sempre lhe falei que um dia aconteceria e você não poderia evitar. Não somos donos daqui – bateu no peito.

— O que faço? – sentei-me na cadeira, desiludida.

— Viva.

— Não dá. Não posso. Não quero.

— Dá sim, você pode e quer – falou docemente Naiá.

— Ai, não sei o que fazer. Parece que há uma magia entre nós. Por mais que eu queira ficar longe, acabamos nos aproximando.

— Isso é tão simples – Naiá tirava as guloseimas da mesa. — Nossos olhos não atraem a luz, apenas a vemos. Nossos ouvidos não atraem os sons, apenas os ouvimos. Nosso coração não atrai o amor, mas quando a magia acontece, somos envolvidos por ela e devemos apenas amar.

— Você faz tudo parecer tão simples – caminhei na cozinha. — Para mim tudo isso é um grande estouro de boiada.

— Estouro de boiada? — Lili arregalou os olhos.

— Sim, é assustador e incontrolável – expliquei. — É assim que sinto.

— Sua boba! – riu minha madrinha. Vá para casa organizar seus pensamentos antes que eles voltem.

Com uma tormenta na cabeça voltei para casa cabisbaixa. Estava sendo demasiadamente difícil aquele dia fazer o papel de anfitriã. Além do sentimento que brotou na minha alma por aquele físico que logo iria embora, a descoberta de saber do meu passado me sufocava.

A VOLTA FOI OUTRA DIVERSÃO. Novamente, a Jamile fez um pequeno escândalo para montar. A Francisca já mostrou que havia começado a dominar aquele meio de transporte. E o Ernesto decidiu cavalgar e facilmente subiu no Conhaque, e eu na moto. Para a surpresa de todos, a Renate decidiu matar a saudades de quando morava na fazenda e cavalgava com o pai e subiu no cavalo do Silvio. O Antônio, sem pestanejar, pegou o cavalo do Marcelo e acompanhou a esposa.

Enquanto se resolviam, uma leve garoa começou a cair e o ar ficou frio, e nos apressamos a voltar enfrentando o tempo adverso.

Desde o momento que chegamos à casa da Liz eu a procurei e não a encontrei. Talvez estivesse no acampamento. Sentamos na varanda para conversar sobre a pequena aventura. Nesse momento, a Naiá chegou com seu jeitinho delicado de andar e saudou docemente o grupo.

— Onde está a Liz? – perguntei assim que ela parou ao lado do Rudá.

— Pensei que a encontraria aqui – mostrou-se preocupada.

— Não a vi dentro de casa – relatei.

— Talvez esteja no quarto – opinou Naiá.

— Ela está bem? – fiquei em pé. — O Lorenzo apareceu aqui?

— Caracas, João! – começou Jamile. — Vai ver só quis se deitar um pouco.

— Será Naiá? – indaguei.

— Porra, maluco! – a carioca voltou a falar. — Deixe-a descansar.

— Marcelo, por gentileza, dê um jeito na sua linda esposa.

— Ai, "mermão", ela só quer importunar você – o carioca caiu na risada.

— Naiá, por gentileza, veja se está tudo bem com ela – pedi ajuda.

— Vou até o quarto verificar – prontificou-se. — Assim você poderá ficar mais calmo.

Comecei a andar pela varanda. Um medo enorme de o Lorenzo ter sumido com ela me deixou cego. Eu não podia mais deixá-la sozinha. Ou talvez o Alfredo a tivesse levado para a cidade para que ficasse longe de mim, ou ainda...

— Barbaridade tchê! – exclamou Carol. — Não se apoquente vivente!

— Tantas coisas passam pela minha cabeça que é impossível ficar calmo.

— Dê nome às coisas, meu rei – falou calmamente a baiana. — A galera aqui é porreta.[264]

— Prefiro nem falar, pois o som propaga no ar – sentei-me. — E daí sim que tudo pode acontecer. Palavra tem poder.

— O pensamento também ... – emendou Ernesto. Olhei sério para ele.

— Misericórdia! – clamou a gaúcha.

— Tô abestalhada[265] com tudo isso – sentou-se Chica. — Ave Maria!

— Acalme-se, senhor carranca. Está tudo bem – tranquilizou-me a carioca.

— Vou tomar uma duxar e depois farei um chimarrão para nós – anunciou Silvio –, enquanto aguardamos a volta da prenda do nosso amigo.

— Boa ideia! – alegrou-se a médica e foi com o marido.

— Eu entendo sua preocupação, João – Jamile ficou séria.

— Vê alguma coisa? – sentei-me ao seu lado, muito preocupado.

— Já avisei que haverá muita confusão por aqui – lembrou a carioca.

— Aconteceu algo Jamile? – parei na frente dela. — Fala logo.

— Ainda não – suspirou.

— Jamile, não deixe o cara desbussulado[266] – pediu Zé. — Não vê que ele tá derrubado?

— Conte logo tudo o que vê para nos prepararmos – solicitou Marcelo.

— É "mezz", Jamile – foi a vez da Renate intervir. — O que devemos esperar?

— Vi que o João iria se apaixonar – jogou um beijo para mim – e que haverá confusão – respirou fundo.

— Deixe estar, João. Estamos todos aqui com você – avisou Zé. — Tranquilize-se.

Levantei-me novamente. O fôlego me faltou. Esse redemoinho de sentimentos estava acabando comigo. Minha energia vital resumia-se a buscar as vibrações emitidas pela Liz, mas não sabia onde estava. A razão foi para os ares, apenas a emoção dominava todo o meu corpo e mente.

Resolvi tomar banho porque estava molhado e sujo devido ao banho de rio provocado pelo Silvio. Foi o banho mais rápido que já tomei na vida. Meu coração acelerado só queria sentir a presença daquela mulher que mudara todo meu funcionamento energético. Eu desejava ir atrás dela, abraçá-la e resolver todos os seus conflitos. Estava ali para isso. Minha vida se convertera, desde o dia em que entrei no mercado, a fazer cada dia dela o melhor.

Quando voltei para junto dos Guardiões a Naiá estava lá, sem a Liz. Então eu estava certo, algo ruim acontecera, por isso tinha sentido uma angústia enquanto visitava a região R.

---

[264] Porreta – gente legal (gíria baiana)
[265] Abestalhada – boba (gíria baiana).
[266] Desbussulado – perdido (gíria baiana).

— Quero convidar a todos para irem lá em casa. Preparei um lanchinho para vocês – convidou a madrinha da Liz.

Como poderia haver uma confraternização se algo aconteceu com a Liz? Meu peito doeu tão fortemente que o ar me faltou.

— Oba! Estou morrendo de fome! – animou-se Ernesto.

— Eu também! O passeio despertou um apetite voraz em mim – Marcelo passou a mão na barriga.

Enquanto sofria, eles só pensavam em comer. Fiquei irritado com meu grupo.

— João, você pode esperá-la? Ela já vem – piscou para mim antes de eu manifestar minha desaprovação com a atitude do grupo. Respirei aliviado.

— Por certo que sim – retribui o gesto.

Vi o grupo caminhando animadamente. Como era bom ver a harmonia que havia entre eles. A garoa havia passado e o vento empurrava as nuvens escuras para longe.

Sentei-me e fiquei à espera da mulher que iluminou/enegreceu meus dias. Iluminou porque despertou sentimentos que imaginava não existir. Enegreceu por que não permitia que eu explorasse tais emoções.

Não demorou muito ela chegou e esboçou um doce sorriso. O ar voltou a entrar nos meus pulmões e um sorriso apossou-se dos meus lábios. Ela caminhou ao meu encontro, seu olhar era triste.

Precisava fazer algo para ajudá-la, mas não sabia como agir, já que ela teimava que eu permanecesse longe. Tentando ser gentil ao vê-la com olhos de quem havia chorado, prontifiquei-me a fazer qualquer coisa para evitar tal tristeza.

Para minha total surpresa, ela pediu um abraço. Meu coração alegrou-se ao ouvi-la fazer tão afetuoso pedido. Envolvi-a com meus braços e ela encaixou-se perfeitamente. Foi um momento intenso, de carinho e proteção pois ela entregou-se totalmente ao meu aconchego. Meu desejo era mantê-la nos meus braços, beijá-la, acariciá-la, beijá-la mais e mais, só que ela, ainda resistente ao meu sentimento, afastou-se.

Respirei fundo e começamos nova conversa.

— O que aconteceu nesse tempinho em que a perdi de vista? – precisava saber.

— Uma vida se revelou – balançou a cabeça, tentando colocar os pensamentos no lugar. — E vou dizer uma coisa... – olhou brava para mim.

— Não fiz nada! Estava longe – interrompi-a, erguendo os braços.

— É culpa sua, sim, que veio investigar os raios.

— Do que está falando? – fiquei intrigado.

— Ainda não sei bem – sentou-se. — A Naiá me deu uma carta da minha vó, que pediu a ela para me entregar apenas quando pessoas viessem investigar os raios.

— Estou curioso agora – sentei-me também. — Sua avó tinha alguma habilidade especial? – será que a vó dela tinha premonição como a Jamile?

— Ela era conselheira e benzedeira – respirou fundo. — Muitas pessoas a procuravam, mas habilidade especial? Nem sei o que você quer dizer com isso. Tipo ver entre as paredes ou ler pensamento como os Anhangás?

— Sim – sorri. — Ou ver o futuro.

— Não sei dizer. Acho que não – deu de ombros.

— Tudo bem. Mas me conte por que chorou – desejava ajudá-la.

— Lembra que me contou que os físicos no início do século XX ficaram sem palavras ao observar o comportamento do elétron? Estou como eles – fez um biquinho –, sem palavras. Lembrei-me de coisas importantes sobre mim e ainda não sei bem o que dizer – levantou-se. — Preciso de um tempo para assimilar e acomodar tudo o que me foi revelado.

— Posso ajudá-la de alguma forma? – ergui as sobrancelhas.

— Não, fique tranquilo. Vamos tomar café?

— Mas é claro, ainda mais feito pela Naiá! – tentei segurar a mão dela, mas ela não deixou.

Percebi que havia algo que a perturbava demasiadamente e me senti inútil diante da situação, então decidi apenas ficar ao lado dela, em silêncio. E foi como agi. Ela precisava saber que podia contar comigo sempre, mesmo que fosse para não falar nada.

Chegamos e nos surpreendemos com a mesa posta. Naiá logo nos apresentou as iguarias:

— Aqui temos bolo de fubá com coco, chineque,[267] chimia[268] de laranja e de abóbora, torta de banana e torta salgada de linguicinha com milho-verde – rodeou a mesa e continuou: — Manteiga com e sem sal, dois tipos de pães, suco de goiaba, café e leite. Agora quero que experimentem tudo e digam se gostaram.

Foi bonito ver a mesa farta sendo invadida por mãos famintas. Eu mesmo não sabia por onde começar.

— Porra, Naiá, acho que nunca mais vou embora daqui – informou Marcelo.

— Sou sua esposa, ficarei também – emendou Jamile, abraçando o marido.

— Também quero ficar aqui – adiantou-se Chica.

— Se ela ficar, fico também – convidou-se Zé

— Pois podem ficar! – Naiá abriu um lindo sorriso. — Tem lugar para todos.

— Meu Deus, está tudo tri legal! – exclamou Silvio, com a boca cheia.

— Barbaridade, que delícia essa torta salgada! – elogiou Carol.

E assim, conversando e elogiando, fomos nos deliciando com tudo que nos foi servido tão carinhosamente. A Liz permaneceu quieta e comeu bem pouco. Era visível sua preocupação.

— Acho que vou estourar – avisou Ernesto. — Estou com a pança[269] cheia.

— Também, filho, você comeu de tudo umas três vezes.

— Não deu para resistir. Quando se come assim na cidade grande? Comida feita em forno e fogão a lenha, em panelas de cerâmica e ferro, com produto direto da horta e do pomar? O sabor é inigualável.

— Fico feliz que gostaram. A cozinha é uma alquimia. Tudo precisa ser na dose e no recipiente certo para que a mágica se faça.

— A magia está presente em todo local "dessfazenda"[270] – comentou Renate. — Tudo aqui é muito encantador.

---

[267] Chineque – pão doce.
[268] Chimia – doce em pasta para passar em pão, bolos etc.
[269] Pança – barriga (gíria paranaense).
[270] Dessfazenda – dessa fazenda (jeito de falar mineiro)

Depois do café da tarde, apenas eu, o Ernesto e o Antônio voltamos à região R para analisar um pouco mais o local. Agora de carro. O Ernesto ligou o drone para que pudéssemos observar a área de cima. Caminhamos um pouco pela grande região. Era interessante verificar as imagens e ter outro ponto de vista do local. Chamou atenção a margem do rio Corumbataí, pois era totalmente reta na extensão que ladeava o parque e que ele formava um grande "U" onde ficava a sede da fazenda. Tudo corria tranquilamente até o momento em que avistei, do outro lado do rio Ivaí, um acampamento, e acenando para mim estava o Lorenzo.

— Estou enganado ou é o Lorenzo do outro lado da margem? – perguntei aos meus parceiros.

— Sim, é ele sim – confirmou Ernesto.

— Deve ter conseguido autorização para ficar – emendou Toni.

— Isso é uma lástima! – bufei.— Vou lá tirar satisfação das flechas – avisei.

— Não vá, pai. Não é prudente irritá-lo.

— Ele poderia ter nos ferido – argumentei.

— Mas foi evitado – Toni colocou o braço nos meus ombros e começou a caminhar. — Seja sensato. Temos crianças sob nossa responsabilidade e você tem a Liz para proteger.

— Você está certo. Deixemos o embate para depois – suspirei, tentando afastar a ânsia de confrontá-lo.

O crepúsculo anunciava-se, dando à paisagem um tom avermelhado. O vento retornou, então decidimos voltar para a casa.

CHEGUEI A CASA PERDIDA EM MEUS DILEMAS e deitei-me na rede da varanda. Não queria voltar para o meu quarto, pois ele estava povoado de lembranças que tinha medo de encontrar. A Sininho pulou no meu colo, afaguei-a.

Três pensamentos brigavam na minha cabeça: quem eram meus pais, a minha iniciação na Grande Arte e a arrebatadora paixão pelo João.

Sentia-me angustiada por ter perdido minha identidade ao ler a carta; por ter que ser forte para atender a todos que estavam na minha propriedade; por não saber lidar com o meu lindo João. Por que tudo acontecia ao mesmo tempo? Por que não aconteceu a gincana, uma semana depois eu conheceria o João e me resolveria com ele e, por último, a Naiá me entregava a carta da vó Veridiana. Mas não, comigo tudo tinha que ser intenso, ou rotina demais ou tumulto demais.

— Acho que preciso de um banho de imersão relaxante – falei para mim mesma. Imediatamente, veio à minha mente eu e o João na banheira.

Saí rapidamente da rede para afastar tal pensamento.

Os Guardiões chegavam do acampamento. Conversamos um pouco, depois foram tomar banho.

Para evitar pensar resolvi dar uma olhada no celular, que desde a manhã ficou recebendo recados. Peguei-o da bolsa e voltei para a rede.

O Pedrinho queria saber se a viagem correu tranquila e avisou que já tinha falado com o vô Rudá, e a Lívia avisando que a dona Eulália me procurou. Respondi aos dois com pedido de desculpas pela demora.

Agora, das minhas amigas havia 47 mensagens. Comecei a lê-las e ri muito. Elas eram únicas. Quando perceberam que eu estava online, novas mensagens chegaram.

Fernanda
— Poxa, Cuca! Até que enfim. 😠😠
16h54

Bárbara
— E aí, Cuquinha? Curtiu a noite? 😊😊😊
Se conheceram melhor? 👍👍
16h54

Fernanda
— Transaram? 😜😜😜
16h54

Liz
— Oie 😐😐
16h54

Márcia
— Espero que esteja feliz como eu. 😍😍😍
16h54

Liz
— Ai, Fer. 🙍🙍🙍
16h54

Bárbara
— Avatar, você é muito tarada. 🙍🙍
16h55

Fernanda
— Ué, o que ela poderia fazer de melhor do que transar com aquele homem lindo? 🤔🤔🤔
16h55

Bárbara
— E você Fer, transou com o Lorenzo? 🤔🤔🤔
16h55

Fernanda
— ☹️😣😨😠😠
16h55

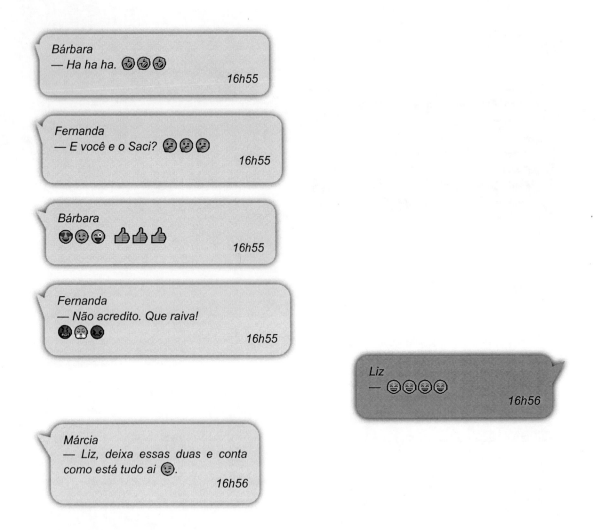

Tive vontade de contar a elas sobre a revelação que tive pouco antes, mas o assunto era relevante demais para ser discutido pelo celular. Quando elas chegassem conversaria com elas.

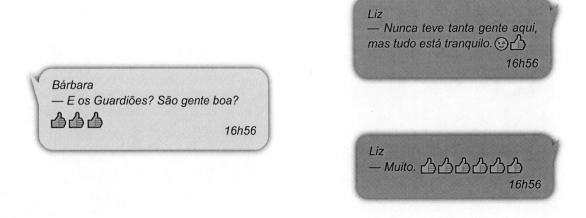

Márcia
— E o João? 😟
16h56

Liz
— Não sei o que faço com ele. 😳
16h56

Fernanda
— Sexo, sexo, sexo 😀😀😀
16h57

Fernanda
— Vai que ele é ruim de cama. 😖
16h57

Liz
— Talvez siga seu conselho 👍👍
16h57

Liz
— Tá difícil de resistir mesmo. 😍😍😍
16h57

Fernanda
— Manda ver! 😜😜 Depois quero saber os detalhes. 😜😜
16h57

Liz
— 👍👍
16h57

Bárbara
— Como está o Alfredo? 🖤🖤🖤
16h57

Liz
— 👍👍
16h57

Liz
— Quando vocês chegam?
16h57

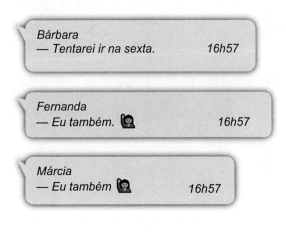

    Despediram-se, não sem antes fazer muitos gracejos em relação a mim e ao João. Foi tranquilizador conversar com elas, senti-me melhor. O lindo entardecer trazia com ele um céu avermelhado que deixava tudo com uma tonalidade surreal. Um vento frio e suave soprava.

    Ao longe pude vê-los voltando da região R. Só de imaginar o João perto de mim fiquei agitada. Não sabia se entrava ou se o esperava.

    Decidi esperar, é claro.

    Quando eles estavam mais perto tirei uma foto e enviei para as Quatro Luas. Em segundo novas mensagens chegaram. Entretida e rindo muito, não percebi a aproximação do João.

    — Você está bem? – sorriu para mim aquele homem lindo. Puxou um banco e se sentou perto da rede. A Sininho pulou no colo dele.

    — Estou — retribui o sorriso. — Como foi lá? – de que forma iria resistir a ele?

    — O lugar é muito lindo e não temos a menor ideia do que possa atrair os raios. Mas amanhã coletaremos amostras de solo e faremos algumas escavações – seus olhos verdes brilhavam.

    — Vão encontrar algumas urnas mortuárias e artefatos usados pelos espanhóis e índios.

    — Como assim? – ergueu as sobrancelhas. — Já houve alguma escavação lá?

    — É o seguinte... Lembra-se do Caminho de Peabiru? – era tão bom tê-lo por perto. Eu sentia paz.

    — Sim, sim – cruzou as pernas.

    — Reza a lenda que os jesuítas foram até o Império Inca, trouxeram muito ouro e enterraram ao redor de Vila Rica, e alguns aventureiros já andaram cavando em busca de fortuna, mas só encontraram artefatos da antiga cidade, urnas mortuárias nas quais os indígenas colocavam seus mortos, entre outras coisinhas. Está tudo no museu.

    — Tá brincando? – apoiou os cotovelos nas pernas, mostrando-se interessado.

    — Juro! – beijei os dedos cruzados.

    — Interessante. Então agora vou procurar com mais afinco. Um pote de ouro não faz mal para ninguém – rimos.

— Já andei cavando também – brinquei.

— E encontrou o quê? – parecia ansioso pela resposta.

— Nadinha. Errei o lugar – sorrimos.

Ficar ao lado dele era reconfortante e prazeroso, ainda mais quando ele não ficava insistindo num relacionamento, que eu queria muito, mas não podia deixar acontecer. Só que a tranquilidade durou pouco. Logo ele voltou a externar o que sentia e tive que arrumar forças além de mim para não ceder às suas propostas.

— Vamos ver qual a programação para a noite – levantou-se e estendeu a mão para mim pondo fim nas investidas.

Fiquei sem reação, nervosa, com medo, com desejo, pois me lembrei do acidente do dia anterior e de como ele me envolveu nos seus braços. E se tudo acontecesse novamente? Não, ele não agiria como antes. Não, não caem dois raios no mesmo lugar.

Então segurei na sua mão para sair da rede, mas acabei perdendo o equilíbrio e me apoiei nele. Foi o que bastou para ficarmos envolvidos um na magia do outro. Ele e eu não conseguíamos nos afastar. Quem era eu para falar que raios não caem no mesmo lugar?

Ele sussurrou no meu ouvido palavras que me deixaram petrificada. Eu não sabia o que dizer, muito menos o que fazer. O tempo parou, tudo girou ao meu redor. Ele tinha total controle sobre mim nesse momento. Nossa respiração alterada era audível. Ele se aproximou para me beijar. Eu permaneci imóvel. Seus olhos fixos no meu, eu os fechei. Quando senti o calor dos lábios dele encostando aos meus, permiti-me sentir o prazer de tê-lo junto a mim.

Um alarme interno acionou e dei um passo para trás.

Não podia deixar que ele me beijasse, porque ficaria ainda mais enfeitiçada. Ele deu um passo para frente e continuou me segurando. Novamente, chegou perto dos meus lábios. Eu estava totalmente entregue, em transe. Ele roçou o nariz no meu.

Eu, entorpecida de desejo, quase o beijava quando minha filha e as amigas apareceram. Ela aprovou a relação e entrou. Fiquei constrangida, sem sabe o que dizer.

— Você não pode fazer isso comigo – suspirei, sem ação, assim que a Aninha se afastou.

— Por que não? Posso sim. Eu a amo – falou com uma segurança convincente.

Ao ouvir tal definição de sua atitude perdi-me em devaneios de mulher apaixonada. Olhava nos seus olhos perdida de paixão e desejo. Buscava em mim forças para acreditar em suas palavras. Mas resolvi me manter em lugar seguro.

— Combinamos que ficaria longe – sussurrei, por fim.

— Eu não combinei. Você impôs e eu apenas disse que tentaria – deu de ombros. — Mas parece que não consigo. Você me atrai como um imã.

— Ai, João, não sei o que fazer com nós dois – saí de perto dele.

— Eu sei – declarou. — Devemos viver o que sentimos.

— Você faz tudo parecer tão simples.

— E você faz tudo parecer tão complicado. Por que não podemos viver o que sentimos?

Fiquei sem palavras, sem ação. Ele estava certo. Éramos livres, adultos, donos de nossas vidas e estávamos apaixonados. Porém eu o conhecia há apenas dois dias, tinha acabado de saber que tive um passado que me foi tirado e o líder dos Anhangás nos rodeava afoito para fazer confusão.

— Por esses dias precisamos ficar longe – caminhei para longe dele.

— Não vai dar não – ele me seguiu.

Ainda bem que ele era insistente!

Entrei na cozinha, o Antônio e a Renate olhavam uma das peças decorativas e conversavam.

— Liz, peças incríveis. Como as conseguiu? – perguntou o historiador.

— Eram da minha avó – meu sangue fervia. — Como tudo que tenho – mal conseguindo ouvir o que diziam, fui passando entre eles.

— Onde ela as conseguiu? – insistiu Toni. — Queria saber um pouco mais sobre elas, se não se incomodar.

— Não sei – tive que reter meus passos. Estava irritada por ter de me manter afastada do João e com a maldade da minha vó de ter apagado meu passado. Não queria conversar, mas não deu para evitar. — Nunca questionei. Talvez herança de família?

— Sua avó era do Peru? - indagou Renate. — Essas peças são genuinamente peruanas ou melhor são do Império Inca.

— Não, ela é espanhola e tenho certeza de que nunca viajou para o Peru. Isso tudo deve ser espanhol – precisava me livrar deles e ficar longe do João antes que desistisse de tão difícil comportamento.

— Desculpe, Liz, você está enganada. São Incas – insistiu Antônio, com ar de conhecedor do assunto.

— O que está dizendo, Toni? – não entendia a insistência em afirmar a origem peruana e expliquei novamente, com um tom de voz de que queria dar fim ao assunto.

— Liz, essas peças magníficas que você tem aqui são do Império Inca, posso afirmar – revelou Renate. — E não são réplicas. São verdadeiras e valem uma fortuna.

— Como é que é? – fiquei incrédula.

— Afirmo o que digo com absoluta certeza. São Incas - foi categórica a arqueóloga.

— Incas? – comecei a ficar confusa. — Por que insistem em dizer isso?

— Liz, você tem relíquias historicamente importantes aqui – afirmou o mineiro.

— Me desculpem, vocês só podem estar enganados – meu Deus, este dia não terá fim?

— Sabemos do que falamos – assegurou Renate.

Fiquei sem sabe o que dizer. O João, ao meu lado com a Sininho no colo, e alguns dos Guardiões, olhavam para mim interrogativamente.

— Você tem até um quipo na sua parede – falou Toni, apontando para um enfeite de corda na parede.

— Um quipo? – intriguei-me.

— Os Incas não conheciam a escrita. Eles controlavam tudo com os quipos. São esses cordões coloridos cheios de nós de diversas formas e tamanhos. Cada nó tem um valor, que depende da sua posição no cordão. As cores também são importantes, cada uma representa uma atividade, como o número de pessoas, de gado, de grãos, de soldados etc. São feitos de lã de lhama ou de algodão, que eles cultivavam. Outro ponto interessante é que algumas vezes eram transportados por mensageiros, os "chasques", jovens que tinham excelente memória e muita resistência física. Eles percorriam quilômetros de distância até chegarem a um ponto que outro assumia. Para avisar a sua chegada eles tocavam uma concha, chamada de pututo, se não me engano.

— Concha? – articulei lentamente.

— Você tem alguma dessa aqui? – foi a vez de o João perguntar.

— Sim – fui até o barzinho e peguei o tal pututo. — Seria isto? – apresentei a eles.

— "Nossinhora"! – exclamou Toni. — Que magnífico exemplar – comentou Toni, admirando a peça. — É outro artefato Inca, sô.

— Desculpe, Toni, você só pode estar equivocado. Tenho guardadas muitas peças semelhantes a estas, todas deixadas por minha avó.

— "Onquetá"? – o historiador parecia ávido pelo assunto.

— No sótão – não entendia por que tanta curiosidade. O João permanecia quieto ao meu lado.

— Podemos ver? – pediu Renate, ansiosa como o marido.

— Claro. Vou pegar a chave – não tive como evitar. Teria que ficar mais um tempo junto daquele ser encantador.

Peguei a chave no quarto e subimos ao sótão. Eles ficaram estupefatos com o que viram, da mesma forma que o João anteriormente. Eu não compreendia tamanha admiração. Crescera no meio de imagens, estatuetas, artefatos, cordas e conchas, que para mim eram todos espanhóis, trazidos como relíquias de família. O João permaneceu parado, com os braços cruzados, com um olhar apreensivo, a fronte enrugada, como sempre.

O Toni e a Renate começaram a revelar fatos que me deixaram confusa sobre as peças. Depois de alguns minutos de discussão, o João questionou sobre o Caminho de Peabiru, dando a entender que talvez as peças poderiam ter sido encontradas enterradas na fazenda.

— Estão supondo que isso tudo foi encontrado aqui? – falei, incrédula.

— Você contou que reza a lenda... – João começou a falar.

— Há muitas histórias – confirmou Antônio.

— Meu Deus! Será que minha avó achou isso tudo aqui? – assustei-me com tal possibilidade, ainda mais depois das revelações da carta. — Preciso ver isso com o Rudá. Eu era bebê quando nos mudamos para Fênix e ele veio com a vovó. Estou atordoada com tudo que estão falando. Não sei o que pensar – respirei fundo. — Me desculpem, meu dia foi cheio de descobertas. Preciso sair daqui – caminhei para a porta. — Por favor, João, feche para mim assim que eles saírem.

— Nós vamos com você – determinou Antônio.

Caminhei até a varanda. Precisava encontrar meu padrinho. Talvez ele pudesse me ajudar sobre o impasse surgido.

— Aonde vai? – perguntou João, sempre atrás de mim.

— Falar com o Rudá. Agora preciso saber da origem dessas peças – virei-me para ele.

— Vamos deixar para amanhã – ele segurou na minha mão. Eu a puxei, não podia deixá-lo chegar perto de mim, principalmente depois que a Aninha nos viu quase nos beijando.

— Liz – chamou-me Renate –, agora temos o jantar. Amanhã falaremos sobre isso com o seu padrinho. Relaxe.

— Vocês me deixaram intrigada – eu andava de um lado a outro.

— Então vamos tranquilizá-la – acalmou-me Antônio. — Tudo já está aí há tanto tempo, uma noite a mais não fará diferença – sorriu. — Amanhã você fala com ele. Vamos aproveitar a noite para nos conhecermos melhor.

— Deixa para amanhã, Liz – pediu João, olhando-me docemente, com um sorriso lindo dos lábios.

Como eu poderia negar um pedido dele?

— Tudo bem – achei melhor mesmo. O dia de hoje já tivera revelações demais. — Vamos jantar e nos divertir. Amanhã tudo será esclarecido. Vou tomar banho – avisei.

A PRESENÇA DOS ANHANGÁS TÃO PRÓXIMOS me deixou apreensivo. O Lorenzo faria tudo para deixar meus dias um inferno. Mas não tinha o que eu pudesse fazer. Ele estava num lugar onde eu não podia impedi-lo de ficar. No retorno, o Toni lembrou que a Copa do Mundo começaria no dia seguinte.

Eu havia esquecido totalmente do grande evento futebolístico, fato que me deixou espantado, visto que era fissurado por jogo. Mas havia uma explicação: Liz.

Envolvidos no assunto, falamos das melhores e piores seleções, fizemos previsões dos possíveis finalistas e quando percebi, já estávamos chegando. Ao longe vi a Liz na varanda e pisei no acelerador.

Vê-la fora de casa significava que se sentia melhor do mal que lhe fizera chorar. Sem pestanejar, sentei-me ao seu lado e conversamos sobre a região R, mas não era bem sobre tal assunto que desejava tratar. Queria detalhar a emoção que sentia ao tê-la perto de mim, da fôrma que estava preso à energia dela, de como eu a amava, e ela precisava entender isso. Assim que tive uma brecha, aproveitei.

— Eu não sei parar de te olhar – falei, por fim.

— João... – cerrou os olhos.

— Não posso mais ficar longe de você. Morro de saudade.

— Não comece.

— Não posso sentir saudade? – ergui as sobrancelhas, demonstrando espanto.

— Não de mim – fez uma careta.

— O que posso sentir por você?

— Nada – ergueu os ombros.

— Credo! – fiz uma cara de incrédulo. — Nada não dá. Impossível.

— Por quê?

— Porque sei que você é tudo pra mim.

— João... – sorriu.

— Liz... – suspirei.

Sem dar crédito a sua repreensão, chamei-a para ir ao encontro do grupo para verificar o que faríamos à noite. Ao tocar na sua mão tive a impressão de me conectar ainda mais a ela, pois a energia contida em nossos corpos era enorme. Como o universo estava ao nosso favor, ela se desequilibrou e se apoiou no meu peito.

Obrigado, Universo!

— Você não pode impedir que eu fique perto de você – falei baixinho, olhando bem dentro dos olhos dela. — Tudo que queria é que você pudesse ver pelos dos meus olhos e sentir pelo meu coração, e então, só então seria capaz de entender como você é tudo para mim.

— Para, João – foi tudo que saiu da boca dela, mas não se moveu um milímetro.

— O que sinto por você tem uma extensão que desconheço – falei ao seu ouvido, e fiquei ainda mais excitado.

—Ai, que lindo, mãe. Como não estão namorando? – chegaram a Aninha e as amigas para tomar banho. — Mãe, ele é lindo – piscou pra Liz.

— Sua filha aprova. Deixe-me amá-la – sussurrei.

Ela se afastou um pouco.

—Não estamos namorando porque sua mãe não quer – relatei tranquilamente. Quero me casar com ela.

— Ô paizão bonito que vou ter! Vamos, mãe, coragem! – incentivou ela, entrando na casa.

Assim que ficamos sozinhos ela aproveitou e me repreendeu, mas nem liguei, pois a amava. Conversamos um pouco mais sobre o que acontecia entre nós, de como deveríamos agir, e por fim, novamente, afirmei que a amava. Falaria mil vezes se preciso fosse, até ela entender. Mas acho que foi pior, pois ela voltou a querer que nos mantivéssemos afastados.

Embora tenha me sentido ferido por ela não ter dado a mínima para minha declaração de amor, não arredei o pé de perto dela. Sem saber o que fazer com a energia que nos unia, ela saiu pisando duro, insistindo no nosso distanciamento. Quando será que ela pararia com isso?

Ao entramos na cozinha, os Guardiões apreciavam as peças decorativas e começaram a perguntar sobre a sua origem. O Toni olhou para mim, avisando que faria a revelação para ela. Sentei e peguei a Sininho no colo e fiquei atento às reações da Liz. Caso ficasse excessivamente nervosa, colocaria fim à inquisição. Como era de se esperar, ela negou a origem Inca das peças e atribuiu à origem espanhola, como sua avó lhe falara, e comentou que haviam outras guardadas e os levou até elas. Embora agitada, tratou todos com delicadeza.

Ah! Como eu vibrava por aquela mulher.

Subimos ao sótão e quando entramos todos ficaram impressionados com o que viram. Inúmeras peças em ouro, algumas com pedras preciosas, muitas estatuetas representando todo tipo de coisas.

— Caracas! Você é uma colecionadora e não contou! – gritou Jamile.

—Não sou colecionadora. Cresci no meio de tudo isso – explicou. — Não sei por que tanto espanto.

— Liz, você tem uma boa parte do Império Inca aqui – afirmou Renate. — O que precisamos saber é como sua avó teve acesso a tudo isso.

— Não faço ideia do que dizem – parecia se irritar com a insistência deles. — Minha avó trouxe isso da Espanha depois da morte do meu avô.

— Essas não são peças espanholas. São Incas – assegurou categórico Toni.

— Oras, os espanhóis não exterminaram o Império Inca? Vai que um antepassado foi líder da expedição e ficou com tudo isso, e minha vó recebeu de herança e eu, depois, dela – presumiu.

— Uma boa alternativa – interveio o historiador –, mas não é convincente. Sua avó não conseguiria trazer tudo isso nem de navio, nem de avião.

— Quando ela veio não tinha tanta segurança como agora – defendeu seu argumento tentando dar fim ao falatório.

— Aff! Isso deve valer uma pequena fortuna – pensou em voz alta Zé. — Você é uma barona mesmo.

— Isso vale uma enorme fortuna, sô – determinou Renate.

— Liz, e o Caminho de Peabiru? – perguntei.

— O que tem ele? – olhou intrigada para mim.

— Você contou que há lendas... – sentei-me em uma caixa.

— Sim e daí? – ela me interrompeu.

— Contou que pessoas já escavaram...

— O que está tentando dizer? – interrompeu-me novamente e balançou a cabeça, demonstrando não gostar do rumo da conversa. — Que jesuítas foram até lá, trouxeram tudo isso e enterraram na região? Isso é mito.

— Mas esse tesouro está aqui, não é? – insisti.

A Liz ficou perplexa com tal possibilidade e decidiu perguntar ao Rudá sobre a origem de tudo aquilo, mas a convencemos para deixar para o dia seguinte. Então ela resolveu tomar banho.

Enquanto conversávamos sobre as peças Incas e as possíveis alternativas de terem chegado ao poder da Liz, repentinamente, Rudá chegou, muito preocupado.

— João, você não pode imaginar o que aconteceu – falou agitado.

— A Naiá está bem? – assustei-me com seu estado alterado.

— Está nervosíssima – pegou um copo de água e tomou. — Quando cheguei a casa agora há pouco, ela estava pálida, tremendo e chorando.

— O que aconteceu sô? – perguntou Toni antes de mim.

— O Lorenzo foi até lá e fez uma ameaça horrível – respirou fundo. — Exigiu que ela fizesse a Liz se afastar de você, caso contrário ele acabaria com a vida dela e a minha.

— "Nossinhora"! Que trem horrível! – assustou-se Renate.

— Esse cara passou dos limites! – falei, furioso.

— Cacete. A confusão vai começar – advertiu Jamile.

— Acalme-se, por favor, Rudá – pedi. — Amanhã falarei com ele e tudo se resolverá. Ele não fará mal a vocês, eu garanto.

— Confio em você, João – deu uns tapinhas no meu ombro. — Preciso voltar. A Naiá está muito nervosa.

— Diga a ela ficar tranquila – sorri.

E Rudá partiu tão rápido quanto chegara.

— O Lorenzo me surpreende a cada dia – comentou Toni.

— Vou agora até ele – meus olhos ardiam de raiva.

— Tu te acalme, João – pediu Silvio.

— Não pode ir lá sozinho – foi a vez do Zé se manifestar.

— Nem você, com sua força, vai me impedir de resolver isso agora mesmo – eu queimava por dentro. — Por favor, não a deixem sozinha – saltei ao encontro de quem um dia considerei meu irmão.

— Esperava você, meu caro – falou Lorenzo assim que entrei na tenda. Estava sentado com um copo de bebida numa mão e um cigarro na outra.

— O que significaram aquelas flechas? – tentava me manter calmo. — Quase atingiram eu e o Ernesto.

— As flechas – deu um sorriso e uma tragada – não eram para atingi-los. Eu só queria me encontrar com você. Esperei-o logo após às "flechas convite". Por que não veio?

— Não temos nada a falar. Você faz seu trabalho e eu o meu – podia sentir a enorme hostilidade que havia entre nós.

— Como sou sem educação – levantou-se e foi até a garrafa de uísque. — Aceita?

— Só quero que nos deixe em paz – detestava o cinismo dele. — Tudo resolvido, já vou indo.

— Espere – gritou. – Se forcei sua vinda até aqui é porque tenho algo a dizer – encheu o copo de bebida. — E como a primeira alternativa não deu certo, sabia que viria assim que o velho índio fofocasse a você o que fiz – ficou na minha frente.

— Então fale logo o que tem a dizer – fechei a mão, pronto para socá-lo. — Estar na sua presença é detestável.

— Já conhecíamos a Liz? – olhou sério para mim. — E esses índios? Parece que me recordo deles.

— Não seja tolo fazendo perguntas com respostas óbvias – segurei o olhar.

— É claro que nunca tive o prazer de encontrar com uma mulher tão especial – pegou no meu queixo. — Está vibracionado João?

— Diga logo o que quer. Preciso voltar – empurrei a mão dele, não dando atenção para sua insinuação.

— A Liz – cerrou os olhos.

— Como é? – ele só podia estar louco.

— Não se faça de idiota, que não combina com você – encarou-me. — O Kabir...

— Não desonre a memória dele falando o seu nome. – interrompi-o.

— O K-a-b-i-r – articulou lentamente o nome – avisou que gostaríamos da mesma mulher – voltou a se sentar.

— Lorenzo, Lorenzo... – balancei a cabeça, inconformado com a situação. — Se era isso que tinha a dizer, está dito, até mais – essa conversa era ridícula.

— Espere! – gritou novamente antes que eu "saltasse". — Vou lutar pela linda Liz e a conquistarei.

— Não se atreva a chegar perto dela – ameacei-o.

— Não só vou chegar perto dela como a terei só para mim – o Anhangá caminhava pela tenda super irritado. — Embora você, como sempre, tenha mais chance por estar perto dela, não medirei esforços para atingir meus objetivos. Ela será minha.

— Por que você não vai viver sua vida longe de mim? – caminhei até ele e o segurei pelo colarinho. — Por que você não me esquece? – empurrei-o.

— Ela vai gostar de mim por bem ou por mal – chegou perto de mim e jogou uma baforada de cigarro na minha cara.

— Acha mesmo que pode interferir no sentimento dela? – a fumaça do cigarro fez meus olhos arderem, mas não arredei o pé. — Além disso, você se contentaria de saber que ela está com você por receio e não por amor?

— Vou ensiná-la a me amar – sentou-se novamente e olhou-me com desdém.

— Jamais ela gostará de um ser insuportável como você – retribuí o olhar.

— Ela tem uma linda família – pegou uma arma.

— Não ameace a família dela – preocupei-me com a atitude dele. — Conquiste-a – apoie-me na mesa e o encarei. — Ou acha que não é páreo para mim?

Ele jogou o copo de bebida na minha cara e eu parti para cima dele com desejo de acabar com ele ali mesmo, mas meus olhos queimaram e ele escapou. Quando consegui abri-los, o Fuad e a Sofia estavam ao meu lado. Ela tocou no meu pescoço e começou a esfriar o meu corpo. Senti uma dor aguda que fez meus olhos fecharem e meu corpo se curvar. Com esforço, "saltei" e apareci longe dela. O Fuad partiu para o meu lado.

— Faça-os parar, Lorenzo! – bradei, pronto para enfrentar o meu oponente, embora não fosse páreo para a força ilimitada do Fuad. — Não vim aqui para brigar.

— Esperem! – ordenou ele, tomando um gole da sua bebida, com um olhar prazeroso ao me ver pedir ajuda. — Vou conquistá-la, você verá. Diga aos velhos índios que não os perturbarei.

— Isso, faça papel de homem e aja como tal. Se ela o preferir aceitarei, caso contrário peço que faça o mesmo. Nos vemos.

Mas antes que eu voltasse, ele "saltou" perto de mim, segurou forte no meu braço, olhou fixo nos meus olhos e anunciou:

— Farei amor com ela antes que você.

Trinquei os dentes repleto de ira. Não respondi nada. Voltei para a fazenda, precisava comunicar para o Rudá que tudo já tinha sido acertado.

Enquanto tomava banho pensamentos povoavam minha cabeça. Minha avó escreveu: *"Você tinha a emoção e o conhecimento, mas usou-os para uma necessidade errônea e por isso tive que fazer algo que me magoou profundamente".* Qual fato tão grave eu fiz para ela apagar parte da minha história? Agora nem sabia mais quem eu era. Será que a dona Veridiana era mesmo minha avó, já que sou fruto de um amor proibido? O que isso significa? Também o fato dos Guardiões afirmarem outra origem das peças que havia no sótão me deixou perplexa. Tudo que eu acreditava como verdade numa tarde virou ar. Outro ponto que contribuía para o meu conflito interno era que meu amigo de infância apresentava uma atitude tão diferente e, por fim, estava perdidamente apaixonada pelo homem mais encantador do mundo e não podia ficar perto dele.

Acabei o banho ainda muito preocupada com tudo. Coloquei uma calça jeans, uma cacharréu preta, uma camisa xadrez com tons de azul por cima e uma bota preta. Nos dedos, anéis feitos de madeira e pedras brasileira. Pedi para a Marica levar o Trola e a Sininho para a casa da Naia, pois com tanta gente em casa eles ficavam estressados, e eu não queria isso para meus amadinhos.

Ao sair de casa, o Marcelo me esperava.

— Onde estão todos?

— Já foram. Me deixaram de guardião – fez uma careta. — Caracas, mulher! Tá cheirosa da porra.

— Nada como um bom banho – falei sorrindo, mas achei super estranho o Marcelo e não o João estar ali. Mas é claro, eu pedira para ficarmos longe e ele cumpria o prometido. Caminhamos conversando sobre a pesquisa que realizariam.

Como todos os anos, a primeira refeição da noite era costela de chão. Este ano foram preparados quatro costelões, salada de tomate com cebola, de alface, arroz branco e farofa.

Assim que cheguei ao refeitório fui verificar se tudo estava bem e ajudei um pouco na cozinha. No vai e vem procurei o João, mas não o vi. Preocupei-me. Também não vi meus padrinhos. Preocupei-me mais ainda. Eles estavam sempre presentes. Alguma coisa acontecera.

Mas logo os dois chegaram e me tranquilizei um pouco. Tempo depois o João apareceu. Respirei aliviada e apaixonada. Ele vestia uma calça jeans, uma camisa xadrez em tons de verde e nos pés um coturno. Ele era lindo!

Como havia pedido, não se aproximou de mim. Mas tudo bem, estava a distância de um olhar.

Após o farto jantar, um violão apareceu, outro e outro. Começaram a cantar e logo alguns adolescentes dançavam. Outros, porém, foram ler o material fornecido pelos Guardiões.

Os adultos, sentados ao redor das mesas, em seus grupos específicos, conversavam animadamente. Passei em cada mesa fazendo o meu social de anfitriã. Tudo se encontrava na mais perfeita ordem.

A noite era fresca, a lua crescente, o céu estrelado, mas nuvens carregadas avançavam rapidamente. A moda de viola envolvia a todos.

João conversava com todo mundo, pais, mães, jovens, mantendo-se longe. Não posso negar que fiquei com ciúmes e triste por ele não se aproximar. O que ele tinha tanto a conversar com todos? Ai Deus, por que era muito bom estar perto e falar com ele? Mas era melhor assim. Ele iria embora em poucos dias e eu morreria sem sua presença. E tinha o beijo... Se nossos lábios se encontrassem em um deleite de amor eu estaria presa numa paixão desenfreada para sempre e não o ter mais por perto seria o pior de todos os pesadelos.

Então me lembrei que era uma bruxa. Poderia fazer um feitiço para prendê-lo a mim para sempre, tipo um encantamento para amor sem fim. Misericórdia! Onde eu estava com a cabeça. Ri de mim mesma.

Nesse momento os eventos recordados após ler a carta da vó Veridiana surgiram na minha mente e a nostalgia tomou conta de mim. Envolta nas lembranças resolvi ir dormir.

Assim que levantei, o João pegou um violão e começou a tocar uma música que versava sobre amor. O Ernesto aproximou-se e formaram uma dupla. Logo, todos acompanharam o refrão. Ele olhava e sorria para mim. Deixei-me envolver pelas doces palavras da canção. Ai, eu estava totalmente apaixonada e que bom que ele deixou claro que seu desejo era me ter ao seu lado. Sentei novamente.

— Barbaridade! Ele está cantando pra tu, guria – comentou Carol.

— "Nossinhora"! Que lindo o que está acontecendo com vocês... – emendou Renate.

— Não sei o que fazer com isso – suspirei. Não adiantava tentar disfarçar. O que sentíamos exalava aos quatro ventos. — É tão forte, tão bom, tão assustador.

— Bah! Assustador por quê? – indignou-se a médica.

— Nos conhecemos há dois dias... – falei, sem tirar os olhos do João.

— Liz, só peço uma coisa – interrompeu-me a historiadora –, dê uma chance a ele de provar a pessoa maravilhosa que é.

— Ele é mesmo incrível – sorri para ela. — E muito insistente também.

— Já vi que o está conhecendo – piscou Renate.

Quando ele acabou de cantar pensei que viria ao meu encontro, mas juntou-se ao Antônio e ao Silvio. O Ernesto, depois do show, divertia-se com a garotada, fazendo o maior sucesso entre as moças. A Francisca e a Jamile dançavam com seus respectivos esposos. Decepcionada por ele não ter vindo ao meu encontro decidi ir para casa.

— Você é daqui, Liz? – puxou conversa Renate antes que eu saísse.

Em poucas palavras contei a minha história.

— Barbaridade, então não conheceste teus pais? – quis saber Carol.

— Infelizmente, não – lembrei-me do que a avó Veridiana havia escrito no bilhete: *"fruto de um amor proibido"* e senti uma dor no peito.

— Tem foto deles pelo menos? – indagou Renate. — Não observei nenhuma imagem.

— Não!

— Sem fotos? Não sabe como eles eram? – questionou Carolina.

— Bem, tenho apenas um desenho antigo deles, guardo no meu quarto. E como dizem, sou a cara do meu pai e meus cabelos são da minha mãe. – Busquei o João e vi que conversava com uma das mães. Uma gota de ciúmes entrou nas minhas veias, envenenando-me por inteira. A minha vontade era largar a conversa e ir tirá-lo de perto daquela mulher. Ainda sendo ela a Daniela, que todos sabiam que era muito atirada. Ela, a todo o momento, aproximava-se dele, e parecia que se divertiam.

— Deve ser muito triste não ter conhecido os pais – comoveu-se a médica.

— Sabe, Carol, minha avó foi minha mãe, o Rudá e a Naiá me tratavam como filha, sempre fui muito amada. Teve uma época em que perguntava para a vó sobre meus pais, e ela dizia assim: *"Liz, o que passou, passou. Se me lembro deles fico triste".* Como não queria magoá-la, com o tempo deixei de perguntar.

Enquanto conversávamos, o Pererê passou na minha frente com um semblante muito sério. Eu o segui com o olhar. Ele foi ao encontro do Lorenzo, que acabara de chegar com mais dois homens. Percebi que começaram uma discussão. Pedi licença e fui ver o que acontecia, elas me seguiram.

— Oi, minha linda Liz! – Lorenzo abriu os braços ao me ver.

— Como vai, Lorenzo? – permaneci atrás do agrônomo.

— Você chamou este cara para vir aqui esta noite? – questionou Alfredo. — Ele ainda trouxe amigos.

— Não, não o chamei – uma sensação estranha invadiu-me.

— Você recebeu minhas flores? – perguntou o visitante sem dar ouvidos ao meu amigo.

— Obrigada, são lindas – o charme do Lorenzo era de arrepiar.

— Você não é bem-vindo aqui – avisou Alfredo.

— Desculpas aceitas? – o Anhangá tinha um olhar profundo.

— Aceitas – sorri. Sabia que ele não era uma pessoa confiável, mas se mostrava agradável.

— Trouxe um presente para você, para compensar o que meus colegas fizeram na fazenda enquanto estiveram aqui – estendeu um pequeno embrulho para mim.

— Não precisa, já passou. Só peço para não nos incomodar enquanto as crianças estiverem por aqui.

— Por favor, aceite – mostrou um sorriso encantador.

Curiosa, peguei o embrulho e o abri. Era uma corrente de ouro com um coração cravejado de rubi.

— É lindo... – deslumbrei-me.

— São para combinar com seu brilho – ele era bom em elogios.

— Lorenzo, você por aqui? – João colocou as duas mãos nos meus ombros. Um protetor.

— Olá, João, como vai? Só vim ver se M-I-N-H-A Liz gostou das flores e lhe trazer um presente – falou lentamente a palavra minha.

— Eu não posso aceitar – tentei entregar a caixa para ele.

— Aceite. Por favor – fez um olhar triste.

— Ela não quer – João pegou o embrulho da minha mão e jogou no peito dele. — Pegue isto e caia fora – alertou, já irritado.

— Por que você não some daqui e me deixa resolver isso com ela? – o olhar do Lorenzo cravou no João.

— Não há nada para resolver. Já deu o seu presente e ela recusou. Pegue-o e vá embora.

Logo estávamos rodeados pelos Guardiões.

— Deixe-me apresentar meus amigos. Este é o Leandro e este o Osvaldo. Rapazes, este é o Alfredo, o cara. Esta é a minha Liz, e devemos cuidar dela. Estes são os Guardiões da Terra – usou um tom de ironia –, que vocês já conhecem.

Houve apenas um balançar de cabeça, nenhum aperto de mãos.

— Liz, posso conversar a sós com você? – perguntou o visitante.

— De forma alguma – interveio João.

— Acha que manda nela? – Lorenzo o fitou firmemente.

— Não mando em ninguém. Vá embora – João retribuiu o olhar.

— Não vou a lugar algum. Vim aqui com um objetivo e vou atingi-lo – pegou bruscamente no meu braço e me puxou tão forte que tropecei e, para não cair, apoiei-me nele.

Antes mesmo de eu me equilibrar totalmente, senti o João pegando nos meus ombros e me puxando para longe do Anhangá.

— Alfredo, tire-a daqui – pediu João e partiu para cima do rival.

O Pererê pegou na minha mão e me puxou. Eu, ainda confusa com o ocorrido, segui-o.

— Vamos dançar, Cuca. Deixe essa encrenca com eles – comentou o Saci assim que nos afastamos.

Eu olhei para trás e vi que uma grande agitação acontecia. Quis voltar, mas o Pererê não deixou. A Martinha veio perguntar o que estava acontecendo, desconversei.

Começamos a dançar, mas os passos não acompanhavam o ritmo da música. Todo o momento pisava no pé do meu parceiro e pedia desculpas. Minha atenção estava toda na confusão criada pelo Lorenzo. O Alfredo falava muito, tentando me distrair, mas eu não o ouvia. Só queria saber o que acontecia lá fora. Então vi o João caminhando ajudado pelo Silvio para a cozinha. Quis ir até lá, mas o Pererê não deixou.

— Acalme-se. Você pode por mais lenha na fogueira – avisou ele.

— Por que diz isso? – intriguei-me.

— O Lorenzo tem um conflito com o João e para atingi-lo ele está usando você – torceu os lábios. – Isso é claro como o dia.

Refleti sobre a teoria do Alfredo, lembrei-me dos momentos entre físico e o líder dos Anhangás que presenciei e concordei com meu amigo. O que fazer para que o João não caísse nas ciladas armadas pelo Lorenzo? Estando vibracionado por mim como dizia, ele seria presa fácil das artimanhas do seu antigo parceiro. Realmente eu era o ponto fraco dele.

O que fazer para ajudar meu lindo físico?

Mantê-lo longe, a distância de um olhar ajudaria? Só que como ele afirmava, essa era uma péssima ideia, pois não conseguíamos ficar muito tempo afastados. Precisaria ser algo mais eficaz. Não conseguia pensar em nada. Na verdade, as emoções vividas nesse longo dia não deixavam que eu raciocinasse satisfatoriamente. Eu precisava descansar, por o pensamento em ordem e assim refletir com clareza que atitude tomar.

Incapaz de pensar corretamente deixei-me levar pelo Alfredo e tentei me concentrar no momento. A animação do pessoal do acampamento era grande, nem deram conta do tumulto gerado pelos visitantes.

— Com licença? – Marcelo bateu no ombro do meu parceiro, pedindo para dançar comigo.

— Cuida dela, pedido do João – alertou meu amigo.

— Fica tranquilo, está segura comigo – Marcelo deu um tapinha no ombro do Alfredo

Dançamos um pouco e logo senti alguém tocando em mim. Era a Jamile.

— Posso? — perguntou ela e foi logo pegando o marido.

Ela dançava com o João. Ele sorriu para mim.

— Artimanha dela, não tenho nada com isso, juro – ergueu as duas mãos.

Eu não pronunciei nenhuma palavra, apenas sorri. Quando peguei na mão dele, ele segurou na minha cintura e nossos corpos se tocaram, tudo ficou bem. Esqueci-me dos problemas e desejei que a música nunca mais acabasse. Assim que saí do torpor da aproximação, vi no rosto dele alguns hematomas. No canto da boca havia um corte e em sua camisa xadrez faltavam alguns botões. Sabia que eu era a causa dos seus ferimentos. Ele já passara por várias confusões desde que nos conhecemos, mas agora trazia estampado na face sinais delas e eu não poderia permitir que isso continuasse. Precisaria fazer algo para nos afastar. Fiquei triste e abaixei o olhar.

— O que foi? – incomodou-se, percebendo minha expressão.

— Você está machucado. A culpa é minha.

— Claro que não. O Lorenzo é o responsável por causar encrencas – esboçou um sorriso. — Eu estou bem.

— Ficará com o rosto todo roxo e quer que eu não me incomode? E esse corte na boca? – o que poderia fazer para que isso não voltasse a acontecer? Suspirei profundamente.

— Nada que doces beijos não resolvam – ele segurou meu queixo. — Não se preocupe, ficarei bem. Eu não podia deixá-lo tocar em você. Ele é perigoso. E saiba que o rosto dele está bem pior que o meu – sorriu satisfeito.

Foi inevitável não rir. Ele dançava bem e me conduzia levemente. Desfrutei o momento com ele, depois de várias horas afastados. Mas algo me incomodava além do amor louco que sentia por ele: o embate entre o João e o líder dos Anhangás.

— João, estou com sede. Vamos parar um pouquinho? – pedi.

Ele segurou na minha mão e fomos pegar uma garrafinha de água.

Parados ao lado do freezer, ele olhava fixamente nos meus olhos e segurava firme a minha mão.

Eu podia sentir a magia do amor fluir entre nós. Não consegui manter o olhar, soltei minha mão e tomei a água.

— O que o Lorenzo queria? – perguntei olhando a animação dos jovens.

— Como sempre, me importunar. Sua vida consiste em me irritar desde que nos separamos.

— E conseguiu? – voltei-me para ele.

— Um pouco – esfregou as mãos. – O importante é que você está aqui comigo – ergueu as sobrancelhas.

— E por que não estaria?

— Ele quer tirá-la de mim.

— Tirar de você? Não sou sua – dei de ombros.

— Ainda – piscou.

— Não fale por mim – sorri.

— Só sei o que sentimos.

— Sabe o que sinto?

— Sei.

— Como sabe?

— Pela ressonância?

— O quê?

— Ressonância, Liz, é quando o meu sistema físico vibratório recebe as suas ondas vibratórias, que têm a mesma frequência que as minhas. Dessa forma amplifica o que eu sinto e, consequentemente, o que você sente. Quanto mais perto ficarmos, mas ressoaremos. Sinto em mim o que você sente por mim e vice-versa.

— Interessante... – suspirei e, temendo a força da ressonância, decidi ir para casa. — João, está ficando tarde e o dia de amanhã tem muitas atividades. O que acha de irmos dormir? – queria me afastar dele.

— Isso é um convite? – cerrou os olhos. – Dormir com você?

— Seu bobo.

— Ah! Vamos? Será maravilhoso! Isto é, se conseguirmos dormir – ergueu as sobrancelhas.

— João...

— É brincadeira. Mas você sabe que toda brincadeira tem um fundo de verdade – filosofou, erguendo novamente as sobrancelhas.

— Oi, João – aproximou-se Pererê.

— Oi, Alfredo. Obrigado por ter afastado a Liz daquele sujeito.

— Quero agora afastá-la de você – ele parecia diferente.

— Sinto decepcioná-lo, mas isso é impossível...

— Vou dançar com ela – o agrônomo o interrompeu e tentou pegar minha mão.

— Não, não. Ela está comigo. Só viemos tomar água – João segurou-me firme.

A reação do meu amigo foi empurrar o João, que se desequilibrou e deu um passo para trás. Soltou-me e partiu para cima do Alfredo, segurando-o pelo colarinho.

— Nem pense em tocar nela. Já bati em um, não me custa bater em outro.

O Alfredo tirou as mãos do João da camisa e o empurrou novamente. Ele parecia outra pessoa.

— Parem, por favor! – assustada com o impasse entre eles, tentei contê-los. — Não vou dançar com ninguém. Só quero ir para casa descansar – desejei sair dali e ir para a proteção do meu quarto, ficar quietinha e dormir para acabar aquele longo dia.

Eles pararam, mas continuaram se olhando, estavam bufando. O João pegou no meu ombro e fomos saindo, deixando o Alfredo com os olhos enraivecidos. Senti que o João deu um passo para trás e me desequilibrei com o tranco, então ele me soltou, virou-se e acertou o rosto do Alfredo, que começou a sangrar instantaneamente.

— João, por que fez isso? – fiquei do lado do meu amigo, que sangrava.

— Ele me puxou ...

— Não pode ficar batendo em todo mundo – interrompi-o assustada com sua agressividade.

— Mas ele ... – tentou se defender João.

— Eu o quê? - Alfredo atravessou a explicação do físico batendo com a mãos no rosto dele.

O João balançou a cabeça, como se não acreditasse que levou um tapa na cara. Em seguida avançou enfurecido no agrônomo, mas foi impedido pelos Guardiões que ao ver a confusão rodearam-nos.

— Liz, veja bem com que está se envolvendo – rosnou Pererê, com olhos raivosos.

— Vamos sair daqui que dou um jeito nesse ferimento – chamou Carolina, pondo fim à discussão.

Eu os acompanhei. Enquanto a médica verificava o corte no supercílio, o Alfredo parecia muito diferente.

— Sabe o quanto eu gosto de você, Liz. Só quero defendê-la desse louco – comentou por fim.

— O João não é louco – entrou na conversa Carol. — É um homem extremamente educado. Louco é tu.

— Não estou falando com TU – o tom da voz do Pererê era grosseiro. — Arrume o estrago e fique calada.

— Alfredo, o que é isso?! – estava inconformada com a atitude dele batendo no rosto do João e agora estranhei a forma como se expressou.

— Esse cara é um troglodita, não serve para você. Além disso, logo irá embora e você ficará morrendo de amor – falava com raiva e os olhos pareciam que iam saltar.

— Já acabei. Pode ir, seu grosso – a médica o encarou.

Ele se levantou e deu um beijo na boca dela, que o empurrou e a limpou.

— Tu tá louco! – gritou a gaúcha.

Com um olhar envenenado, pegou minha mão e me puxou. Desconhecendo seu comportamento larguei da mão dele.

— Deixe-me em paz, Alfredo.

— Você vem comigo – pegou no meu braço e me puxou.

— Ela não vai a lugar algum – Renate parou na frente dele e cruzou os braços.

— Precisará passar por cima de todas nós para tirá-la daqui – advertiu Jamile.

— Somos pequenas, mas fortes – cruzou os braços Chica, ao lado das outras Guardiãs. — Quer dar testa?[271]

— Que inferno! – ele me soltou e saiu pisando duro.

— Meu Deus! O que aconteceu com ele? – sentei-me assustada. A Renate me deu um copo de água — ele sempre é a gentileza em pessoa.

— Ciúmes? – sugeriu a carioca.

— Não, ele ama outra mulher – balancei a cabeça, negando tal possibilidade. — Os olhos dele estão diferentes..., suas atitudes irreconhecíveis – lembrei-me do tal Leandro que tinha a habilidade de interferir na mente das pessoas. Era isso que acontecia, o Pererê encontrava-se sob o comando dos Anhangás.

— O que acham de irmos para casa? – chamou a arqueóloga.

Saímos todas juntas. Eu estava preocupadíssima só de pensar no perigo que o Pererê corria sob a influência do manipulador de mentes. Mas talvez, sua atitude fosse apenas tentar me proteger do físico, um forasteiro que invadiu meus dias. Conhecia o Alfredo a vida toda, podia confiar nele, já o que dizer do João? Mas esquisito mesmo foi o comportamento do meu amigo, nunca o vi agir de forma tão agressiva. E o meu lindo desconhecido, todo ferido e o tempo todo zelando por mim. Ai, ele já não era mais um estranho, já fazia parte da minha vida. Decididamente não sabia o que pensar.

Passamos pelos Guardiões, que estavam sentados no refeitório, conversando. Percebi que o João tentou se levantar e foi detido pelo filho.

---

[271] Quer dar testa – enfrentar (gíria baiana).

Voltei direto na casa do Rudá. Encontrei ele e Naiá sentados ao redor do fogão à lenha. Ela segurava um lencinho e quando me viu levantou-se e secou uma lágrima.

— João, o que vai acontecer?

Eu a abracei carinhosamente. Ela era tão pequenina.

— Fique tranquila, Naiá – passei a mão em seus cabelos. — Ele não fará mal a ninguém.

— Não confio nesse homem – expos Rudá, andando pela cozinha. — Ele é um Anhangá. Temo por todos nós.

— Ele realmente não é confiável – concordei –, mas acredito que só quer me irritar. Ficaremos em paz por enquanto.

— Ai, meu Deus! Livrai-nos do mal! – rogou Naiá.

— O jantar já foi servido – avisou o indígena. — Esperávamos você.

— Você se sente bem, João? – perguntou a atenta Naiá. — O Anhangá machucou você?

— Estou com um pouco de dor de cabeça e sinto frio – sentei-me. — Acho que é o cansaço do dia, junto com estresse que o Lorenzo me causa.

— Quer um chá? Faço agora um de cidreira que vai acabar com sua dor – prontificou-se. — Além de esquentar.

— Obrigada, doce Naiá, mas acho que vou tomar um banho quente antes do jantar. Se não melhorar aceito o chá – dei um beijo na testa dela. — Nos vemos no refeitório.

Assim que saí da casa "saltei" para o quarto. Estava muito irritado com a atitude do Lorenzo, com frio e uma tremenda dor na cabeça. Após o banho e bem agasalhado ainda sentia-me muito mal. Saltei para perto do refeitório. Evitei andar devido ao mal-estar, o que não era comum.

— Há algo errado. Aquela mulher fez alguma coisa em mim, tenho certeza – minha cabeça latejava.

No refeitório todos se deliciavam com o costelão, que exalava o cheiro longe. Fiz o meu prato, mas comi só um pouco. Estávamos em quase cem pessoas reunidas.

Comentei com o Antônio e a Renate o ocorrido e pedi para a Carolina um remédio. Ela me deu um analgésico, que em minutos amenizou a dor. Eu não cheguei mais perto da Liz, seguindo seu insano pedido.

Sentindo-me um pouco melhor, resolvi ampliar minhas relações. Conversava com os pais e com a garotada. Mas a todo o momento a procurava com o olhar. Nada tinha graça longe dela. Como eu podia estar experimentando tal melancolia se só a conhecia há dois dias? Mas se ela me queria longe, era longe que eu ficaria. Daria tempo a ela de me conhecer melhor. Embora estivesse me sentindo horrível por me prestar a compactuar com tão enfadonha farsa.

A noite estava linda, porém fria. O brilho das estrelas deu lugar à luz da Lua crescente e esta foi lentamente sendo encoberta por nuvens densas.

Num certo momento, violões começaram a emitir ondas sonoras que alegraram o ambiente. Eu não resisti e resolvi cantar para ela. Embora estivesse longe da Liz, eu a vigiava o tempo todo e decidi agradá-la.

Conhecia uma música que falava de um amor complicado, e quanto mais dificuldades aparecia, maior ele ficava. E, claro, no fim os vibracionados ficavam juntos, num amor pleno. Emprestei um violão e comecei a dedilhar, e no momento seguinte o Ernesto veio fazer uma dupla, logo soltamos a voz e o pessoal ajudou na cantoria.

A Liz conversava com duas Guardiãs e assim que comecei a canção ela sorriu e eu retribuí. Cantei olhando nos olhos dela, para ela. Sabia que entendera meu recado.

Depois dos aplausos devolvi o violão e fui conversar com o Toni e o Silvio. A dor e o frio começaram a voltar. Pedi licença e fui tomar água.

Encostei-me ao balcão que dividia a cozinha do espaço das refeições e pensei na conversa que tivera com o Alfredo, na provocação do Lorenzo, mas o desconforto na cabeça e o frio no corpo exauriam minha energia. Comecei a ficar irritado. De longe eu a procurava, precisava mantê-la no raio do olhar, pois o Lorenzo poderia tentar levá-la. Aborreci-me com tal pensamento. Respirei profundamente várias vezes para me acalmar. Tudo que vinha na minha mente era fazer com que ela parasse de dizer que eu a irritava e que aceitasse meu amor. Dei alguns passos com pretensão de pegá-la nos braços e sair dali, mas recuei. Lembrei-me dos conselhos recebidos e resolvi deixar que ela refletisse o que acontecia entre nós. Era para me manter afastado, não é? Então assim seria. Encostei-me novamente. Logo, uma mãe veio conversar comigo.

— Olá! Ontem na escola ouvi que vieram fazer uma pesquisa aqui – puxou um papo uma mulher bem atraente.

— Vamos estudar o porquê de tantos raios nesta região. Isso não é comum – respondi, tentando acabar com a conversa.

— Você mora aonde?

— Curitiba – o efeito do remédio que a Carol me dera acabara totalmente e mal conseguia manter os olhos aberto.

— É casado, tem namorada? – questionou a mulher.

— Sou solteiro ....

— Isso é ótimo.

— Mas estou apaixonado – usei o termo comum e já fui deixando tudo claro. — Quase namorando.

— Isso é péssimo – ela fez uma cara feia. — Quem é a sortuda?

— Você não a conhece – menti. Por que você não some daqui, desejei.

— Se ela não é daqui, poderíamos nos divertir um pouco.

Eu não acreditei no que acabara de ouvir. Ela era uma mãe que acompanhava o filho ou a filha ali e se oferecia para mim. Que coisa horrível! As mulheres de hoje são muito oferecidas.

— E estamos, não é? Conversar é uma ótima pedida – agora meu corpo todo latejava de dor.

— Não era essa forma de diversão a que eu me referi – ela se aproximou demasiadamente de mim. — Você é pedaço de mau caminho para ficar aí sozinho, encostado nesse balcão – colocou sua mão entre as minhas pernas. — Vamos sair daqui um pouco – pegou minha mão e me puxou.

Eu me surpreendi. Essas mulheres estão cheias de ação!

— Você sabe mesmo o que quer – soltei minha mão da dela. — Mas desculpe, paixão é coisa que acaba com a gente. Tenho olhos só para ela.

— Mas ela não está aqui – tentou me beijar.

— Desculpe, meus amigos estão me chamando – deixei-a falando sozinha.

Eu me afastei, assustado e com a dor e o frio cada vez mais intenso. Devia estar com febre. Nesse momento vi que a Liz conversava com o Alfredo... e o Lorenzo.

Lorenzo? Lembrei-me da conversa que tivera com ele havia pouco tempo.

Uma onda de pânico me envolveu e fiquei sem ar. Ele a levaria e eu não conseguiria encontrá-la. Caminhei em direção ao grupo, mas meu corpo quase não respondia aos meus comandos. Com esforço cheguei onde estavam. Logo os Guardiões me rodearam. Conversamos rapidamente, insisti para que sumisse, mas, claro, ele ignorava o que eu dizia. Numa ação repentina, puxou a Liz para perto de si. Ele saltaria com ela! Segurei-a tão rapidamente que se ele tinha o intento de levá-la para longe, não conseguiu.

O veneno da ira correu nas minhas veias e tomou conta do meu corpo, e sem pensar dei um murro na cara do Lorenzo. Socos foram trocados, até que nos separaram com dificuldade. Eu e ele estávamos feridos.

— Me aguarde, João! Me aguarde! – urrou.

— Cai fora daqui! – fuzilei-o com meu olhar.

Ele andou um pouco, segurou nos amigos e sumiu.

— Me ajudem, por favor – cambaleei. — Estou muito mal, um frio congelante e uma dor intensa dominam meu corpo. Acho que é coisa da Sofia. Ela tocou em mim e depois disso a cada minuto estou pior. Não estou conseguindo dominar meu corpo – segurei-me no Silvio.

— Vamos até a cozinha. Vou cuidar dos ferimentos e vejo o que pode estar acontecendo – prontificou-se Carol.

Enquanto caminhava, fiquei tonto e tive que ser ajudado pelo Silvio novamente. Cheguei à cozinha segurado pelos amigos e quase chorava de dor. Sentei-me e apoiei meus braços na mesa, e minha cabeça sobre eles.

— Carol, a Sofia me tocou aqui – mostrei meu pescoço.

— Barbaridade! O que é isso?! – assustou-se ao observar o local indicado. — Está necrosando. Por favor, Silvio, pegue minha maleta naquela prateleira – pediu ao marido apontando o local.

— Preciso de um remédio para dor e para o frio. Vou morrer, não consigo me mexer e sinto que estou congelando.

Logo o Silvio chegou.

— Aguente um pouco. Darei uma anestesia no local e farei uma pequena incisão para tirar algo que está aqui – avisou a médica.

Mesmo com a anestesia eu sentia uma dor intensa e quando a Carolina cortou a minha pele pensei que fosse desmaiar, tamanha a dor. Mas assim que retirou o que me matava, a agonia começou a passar.

— Agora só essa colinha e logo tu ficará bom – avisou. — Precisamos analisar o que é isso que colocaram em você. Ernesto, você pode verificar amanhã?

— Claro, me dê isso aqui – colocou o pequeno objeto no bolso.

— Pronto! Novinho em folha! – anunciou a médica.

— Liberado? – perguntei ainda com resquícios da dor

— Como um cavalo no pasto – brincou a médica.

— Preciso ver onde a Liz está. O Lorenzo pretende levá-la – saí apressado e ainda atordoado.

Eu a procurei e vi que dançava com o Alfredo. Caminhei ao encontro deles. Mas antes que os abordasse, a Jamile me chamou.

— João, meu amigo, vamos dançar – puxou-me.

— Agora não. Preciso ficar perto dela.

Mas ela segurou minha mão e puxou-me para a pista. Era óbvio que ela tinha um plano. Deixei-me levar.

— Caracas, "mermão"! Vi quando aquela mulher pegou em você e encheu a mão! Você arregalou os olhos assustado. Eu e o Marcelo morremos de rir – lembrou-se Jamile, dando uma gargalhada. – Porra, que situação constrangedora!

— Nós homens também somos assediados – ri com ela. — Mas preciso...

— Calma, caralho. Deixa comigo, porra. Dance.

— O que pretende fazer?

— Evitar mais confusões. Chega por um dia.

Sorri e continuei dançando. Sentia-me cansado com tudo que acontecera, mas confiei nela. Bailamos um tempo, então ela parou e bateu no ombro do Marcelo. Quando vi, ele dançava com a Liz. O casal saiu deixando-me frente a frente com a mulher da minha vida.

Ela sorriu e a noite se iluminou. Começamos a dançar, eu a segurava firmemente, nunca mais iria soltá-la. Podia sentir o bater do seu coração, ele ressoava às batidas do meu. Nossa respiração estava exaltada e no mesmo ritmo. Eu estava feliz, estar perto dela me deixava em paz.

No mesmo instante ela percebeu que eu brigara, pois meu rosto e minha roupa me denunciaram. Entristeceu-se por ser o motivo dos meus ferimentos. Conversamos e dançamos um pouco. Eu comecei a sentir um pouco de dor de cabeça novamente, mas não deixei transparecer, mesmo porque, sentir o corpo dela junto ao meu era impressionantemente delicioso. Infelizmente, ela acabou com meu momento de prazer e paz comentando que sentia sede.

Sabia que não era sede. Ela sentia o mesmo que eu, desejo de ficarmos juntos e sozinhos. Eu tinha consciência de que não podia insinuar qualquer ato nesse sentido, então, segurando firmemente a sua mão para não a perder, fomos pegar água. Era possível sentir a vibração dela em minhas mãos e isso me fazia bem.

Percebi que ela estava inquieta, algo a incomodava, e avisou que iria dormir. Enquanto conversávamos, o Alfredo chegou, com os olhos arregalados.

Ele queria dançar com ela e tentou tirá-la de mim, o que não permiti, é obvio. Sem saber o perigo que corria o Pererê empurrou-me. Em reação segurei-o pela camisa. Discutimos. Queria arrebentar com ele, mas a Liz intercedeu e me contive, ela já estava triste demais. Segurei seu ombro e caminhei ao seu lado.

— Farei amor com ela antes de você – sussurrou "Saci" no meu ouvido, deu um tapa na minha cabeça e agarrou meu ombro, impedindo-me de andar.

Por que ele fez isso? Meu sangue ferveu numa intensidade desconhecida. Parei de respirar. Aí já era demais! Sem pensar, virei com os punhos cerrados e acertei a cara dele. A Liz não sabendo da provocação defendeu o amigo que sangrava e nem deixou que eu explicasse o motivo da minha atitude, o que não gostei de jeito nenhum. E, pior, repreendeu minha ação violenta. O tal Saci começou a falar novamente e bateu no meu rosto.

Eu ceguei.

Mataria aquele sujeito naquele momento. Mas os Guardiões me seguraram e a Carol levou-o para longe. A Liz os acompanhou.

— Calma! Porra, João, de novo?! Você está impossível hoje – externou Marcelo.

— João, nunca o vi agir assim. Tenha calma sô! – repreendeu-me Antônio.

— Que atitude desmedida! – exclamou José. — Não o estou reconhecendo. Nunca foi violento, carrancudo sim, mas violento não.

— Duas brigas numa noite é um recorde – enumerou Silvio.

— Pai, o que está havendo com você? – perguntou meu filho. – Há quantos anos não o vejo assim.

Fui repreendido pelos meus amigos, que me levaram tomar uma cerveja para esfriar a cabeça.

— Estou mesmo descontrolado – coloquei a mão na cabeça. — Nunca lidei com emoções tão avassaladoras – tomei um gole de cerveja, que estava bem gelada.

— É complicado mesmo – concordou Marcelo. — Lembro como foi difícil o começo com a Jamile.

— Obrigado pela força, amigo. O maior problema não é a Liz – bati no ombro dele –, é o Lorenzo.

— Mas a confusão agora foi com o Alfredo – lembrou Ernesto.

— É que ele está sendo manipulado pelo Lorenzo com a ajuda do Leandro. Hoje à tarde, o Alfredo conversou comigo, pediu desculpas pelo ocorrido ontem à noite na casa da Liz, e minutos depois jogou água em mim.

— Você acha mesmo que a mente dele está sendo invadida? – interrompeu-me José. — Olha que o ciúme faz essas coisas. Você chegou e tomou a mulher que ele ama, é natural da parte dele.

— Ele ama uma amiga da Liz, confessou à tarde. A confusão agora se deu porque ele bateu na minha cabeça e sussurrou algo que só o Lorenzo poderia dizer e depois bateu no meu rosto. Ai descontrolei mesmo – virei a garrafinha de cerveja. – Os olhos dele pareciam arder de ódio, típico de invasão mental – expliquei. Depois, virei para o Zé: — E que fique claro que não tomei ninguém de ninguém. Ele mesmo afirmou que nunca nem ao menos se beijaram.

— Então tá – o baiano tomou sua cerveja. — Acredito em você.

— Socorro... – abaixei a cabeça. — O que sinto por ela é algo que não sei explicar. Queria não estar sentido isso. Parece que perdi todo o tempo de estudos para me tornar alguém melhor.

— Caracas, nem posso acreditar no que está dizendo, "mermão". Você nunca acreditou que esse sentimento existisse – comentou o carioca.

— Não acreditava mesmo. Para mim era impossível encontrar alguém com a mesma frequência vibratória que a minha.

— Barbaridade tchê! É paixão das bravas! – admirou-se o gaúcho.

— Literalmente, é paixão, que é uma expressão latina "patior", cujo significado é "sofrer ou suportar um fato difícil ou doloroso". Lembrem-se da "paixão de Cristo"? Sofrimento, dor, tristeza. Pode também significar uma emoção desmedida, quase doentia – caminhava pelo refeitório. — É exatamente o que acontece comigo. — Outro ponto a considerar é que quem cai de paixão acaba por perder a sua individualidade, pois acaba ficando atordoado pelo ser que exerce sobre ele a paixão. Resumindo, a paixão pode ser dolorosa e doentia e, muitas vezes, faz o sujeito perder o seu senso de raciocínio – sentei-me e acabei com o copo de cerveja. — Esse sou eu no momento.

— Por essa definição você está mesmo perdido de p-a-i-x-ã-o – José frisou a palavra paixão, e todos caíram na gargalhada.

O Alfredo saiu da cozinha e passou por nós. Ele parou na nossa frente e veio na minha direção rapidamente. Eu levantei e o aguardei, mas a turma do "deixa pra lá" entrou entre nós.

— Terei ela antes do que você, João – deu uma gargalhada e jogou um beijo para mim. — Nos vemos irmão – voltou-se para o Toni com olhar muito sério e avisou: — Mantenha-o longe dela se quer evitar mais transtornos – virou-se e foi embora.

A tensão do momento deixou todos em alerta. A minha vontade era ir atrás dele e socá-lo, mas depois do que ele falou ficou claro para todos que o Lorenzo era culpado de tudo. Teria que ter paciência com o Alfredo.

— Estes dias teremos problemas – lamentou Antônio. — Se há uma coisa impossível é separar vocês dois. Estão apaixonados, ops, vibracionados – sorriu. — Podem negar o quanto quiserem e esse fato só fará aumentar o magnetismo entre vocês.

— Eu não nego nada – levantei-me e comecei a andar. — Ela é quem não aceita.

— Ela está assustada com sua insistência – assegurou Ernesto. — Já disse isso a você, pai

Nesse momento as mulheres saíram da cozinha a passaram por nós. Avisaram-nos que estavam indo para casa. Tentei me levantar para resolver a situação com a Liz, mas fui contido pelo Ernesto.

Por que não fui embora antes que tudo acontecesse?

Por quê?

Claro, era pra tudo acontecer!

Rodeada pelas Guardiãs, caminhamos até em casa. Em todo trajeto o meu único pensamento era defender o João e o Alfredo do Lorenzo. A briga que acabara de presenciar deixou-me apavorada. De uma coisa eu tinha certeza, se eu falasse para o João que desejava protegê-lo do Anhangá, ele negaria minha intervenção. O Alfredo nem imaginava que estava dominado pelo espírito do mal. Como deveria agir? Talvez se pedisse para o João partir, o Lorenzo não teria mais razão para atazanar o Pererê. Os dois ficariam em paz.

Mas eu suportaria perder o meu amado físico? Para sua proteção acho que sim.

Ai céus! O que deveria fazer?

As amigas do João conversavam e riam o tempo todo. Chegamos a casa e ficamos na cozinha, ninguém manifestou a intenção de ir dormir. Fiz companhia à elas, mas não articulava nenhuma palavra.

— Bah Liz! Tu ta quieta demais – Carol notou meu silêncio.

— O dia de hoje foi cansativo – esbocei um sorriso. – O primeiro dia é sempre assim.

— Ainda mais tendo que lidar com o João encrenqueiro – emendou Jamile. – Na verdade só tinha visto o João carrancudo. Porra, tadinha de você Liz – gargalhos a carioca.

— "Nossinhora"! Nunca vi o João ficar irado como hoje – relatou Renate, tomando um copo de água.

— É que ele está apaixonado, Rê – falou Jamile, pegando uma maçã. — Vibracionado, como ele prefere.

Todas caíram na risada. Eu permanecia preocupada em ajudar o físico e o agrônomo. O rosto ferido do João e os olhos raivosos do Alfredo me corroíam. Sempre fui uma mulher de ação, mas agora totalmente apaixonada parece que desnorteei. Depois de experimentar a proteção do João, parece que relaxei. Só que agora era eu que precisava defende-lo. Mas como?

Talvez a revelação que tivera a tarde fosse importante para que fizesse algum feitiço para que o Lorenzo evaporasse. Poderia pegar um caldeirão, usar algumas poções e palavras magicas e bum!. Foi-se o líder dos Anhangás. Ai, só que eu era uma bruxa de araque. Até há algumas horas nem tinha noção que fora iniciada na Grande Arte. Ri de mim mesma em cogitar algo assim.

Uma chuva fina começou a cair lá fora. Sentia-me cansada, extremamente cansada, queria muito acabar aquele longo, tenso e revelador dia. Certamente descansada conseguiria pensar em algo eficiente.

— Meninas, estou exausta, vou me recolher. Fiquem à vontade – avisei.

Todas decidiram ir dormir também. Nesse momento, os homens entram em casa.

— Bom que chegaram – comentei. — Quem for deitar por último tranca a porta, por gentileza?

— Podem deixar que eu fecho – prontificou-se João, sentando-se num banco.

Todos se despediram e elogiaram muito a organização do primeiro dia. Quando fui entrar, o João me chamou.

— Liz... – tentou pegar minha mão. — Precisamos conversar.

— João, não quero mais confusões – evitei o toque. Eu precisava ficar longe dele agora por dois motivos: minha paixão desenfreada e evitar que ele se ferisse novamente. O meu coração saltava com tanta força que parecia que sairia pelo peito. Se eu ficasse com ele não resistiria à magia que ele impunha em mim e o deixaria exposto à ira do Lorenzo. — Preciso tomar um banho quente e dormir. Estou muito cansada. Meu dia não foi nada fácil. Amanhã conversamos.

— Não, quero falar com você agora – puxou-me, mas me mantive imóvel.

Olhei para ele, suspirei, esbocei um sorriso.

— Não há nada a dizer... – na verdade preciso me afastar de você para que não se machuque mais.

— Liz, por favor... – segurou meu queixo, fazendo nossos olhos se encontrarem.

Minha boca secou, meu coração pulou, o ar faltou, a razão acabou, a emoção dominou, a decisão de ficar longe evaporou.

— João, eu pedi para você...

Sem me deixar terminar de falar, ele me beijou suavemente. Meus lábios estavam secos de emoção. Ele então passou a língua, molhando-os, e me beijou novamente. Seus lábios deslizaram sobre os meus. Eu não resisti e o beijei também. Todos os meus músculos relaxaram. O meu corpo clamou pelo dele.

Atenção! Atenção! Atenção!

Lembre-se da sua decisão. Precisa defendê-lo do Lorenzo, ou eu precisava defender-me dele? Não conseguia mais pensar.

Empurrei-o.

— Pare com isso – o ar me faltava, mal consegui falar.

— Liz, eu amo você – deu um passo em minha direção.

– João, não diga isso, não seja imprudente – ele envolveu-me em seus braços. – Não podemos continuar com isso. Você tem uma vida longe daqui – a voz quase não saia, mas devia ser forte e romper com ele.

— Tenho uma vida longe daqui, mas meu coração é seu – olhava-me com ternura. — Mais do que isso, você é minha própria vida – ele sussurrava tocando os seus lábios nos meus. — Não sei mais viver sem você. Não quero mais viver sem você. Não me peça para ficar longe, não vou conseguir. Sou seu de corpo e alma.

Eu não conseguia respirar. O mundo ao meu redor deixou de existir. O toque suave dos seus lábios nos meus alterou totalmente meus sentidos. Perdi as forças, a visão, a razão.

Estava entregue a magia da paixão.

— Seja minha esta noite ... – beijava meu rosto –, e o resto da vida.

Meu torpor era total.

Ouvi batidas..., insistentes..., seria o meu coração?

Lentamente percebi que vinham da porta da cozinha.

— Tem alguém aí? – era a voz da Aninha.

Voltei a realidade.

O João fechou os olhos, suspirou fundo e caminhou sem pressa até a porta abrindo-a. Ficou parado segurando a maçaneta.

— Preciso de mais coberta – Ana passou correndo entre nós.

Eu não conseguia sair do lugar. Meus pensamentos voavam buscando alguma razão para não mergulhar de corpo e alma naquela magia que borbulhava em todo meu corpo. Elenquei algumas: eu o conheci há dois dias; morava em Campo Mourão e ele em Curitiba; ele iria embora quando acabasse a pesquisa; tinha medo de sofrer com sua partida. Ai, eu estou perdida de paixão por ele, nenhuma alternativa me convenceu. Só queria que me desse tempo para conhecê-lo melhor e não que partisse. Entretanto era necessário poupá-lo de mais ferimentos ou o que mais o Lorenzo fosse capaz. Essa era a única razão que importava. Eu precisava mandá-lo para bem longe de mim. Mas eu o amo, eu o amo, eu o amo intensamente de corpo e alma.

Permanecemos mergulhados em pensamentos e emoções.

— Obrigada – minha filha passou como um raio carregando edredons e nos despertou.

Eu comecei a caminhar rumo ao quarto, pois uma avalanche de emoções e sensações corporais enuviavam meu pensamento. Não conseguiria pedir para ele partir.

— Espere Liz – ouvi o físico falar ainda perto da porta.

Não dei atenção, não podia dar atenção.

Meus passou eram trôpegos.

— Liz ... – senti ele segurando meu braço e estranhei sua rápida aproximação. – Eu amo você, precisa entender isso de uma vez por todas – tentou me beijar novamente.

—João, pare com isso agora – falei firme já recuperada do meu torpor, mas não menos desejosa dele e não convencida ainda de pedir para que fosse embora.

— Por quê? – arregalou os olhos.

— Porquê..., porquê..., porque você é confusão – abri os braços e caminhei pela cozinha, agora o convenceria que deveria partir.

— Eu? – espantou-se.

— Desde que o conheci muitas confusões aconteceram comigo – andava agitada ao redor dele, teria que ser convincente para que aceitasse deixar a pesquisa.

— Como assim? – ergueu as sobrancelhas e começou a seguir meus passos – Não estou entendendo, o que quer dizer com isso?

— Então acompanhe o que vou dizer: quiseram me sequestrar no mercado, Anhangás invadiram minha terra, bois morreram, Rudá foi agredido, quase morremos na estrada... – andava de um lado a outro e ele junto. Deus dê-me força para não fraquejar. Preciso protegê-lo. — Você brigou na minha casa com o Lorenzo, hoje se estranhou duas vezes com o Alfredo e novamente atracou-se com o líder dos Anhangás. Fora o que esqueci – abri os braços novamente e ele arregalou os olhos verdes encantadores.

— Tudo para proteger você – deu de ombros. – Por que eu a ...

— Você é encrenca – não deixei que terminasse a frase. – Não posso com isso – mais uma vez a voz me faltou. — Você precisa ir embora da minha casa – meus olhos arderam, mas era o certo a fazer.

— O que disse? – balançou a cabeça, inconformado.

— Foi o que ouviu – abaixei os olhos, não conseguia encará-lo, porque no fundo da minha alma não desejava que partisse. Só que era preciso.

— Liz, não fale assim ... – sua voz saia sufocada. – Aqui no meu peito tem um coração que vibra por você.

— João, para com isso, não insista – meus olhos iriam transbordar em segundos.

Ele então começou a mostrar o ponto de vista dele e inverteu tudo o que eu argumentei. Eu é que era culpada por ele estar todo ferido. E ele estava certo. Exatamente por vê-lo sofrer para minha proteção, que precisava me deixar. Então, com o coração aos frangalhos, novamente afirmei que ele deveria partir.

— É isso mesmo que deseja? – sua respiração se alterou.

Apenas balancei a cabeça.

— Pois vou agora mesmo – tirou uma chave do bolso e seguiu para a garagem.

— Também não é para ir agora! – surpreendi-me com sua atitude e fui atrás dele.

Seus passos longos e raivosos demonstravam que sua decisão seria irrevogável. O que eu fizera? O arrependimento abraçou-me.

— João por favor, é noite, está chovendo, é perigoso – tentei convencê-lo a não sair àquela hora da noite, mas ele não me deu ouvidos.

Em nenhum momento olhou para mim. Fez a moto roncar forte.

— João, espere! – entrei em pânico. – A estrada é toda cheia de curvas e com a chuva deve estar muito lisa.

Sai na chuva, fiquei na frente dele para evitar sua partida.

Ele parou com a moto ligada e me encarou.

— Não vá agora, por favor – pedi.

Mas ele acelerou, desviou-me e sumiu na escuridão.

— Deus por favor, proteja o João – ajoelhei-me em súplica.

A dor no meu peito era tanta que não conseguia respirar.

A tristeza na alma era tamanha, que não cabendo em mim, transbordou dos meus olhos.

Os raios insistentes riscavam o céu.

— Dê tempo a ela, pai – meu filho segurou-me pelo braço, reprovando minha atitude. — Ela está em boas mãos.

— Bah! amanhã começa a Copa do Mundo aqui no Brasil e nós nem fizemos um bolão – Silvio mudou de assunto.

— Vai dar Brasil, é claro – opinou Zé.

— Não sei não... – interveio Antônio. — A Alemanha tá fantástica.

— Acho que dará Argentina – foi a vez do Marcelo opinar.

— O que acha João? – consultou-me o gaúcho.

— Claro que dará Brasil – tentei entrar na conversa. — Amanhã será 4 x 0 contra a Croácia.

— Eta otimismo! – riu o nordestino. — Se o Brasil fizer 1 x 0 será muito. Não acredito na nossa seleção.

— Eu tô com o Toni – foi a vez do Ernesto opinar. — A Alemanha é minha candidata ao título.

Conversamos mais um pouco acompanhados de cerveja estupidamente gelada, e fiquei mais calmo e relaxado. Decidimos ir para casa dormir.

Depois de tudo que havia ocorrido no dia e incentivado pela bebida, estava determinado a acabar com minha agonia. A Liz teria que entender de uma vez por todas que eu não poderia mais viver sem ela, revelaria que eu era um "saltador" e ela deveria me aceitar como eu era. Nada mais de dar tempo. Não passaria daquela noite. Se ela já estivesse dormindo, eu a acordaria. Nada me faria mudar de ideia.

Ao entrarmos em casa, as mulheres ainda conversavam na cozinha, mas logo todos foram dormir. Claro que nos deixaram sozinhos para que resolvêssemos o impasse que surgiu entre nós. Eu sabia que a torcida era grande.

Era a minha deixa. Eu nos teletransportaria para um lugar bem longe e teria uma noite de amor com ela. Nada nem ninguém me impediria. Na verdade, só ela possuía esse poder.

E ela sabia usá-lo. E como sabia!

Tentei segurar sua mão, mas ela se esquivou e começou a falar que estava cansada e blá blá blá. Arrisquei persuadi-la porque precisava levá-la dali. Mas ela falava, falava, falava...

Por que mulheres falam tanto?

Beijei-a.

Entrei em êxtase com a sensação provocada. Principalmente quando ela se rendeu e me beijou também. O meu corpo inteiro reagiu violentamente, eu tremia. Fiquei excitadíssimo, precisava do corpo dela no meu.

Felizmente ela entendera que precisávamos um do outro e não era possível um mundo sem nós dois. Para meu desespero ela colocou as mãos no meu peito e afastou-me.

Ah! Pelo Cosmos! Por todas as forças do Universo! Por que ela agia assim?

Mas inebriado do mais forte sentimento que já experimentei, sussurrei juras de amor. Roçava meus lábios nos dela e podia sentir o quanto ela desfrutava daquela sensação que queimava todo meu corpo.

Entregue ao momento pedi para que ela ficasse comigo aquela noite ..., e o resto da vida. Eu era puro tesão, amor, vibração, paixão e todos as sensações, sentimentos e emoções que pudessem caber em uma só pessoa.

Era bom, era muito bom o que sentia, principalmente porque ela estava entregue em meus braços.

Comecei ouvir batidas. Pareciam longe..., eram insistentes..., começaram a se aproximar ...

O que acontecia? Demorei segundos para entender a realidade.

Batiam na porta.

Se fosse o Lorenzo eu acabaria com ele ali mesmo.

Mas ouvi a voz da filha da Liz.

Não conseguia me mexer. Meu corpo não obedecia aos meus comandos. Suspirei profundamente e após um breve tempo fui abrir a porta.

A Ana entrou como um torpedo.

Eu segurava a porta para manter o equilíbrio depois do momento indescritível que vivenciei. Olhava a Liz que também não conseguia se mexer. Nossos olhos faiscavam, transmitiam emoções não cabiam em palavras.

Perdi a noção de tempo.

A menina saiu com a mesma velocidade que entrou.

Para minha surpresa e decepção a Liz em total silêncio, virou-se e caminhou rumo ao quarto.

Como é? Ela iria dormir sem dizer nenhuma palavra? Como se não tivesse acontecido um momento atômico entre nós?

Não permitiria.

Saltei e segurei-a.

Mas ela me deixou novamente em completo estado de desolação dizendo que eu era encrenca, que tudo de ruim que acontecera com ela nos últimos dias era culpa minha, argumentava com convicção e no fim comunicou que eu deveria partir.

Como ela podia fazer assim comigo? Vivemos momentos intensos juntos, outros tantos separados a pedido dela. Mas ressoávamos um amor pleno. O que ela pretendia com esse surto de acusações?

Ainda tentei que ela parasse com aquele pesadelo, expondo meu sentimento. Mas estava irredutível. Seria pelo murro que dei no "Saci"? Ele deu um tapa no meu rosto, ela presenciou e mesmo assim ficou contra mim. Será que ela amava o Alfredo? Só podia!

Irritei-me com tal pensamento.

— Espere um pouco, esse é seu ponto de vista – comecei a me defender. – Eu só vim pesquisar os raios por determinação do Instituto. E olhe para mim, estou todo ferido por sua causa.

— Sinto muito – sussurrou de olhos baixos.

Sente muito? Sente muito? É só isso que tem a dizer? Fiquei inconformado.

— Não sou encrenca, só o que faço é defender você, porque a amo – olhei-a firme, a testa totalmente tensa. — Está me entendendo?

Ela afirmou com a cabeça.

— Você estava no mercado.

— Sim, fui fazer compras...

— E dois caras tentaram levá-la e eu a ajudei – ergui as sobrancelhas.

— Sim.

— Depois ouve a explosão e você saiu na chuva, querendo falar com os Anhangás, e eu a impedi – comecei a andar na frente dela.

— Sim.

— Lembra-se da chama de fogo na janela?

— Lembro.

— Na madrugada, o Lorenzo poderia ter machucado você e quem estava lá para ajudar?

Ela apenas suspirou.

— Na estrada se eu não estivesse no volante você poderia ter se acidentado.

— Pare, João, você está invertendo os fatos – parecia nervosa. — Você é encrenca e não eu. Eu estava aqui e você chegou mexendo com minha vida.

— Quero fazer parte dela, já informei isso mil vezes – abri os braços.

— Você vai me enlouquecer – seus olhos brilhavam, ela iria chorar.

— Não, vou amar você – fui abraçá-la cheio de carinho.

— Você trouxe os Anhangás – afastou-se de mim. – O Lorenzo é uma peste, quer o seu mal e não mede esforços para isso. Não tem escrúpulos e usa pessoas inocentes para atingir seu inimigo, isso é: você.

— Então a culpa é do Lorenzo e não minha – ergui os braços, indignado.

— Se você não estiver aqui ele não incomodará mais.

Parecia que o mundo me sufocava. Eu expus abertamente meus sentimentos, pedi para namorar, casar, viver para sempre ao seu lado, entrei em brigas, machuquei-me para protegê-la e ela pedia para que eu partisse?

— Está querendo dizer que EU devo ir embora? – arregalei os olhos. Meu coração queria explodir ao ouvir o que ela disse. – Que eu sou a causa das maldades do Lorenzo. Eu vou e ele fica?

Ela assentiu com a cabeça.

Aquela conversa enfureceu-me profundamente, mas o silêncio ensurdecedor da última pergunta fez meu corpo entrar em combustão. Neurotransmissores e hormônios, explodiram. A confusão química envenenou meu corpo, a energia vibracional queimou-o.

Dei um murro no balcão de granito, precisava sair dali.

— Estou indo agora! – fiquei cego de raiva. Como podia fazer isso comigo?

Queria saltar ali mesmo, na frente dela. Mas não o fiz. Por quê? Por quê? Por quê?

Fui até a garagem pegar a moto. No trajeto lances da minha vida rodeado de mulheres saltavam na minha mente. E o que eu ficava insistindo com essa que não me queria? Como ela sempre dizia, tinha uma vida em Curitiba, e muito boa por sinal, e era pra lá que iria.

Ela me seguiu falando, falando, falando. Saiu na chuva, ficou em frente da moto impedindo minha passagem. Percebi que ainda falava, mas não ouvia nada porque a energia que eu irradiava inibia que as ondas sonoras chegassem até a mim.

Desviei-a, acelerei e sumi na noite escura e chuvosa.

OBRAS CONSULTADAS

CADOGAN, León. **Aywu Rapyta:** textos míticos de los Mbyá-Guarani del Guairá. São Paulo: Boletins da Faculdade de Filosofia, Ciências e Letras. Universidade de São Paulo, 1953-1954. Disponível em: http://www.revistas.usp.br/ra/article/view/130577/126931. Acesso em: 25 jun. 2016.

CAPRA, Fritjof. **O ponto de mutação:** a ciência, a sociedade e a cultura emergente. 25. ed. São Paulo: Editora Pensamento-Cultrix, 2004.

CAPRA, Fritjof. **O tao da física:** um paralelo entre a física moderna e o misticismo oriental. 23. ed . São Paulo: Editora Pensamento-Cultrix, 2005.

CAPRA, Fritjof. **A teia da vida:** uma nova compreensão cientifica dos sistemas vivos. São Paulo: Editora Cultrix, 2006.

CLASTRES, Heléne. **Terra Sem Mal**. São Paulo: Brasiliense, 1978. Disponível em: https://www.academia.edu/29984368/CLASTRES_Helene._Terra_sem_mal_o_profetismo_TupiGuarani. Acesso em: 15 mar. 2016.

CLASTRES, Pierre. **A Fala Sagrada:** mitos e cantos sagrados dos índios Guarani. Campinas: Papirus, 1990. Disponível em: https://www.passeidireto.com/arquivo/41156104/clastres-p-a-fala-sagrada?q=CLASTRES,%20Pierre.%20A%20Fala%20Sagrada . Acesso em: 15 mar. 2016.

CUNNINGHAM, Scott. **Enciclopédia de cristais, pedras preciosas e metais.** 3. ed. São Paulo: Gaia, 2005. Disponível em: https://wiccalivros.files.wordpress.com/2015/03/enciclopc3a9dia-de-cristais-pedras-preciosas-e-metais-scott-cunningham.pdf. Acesso em: 23 jul. 2016.

DE ANGELIZ, Pedro. **Jesuítas e Bandeirantes no Guairá (1549-1640).** Introdução, notas e glossário por Jaime Cortesão. Rio de Janeiro: Biblioteca Nacional, 1951. (Manuscritos da Coleção de Angelis I). Disponível em: http://objdigital.bn.br/acervo_digital/div_manuscritos/mss1019228/mss1019228.pdf. Acesso em: 29 mar. 2014.

ELIADA, Mircea. **O sagrado e o profano**. São Paulo: Martins Fonte, 1992. Disponível em: https://drive.google.com/file/d/0B2a3UynNKV2CMW1JQ2ZSS29JVXc/view. Acesso em: 15 mar. 2016.

FISHER, Helen. **Por que Amamos**. Rio de Janeiro: Editora Record, 2006.

MONTOYA, Antonio Ruiz de. **Conquista espiritual feita pelos religiosos da Companhia de Jesus nas Províncias do Paraná, Paraguai, Uruguai e Tape**. Porto Alegre: Martins Livreiro, 1997.

NOGUEIRA, Baptista Caetano de Almeida. 1879. Manuscripto Guarani sôbre a primitiva catechese dos Indios das Missões. Obra composta em castelhano pelo p. Antonio Ruiz Montoya, vertida para guarani por outro jesuita, e agora publicada com a tradução portugueza, notas, e um Esbôço grammatical do abanheem pelo Dr. Baptista Caetano de Almeida Nogueira. **Annaes da Bibliotheca Nacional do Rio de Janeiro**, v. 6, fasc. 1. Typ. G. Leuzinger & Filhos. Disponível em: http://etnolinguistica.wdfiles.com/local--files/biblio%3A-nogueira-1879-manuscripto/nogueira_1879_manuscripto.pdf. Acesso em: 15 mar. 2017.

PARELLADA, Claudia Inês. **Villa Rica del Espiritu Santo**: ruínas de uma cidade colonial espanhola no interior do Paraná. Curitiba: SAMP, 2014. (Teses do Museu Paranaense, v. 3).

PARELLADA, Claudia Inês. Análise da malha urbana de Villa Rica del Espiritu Santo (1589-1632). **Revista do Museu de Arqueologia e Etnologia da Universidade de São Paulo**, Fênix-PR, n. 5, p. 51-61, 1995. Disponível em: *www.revistas.usp.br/revmae/article/download/109218/107698/0*. Acesso em: 11 nov. 2017.

PARELLADA, Claudia Inês. **Um tesouro herdado:** os vestígios arqueológicos da cidade colonial espanhola de Villa Rica del Espiritu Santo/ Fênix-PR. Dissertação (Mestrado). Departamento de Antropologia UFPR. Curitiba, 1997. Disponível em: https://www.academia.edu/7387524/A_herança_de_um_tesouro_Arqueologia_da_cidade_colonial_espanhola_de_Villa_Rica_del_Espiritu_Santo_1589-1632_Fênix_Paraná_Brasil._Curitiba_SAMP_2014_321p._ISBN_978-85-67310-07-7. Acesso em: 13 set. 2017.

SCHADEN, Egon. **Aspectos Fundamentais da Cultura Guarani**. São Paulo: Edusp, 1974.

SCHADEN, Egon. Caracteres Específicos da Cultura Mbya-guarani. v. 2. Buenos Aires: Jornadas Internacionais de Arqueologia y Etnografia, 1962. Disponível em: http://www.revistas.usp.br/ra/article/view/110690/109130. Acesso em: 18 set. 2017.

ZOVICH, Luis Aberto. **Mitologia Guarani**: el origen de los originários. [*S.l.*]: Clan Destino, 2015. Disponível em: https://issuu.com/clandestinoeditorial/docs/mitolog__a_guaran____el_origen_de_l. Acesso em: 26 jun. 2018.

Uma olhadinha em

SINTONIA,

a empolgante sequência de *Vibração*

ESTA QUARTA-FEIRA PARECE NÃO TER FIM
Ainda 12/06/2014

Não sei quanto tempo fiquei prostrada na chuva, tentando aceitar que fizera a coisa certa.

Ele fora embora, estava protegido do Lorenzo.

Ponto.

Não sei quanto tempo fiquei prostrada na chuva, tentando aceitar que fizera a coisa errada.

Ele fora embora, estava em perigo, pilotava numa rodovia cheia de curvas, numa noite chuvosa.

Ponto.

— Ai, acho que fiz mais mal do que bem – lastimei.

A chuva aumentava e os raios se intensificavam.

Comecei a sentir muito frio e, com esforço, caminhei até a varanda. Ainda fiquei um tempo esperando que voltasse. Havia duas porteiras, uma delas deveria estar fechada. Pedi ao céu por isso.

Nada do João. Ele realmente partira.

Estaria bem? Derrapou na pista molhada? Parou em Fenix? A moto atolou?

Fui para o meu quarto deixando um rastro de chuva por onde passei. Tomei um banho quente, o mais rápido da minha vida, pois não queria que nada atrapalhasse a possibilidade de ouvir o som da moto chegando. Vesti meu pijama, coloquei uma música suave, aconcheguei-me no sofá, ainda com a esperança de ouvir o ruído do motor. Mas nada.

— Você não é uma bruxa? Sim sou! – conversava comigo mesma. — Então faça alguma coisa. Vamos! – suspirei. — Ai, o que eu poderia fazer?

O que se passava no meu peito era algo que não sabia definir. Era uma mistura de dor, angústia, sufoco, tristeza, saudade e medo.

— Será que agi bem? Precisava protegê-lo – tentava me convencer. – Agora o Lorenzo o deixará em paz..., mas há a estrada, a noite escura, a chuva torrencial.

O terror da perda abriu os braços sobre mim.

— Este dia não poderia ter acabado pior – levantei e caminhei pelo quarto. — E se algo acontecer com ele? Como viverei com isso?

Estava agitada, nervosa, na expectativa de ouvir algo que indicasse que João voltara. Mas o silêncio era ensurdecedor. Abri a cortina, deixando as luzes do jardim iluminarem o interior do quarto. Sentei-me no tapete, aconchegando-me nas almofadas.

— Por que você não se deixou envolver com ele, sua boba? – briguei comigo. — Por quê? – levantei novamente e andei pelo quarto. — É essa estranha sensação de medo do amor? – balancei a cabeça tentando afastar tal sentimento. — Por tudo que é mais sagrado, preciso acabar de uma vez por todas com isso. Sempre soube lidar com intempéries da vida, então por que tanta dificuldade com o amor? – olhei-me no espelho. — Por que não vivi esse amor?

Agora não mais adiantava ficar remoendo o que eu não fizera. Bateu-me um arrependimento sem fim. Ele partiu e corria risco na estrada escura.

— Mas ele também não deveria ter agido de forma tão radical, não precisa ter saído de moto na chuva, numa estrada que não conhece – meu coração ficou apertado de receio. — Ahrrr! Ele poderia ter ido deitar e conversaríamos de manhã. Nada como um dia após o outro e uma noite no meio para resolver problemas – ainda conversava comigo no espelho. — Ele não se importou nenhum pouquinho comigo, não ligou que fiquei na chuva, que pedi para ele ficar, que me preocuparia com sua partida – cruzei os braços. — Ta vendo Liz, bem que você fez de não se envolver com esse João pavio curto.

Caminhei pelo quarto e uma saudade sem fim me envolveu. Sua imagem surgiu na minha mente, seu jeitinho torto de sorrir, de erguer as sobrancelhas, de como ficava grudado em mim o tempo todo. A insistência em me namorar, como me protegia do bando de Anhangás. Suspirei. Eu amava aquele pavio curto e desejava ardentemente que ele voltasse.

— Eu também sou uma insuportável, pedindo o tempo todo para ficar longe, só pensei em mim e no meu medo de amar. Em nenhum momento me coloquei no lugar dele e entendi seu amor vibracional – sorri.

Deitei na cama e rolei de um lado ao outro preocupada com o João andando de moto na rodovia molhada. Não conseguia dormir, minha cabeça não parava de pensar. Precisava entrar em contato de alguma forma. Eu desejava que ele voltasse. Queria ouvir sua voz, ver o seu sorriso, o verde dos seus olhos, sentir o toque dos seus lábios.

Peguei o celular.

Liguei uma, duas, três vezes..., mas ele não atendeu.

Resolvi enviar mensagens.

> *Liz*
> *— Onde você está?*
> *22h53*

> *Liz*
> *— Por favor me responda. Estou preocupada com você.*
> *22h53*

> *Liz*
> *— Por que saiu daquele jeito?*
> *22h53*

> *Liz*
> *— Desculpa pelo que falei.*
> *22h54*

> *Liz*
> *— O dia de hoje foi complicado para mim.*
> *22h54*

> *Liz*
> *— Não era para você ir embora hoje, assim desse jeito.*
> *22h54*

> *Liz*
> *— Você está bem? Fala comigo. To sufocando aqui.*
> *22h54*

— Oh Deus, proteja o João – não conseguia respirar.

Angustiadíssima, levantei e andei pelo quarto. Todas as emoções vividas e não vividas povoavam a minha cabeça. Faltava-me ar. Precisava falar com alguém, dividir minha agonia. Resolvi avisar o Ernesto sobre a partida do pai.

Bati na porta do quarto. Uma, duas, três vezes.

— Oi Liz – o rapaz abriu a porta com semblante de sono –, o pai não está aqui.

— Eu sei, ele foi embora.

— Como assim? – arregalou os olhos.

— Discutimos – suspirei e senti meus olhos encherem-se de lágrimas –, ele ficou Pegou a moto e sumiu.

— Esse meu pai – Ernesto coçou a cabeça.

— Estou preocupadíssima, a noite está escura, chove muito, relâmpagos riscam o céu, a estrada é cheia de curvas e o asfalto deve estar liso – comecei a andar no corredor –, temo que algo possa acontecer. Nunca me perdoarei – parecia que iria sufocar.

— Acalme-se Liz – tentou me tranquilizar –, ele é bom motociclista.

— Não consigo – andava de um lado para outro.

— Vou ligar para o celular dele – Ernesto comentou.

— Já liguei, mandei mensagens – cruzei os braços e bati o pé no chão, demonstrando meu nervosismo. — Se ele estiver pilotando, não atenderá.

— Liz vá deitar, tente dormir, pode deixar que arriscarei um contato com ele – sorriu – Você precisa descansar, o dia de hoje foi de muito trabalho e amanhã será cheio de atividades.

— Vou para o meu quarto – suspirei –, mas não sei se conseguirei dormir – balancei a cabeça demonstrando descontentamento. — Se tiver notícias, pode me avisar, por favor?

— Claro – sorriu.

— Ernesto, ninguém sabe que ele partiu, estávamos só nós dois.

— Liz, se estão vibracionados como ele diz ...

— Estamos Ernesto, estamos vibracionados – o interrompi.

— Então logo tudo se resolverá.

— É o que espero – respirei profundamente. — Boa noite.

— Boa noite e vê se dorme – o rapaz deu um sorriso carinhoso.

— Vou tentar – caminhei para o quarto, mas decidi fazer um chá.

Fui para a cozinha, coloquei água ferver, preparei uma grande xícara de chá com valeriana, erva-cidreira, folhas de maracujá e camomila, um super chá e voltei para o quarto, ainda com a mente povoada com inúmeros sentimentos.

Com os ombros mais leves por ter conversado com o Ernesto e com uma caneca cheia de chá calmante me senti melhor. Mesmo assim sabia que não conseguiria dormir, pois a preocupação com o bem-estar do João era grande. Então lembrei-me de um ensinamento da vó Veridiana e resolvi realizá-lo.

Fui para o quarto de cima pegar incenso de erva cidreira feito por mim. Mas não conseguia encontrá-lo. Onde eu o havia colocado? Era só o que faltava, não o localizar quando mais precisava.

— Apareça incenso, preciso da sua energia – procurei em algumas gavetas até que o encontrei. Acendi-o, coloquei no incensário, voltei ao meu quarto e andei por ele. O aroma exalado era delicioso e tranquilizador. Comecei a cantarolar uma antiga canção, e o ritmo dos versos lentamente me acalmaram.

Perfume inunde minh'alma

Trazendo paz e calma

A tempestade passará

A bonança chegará

O mundo girou

A paz voltou

Abrande coração

Acerte a decisão

Sentei na cama e bebi o chá lentamente.

Conforme a calma se instalava, entendi que não conseguiria mais viver sem o João e decidi que tentaria encaixá-lo na minha vida. Isto é, se ele voltasse.

— Senhor meu Deus, estou tão perdida em pensamentos e emoções. As lembranças que inundaram meu ser esta tarde e a paixão desenfreada pelo João tiraram-me a razão. Tentando ajudá-lo, acabei fazendo tudo errado. Senhor Deus, já perdi duas pessoas que amava muito na estrada. Por favor, por favor, por favor... não permita que nada aconteça ao João. Salve-o de qualquer intempérie, envie seus anjos para acompanhá-lo e resguardá-lo de todo o mal. Se ele voltar sã e salvo, prometo que agirei diferente com ele e confiarei no amor que ele diz ter por mim. Darei uma chance a nós dois. Que assim seja, que assim se faça! Amém!

Confiando que minha oração chegara até o criador e para não deixar maus pensamentos apoderarem-se da minha mente, foquei na minha respiração e recitei baixinho: *"o silêncio acalma a alma"*.

Aconcheguei-me nos travesseiros, repeti a frase até dormir.

Assim que me afastei o suficiente da casa "saltei" para a minha chácara.

Uma garoa fina e fria não me deteve de caminhar pela grama. Precisava me acalmar, colocar o meu pensamento em ordem. A química e a física do meu corpo estavam alteradíssimas.

Eu podia sentir o meu estado de fúria. Minhas narinas estavam dilatadas para ampliar a oxigenação; a testa super tensa para amedrontar o oponente; os olhos semifechados para enxergar melhor; a mandíbula totalmente cerrada impunha determinação. Meu cérebro reptiliano apresentava-se em total ação, deixando-me pronto para agir em minha defesa.

Meu sistema límbico em perfeito funcionamento, ligando fatores internos com respostas internas. O hipotálamo e a hipófise liberando hormônios que faziam a pressão arterial aumentar, o coração bater acelerado ampliando a irrigação sanguínea dos órgãos e músculos.

Agora o meu córtex parece ter perdido a função, não consegui pensar racionalmente e conter a ira. Porque a fúria que sentia não era por um inimigo em potencial, era pela mulher que vibrava na mesma sintonia que a minha.

Eu era mesmo um animal irracional.

Bufei e me enfureci ainda mais.

Por que havia entrado naquele mercado? Por que quis medir força com a habilidade da Jamile? O que aconteceu com todo o aprendizado adquirido nos anos de estudo e prática?

— Arrrrr – gritei ainda em fúria. — Como a Liz pôde pedir para eu sair da vida dela? Como preferiu ficar à mercê do Lorenzo e não perto de mim? Por que fui vibracionar tão intensamente?

Caminhei mais um pouco e comecei a sentir frio.

Saltei para o banheiro, olhei-me no espelho, quase não me reconheci. Minha fisionomia era assustadora. Tomei um banho quente, coloquei um moletom. Em seguida fui ao piso inferior, estava tudo escuro, quieto e frio. Andei sem direção. O alarme disparou, segui até a cozinha para desligá-lo, mas não conseguia. A tensão ainda me dominava.

— Quer tocar? Então pode tocar! – esbravejei para o alarme. — Preciso beber.

Abri uma garrafa de cerveja, tomei um gole. Necessitava de algo mais forte. Peguei o uísque, enchi um copo e tomei um grande gole, que me queimou por dentro.

— Ah... É disso que precisava – bebi novamente.

Em menos de dois minutos o caseiro da chácara chegou.

— Quem está aí? – gritou, empunhando uma pistola.

— Sou eu, Valter.

— O que faz aqui? – acendeu a luz. — Não foi designado para uma pesquisa? – desligou o alarme.

— Estou perdido, Valter, perdido – virei o copo.

— O que houve? – colocou a arma na bancada. — Posso ajudá-lo de alguma forma?

— Ninguém pode – neguei com a cabeça. — Ninguém pode – caminhei pela cozinha. Saí na varanda e gritei. Gritei com todas as minhas forças. Joguei o copo de uísque longe e pude ouvi-lo se quebrar. Voltei e enchi outro. Sentei-me na mesa. — Valter, estou desnorteado – dei outra talagada.

— Nunca o vi agir assim, mas pelo que sei da vida, só pode ser mulher – sorriu.

Eu olhei para ele intrigado.

— É só empolgação de momento ou há algo mais? – indagou.

— É o seguinte, Valter, alguns teóricos diferenciam emoção e sentimento. Para eles, as emoções são produzidas por sistemas neurais e nos ajudam na sobrevivência. Já os sentimentos acontecem quando temos consciência dessas emoções.

— E?

— Estar perto dela provoca sentimentos que desde que a vi preciso para viver. As emoções provocadas me enlouquecem – suspirei. — Preciso dela para respirar.

— Então há sentimento – concluiu ele. — Realmente, assim complica tudo...

— Estou louco de paixão, no sentido etimológico da palavra. Estou sofrendo e vibracionalmente ligado a uma mulher. Eu a amo, Valter, com todas as ondas e partículas do meu corpo.

— Entendo... paixão, no sentido etimológico da palavra... vibracionalmente ligado... com todas as ondas e partículas do seu corpo... – ele sentou-se e pegou um copo. — Se me permite...

— Beba comigo – enchi o seu copo — Hoje preciso beber. Meu amigo, esse amor me dominou sem aviso, sem dó. Infiltrou-se na sutileza de um gesto, na luz de um olhar, nas ondas de um sorriso. E vibracionei por esses pequenos detalhes – suspirei. — O que posso fazer para me livrar do que sinto? Isso vai me enlouquecer.

— Por quê? – ergueu uma sobrancelha. — Amar é tão bom.

— Seria, seria... – comecei a andar novamente –, mas ela não me quer, me evita. Já falei o que sinto mil vezes, mas ela foge o tempo todo.

— Quem é? Alguém que conheço?

— Não, eu a conheci segunda-feira à tarde, e senti que a amava no instante em que a vi. É a única mulher que mexeu com cada célula do meu corpo – respirei fundo. — Ah, Valter, eu quero viver o resto da minha história com ela. Eu preciso dos lábios dela, do olhar dela, do sorriso dela, da forma que gesticula, do perfume que exala, dos dedos cheios de anéis, do cabelo bagunçado – abri os braços –, do ar que a rodeia.

— A coisa é mais grave do que eu poderia supor.

— É doentio, é paixão. Literalmente paixão. Vou sofrer muito por ter que deixá-la – terminei o copo. — Já sei! Voltarei lá e farei amor com ela. Impossível não me desejar com a mesma intensidade. Ressoamos, oras bolas – abri os braços, indignado com a atitude da Liz. — Sabe de uma coisa, acho que, como o Lorenzo diz, eu sou muito lerdo.

— Posso imaginar o que se passa com você, pois é acostumado a ter a mulher que quer. Nunca precisou fazer nada além de estalar os dedos. Ela é diferente. Talvez por isso esteja gostando tanto dela.

— Não, não é por isso. Vibramos na mesma frequência. É pura vibração e ressonância. Uma sintonia perfeita.

— Mulheres são complicadas... – coçou a cabeça.

— E como! – torci os lábios. — Obrigado por me ouvir – bati no ombro dele –, mas preciso ficar sozinho, refletir um pouco.

— Tá certo, tem muito a pensar. Se precisar é só chamar – pegou a arma do balcão e foi embora.

Saltei para o meu quarto. Relembrei meu longo dia, de como começou ruim e acabou de forma detestável. Sentia-me tonto, do derrame químico que sofrera e com certeza o uísque contribuiu também.

Os 15 minutos de ira foram passando, o funcionamento do corpo voltando ao normal. Aos poucos me senti melhor.

Precisaria aprender a viver longe da presença dela. Seria difícil no começo, mas logo acostumaria. Sempre nos acostumamos.

Ligaria para o Ernesto de manhã e contaria tudo o que acontecera e que não iria mais participar da pesquisa. Os Guardiões da Terra me entenderiam, tinha certeza.

Deitei-me na cama e uma tristeza profunda apossou-se de mim. Ainda não acreditava que ela havia me mandado embora depois das inúmeras emoções experimentadas. Cada segundo do que vivemos em dois dias passou diante de mim e foram os melhores da minha vida. Como faria para viver de agora em diante sem a sua presença?

Eu era um desventurado.

Fechei os olhos, precisava aceitar o fato de que ela não me queria por perto.

Este era o fim de algo que nunca começou.

Respirei profundamente.

Abri os olhos sobressaltado.

Lorenzo! Ele afirmou que a afastaria de mim.

Saltei para o quarto do Ernesto. Eu estava com o estado de consciência alterado devido ao grande estresse da última meia hora, tropecei no tapete e só não cai por que me apoiei na cama o acordando.

— Pai, por onde andou? – sentou-se sobressaltado.

Fiquei em pé, mas sentindo-me tonto sentei em seguida.

— Você está bem? Sente algo? – preocupou-se.

— Tudo bem, só o corpo sofrendo pelo meu descontrole emocional. A química do estresse acabou comigo.

— Eh pai, o que fez? A Liz está preocupadíssima. O que aconteceu entre vocês?

— Ah filho, eu sou mesmo um animal, ceguei de raiva, não ouvi a razão e agora estou arrependidíssimo. Deixei-me levar pelos 15 minutos de fúria e acho que acabei com todas as chances de cativar a Liz, dela se render às minhas emoções e aos meus sentimentos – levantei-me. — Vou esclarecer tudo agora mesmo.

— Cuidado, pai, não vá piorar as coisas – alertou-me, mas não dei ouvidos.

Saltei para o quarto dela, apenas um pouco de luz entrava pela cortina entreaberta. Olhei para todos os lados e não a vi. Uma descarga elétrica de pavor tomou conta de mim.

Lorenzo cumprira o prometido.

Cheguei tarde! Enquanto estive fora ele a levara.

O que faria agora? A culpa era toda minha, do meu jeito intolerante de ser. Nunca mais me perdoaria se algo acontecesse a ela.

Voltei para o quarto do meu filho.

— O Lorenzo sumiu com a Liz – andei nervoso pelo cômodo, nem me sentia mais tonto.

— Calma pai, calma – falou deitado. — De onde tirou essa ideia? Ele não fez nada, lembra-se que brigaram, está todo machucado.

— Eu também estou ferido e estou aqui, não é? – respirei fundo. — Preciso encontrá-la.

— Pode ser que esteja na cozinha – sugeriu ele.

Esperançoso com seu palpite, caminhei, junto a Ernesto, até a cozinha, verificando os outros ambientes.

Nada na sala.

Nada na cozinha.

— Ta vendo filho, não está em nenhum lugar – tomei um copo de água, minha boca estava seca.

— Ela passou por aqui, veja a chaleira – ergueu-a –, ainda está quente. Acredito que já voltou ao quarto.

— Por que sou assim Ernesto? Sempre tão irritado – coloquei as mãos na cabeça demonstrando meu desespero. — Como é difícil controlar meu jeito pavio curto de ser.

— Você está mudando – tentou me acalmar.

— Num processo lento, quase parando – suspirei. – Não deveria ter me excedido e saído daquele jeito. Droga... discutimos, eu não soube dialogar, não quis entender o lado dela. Falei que iria embora, e fui – caminhava pela cozinha. — Simples assim. Agora veja como estou, totalmente arrependido.

— Empatia zero, né pai – censurou-me Ernesto.

— Você está certo, não vi todos os fatos ocorridos com os olhos dela, com os sentimentos dela... só pensei em mim, na minha razão e no meu modo de ver as coisas – batia no meu peito.

— Empatia é tudo pai, evitaria muitas confusões.

— Eu sei, filho, eu sei – respirei profundamente. – Esse meu erro pode custar-me muito. Lamentar agora não a trará de volta, o Lorenzo avisou que a tiraria de mim e cumpriu o prometido – sentei num banco totalmente transtornado.

— Isso seria sequestro, esquece – Ernesto sentou-se ao meu lado. — Pai não faz mais do que 10 minutos que falei com ela. Se não está no quarto talvez tenha saído para tomar um ar.

Confiante em tal alternativa, precisando urgentemente encontrá-la para dar paz ao meu coração, fomos na varanda, olhamos ao redor da casa. Nada.

— Quem sabe foi na casa do Rudá – sugeriu Ernesto.

Caminhamos alguns metros e observamos que não haviam luzes acesas na casa dele. Balancei a cabeça, passei as mãos nos cabelos.

— Não está lá, não iria incomodar os padrinhos por causa de uma briga sem sentido. O que eu fiz? – abri os braços, inconformado. — Ao sair de perto dela dei espaço para o Lorenzo – odiei-me.

— Vamos encontrá-la amanhã – colocou o braço no meu ombro. — Você precisa descansar.

— Nem pensar – balancei a cabeça negando sua ideia. — Vou atrás do Lorenzo nesse momento.

— Não vai não – Ernesto segurou meu braço e olhou-me muito sério. – Amanhã iremos em grupo – disse. – Você não acabou de reclamar que é pavio curto? Então controle-se.

Sua atitude me fez entender que era mais prudente esperar o dia amanhecer, não queria provocar mais confusão. Retornamos para casa, eu estava desolado, a ansiedade de encontrá-la era sufocante.

— Não posso mais viver longe dela – meu coração queimava. — E não estou suportando a ideia do Lorenzo estar com ela – bufei.

— Como esse amor foi acontecer de forma tão avassaladora? – questionou meu filho.

— Deixe-me tentar explicar. Tudo funciona assim: o pensamento cria, o sentimento atrai e a ação realiza – sentei-me.

— O que isso tem a ver com o amor entre vocês?

— Calma filho, acompanhe meu raciocínio. Acredito que a matriz desse sentimento se deu há muito tempo, quando o Kabir explicou sobre o "sentir a vibração" da pessoa que Kama nos predestina.

— Kama, o deus do amor hindu – expôs Ernesto.

— Exato. Eu senti tal vibração por uma mulher no dia do fatídico acidente que levou o Kabir.

— Nunca me falou sobre esse fato pai, chateei – cerrou os olhos. — Pode ir contando agora.

— Eu caminhava apressado pela rua, como sempre, e subitamente uma mulher colorida chamou minha atenção – suspirei ao trazer a lembrança à tona. – Ao passar ao seu lado eu "senti sua vibração", não sei bem explicar, foi uma energia diferente. Parei a alguns metros e fiquei a apreciando, tentando entender o que se passava. Acredito que ela também sentiu algo, pois focou em mim. Foram breves segundos e ela foi embora. Nunca mais a vi. Desde então, busco tal sensação em todas as mulheres que me relaciono.

— Interessante que nunca comentou isso comigo – torceu os lábios.

— Continuando, na sexta-feira, quando me dirigia ao bar para me encontrar com você, pensei em ter alguém, e me veio em mente a mulher colorida e sua vibração. Depois do nosso encontro, enquanto retornava para a chácara desejei de forma intensa ter uma mulher me esperando em casa, uma mulher para amar – levantei e caminhei pela cozinha. — Tudo certo até aqui?

— O que acha de um chá enquanto explica? A chaleira e as ervas estão aqui – colocou água para ferver.

— Ótima ideia – sentei-me novamente. — Então, o pensamento criou, o sentimento atraiu. E esses dois fatos me levaram a ação, pois só "a ação realiza" – coloquei aspas nas últimas palavras. — O que fez eu ficar assim tão vibracionado foi a ação de entrar naquele mercado. A mulher ideal já existia, no caso a Liz, mas numa forma diferente de energia, criei uma mulher em potencialidade. Ela já vibrava, só faltava eu colapsar as ondas e torná-la física.

— Um pouco exótico esse seu jeito de explicar o amor – ergueu as sobrancelhas.

— Exótico não, é a realidade quântica de todos os fatos.

— Continue pai.

— O problema em que me encontro se deve a eu querer provar para a Jamile que não há destino e sim escolha – balancei a cabeça desgostoso. – Entenda filho, se não tivesse a ação de entrar no mercado, a mulher desejada ainda seria ondas de possibilidades.

O Ernesto olhou-me muito sério, assimilando o que eu disse. Assim que a água ferveu ele colocou uma porção grande de erva na chaleira e a desligou.

— Filho, tudo que ocorre no meio em que vivemos nos afeta de alguma forma e gera mudanças em nós. Quando a Jamile profetizou meu fim de solteiro, juntou-se com a explicação do Kabir, com a lembrança da vibração da mulher colorida, com o meu desejo de ter alguém, e me fez entrar no mercado, consequentemente colapsar as ondas da Liz e cair nessa rede de desamor.

—Aff, coitada da Liz – suspirou meu filho. – Que que é isso pai? Não dá pra dizer que simplesmente se apaixonou, igual a todo mundo? – encheu as xicaras com o chá que exalava um aroma agradável. — Beba pai, vai te ajudar a se acalmar.

— Ah, filho! Você está correto, mas eu sou assim, sempre dando uma explicação aos fatos. E foi assim que tudo aconteceu e me fez chegar a este estado de tristeza que, numa escala de 0 a 10, chega ao auge – suspirei. – Preciso encontrá-la e fazer com que entenda o tamanho do meu sentimento.

Bebemos o chá em silêncio. Cada um imerso em seus próprios pensamentos.

— Olhe novamente no quarto, ela deve estar lá – sugeriu após terminar o chá. — Tenho quase certeza.

— Será? Realmente acredito que o Lorenzo possa tê-la levado.

— Não, não. Sem chance sua teoria. Você estava muito nervoso, não prestou a devida atenção.

— Tudo bem, estou realmente mais calmo agora. Vou mais atento.

— Vá lá pai – deu um tapinha nas minhas costas. – Encontre-a.

Saltei novamente para o quarto e a vi deitada.

Exaltei.

Relaxei.

Respirei fundo, desfrutei uma paz infinita. Havia um aroma no ar que pouco tempo atrás não senti. Ela estava com os olhos fechados, respirava profundamente e notei que falava baixinho, de longe fiquei ouvindo o que dizia. Ficaria por horas observando-a assim. Dei um passo em sua direção e minha mão bateu em algo, que balançou e quase caiu no chão. Instintivamente segurei o objeto e saltei para perto do Ernesto.

— Ela está lá – dei um beijo na cabeça dele. — Ainda bem – coloquei o que trazia na mão no criado mudo.

— O que é isso pai?

— Parece uma das estatuetas Incas e quase me denunciou, mas fui mais rápido que ela – sorri eufórico por ter encontrado a Liz.

— Então agora vamos buscar a moto – levantou-se. — Porque a Liz vai querer saber dela, pois estava preocupada com você pilotando na estrada.

— É, você tem razão – peguei no seu ombro e saltamos para a chácara.

— Olha pai, precisa dar um jeito de controlar esta sua impetuosidade – repreendeu-me Ernesto. — A Liz é uma mulher sensível, não tolerará esse seu jeito.

— Eu sei filho. Sinto-me péssimo pela minha atitude. Só que a Liz tem o poder de me levar ao céu e ao inferno – segurei a moto.

— E também precisa aprender logo a lidar com essa explosão atômica que virou sua vida de vibracionado – aconselhou-me.

— Você tem toda razão Ernesto.

Voltamos para a garagem e de lá para o quarto.

— Agora deite e durma, por favor – tirou meus sapatos. — Hoje você e a Liz estão impossíveis e não me deixam dormir.

Tranquilo por saber que ela estava no quarto ao lado e que voltei a estar sob o mesmo teto, segui seu exemplo: respirei lentamente e repeti "o silencio acalma a alma" até dormir.